作者简介

王婷婷，法学博士，西南政法大学经济法学院副教授，澳大利亚墨尔本大学访问学者，重庆市巴渝学者青年学者，首届西南政法大学122人才工程"青年学术拔尖人才"，中国法学会财税法学研究会理事、中国金融法治研究中心（智库）研究员、重庆市法学会财税法学研究会理事、西南政法大学中国财税法治研究院研究员，主要研究方向为财税法学、金融法学。主持国家社会科学基金项目2项，省部级项目7项，出版专著3部，公开发表学术论文40余篇。

Southwest University
of Political Science
and Law

经 济 法 学 系 列

李昌麒 主编

本书系国家社会科学基金青年项目
"中国离境退税法律制度完善研究"（16CFX059)的研究成果

中国离境退税
法律制度完善研究

A Study on Improving the Legal System of
Tax Refund for Departure in China

王婷婷 / 著

厦门大学出版社
XIAMEN UNIVERSITY PRESS　国家一级出版社
全国百佳图书出版单位

图书在版编目（CIP）数据

中国离境退税法律制度完善研究 / 王婷婷著. -- 厦门：厦门大学出版社，2022.12
（西南政法大学经济法学系列 / 李昌麒主编）
ISBN 978-7-5615-8765-2

Ⅰ．①中… Ⅱ．①王… Ⅲ．①出口退税－税收政策－中国 Ⅳ．①F812.424

中国版本图书馆CIP数据核字(2022)第244749号

出 版 人	郑文礼
责任编辑	李 宁 郑晓曦
出版发行	厦门大学出版社
社 址	厦门市软件园二期望海路 39 号
邮政编码	361008
总 机	0592-2181111 0592-2181406(传真)
营销中心	0592-2184458 0592-2181365
网 址	http://www.xmupress.com
邮 箱	xmup@xmupress.com
印 刷	厦门兴立通印刷设计有限公司

开本	720 mm×1 020 mm 1/16
印张	19.75
插页	2
字数	346 千字
版次	2022 年 12 月第 1 版
印次	2022 年 12 月第 1 次印刷
定价	88.00 元

厦门大学出版社　　　厦门大学出版社
微信二维码　　　　　微博二维码

· 丛书总序 ·

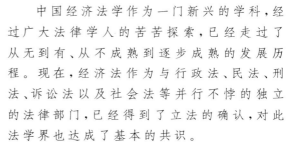

中国经济法学作为一门新兴的学科，经过广大法律学人的苦苦探索，已经走过了从无到有、从不成熟到逐步成熟的发展历程。现在，经济法作为与行政法、民法、刑法、诉讼法以及社会法等并行不悖的独立的法律部门，已经得到了立法的确认，对此法学界也达成了基本的共识。

20余年来，广大法律学人坚持改革开放路线，紧扣时代脉搏，围绕着经济建设这个中心环节，把经济法理论和实践扎根于我国现实的经济土壤之中，并借鉴其他市场经济国家在法治实践中所形成的共同的法律文化，辛勤耕耘，求实创新，不断开拓进取，使经济法学在我国法学百花丛中蓓蕾初绽，繁花似锦，硕果累累。这极大地促进了我国经济法理论和实践的发展，推动了整个中国法学的繁荣，并为世界法学界所瞩目。但是，经济法作为一门发展中的学科，仍然存在着许多不成熟的地方，还需要广大的法律学人更多地培育，才能使它更好地成长。正是怀着这样一种愿望，西南政法大学经济法学科作为教育部确立的国家级高等学校重点学科点，一方面想为广大经济法理论和实务工作者展示学术研究成果和进行学术交流提供一个平台，另一方面也想为西南政法大学经济法学科建设开辟一个新的学术阵地，为此，我们与厦门

大学出版社共同策划出版"西南政法大学经济法学系列"丛书。

对于怎样编辑这套丛书，我们除了遵循学术性、实践性和开放性的宗旨之外，还有一个重要的思考，就是要使这套丛书能够适应经济法理论界、实务界和教学界等多方面的需要，力求使本套书以其广泛的适应性以飨读者。因此，本丛书拟由三个部分构成，既包括学术专著，又包括教材和案例。学术专著主要来源于经济法博士论文。考虑到我国现在有七个经济法博士授权点，每年都要产出一批具有一定开拓性、前沿性和创新性的优秀博士论文，如果这些成果尘封在作者的抽屉里，无疑是对知识财产的一种浪费。这套丛书可以为这些博士论文的发表提供一个载体。对于教材，我们是这样思考的：学生知识首先来源于教材，从某种意义上讲教材是构筑学生知识大厦的基石，没有理由不重视它。我们之所以把教材也列为这套丛书的重要组成部分，也正是基于这种考虑。我们认为，教材与科研应该是彼此依赖、相辅相成的，教材的写作过程也应当是进行科学研究的过程。经济法作为一门新兴的法学学科，其教材的编写不能仅仅停留在简单地重复已有的教材内容的基础上，要力图避免编写那些没有任何新意和创见的"拼凑式"的教材。因此，本丛书将按照这个原则选择或者组织出版那些适合本科生和研究生研习的优秀教材。对于案例，我们考虑到：从总体上讲，问世的经济法案例与其他法学学科问世的案例相比，仍然嫌少，以致在教学和实践中，很难找到足够的经济法案例。为此，我们将有意识地采取教师与实际部门人员相结合的办法，将现实生活中存在的大量的、鲜活的、具有典型意义的经济法案例精选成册，其形式既可以是案例评析，也可以是案例教程，以此弥补过去运用案例进行经济法教学之不足。

需要说明的是，本丛书含涉外经济法系列，它将以专集的形式出版；本丛书中各种类型的著述的出版并不完全按照经济法学体系结构的顺序出版，而是成熟一部，出版一部。我们热忱地欢迎全国的经济法学同仁们惠赐佳作，为经济法学的进一步发展和繁荣，携手共进！

李昌麒

2005 年元月于重庆

前 言

《中国离境退税法律制度完善研究》是笔者所主持的 2016 年度国家社会科学基金青年项目"中国离境退税法律制度完善研究"（批准号：16CFX059）的最终研究成果。本书着眼于离境退税这项深植于一国的增值税法之中,并伴随着世界旅游业的发展而不断演进的法律制度进行专题研究。历史地看,离境退税制度起源于 20 世纪 80 年代的瑞典,发展至今已在欧盟成员国、韩国、新加坡、澳大利亚等 60 多个国家和地区确立,在推动国家税制完善、提升旅游产业竞争力、推动入境旅客消费升级方面发挥着愈发重要的作用。相较而言,离境退税制度在我国发轫较晚。2014 年国务院发布的《关于促进旅游业改革发展的若干意见》提出了要"研究完善境外旅客购物离境退税政策,将实施范围扩大至全国符合条件的地区"的要求,这也标志着我国离境退税制度从理论探讨走向了实践操作。

作为一项基于特殊目的的税式支出,离境退税法律制度在推动税收国际协调、发挥税法激励效应以及促进税收公平课征等方面发挥着重要作用,但与此同时,如果该项制度设置不当,则可能带来财政支出压力过大、退税风险增加、退税管理失灵等负面问题。正基于此,各国在以增值税为主导的间接税法律制度中确立离境退税实施规则的同时,还建立了较为系统的监管措施和配套制度,以预防该项制度不当实施可能带来的风险。但遗憾的是,我国学术界对有关离境退税制度发展的法律设计、运行机制等问题并未给予充分的重视,专题研究成果更是凤毛麟角。在此背景下,需要从离境退税制度的历史沿革与衍生机理出发,通过对世界各国和地区有关离境退税的制度构造和运行模式的全面分析,总结出有助于我国离境退税乃至整个旅游税收法律制度改革完善的意见。

正是基于以上思考,本书立足于"完善中国离境退税法律制度"这一核心命题,从发现和解决中国离境退税法律制度的理论和实践问题出发,通过阐述离境退税制度基本原理、总结我国离境退税制度实施现状与问题、分析域外离境退税制度立法和实践经验，最终立足我国国情，提出完善我国离境退税制度的具体对策和立法建议。本书研究内容和主要框架如下：

绪论部分阐述了我国离境退税法律制度的研究背景。该部分首先结合国内外离境退税制度的发展情况，阐述了我国加强离境退税法治化建设的重要性，指出离境退税法律制度研究有助于推动我国建立以旅游消费者为中心的免退税法律体系。接着，对国内外现有离境退税的研究现状进行了梳理和评述，阐明本书的基本立场、研究思路、主要观点和创新之处。

第一章为离境退税的制度演进及理论基础。该部分首先揭示了离境退税制度的法律意蕴，指出离境退税制度是指旅游目的地国家根据税法规定对旅游消费者在本国退税经营者处购买并离境消费的商品或服务价格中所包含的部分增值税和消费税予以退还的制度。离境退税制度的主要特点为：第一，权利属性上，离境退税是一项特殊的退税请求权；第二，适用对象上，离境退税主要针对入境外国旅客实施；第三，运行机理上，离境退税是一项针对"零售出口"的激励机制；第四，财政属性上，离境退税是一项国家针对旅游行业的税式支出行为。接着，该部分揭示了世界范围内免退税的制度沿革，从经济因素、政治因素、国际因素、法律因素四个层面分析了中国实行离境退税制度的现实动因。最后，立足税法理论视角，分析了税收管辖权协调理论、税法激励理论、税收公平理论等离境退税制度产生的法理依据。

第二章为中国离境退税制度建设与实施现状。该部分首先划分离境退税的"海南探索"、离境退税的"试点扩围"和离境退税的"创新发展"三阶段，对我国境外旅客购物离境退税制度实施阶段进行梳理。随后，从立法模式与管理体制两个方面分析了中国离境退税的制度现状，提出在立法模式上，我国离境退税制度采取了"政策先行"的立法模式，具有制度设置分散性、政策内容体系性、制度实施灵活性等特点，由此建构的离境退税制度在退税对象、退税范围、退税条件、退税程序和退税监管等方面也具有中国特色。在管理体制上，中央层面财政部主导的"离退分离"、地方层面省级政府主导的"多部门协同"是离境退税管理体制的重要特征。最后，该部分结合调研数据和各地实践，系统阐述了中国离境退税制度的实施效果，分析了现阶段我国离境退税的实施特征以及影响因素。

第三章为中国离境退税制度的法律问题分析。该部分重点分析了中国离境退税制度存在的合法性问题、制度设计问题、监管问题以及实施保障问题。首先，合法性问题上，我国离境退税制度存在法律依据不明、政策位阶相对较低、制度稳定性不高、政策制定缺乏民众参与等问题。其次,制度设计上,我国离境退税制度存在退税主体范围设置过于机械、退税率设置相对较低、退税范围规定不当、退税种类较为单一、起退点设置不合理、退税程序单一而繁琐等问题。再次,监督管理上,我国存在离境退税管理权责界定不清、退税商店设置标准不规范、退税欺诈风险防范不足、常态运行缺乏规范管理等问题。最后,实施保障上,我国离境退税存在特色商品不突出、财政保障机制不完善、信息化程度不高、退税地点分布参差不齐、退税代理市场竞争不足、退税服务工作有待提升等问题。

第四章至第六章为离境退税制度的域外比较与经验借鉴。本部分选取了域外离境退税制度的三种典型模式进行分析,包括以欧盟国家为主导的“零售出口”模式,以新加坡、澳大利亚为主导的“旅客退税计划”模式和以韩国为主导的“租税特例”模式。其中,第四章评述了在欧盟统一的《增值税指令》框架下,德国、法国、英国、爱尔兰等欧洲国家的离境退税制度立法模式、制度内容、管理体制及保障机制,分析了欧盟主要成员国离境退税的制度特点、共性与差异、成效与问题以及对我国的启示。第五章评述了在《商品与服务税法》税制模式下,新加坡、澳大利亚等国家离境退税制度的立法模式、制度内容、管理体制及保障机制,区分了新加坡与澳大利亚以旅客退税计划为代表的离境退税制度设计和实施机制的异同,总结了该模式的成效、问题以及对我国的启示。第六章评述了在《租税特例限制法》体系下,韩国离境退税的立法渊源、制度安排和管理体制,以及关于购物离境退税、住宿服务退税和医疗服务退税的具体制度设计,总结了韩国离境退税实施经验及对我国的启示。

第七章为中国离境退税制度完善的宏观思路与立法建议。首先,该部分提出了完善我国离境退税制度的基本思路,包括我国离境退税制度完善应助力旅游经济供给侧改革发展、应当注重发挥中央和地方“两个积极性”,做好政府干预与市场监管的统一,明确了离境退税制度完善的总体方向。接着,分析了我国离境退税制度完善应遵循的基本原则,包括税收法定原则、税收效率原则以及比例原则等,为离境退税的主体制度设计明确了参照标准。随后,分析了我国离境退税制度完善的立法模式,并在总结分析域外经验的基础上,提出我国可采用“原则规定+单行实施”立法模式,在未来的《增值税法》和《增值税法实施条例》中可分别确立离境退税原则规定和具体内容,并由财政部主导制定单独的旅客退税计划以保障该制度依法顺畅实施。最后,从加强跨部门的协调管理、厘清职责分工、强化信息管理等方面,提出了完善我国离境退税制度管理体制的对策建议。

第八章为中国离境退税制度完善的具体路径。该部分提出,我国应在遵循税收法定原则的基础上,合理设置离境退税的制度体系。首先,具体规则上,应合理确定离境退税的主体范围、适当扩大离境退税的税种范围、科学确立离境退税的客体范围、合理确定离境退税的起退点和退税率、完善离境退税的退税商店和代理机构制度。其次,保障机制上,应做好离境退税程序的繁简分流、提升离境退税实施的电子化程度、加强离境退税主体的信用管理、强化我国离境退税的监管机制等。最后,配套措施上,应通过充分发挥退税与免税制度合力、持续打造离境退税特色产品、完善离境退税基础设施建设和提升离境退税的服务水平等措施,为我国离境退税实施提供有力的配套支持。

附录部分为《境外旅客购物离境退税管理办法(建议稿)》(以下简称《建议稿》)及立法理由说明。该部分以助力中国离境退税制度法治化建设为目标,在对我国既有离境退税制度设计和实践操作问题进行总结的基础上,结合域外国家和地区的制度经验,提出了《建议稿》及立法理由说明。《建议稿》分为总则、旅客购物退税的条件、退税商店的备案、变更与终止、退税代理机构的选择、变更与终止、旅客购物退税的程序安排、旅客购物退税的监督管理、旅客购物退税的权利保障、旅客购物退税的法律责任以及附则等内容,对离境退税制度涉及的具体问题及实施规则进行了体系化设计。

综上,本书立足于中国离境退税法律制度发展的现实问题和世界各国有关离境退税法律制度的比较分析,对各国旅游业发展进程中确立的离境退税这项十分独特的间接税法律制度进行研究。笔者希望通过全方位论证离境退税法律制度的设计目的、立法逻辑、制度适用和保障机制,在深入调查和研究我国离境退税法律制度的现实情况,总结和研究我国离境退税法律制度从"试点到扩围"进程中的制度经验和教训基础上,对我国离境退税法律制度的改革与完善提出优化思路和具体完善方案,以期更好地适应我国旅游业高质量发展的现实需求,切实保障国家税收利益和境外旅客的退税权利。

王婷婷

2022 年 1 月于山城重庆

目　录 CONTENT

绪　论

一、研究缘起

　　旅游产业已成为当今世界各国经济社会中的重要支柱。为促进旅游业持续快速发展,各国在持续加强旅游基础设施建设和改善旅游市场运行环境的同时,还不断开展与旅游经济发展相关的制度建设,确保旅游经济始终在法治的轨道内有序运行。其中,离境退税制度(Tourist Refund Scheme,简称TRS)就是诸多国家和地区用以刺激游客购物消费和推动旅游市场转型升级的重要法律制度。历史地看,离境退税制度肇始于 20 世纪 80 年代的瑞典,其制度内容为赋予境外游客在离开瑞典时,向海关部门申请退回其已购买但尚未消费商品间接税的权利。国际货币基金组织(IMF)2005 年发布的《增值税退税:国家经验的审视》报告提出,旅游者有权利在特定时间内将从一国购买的特定商品进行退税已成为国际惯例①。经济合作与发展组织(OECD)2020 年发布的《OECD 旅游趋势与政策》主张,离境退税制度已成为世界旅游经济可持续发展的一项重要议题。② 放眼全球,作为提振旅游经济的有效措施,离境退税制度至今已为 60 多个国家和地区所确立,并形成了欧盟"零售出口模式"、澳新"旅客退税计划模式"以及韩国"租税特例模式"等三类较有特色的立法模式和制度体系,其在推广旅游目的国产品、刺激旅游目的地国消费需求、推动旅游目的国旅游业提档升级上发挥着愈发重要的作用。

　　就我国而言,尽管近年来旅游经济发展迅猛,但旅游经济发展存在明显的不平衡、不充分现象,其典型表现就是"入境游"与"出境游"冷热不均,中国国

---

　　①　Harrison G.，Krelove R.，VAT Refunds: A Review of Country Experience，*IMF Working Paper*，November，2005，No.218，p.13.

　　②　OECD. OECD Tourism Trends and Policies 2020，Paris，OECD Publishing，https://doi.org/10.1787/6b47b985-en.，下载日期:2021 年 3 月 1 日。

际游客赤字增大,国际游客消费积极性低。为改善旅游经济"内生增长动力不足""入境旅游经济逆差持续扩大"的发展困境,提升我国旅游经济发展水平,我国于 2011 年在海南开启了离境退税制度试点。此后,国务院于 2014 年颁布《关于促进旅游业改革发展的若干意见》,提出"要扩大旅游购物消费,研究完善境外旅客购物离境退税政策,将离境退税实施范围扩大至全国符合条件的地区"。根据国务院文件要求,我国财政部、海关总署、国家税务总局于 2015 年先后颁布《关于实施境外旅客购物离境退税政策的公告》《关于境外旅客购物离境退税业务海关监管规定的公告》《境外旅客购物离境退税管理办法(试行)》,正式确定在全国范围内实施境外旅客离境退税政策。截至 2022 年 4 月 29 日,我国已有 26 个试点地区推行了离境退税制度,其在激发境外旅客购物需求、提升城市对外开放水平、吸引消费回流以及平衡对外贸易方面发挥了重要作用。

然而也应看到,伴随着我国财税体制改革持续推进和财税法治建设不断提高,离境退税制度在我国实施过程中不断受到正当性、合理性和效率性的质疑,主要体现为:第一,离境退税制度法治化程度不高。在我国《税收征收管理法》(以下简称《税收征管法》)、《增值税暂行条例》和《税收征收管理法实施细则》等现行法律规范中,均未涉及离境退税的内容,现行离境退税的制度规范主要表现为财政部、国家税务总局和海关总署制定颁布的"公告""通知""意见"等规范性文件,"离境退税政策多于法律"的问题亟待改进。第二,离境退税制度设计的科学性不足。我国离境退税的适格主体范围、起退点、退税率、退税机构等规定不尽合理,且存在主管部门权责混同和对退税诈骗行为监管处罚不力的问题,制度内容的科学性有待加强。第三,离境退税实施效果有待提升。就实施效果而言,离境退税制度运行呈现"两极分化"现象,反映为经济相对发达的上海、北京、福建等地离境退税实施效果较好,而经济欠发达的海南、云南、广西、黑龙江等地离境退税政策实施遇冷。以海南省为例,该省虽然于 2011 年就已经实施离境退税,但直至 2015 年海南省国税局共办理退税 1443 笔,退税额仅 58.25 万元。① 此外,该制度实施过程中还存在退税商品覆盖范围较窄、消费者退税意识不强和体验程度不佳等问题。离境退税制度存在的立法与实践问题,将带来"改革红利"与"预期效果"之间的巨大差距,影响制度实际效用的发挥。

---

① 何伟:《海南离境退税缘何遇冷》,载《经济日报》2015 年 5 月 13 日第 6 版。

当前,我国入境旅游市场发展正处于从"高速"向"优质"的转型阶段。根据国务院于 2016 年 12 月印发的《"十三五"旅游业发展规划》,至 2020 年我国入境旅游人数须达到 1.5 亿人次,年均增速实现 2.28%。为拓展我国入境旅游消费的空间和潜力,实现我国入境旅游市场快速健康发展,应不断完善旅游税收立法和相关税收制度,充分发挥税法制度的激励作用,保障离境退税制度的稳定和高效运行。有鉴于此,本书立足于离境退税的制度原理和价值基础,系统梳理当前我国离境退税的试点依据、实施情况和存在问题,并在充分研究和借鉴欧盟、澳大利亚、新加坡、韩国等国家或地区离境退税制度立法内容和实践经验的基础上,提出完善我国离境退税制度的针对性对策和建议。

二、研究价值

截至目前,离境退税制度在我国已实行逾十年,但我国离境退税制度主要体现为财政部、国家税务总局以及海关总署等职能部门的政策文件,离境退税制度的法治化建设亟待加强。同时,学界对离境退税制度的研究不仅数量较少,且既有研究多侧重经济学分析,而少有成果立足法学视角对离境退税制度进行全面梳理与系统评析。在此背景下,本书以完善中国离境退税制度为出发点,对离境退税的理论、制度和实践问题进行体系化研究,旨在为财税法学理论创新、财税法律体系完善和财税法律执法实践提供可资参考的智力支撑和操作指引。

(一)理论意义与价值

第一,推动我国免退税法学理论体系完善。随着全球经济一体化进程加快和国际旅游业快速发展,国际免退税市场规模发展迅猛,各国在原有免税制度基础上,陆续实施了购物离境退税等制度。相较而言,由于我国免(退)税业立法和实践相对单一,学界对该领域的研究主要集中于"企业出口退税制度",而对"消费者免退税制度"关注不足。在此背景下,本书通过对我国实施离境退税进行专题研究,旨在区分离境退税与出口退税、免税购物等类似税收制度,推动免退税理论向纵深发展,以此丰富和完善我国旅游税收制度和税收优惠制度理论体系。

第二,推动离境退税基础理论研究。离境退税制度在促进出口和旅游经济发展的背后,隐藏着深刻的税法原理。本质上,税收是国民获得公共服务的对价,而离境退税是一国或地区给予特定入境游客的税收优惠福利。如何平衡协调离境退税涉及的国际税收关系,如何实现离境退税实施过程中纳税人的税负公平以及如何有效发挥离境退税对于旅游经济乃至整个国民经济发展的激励作用,都需要进行深入的分析。就此而言,本书以税收管辖权理论、税收公平理论和税法激励理论为指引,探索离境退税制度法理基础,从而为该制度制定和实施的正当性提供理论依据。

第三,完善我国离境退税的法律制度建构。本书围绕当前我国财税法治建设基本目标,通过分析我国离境退税制度的发展历程、具体内容与制度特点,系统梳理我国离境退税制度的立法、实践的现状与困境,并系统分析比较欧盟国家、澳大利亚、新加坡、韩国等国家或地区的离境退税制度立法模式、立法特点和制度实践,提出我国完善离境退税制度的宏观思路、微观举措和具体立法建议,为该项制度的科学设计及相关税制改革提供智力支撑。

(二)实践意义和价值

第一,为我国旅游产业发展提供制度补给。税收对一国旅游业的健康发展有重要作用,科学的旅游税收结构和制度可以促进旅游资源优化配置,推动经济增长和产业升级。本书立足于我国旅游业发展中的结构性矛盾和现实需求,探讨离境退税制度助力产业经济发展的路径,为旅游经济创造税收福利,助力我国旅游产业转型升级提供智力支持。据测算,我国离境退税每退1元税,就可收回1.8元利润,并在相关产业附加利益4元。因此,离境退税制度的科学设置影响着我国旅游产业优势和产生竞争优势的发挥,本书研究能为旅游业发展提供更加充分的制度支持。

第二,为我国离境退税工作提供实践参考。继2011年我国在海南省试点离境退税和离岛免税政策之后,我国又于2015年在全国范围内逐步推广离境退税制度。在实施过程中,基于我国离境退税制度设计具有政策导向性特征,以及各地经济发展和旅游业状况不相同等因素,离境退税实施存在各地效果参差不齐、退税风险逐渐加大等问题。基于此,本书拟全面梳理国内外离境退税制度发展现状和动向,及时总结我国实践问题,在充分吸收国际正反经验的基础上,为我国税务、海关部门及纳税人等利益关系主体适用离境退税制度提供操作指引。

第三,为我国离境退税风险防范提供有益启示。域外国家在离境退税实施过程中,也注重防控该制度的滥用风险。如澳大利亚要求旅客将退税商品带回澳大利亚时进行如实申报,并根据旅客购物价值的大小进行核查;新加坡要求旅客做好退税资格与退税信息的真实申报,虚假退税将受到严厉处罚;韩国根据旅客购物价值大小进行退税程序分流,这些做法为我国开展离境退税风险防控提供了经验参考。本书拟系统梳理部分代表性国家离境退税管理经验,为我国离境退税试点实践中可能出现的退税滥用问题治理提供借鉴和启示。

三、国内外研究现状述评

(一)国外离境退税研究述评

国外有关离境退税制度研究起步较早,但专门性研究尚不多见。国外有关离境退税的研究缘起于 15 世纪资本主义发展初期经济学界和管理学界有关出口退税思想的研究。例如,西方重农学派学者布阿吉尔贝尔以及古典经济学派学者威廉·配第、亚当·斯密的研究认为,如果没有出口退税,出口商品的征税将完全由外国消费者负担,这种缺乏给付对价的征税既不公平也不合理。随着离境退税制度在瑞典确立,国外学者和研究机构陆续对该制度进行研究,并形成了以下成果。

一是离境退税的制度原理及其价值研究。Fehr H. etc 和 De Bonis V. 的研究认为,离境退税制度起源于 15 世纪的出口退税制度。他们指出,对出口商品征税会损害进口商利益且破坏贸易自由,因而将该税负转嫁给境外消费者有失公平。[①] Surowiecki J. 的研究指出,只有建立适度的出口退税制度,企业才能更合理地生产,消费者才更愿意消费,才能促使经济发展。[②] Sullivan P. 认为,外汇收入的增加是国家之间开展经济贸易,拓宽合作领域的基础,而推行离境退税是采用非贸易手段扩大外汇的一项重要措施。[③] KPMG 的研究指出,离境退税之所以成为各国发展旅游业普遍接受的一项税收制度,其目

---

① Fehr H., Rosenberg C., Wiegard W., *Welfare Effects of Value-Added Tax Harmonization in Europe: A Computable General Equilibrium Analysis*, Bertin: Springer, 1995; De Bonis V., Regional Integration and Commodity Tax Harmonization, *Policy Research Working Paper*, The World Bank, 1997.

② Surowiecki J., A Smarter Stimulus, The New Yorker, 26 January, 2009, https://www.newyorker.com/magazine/2009/01/26/a-smarter-stimulus, 下载日期:2018 年 4 月 1 日。

③ Sullivan P., A. Bonn M., Bhardwaj V., et al., Mexican National Cross-border Shopping: Exploration of Retail Tourism, *Journal of Retailing and Consumer Services*, 2012, Vol.19, No.6, pp.596-604.

的在于减轻国内和国外零售购物在税收待遇方面的差异。①

二是离境退税对旅客购物的影响研究。Keown 的实证分析指出,游客购物需求不仅取决于商品种类,还取决于国内税收与进口税收的水平和物品的相对价值。② Dimanche F.的研究表明,离境退税制度有助于加强入境游客的边际购买倾向,当游客知晓旅游目的国有离境退税制度时,愿意增加购物支出;相应地,购物消费的增加是政府提供退税服务的回报,政府将以此收回成本。③ Dilandiiev A.研究发现,旅游业发展与客源地高人均 GDP、高人口增长率、短旅游距离和低通货膨胀率正相关,与目的地消费价格指数、汇率与旅游人数呈现负相关关系。④ Sullivan P.的分析认为,在美国购物可以退回州销售税是助推墨西哥游客跨境购物消费的重要原因,跨境旅游购物的消费乘数效应一般在 1.27 至 1.45 之间。⑤ 金思琦利用 SPSS 统计软件和 Kano 模型对外国旅客在曼谷市旅游购物的满意度进行测评,发现购物退税可以激发消费者在泰国的购物欲望。⑥ 因此,大部分学者认为离境退税有助于加强入境游客边际购买倾向,能为跨境旅游购物带来正外部性影响。

三是离境退税的制度框架及适用规则研究。Chiang C.等研究显示,许多国家已在增值税法案、商品与服务税法案中确立了离境退税制度,为境外旅客制定《购物退税指南》已成为各国惯例。⑦ 经济合作与发展组织(OECD)表明,各国离境退税法律规则设计主要包括退税主体、起退点、退税税率、退税程

① KPMG. Economic Impact of the Private Provider Model for the Tourist Refund Scheme in Australia, Report Prepared for Global Blue Holdings AB (a key TRSG member), January, 2013.

② Keown, C.F., A Model of Tourists' Propensity to Buy: Case of Japanese Visitors to Hawaii, *Journal of Travel Research*, 1989, Vol.27, No.3, pp.31-34.

③ Dimanche F., The Louisiana Tax Free Shopping Program for International Visitors: A Case Study, *Journal of Travel Research*, 2003, Vol.41, No.3, pp.311-314.

④ Dilanchiev A., Tourism Demand in Georgia: Gravity Model Analysis, *In: 7th Silk Road International Conference Challenges and Opportunities of Sustainable Economic Development in Eurasian Countries*, Tbilisi, 2012, pp.407-411.

⑤ Sullivan P., A. Bonn M., Bhardwaj V., et al. Mexican National Cross-border Shopping: Exploration of Retail Tourism, *Journal of Retailing and Consumer Services*, 2012, Vol.19, No.6, pp.596-604.

⑥ 金思琦:《外国游客在曼谷购物满意度研究》,广西大学 2014 年硕士学位论文。

⑦ Chiang C., Singapore GST Treatment of International Services, CCH Asia, 2014.

序、监管机制等内容。① 立法实践中,欧盟《第六号增值税指令》、澳大利亚1999 年《商品与服务税法》、新加坡 1997 年《商品与服务税法》、马来西亚 2014年《商品与服务税法》、韩国 1998 年《租税特例限制法》及各国相关增值税或商品服务税实施条例中均确立了购物离境退税的税种范围、退税条件、退税起点、退税机构、退税时间、退税程序等具体制度内容。

四是离境退税的实施现状及问题研究。Tourism Shopping ReformGroup 研究表明,离境退税在为境外旅客带来福利的同时,也会因设计缺陷造成退税门槛较高、退税程序冗长、市场主体参与不足等问题。经济合作与发展组织的调查发现,通过虚假或盗用他人身份来实施离境退税欺诈的现象屡见不鲜。② Dupeyras A.也指出,离境退税制度设计不合理将增大财政负担,并带来经营者垄断、不正当竞争、退税欺诈等问题。③ ANAO 研究指出,澳大利亚作为世界上唯一允许本国公民和居民参与,且由政府主导旅客退税计划的国家,离境退税也面临着难以有效管理的风险。④

五是离境退税制度的发展趋势研究。Crowley P.研究表明,各国离境退税制度设置初衷、目标及发展趋势存在差异。例如,加拿大因退税制度激励效益与实施成本比例失衡,于 2007 年终止实施离境退税制度。⑤ 澳大利亚的国家旅游联盟(National Tourism Alliance,简称 NTA)则指出,离境退税的"电子化"、"公私合作制"运作、降低退税门槛、注重退税纠纷处理、加强离境退税监管已成为新加坡、澳大利亚等国的发展趋势。例如,澳大利亚的购物退税制度存在着制度成本较高、退税程序冗长、退税设施纸质化,以及市场资源支持不足等问题,通过技术的革新来推动离境退税势在必行。相比之下,新加坡、

① OECD. OECD Tourism Trends and Policies 2016,Paris. OECD Publishing, http://dx.doi.org/10.1787/tour-2016-en. 下载日期:2020 年 10 月 1 日。

② OECD,Report on Identity Fraud:Tax Evasion and Money Laundering Vulnerabilities,Center For Tax Policy and Administration,2006.

③ Dupeyras A.,MacCallum N.,Indicators for Measuring Competitiveness in Tourism:A Guidance Document,OECD Publishing,February,2013.

④ Australian National Audit Office(ANAO),Management of the Tourist Refund Scheme,The Auditor-General Auditor-General Report No.8 2019-20 Performance Audit,2019,p.7.

⑤ Crowley P.,The GST Visitor Rebate Program for Individual Travellers—An Economic Impact Analysis,Global Refund Canada,January 2007,https://www.tians.org/pdf/EconomicReport_web.pdf,下载日期:2019 年 3 月 11 日。

马来西亚等国实现了购物退税电子化,由私人部门参与购物退税有效地节省了退税时间和成本,而政府则以"辅助者"角色努力推动消费者购物退税意识和习惯的养成。为此,澳大利亚开始引入私人部门共同分担购物退税成本,并力图推动放开购物退税的条件,如降低最低购物额度,将退税商品范围推广至服务范围等。

(二)国内离境退税研究述评

自 2011 年我国在海南国际旅游岛建设中试点离境退税制度以来,国内学者和实务部门围绕该项制度的立法与实践陆续展开研究,至今已形成论文 80 余篇,学位论文 6 篇,尚无直接研究的专著,研究成果如下。

一是离境退税与相关制度的比较研究。一些学者针对离境退税与出口退税的关系展。唐伟明分析了离境退税与出口退税、离岛免税等概念之间的联系和区别,主张购物离境退税既是政府税收收入退付行为,也是宏观调控重要手段,发挥着税收政策的"双刃效应"。[①] 张京萍、翟文兴认为,离境退税制度与出口退税存在相似性,是根据消费地原则协调国家之间国内商品税的一项制度。[②] 高安妮从制度主体、购物限额、退免税目、商品范围等方面对离境退税与免税购物制度进行了比较。[③] 与此同时,我国在实施离境退税政策外,还将离岛免税作为中央赋予海南国际旅游岛建设和旅游业发展的重要支持政策。部分学者针对离岛免税实施效果进行了研究。刘家诚、张应武、黄熙智从经济学视角分析了海南离岛免税政策的经济增长效应,指出海南离岛免税仍有较大潜力释放空间,需要其他制度作为补给。[④]

二是我国建立离境退税制度的重要性、必要性及可行性研究。在重要性方面,徐海军认为,离境退税能够拉动国内消费品市场、改善旅游商品结构、增加外贸出口、扩大外汇收入。[⑤] 依绍华认为,尽管离境退税比例达不到商品实

① 唐伟明:《我国实行境外旅客购物离境退税制度的研究》,复旦大学 2013 年硕士学位论文。

② 张京萍、翟文兴:《现阶段我国应实行入境旅客购物退税制度》,载《税务研究》2008 年第 7 期。

③ 高安妮:《免税购物与离境退税购物差异研究》,载《空运商务》2015 年第 2 期。

④ 刘家诚、张应武、黄熙智:《海南离岛免税政策的经济增长效应研究》,载《海南大学学报(人文社会科学版)》2015 年第 1 期;张应武、刘家诚:《海南离岛免税政策调整效应的实证研究》,载《海南大学学报(人文社会科学版)》2017 年第 2 期。

⑤ 徐海军:《海外旅游者购物退税政策思考》,载《旅游学刊》2003 年第 5 期。

际含税量,但能刺激游客消费和推动本国商品的就地出口。[1] 石美玉从市场营销、环境、个人、心理、参照群体等方面研究了影响旅客购物消费的相关因素,指出离境退税是影响旅客旅游购物的直接因素。[2] 在必要性方面,王大赛研究发现,离境退税带来的税收收入与退税支出相抵后仍有"净收益",而我国旅游贸易持续逆差、客源结构失衡的现实应通过离境退税制度应予改善。[3] 在可行性方面,方圆认为,通过对成本收益和市场时机进行分析,表明我国已经基本具备建立购物退税制度条件,但在制度设计上应考察财政收入和财政支出的比例。[4] 李海莲表示购物退税可以激发入境游客购买意愿,拉动国内消费、增加收入,同时我国出口退税制度、入境旅游的发展为购物退税提供了制度基础。[5]

　　三是国外离境退税制度的经验评介。陈洪宛、孙俊对国外离境退税制度的退税主体、退税资格、退税范围、退税模式、退税额度等进行比较,为我国制度完善提供了思路。[6] 孙刚认为,各国离境退税的实施具有以下四个共性可为我国借鉴:一是退税对象都为境内购买、境外消费的商品;二是退税环节主要发生在国内流通,其他环节税收基本不涉及;三是退税需要以发票充当凭证;四是退税要以旅客离境作为条件。[7] 程泓、赵书博等选取了德国、英国等主要国家,日本、新加坡等亚洲国家的离境退税制度进行研究,提出我国离境退税制度存在退税对象限制过严、退税商品范围过窄、退税率太低、退税定点

　　① 依绍华:《迈出困境的坚实一步——大力实施旅游商品退税制度》,载《时代经贸》2005 年第 2 期。

　　② 石美玉:《中国旅游购物研究》,中国社会科学院研究生院 2003 年博士学位论文。

　　③ 王大赛:《购物免税与退税政策的国际比较研究》,北京交通大学 2014 年硕士学位论文。

　　④ 方圆:《对我国实施入境旅游者退税制度的可行性分析》,载《湘潮(理论版)》2007 年第 8 期。

　　⑤ 李海莲:《中国构建入境游客购物退税制度研究》,载《求索》2011 年第 1 期。

　　⑥ 陈洪宛、孙俊:《入境游客购物退税的国际比较及对我国的启示》,载《中国财政》2009 年第 23 期。

　　⑦ 厉征:《财税专家认为国际旅游岛购物退税政策有很大吸引力》,载《中国税务报》2010 年 1 月 11 日第 1 版。

商店偏少,以及退税便利程度不高等问题,需要借鉴域外先进经验予以改善。①

四是我国实施离境退税制度的实践问题及制约因素。刘隆亨、孙健波认为,相比发达国家,"中国制造"商品的低价优势、购物退税制度与相关制度协调难度较大、我国以间接税为主的税制结构特点、消费者诚信纳税意识不足,以及出口骗退税风险对购物退税制度产生了一定负面影响。② 依绍华、栾庆琰对离境退税的海南样本研究后认为,游客结构不合理、商品服务质量不高,以及制度自身缺陷使离境退税对海南旅游业的推动较为有限。③ 景志华、夏冰、刘茂媛将海南离岛免税、离境退税与其他国家制度对比,认为海南试点与预设目标存在偏离的原因在于境外旅客来华的主要目的并非购物,他们没有向亲友赠送礼物的习惯,这些原因制约了离境退税效用的发挥。④

五是我国离境退税制度的立法改进对策。马典祥指出,依法退税是依法治税的重要组成部分,应从以下方面着力完善退税法律体系:一是要维护法律的完整性,着眼退税制度的全局和相关法律制度的衔接和调整,共同完善退税法律体系;二是要做好退税所实现的宏观调控与促进公平竞争功能之间的平衡协调,保障各方权益;三是要兼顾退税合法与退税效率之间的关系,提高退税质量和体验;四是要处理好退税相关权利义务关系人的关系;五是要处理好法律政策稳定性和退税手段多样性之间的关系。⑤ 张守文从合法性角度探讨了我国税收实践中长期存在的"先试点再推广"问题,他认为这种做法虽有助于税法缺陷和漏洞的修补,但也突破了税收法定原则,在立法及征管经验充足

---

① 程泓:《旅客购物离境退税制度的国际比较》,载《价格理论与实践》2015 年第 9 期;赵书博:《境外旅客购物离境退税政策比较研究及我国的借鉴》,载《国际贸易》2016 年第 9 期。

② 刘隆亨、孙健波:《我国建立境外旅客购物离境退税制度研究》,载《税务研究》2010 年第 5 期。

③ 依绍华:《海南实施游客购物退免税面临的问题与对策》,载《中国财政》2011 年第 10 期;栾庆琰:《海南离境退税政策和离岛免税政策探究》,载《中国商贸》2012 年第 6 期。

④ 景志华、夏冰、刘茂媛:《海南的"离岛免税"与"离境退税"对比综述》,载《现代经济信息》2016 年第 24 期。

⑤ 马典祥:《构建依法退税法律体系应着力理顺的五大关系》,载《涉外税务》2001 年第 12 期。

的情况下,除非特别必要,应尽量减少税收立法"试点"。① 欧阳天健充分揭示了我国离境退税制度在形式要件和实质要件上的合法性缺失,提倡我国借鉴立法经验成熟的新加坡制度提高离境退税的立法层次,搭建完善的离境退税法律体系,同时实现离境退税立法与刑法、海关法等相关法律的对接。②

六是我国离境退税的制度完善方案。胡清顾、刘学民、葛姣菊、戴智忠分别探讨了上海、深圳实施离境退税制度的可行性,提出应扩大离境退税试点范围、完善制度设计的建议。③ 迟福林提出,海南境外旅客购物离境退税和离岛旅客免税购物政策实施后,受经营主体、经营范围、购物点区域分布等因素限制,现行政策效应未充分释放,建议国家支持海南在相关政策上实现更大突破。④ 唐伟明指出,应完善购物离境退税制度立法,建立全国统一的监管体系、巩固现有试点政策成果,进一步发挥购物退税制度长期效应。⑤ 张广瑞认为,应立足当前离境退税面临的问题,通过完善立法和监管,对离境退税主体资格认定、退税模式选择、退税率及最低购物限额等进行合理设置,建立适合我国国情的离境退税制度。⑥ 赵薇薇指出,要通过多种渠道强化我国离境退税政策及旅游特色项目在国内外的推广宣传,同时要优化我国的税收信用体系和商业信用环境,增强外国旅客来华旅游、购物消费的体验。⑦

总体而言,现有成果对离境退税的理论基础、制度内容、实施效应和改善对策进行了不同程度的研究,为本书提供了理论参考和资料保障。但既有研究尚存以下不足:一是专题研究匮乏。现有成果主题相对零散,且未能全面揭

① 张守文:《我国税收立法的"试点模式"——以增值税立法"试点"为例》,载《法学》2013 年第 4 期。

② 欧阳天健:《离境退税的机制完善与路径创新——以新加坡为参考》,载《国际经济合作》2017 年第 1 期。

③ 胡清顾:《为上海实施购物"离境退税"政策建言》,载《上海商业》2012 年第 2 期;刘学民、葛姣菊、戴智忠:《深圳实施面向消费者退税政策的可行性探索》,载《全国商情(理论研究)》2013 年 15 期。

④ 魏如松:《迟福林委员建议:支持海南在免税购物领域再突破》,载《海南日报》2012 年 3 月 4 日第 A02 版。

⑤ 唐伟明:《我国实行境外旅客购物离境退税制度的研究》,复旦大学 2013 年硕士学位论文。

⑥ 张广瑞:《境外旅客购物离境退税政策效应值得期待》,载《中国旅游报》2015 年 2 月 2 日第 2 版。

⑦ 赵薇薇:《全球离境退税政策研究及对我国的启示》,载《国际税收》2017 年第 5 期。

示离境退税制度发生机理和普遍规律,难以为相关制度完善提供系统的理论参考。二是研究视角局限。既有成果从经济学或管理学角度开展研究较多,而以法学角度审视离境退税制度正当性、合理性的研究较少。三是实践关注不足。囿于我国离境退税制度推行较晚,既有成果对国外制度的评述较多,而对离境退税制度在我国的正当性、实践情况以及如何实现制度设计法治化等问题关注较少。鉴于我国离境退税制度正在持续推进,为确保该项制度的科学设计和良性运转,有必要加强系统性、针对性、本土化的研究。

四、研究思路和主要观点

本书以中国离境退税制度实施、改革与完善为研究对象,遵循"理论梳理—制度现状—问题检视—比较分析—完善建议"的研究思路,首先揭示离境退税制度的历史起源、制度价值、法理依据等基础理论问题。其次,遵循实证研究方法,对我国离境退税制度发展历程、制度内容及运行效果进行分析,准确揭示离境退税制度在法律规定、制度设计、监管框架及保障机制存在的问题及原因。再次,对域外相关制度和实践进行分析比较,提炼有益于我国制度完善的一般性经验。最后,回归我国离境退税制度完善的研究初衷,提出制度完善的宏观思路、微观措施和立法建议。本书研究过程中,主要形成了以下基本观点。

第一,离境退税制度实施有坚实的理论基础。离境退税本质上是一国或地区给予特定主体的税收优惠,其实施必须遵循税收法定原则和基本税收法理。理论上,入境游客将在旅游目的国购买商品带回本国消费将必然涉及国际税收协调问题,即重复征税对消费者造成税负不公。同时,离境退税制度实施还需要做到旅游目的地居民购物消费与入境游客购物消费在税收缴纳上的实质公平,以避免在税收上给予境外游客以超国民待遇。此外,作为一项税收优惠措施,一国和地区对离境退税适用范围、退税率等内容的设计必须考量其财政负担能力以及税收优惠的外部性问题等因素,以充分发挥该制度的激励效应。基于此,税收管辖权协调理论、税法激励理论、税收公平理论均为离境退税制度设置的理论依据。

第二,我国离境退税法律制度存在多重问题。我国现有离境退税政策虽取得了一定成效,但立法模式、具体内容、监管机制以及配套措施等方面仍存在不少问题。从法律体系而言,我国离境退税制度制定未严格遵循税收法定原则,相关法律规定层级过低、立法程序不够科学使得该制度面临着合法性的

"诘难"。从制度设计来看,我国离境退税制度中的退税对象范围狭窄、退税商品特色不彰、退税种类相对单一、最低消费设置不合理使其面临着合理性质疑。就程序规范而言,我国的退税商店布点过于分散、退税代理机构专业性不强、退税程序不够简化、部门协作与信息共享不足使得离境退税运行效率不高。此外,信用监管和责任惩罚机制不完善,使得我国离境退税制度面临着监管风险。

第三,我国应在比较分析的基础上适度借鉴域外离境退税经验。离境退税在世界各国的立法模式和实施机制上存在较大差异,其中对我国制度完善有重要启示的主要有欧盟"零售出口模式"、澳新"旅客退税计划模式"以及韩国"租税特例模式"。其中,欧盟国家在统一的《增值税指令》下将针对境外旅客的出售视为"零售出口",并基于各国增值税法律制度规定实行了离境退税法律制度,能为我国设置统一而又因地制宜的离境退税制度提供制度和实践经验参考;新加坡、澳大利亚等国以《商品与服务税法》和《商品与服务税条例》为支撑的离境退税法律制度设计,能为我国在未来《增值税法》和《增值税法实施条例》中设置离境退税制度,实现从"分散的政策调整"迈向"专门的法律规范"具有重要启示;韩国以《租税特例限制法》为主导,并结合该国国情分别就购物消费、住宿服务、医疗服务三大板块设置差异化的离境退税制度,对于我国离境退税制度进行类型化制度设计具有重要启示。此外,为确保离境退税顺畅实施,大部分国家通过引入专业代理机构、科学设置退税商店、引入电子退税方式、强化部门协调与监管等措施,提升退税效率、防控退税风险,对我国离境退税实施机制和配套措施的完善提供了参考。

第四,我国离境退税法律制度有待从宏观和微观两个层面全面完善。面对我国离境退税的立法和实施问题,我国应结合自身的法律体制和既有制度实践基础,充分借鉴域外先进经验,博采众长加快完善我国离境退税制度。就宏观视角而言,我国离境退税制度完善应坚持税收法定原则、税收效率原则和比例原则,助力旅游经济供给侧改革发展,注重发挥中央地方"两个积极性",做到政府监管与市场自由的统一。就微观视角而言,我国离境退税制度可采取"原则性立法＋独立实施方案"的立法模式,在未来的《增值税法》和《增值税法实施条例》中对离境退税制度内容予以规定。同时,为优化离境退税管理,有必要从成立跨部门领导小组、厘清管理部门职责、强化信息化和类型化管理方面实现离境退税公平和效率的统一。

五、研究的创新与不足

近年来,国内关于旅游税收问题研究文献相对较少,关于离境退税的制度评介、实践总结方面的文章虽有涉及,但从制度原理、法律问题角度对离境退税进行的系统研究较少,现有研究更多的是把离境退税视为促进一国旅游业发展的政策工具,而并非从税法制度设计的角度将该项制度纳入整个财税法制度的立场加以考察。基于此,本书侧重从财税法律制度本身的原理层面展开研究,并在以下层面进行了创新。

(一)研究思路创新

1.本书突破经济学、管理学主导的传统研究格局,侧重对离境退税制度进行法学阐释,主张从"国家—纳税人""经营者—消费者"双重关系的视角探寻我国离境退税与法制改革的互动,并以此为基础进行制度优化。

2.本书主张离境退税制度设计与实施应严格遵循税收法定原则。本书提出,我国离境退税制度建设应遵循合法性原则,立足现行离境退税制度问题和域外离境退税制度经验,将离境退税纳入现行增值税立法体系之中予以设计。同时,在离境退税实践过程中,我国应在法律规定或授权的前提下开展实践创新和规则调整,确保其在法治的轨道内有效运行。

3.本书主张辩证看待离境退税制度价值和风险。离境退税在刺激境外游客消费需求、拉动当地经济增长方面发挥着重要作用,但该制度实施过程中面临着政策目标冲突、经济利益博弈、风险控制失灵等问题,需要通过法律制度和监管机制的完善为我国免退税制度体系完善提供参考。

(二)研究观点创新

1.离境退税制度应兼顾国家财政利益与纳税人权益保障。离境退税涉及国家与纳税人的关系协调,其推行应遵循税收法定和公平原则,同时兼顾纳税人及相关利益主体的知情权、参与权及其他税收福利保障。

2.离境退税的实施效果与财政承载能力密切相关。国外离境退税制度的正反经验表明,离境退税制度有效运行应以强大的财政支出成本为后盾,否则非但不能发挥制度激励功能,反而易造成退税程序烦琐、退税积极性不高等问题,因此离境退税制度推行应以"财政的可持续性"为前提。

3.中国离境退税制度的完善是一项系统工程。离境退税制度能否有效运转,既需要离境退税相关体制、机制的完善,还需要通过优化产业结构、强化发展结构、行业监管水平、税制改革进度以及纳税人意识等因素影响,也需要行政部门减税让利、企业经营创新等配套制度支持,它的制定应综合考量多方因素。

4.离境退税制度应倡导公私合作运行模式。国外多以政府、企业以及第三方互动合作的方式推动离境退税制度实施,以降低制度成本、提高退税效率。我国应调整政府职能,鼓励市场主体参与该项制度运作,助推运营模式创新。

(三)研究方法创新

本书研究综合运用了多种研究方法,兼有定性研究与定量研究,在以下方法的运用上或有一定创新之处。

1.借助经济学、管理学、法学等多学科研究方法,结合税收管辖权协调理论、税法激励理论、税收公平原则等,对离境退税的作用机理及制度价值进行全面研析,并要求离境退税的法律制度完善应受到税收法定原则、税收效率原则和比例原则的约束,为离境退税的理论基础提供了多重视角。

2.运用实证分析方法,以事实、案例、数据为支撑,通过前往韩国、新加坡、澳大利亚等地实地体验以及前往广州、北京、厦门、上海、重庆等地实地调研,客观分析国内外离境退税制度经验、运行现状及存在问题,为改进离境退税制度提供实证支持。

(四)研究存在的不足

囿于资料收集和研究能力的不足,本书还存在以下不足:第一,国内离境退税实施资料不够充分。当前,离境退税制度已在我国 26 个地区试点实施,但这些省市实施离境退税的时间点不尽统一,相关主管部门对于该制度实施情况也缺乏系统总结,揭示离境退税实施的权威、全面资料相对较少,本书虽通过实地调研、远程访问等方式收集资料,但依然存在挂一漏万的情况,影响研究成果的准确度。第二,域外资料的选择与梳理未必科学。本书致力于发现和解决中国离境退税问题,在广泛收集世界各国离境退税立法与实践资料的基础上,重点选取了与中国国情、立法体制和实践情况密切相关的欧盟、澳大利亚、新加坡以及韩国等国家和地区的离境退税制度进行重点分析,研究样本是否科学、经验提炼是否准确还有待更多后续研究予以佐证。第三,立法建议的科学性有待实践检验。与部分域外国家已经建立较为完善的离境退税制度不同,我国离境退税制度实施具有"政策主导"特点,加之本书研究过程中正处于中国增值税制度深化改革、离境退税制度不断创新发展的趋势之中,因此,本书在既有国内外研究和制度经验的基础上,提出了完善我国离境退税制度的宏观思路、微观举措和立法建议,但这些建议是否恰当依然有待进一步论证和实践检验。

第一章
离境退税制度的演进及法理基础

随着社会发展与产业结构的优化升级,旅游业逐步成为各国国民经济的重要力量以及世界经济中发展势头最强劲、规模最大的产业之一。在旅游业发展过程中,入境旅游在促进旅游目的地国家消费、创收外汇、提高国家影响力方面的作用厥功至伟。[①] 其中,旅游税收制度对于一国旅游市场的发展至关重要,为促进"零售出口"(retail exports)竞争力,世界上有 60% 的国家在旅游消费市场中逐步引入了针对入境旅游消费者的购物离境退税制度,并将该项制度在增值税、消费税等法律制度中予以确立,以提高旅游市场的竞争力。

离境退税制度起源于 20 世纪 80 年代初的瑞典,在政策推行之初,凡是持有斯堪的纳维亚国家以外的外国护照的旅客,在瑞典政府指定的购物商店购物后,均可向商店索取"退免税购物单"申请退税。该项制度一经实施,立即得到了旅游消费者的青睐,迅速提振了瑞典旅游业发展,并带来了财政收入和就业岗位的增加。正因为该项制度具有较强的经济辐射效应,继在瑞典实施后便逐渐推广至其他国家,现已成为包括欧盟主要成员国、韩国、新加坡、日本等国在内的 60 多个国家广泛实行的一项"标配"制度。自 2011 年在海南初试啼声之后,我国于 2015 年起全面推动购物离境退税制度的试点扩围,将其作为促进我国旅游业改革发展的一项重要制度。

---

① Hermana Y., *Singapore Tourism Industry:A Contribution to the Economy*,*in Sumberdaya*,*Tourism*,Cultural Identity and Globalization in Singapore,Research Center for Regional Resources,Indonesian Institute of Sciences,Jakarta,2007,pp.95-151.

第一节 离境退税的制度意蕴与本质特征

一、离境退税的概念界定

概念的厘定是制度分析的前提。离境退税的全称为游客购物离境退税，其英文表达为 tourist refund scheme 或 the visitor rebate scheme。关于离境退税的内涵和外延，各国并无共同的规定和统一表述，本书主要以各国离境退税相关的理论、立法和实践为基础进行梳理，从中分析离境退税的相关概念表述，以期对该项制度的内涵和外延进行准确界定。

(一)离境退税的法定意涵

从国外来看，离境退税制度内生于各国以增值税为主导的税收法律制度设计之中，受到增值税立法模式不同的影响，各国在有关增值税法、商品与劳务税法或广义的消费税法中规定了离境退税制度。以欧盟国家统一的增值税（Value-Added Tax，以下简称 VAT）立法模式为例，欧盟《第六号增值税指令》第 147 条规定，当购买方为外国游客，并且所购产品作为外国游客随身或托运行李的一部分被带出欧洲共同体地区时，该产品可以向外国游客免于增值税销售。[①] 由于建立了统一的增值税适用体制，欧盟成员国需要受到欧盟统一增值税制度约束，它们在本国增值税法律制度中也建立了游客离境退税制度。例如，英国（原欧盟成员国之一，后已脱欧）《增值税法案》第 33 条中就明确了特定情形下的增值税退还，规定了政府可以将增值税退税事项适用到特定个人。[②]

以澳大利亚等国家采取的商品与服务税制度模式为例，澳大利亚《商品与服务税法》第 168-1 条规定，"如果您把商品作为随身行李带到国外，或者作为

---

① 参见 Article 147 of Council Directive 2006/112/EC of Nov. 28，2006 Nov. 28，2006.

② 参见 33E of Value-Added Tax Act 1994.

一个非居民把商品运送回国,则可能获得对所支付商品进行退税的权利"①。该国《葡萄酒均衡税法》第 25-1 条则规定,"如果把葡萄酒作为随身行李带往国外,或者作为一个非居民把葡萄酒运送回国,则可能获得对所支付的葡萄酒税申请退还的权利"。② 可见,在该国《商品与服务税法》及其他税收制度体系下,离境退税是一项国际旅客(不论是外国旅客或澳洲旅客)获得特定商品的商品服务税退还的制度。马来西亚《商品与服务税法》第 61 条第 1 款规定,游客退税制度是一项让任何有资格的游客就其在马来西亚获得批准的商家处购买的某些商品申请退税的制度。③ 新加坡《商品与服务税法》中只原则性地对特殊情形下的商品与服务退税做了规定,但在其《商品与服务税条例》第 48 条第 1 款中对游客退税制度进行了明确规定,将其界定为一项针对从新加坡的机场或邮轮码头离境的游客就其所购买的商品予以退税的制度。④

　　以日本采取的消费税立法模式为例,根据《日本消费税法》第 7 条第(1)款的规定,"事业者(除了根据本法第 9 条第 1 项的规定免除消费者缴纳义务的事业者)在日本国内实施课税资产让渡行为时,符合下列规定可免除其消费税:(一)作为从日本出口的资产让渡或出租……"。可见,日本的观光客在商店购买商品需要带到国外消费的,可以将其视作《日本消费税法》第 7 条出口

---

　　①　"If you take goods overseas as accompanied baggage, or you are a resident of an external Territory and send goods home, you may be entitled to a refund of the GST that was payable on the supply of the goods to you."参见 Division 168-1 of A New Tax System (Goods and Services Tax) Act 1999.

　　②　"If you take wine overseas as accompanied baggage, or you are a resident of an external Territory and send wine home, you may be entitled to a refund of the wine tax borne by you on the wine." 参见 Division 25-1 of A New Tax System (Wine Equalisation Tax) Act 1999.

　　③　"There shall be a scheme to be known as 'Tourist Refund Scheme' which allows any tourist who qualifies to claim a refund on the tax paid on certain goods purchased in Malaysia from an approved outlet."参见 Section 61.(1) of Malaysia Act 762: Goods and Services Tax Act 2014.

　　④　"A tourist refund scheme is hereby established under this Part for (a) the refund by a taxable person that (i) is made to a tourist who departs from Singapore from an airport, or a cruise terminal on an international voyage; and (ii) is of an amount equivalent to the tax chargeable on a supply of goods to the tourist…"参见 Section 48.(1) of Goods and Services Tax (General) Regulations 2008.

贸易"资产的让渡",免除其消费税。

此外,韩国在其《增值税法》和《个人消费税法案》中也对一般条件下出口退税制度进行了规定,同时在 1998 年《租税特例限制法》中将离境退税制度作为一项租税的特例予以规定。该法第 107 条规定,对于外国游客等从总统令规定的经营者处购买的出境商品,可以适用增值税的零税率或者依照总统令的规定退还有关商品的增值税。① 之后,韩国在《租税特例限制法》修订过程中又分别于 2014 年 1 月 1 日新设了针对外国游客的住宿服务征收增值税退税的特例和 2015 年 12 月 15 日新设了针对外国游客的医疗美容整形服务征收增值税退税的特例,拓展了离境退税制度的实施外延。

由上分析大致可知,大部分国家立法中的离境退税制度主要是针对符合条件的外国游客在出境时就其所购买的商品或服务予以退税的制度。

(二)离境退税的政策表达

从旅游政策层面观察,离境退税属于广义旅游税收制度的一项重要内容。所谓旅游税,是指通过不同方式在不同环节对旅游者的旅游行为征收的税收或使用费②,其包括对入境旅游者、出境旅游者和国内旅游者的旅游行为所征收的一切税收,涵盖出入境旅游税收、航空旅行税收、酒店及住宿税收、旅游消费税收、改善旅游环境的税收以及旅游税收优惠措施等。作为一项重要的旅游税收政策,入境旅游者退税制度也构成了调整旅游消费者行为的一项重要制度。

经济合作与发展组织于 2014 年度发布的《旅游趋势和政策》指出,继续推行税收优惠,增加游客在增值税/商品服务税领域的退税财政支出,已成为促进各国旅游业发展的重要制度。③ 爱尔兰的税务局网站指出,零售出口计划是一项允许居住在欧盟以外的游客或旅行者申请退还在欧盟购买商品所征收

---

① "The zero rating of value-added tax may apply to goods that foreign tourists, etc. purchase from business operators prescribed by Presidential Decree in order to take out of the Republic of Korea, or the amount of value-added tax on the relevant goods may be refunded, as prescribed by Presidential Decree",参见 Article 107 (1) of Restriction of Special Taxation Act 2017.

② 高凌江:《中国旅游税收理论与税制改革问题研究》,旅游教育出版社 2014 年版,第 5～6 页。

③ OECD (2014), OECD Tourism Trends and Policies 2014, Paris, OECD Publishing, https://doi.org/10.1787/tour-2014-en. 下载日期:2020 年 3 月 29 日。

增值税的制度。① 澳大利亚旅游购物改革小组 2016—2017 年度发布的先期预算报告指出,旅游退税是一项允许游客在特定条件下申请商品服务税和葡萄酒均衡税的制度。② 而就我国而言,有关离境退税的概念最先出现在《国务院关于推进海南国际旅游岛建设发展的若干意见》(国发〔2009〕44 号)中,该意见在"财税政策"中提出"由财政部牵头抓紧研究在海南试行境外旅客购物离境退税的具体办法和离岛旅客免税购物政策的可行性",此后的《国务院关于促进旅游业改革发展的若干意见》(国发〔2014〕31 号)在"扩大旅游购物消费"中也提出"要研究完善境外旅客购物离境退税政策,将实施范围扩大至全国符合条件的地区",但这些政策文件中并未对何为离境退税进行明确界定。直到财政部《关于实施境外旅客购物离境退税政策的公告》(财政部公告 2015 年第 3 号)中,才将离境退税制度完整表达为"境外旅客购物离境退税政策",并将其界定为"境外旅客在离境口岸离境时,对其在退税商店购买的退税物品退还增值税的政策。"

(三)离境退税的内涵明晰

由上可知,尽管各国有关离境退税在增值税等间接税制度中的立法规定不尽一致,其政策表达的内容也不尽统一。但综合以上分析,我们大致可以发现有关离境退税概念的共识性表达:第一,离境退税制度的适用主体是游客,由于离境退税的初衷在于促进旅游业的发展,因此它通常以境外游客为实施对象③,当然如何确定为符合退税要求的"适格"游客仍需根据各国实际情况予以确立。第二,离境退税的适用客体是发生了旅游消费行为,游客只有在旅游目的地国规定的经营者处购买了相关商品或进行了服务消费,方能申请退税。第三,离境退税的适用前提是商品"离境",只有当游客将商品带离国境,方能提出必要的退税申请,如果商品或服务的消费发生在旅游目的地国本国,通常不在退税范围④。第四,离境退税的适用税种是消费税,广义来看,这种

---

①　Retail Export Scheme,http://brexitlegal.ie/retail-export-scheme-i/,下载日期:2020 年 4 月 1 日。

②　Tourism Shopping Reform Group Pre-Budget Submission 2016-17.

③　需要说明的是,澳大利亚是世界上唯一一个直接在商品与服务税法中将本国公民和居民纳入离境退税适格主体范围的国家,只要满足将商品带离出境的条件,就可成为适格的退税权利主体。

④　需要说明的是,韩国是世界上为数不多地将特定服务纳入退税范围的国家,突破了以商品为限的退税制度。

消费税是以消费品的流转额作为征税对象的,主要由增值税或商品服务税和特定的消费税①构成。第五,离境退税的适用条件是游客申请退税,只有当游客的申请条件经过了退税主管机关(主要为海关)的认可,方能成功获得退税。就此而言,本书所研究的离境退税制度是指旅游目的地国家根据税法规定对符合条件的境外旅游消费者在本国退税经营者处购买并离境消费的商品或服务价格中所包含的部分增值税和消费税予以退还的一项制度。

二、离境退税的本质特征

随着经济全球化发展和我国经济改革的不断深入,针对外国游客实施的购物离境退税逐步成为零售出口退税制度的重要组成部分。总体上,离境退税制度具有以下特征。

(一)权利属性视角:离境退税是一项特殊的退税请求权

离境退税的核心是将旅游消费者在旅游目的地国家购买商品的部分间接税予以退还,对游客而言,是一项由税法保障的税收返还请求权。一般意义上,税法中的"退税"是指因某种原因或特殊情况,征税机关将已征税款按规定的程序和手续退还给原纳税人的一项税收业务,对于纳税人而言行使的是税款退还请求权。退税的情形既包括税务机关的误收退税,也包括政策性退税和其他情形退税。相应地,纳税人在履行纳税义务过程中,则享有一定的退还请求权,一旦征税主体对纳税人缴付的全部或部分款项的获取和保有没有法律根据,纳税人可以请求予以退还。②

广义来看,退税权包括税收退还请求权、出口环节对增值税和消费税的退税、税收优惠中的退税以及所得税种的先缴后退等。③ 就零售出口的增值税、消费税等间接税而言,由于税负通常为最终消费者承担,会构成消费者所购买商品或服务价值的一部分,为鼓励入境游客加大对本国零售业、旅游业的购物消费力度,一些国家或基于出口货物的"零税率"规则予以退税,或将离境退税作为一项重要的税收优惠制度予以实施,以此实现对旅游消费者税收利益的

---

① 例如,韩国针对个别消费税予以退税,澳大利亚也在商品服务税以外针对葡萄酒均衡税予以退税。

② 刘剑文:《财税法学》,高等教育出版社 2004 年版,第 624 页。

③ 王肃元:《论我国纳税人税收退还请求权》,载《兰州大学学报(社会科学版)》2010年第 5 期。

返还。就此而言,旅游消费者所享有的离境退税权利也是一项重要的税收返还请求权,他们能够在购物离境时依据法定的条件行使或放弃该项权利。

(二)适用对象视角:离境退税主要针对入境域外游客实施

根据离境退税的设计原理,退税对象主要针对符合旅游目的地国家或地区规定条件的境外游客实施,与出口退税制度中主要针对货物出口企业实施不同。从世界范围来看,由于离境退税的实施需要以商品"零售出口"为前提,要求外国游客将本国商品带到国外消费,因此旅游目的地国家通常将离境退税的适用对象确定为境外游客。例如,根据欧盟《第六号增值税指令》第147条第2段的规定,离境退税的适用对象应为永久居住地或经常居住地不在欧盟的成员国的游客。新加坡《商品与服务税条例》第49条规定,符合离境退税要求的游客不能是新加坡公民或新加坡永久居民。通过合理限定退税主体资格,为境外旅客提供当地居民无权享受的"优惠待遇",吸引境外游客来本国入境旅游,释放境外旅客的消费能力,达到带动当地经济发展和增加政府财政收入的目的。

当前,世界上绝大部分国家对离境退税的适用对象进行了严格约束,只有极少数国家允许离境退税制度向本国公民或居民"离境时"开放[①],因为过于宽松的规定容易带来本国公民或居民将商品频繁带出国境用于经营性活动的风险。同时,与离岛免税制度相比,离境退税制度的"醉翁之意"在于在入境旅游领域取得竞争优势,入境外国游客显然属于购物消费的主流,且符合一国"出口"政策的基本要求,因此在制度上设计为仅向境外旅客退还税款,通过增强国外旅客对本国产品和服务的消费需求,提升本国产品在国际上的竞争力。

(三)税收行为视角:离境退税是一项零售出口激励机制

在国际贸易领域,为了提高本国产品在国际市场上的竞争力和影响力,对一般出口商品免除间接税成为国际通行做法。与针对企业实施的大规模出口退税制度不同,离境退税所针对的是旅客在旅游目的地国购买商品离境后将其带到旅游目的地之外进行消费的行为,对境外旅客实行退税在本质上也是针对商品出口行为的激励。

---

① 根据澳大利亚《商品与服务税法》第168条的规定,来澳大利亚旅游的国际游客和到海外旅游的澳大利亚人可以申请商品与服务税的退税。参见 McCouat P., *Australian Master GST Guide* 2019-20th Edition,Wolters Kluwer Australia,2019.

理论上,关于旅游消费者离境退税是否属于出口退税的范围学界观点不一。有学者认为,旅客购买商品并在离境后将其带回本国消费,其实质相当于出口,因此对其进行退税的理论依据与一国对本国出口货物给予退税的依据相同。[①] 但更多学者倾向于将购物离境理解为一项"零售出口"活动。如有学者提出,一个国际旅行者在一个国家购买的商品,然后运输到另一个国家使用或消费,基本上可将这项活动视为"微型出口"。[②] 因此,购物离境行为符合"将商品从一国课税区转移出去"的普适理解,是一种"化整为零"的出口方式,一国针对游客离境退税,本质上仍然符合增值税的"零税率"规则,是对商品出口的一种激励。

立法实践中,大多数国家虽根据适用对象的不同将出口退税制度与离境退税制度进行了区分规定,但本质上仍认可购物离境构成"出口"行为的这一判断。例如,欧盟《第六号增值税指令》第147条采用的是"transported out of the community"[③]概念,将旅客携带商品出境行为认定为出口。西班牙增值税法规定,下列情形可以由税法规定按零税率对待并作退税处理,包括:(1)商品出口业务;(2)视为出口的业务[④];(3)海关免税区或暂不支付增值税和进口税的业务。[⑤] 从中可知,这种规定并未严格区分企业或个人,仍可将离境退税视为出口的业务类型之一。而英国立法中明确提出了"零售出口"的概念。英国对"出口"的界定采用直接规定法,即由税法直接列举出口交易适用范围,只要证实供货人属于如下情况:(1)直接出口的商品;(2)把商品海运或客运至英国国外的最终目的地储存入库,或作为商品以零售方式出售给进行这样一种海运或客运的人;(3)把商品销售给出口交易所;(4)把商品销售给海外的人;

① 赵书博:《境外旅客购物离境退税政策比较研究及我国的借鉴》,载《国际贸易》2016年第9期。

② Dimanche F., The Louisiana Tax Free Shopping Program for International Visitors: A Case Study, *Journal of Travel Research*, 2003, Vol.41, No.3, pp.311-314.

③ 参见 Article 147 of Council Directive 2006/112/EC on the Common System of Value-Added Tax.

④ 视作出口和按零税率交易的事项包括:在西班牙境外销售用作消费的商品以及提供有关的劳务;销售与外交事务有关的商品(如销售给大使、领事、国际组织和具备外交身份的人);国际海运和空运。

⑤ 各国税制比较研究课题组编:《增值税制国际比较》,中国财政经济出版社1996年版,第89页。

（5）把商品销售给离开英国的人，作为零售出口计划的一部分；（6）在英国国内和国外经营工商业，并把商品从英国调拨至国外营业场所，则直接适用出口交易。其中的供货人包括了零售销售的对象，游客即为"将商品销售给离开英国的人的情形"，可以适用退税制度的规定。[①] 类似地，在新加坡实施的离境退税制度中，也将游客购物离境作为一项"零售出口"活动的做法予以认定。[②] 澳大利亚离境退税制度则认为，游客可以在澳大利亚购买商品，当他们离开澳大利亚到国外使用时，这些商品将被带出境，这就像出口商品一样。[③]

因此，游客购物离境本质上与出口行为类似，相当于将国外进口商分解成无数个境外旅行者前来旅游目的地国购买该国商品，并通过旅客携运的非贸易方式出境。基于此，我们可以将针对游客购物行为实行退税的制度认定为一项针对"零售出口"的税收激励措施。

（四）财政预算视角：离境退税是一项财政税式支出行为

从财政视角观察，税式支出是指政府对于某些纳税人和特定经济行为给予不同的税收优惠而形成的支出或者放弃的收入。[④] 离境退税是以出口产品税收的"先征后退"为前提的，从国家角度来看，是政府在间接税领域税收利益的让步（indirect tax concession scheme），国家可以选择是否实施退税，退税的对象、范围和尺度，其本质上是国家通过税式支出的方式来落实的。税式支出最早由美国哈佛大学教授斯坦利·苏瑞（Stanley Surrey）提出并逐渐为诸多国家所采用。[⑤] 所谓税式支出，是指国家为达到一定的政策目标，在税法中

---

① 各国税制比较研究课题组编：《增值税制国际比较》，中国财政经济出版社 1996 年版，第 89 页。

② 例如，在新加坡，有 GST 注册的企业可以作为独立零售商或通过中央退税机构的服务向游客提供 GST 退税。参见 https://www.iras.gov.sg/irashome/Schemes/GST/Tourist-Refund-Scheme--for-retailers-/，下载日期：2020 年 5 月 30 日。

③ Tourists may buy goods in Australia that they will take home with them when they leave for use outside Australia. This is like exporting the goods. 参见 Tourist Refunds 6.382，Explanatory Memorandum of A New Taw System（Goods and Services Tax）Bill 1998，Circulated by authority of the Treasurer, the Hon Peter Costello.

④ 曲振涛、林新文：《税式支出、激励路径与制造业转型升级》，载《产经评论》2019 年第 4 期。

⑤ Surrey S., Tax Incentives as a Device for Implementation Government Policy：A Comparison with Direct Government Expenditures，*Harvard Law Review*，1970，Vol.83，No.4，pp.705-738.

对正常的税制结构有目的有意识地规定一些"背离"财政收入主义的条款,造成对一些特定纳税人或课税对象的税收优惠,由此所带来国家财政收入的减少、放弃或让与就构成财政上的税式支出。这些特殊税制做法减少了政府财政收入,具有"给予特定受益人直接补贴的效果"①,进而能够实现政府特殊的经济和社会目的。作为一项对基准税制体系规定的优惠性例外,该制度往往需要纳入预算体系,并通过立法、行政和司法对其层层监管。②

一般而言,税收是指国家凭借政治权力,强制、无偿、固定地从纳税人处获取财政收入的一种手段,除非基于超征、错征,否则国家不会主动将已征缴入库的税款直接退还给纳税人。但实践中亦有通过税收手段导引经济活动为目的、补充政府机能不足的税收优惠制度。③ 在推动国家旅游经济发展领域,离境退税便是一项重要的税收调控手段,是一国政府将游客在退税商店购买的商品中已在国内征收的流转税退还给消费者个人的收入退付和减免税负的税收行政行为。④ 根据离境退税的定义,它所针对入境游客的该项退税与将超纳、错纳的税款退还给纳税人的行为有着本质区别,是一种以先征后退的方式实施的税收制度的例外,需要由政府财政"买单",由国家按照特定条件将税收收入进行退付,因而从国家财政预算的角度,可以将其定性为一项税式支出行为。

三、离境退税与相关概念的甄别

在促进旅游经济发展层面,离境退税制度仅仅是相关税收激励"束"中的措施之一,为更好地界定其内涵和特征,有必要对离境退税与出口退税、免税购物等类似税收制度进行比较和区分。在此,本书主要分析离境退税和一般退税请求权、出口退税、离岛免税以及个人消费退税等制度之间的联系和区别。

---

① Lienert I., Kyung Jung M., The Legal Framework for Budget Systems: An International Comparison, *OECD Journal on Budgeting*, 2004, Vol.4, No.3, pp.23-41.

② 叶姗:《税收优惠政策制定权的预算规制》,载《广东社会科学》2020年第1期。

③ 黄茂荣:《税法总论3:税捐法律关系》,植根法学丛书编辑室2008年版,第363页。

④ 唐伟明:《我国实行境外旅客购物离境退税制度的研究》,复旦大学2013年硕士学位论文。

（一）离境退税与一般退税请求权的联系与区别

如上所述，离境退税作为一项针对境外游客实施的特殊退税请求权制度，与一般意义上税法规定的针对本国居民的退税请求权同属于广义退税请求权的重要组成部分，但二者之间亦存在较大差别。在我国，纳税人的税款退还请求权是指纳税人在计算缴纳税款之后发现所缴税款超过法定标准，向税务机关请求退还多缴税款及孳息的权利。根据《税收征管法》第51条的规定，纳税人超过应纳税额缴纳的税款，可以由"税务机关发现"和"纳税人发现"两种途径来进行退还。[①]

之所以赋予纳税人的退税请求权，是因为该权利是纳税人享有财产领域平等对待权、经济救济权的重要体现，也是矫正税务稽查程序的重要手段，符合税收法定原则的基本要求。当前，为更好地约束政府征税权力，退税权被各国立法予以明确，确保纳税人有效监督和制约国家课税权力行使。

与一般意义上的退税请求权不同，离境退税并非国家将超纳、错纳的税款退还给纳税人，而是国家为发展旅游经济所实施的一项"优惠退税"活动，其根本目的在于通过发挥税收调控作用更好地激励境外游客在旅游目的地进行购物消费。制度目的不同也影响着制度适用条件的设置。在一般退税请求权的实施过程中，一旦纳税人发现自己多缴、误缴或税务机关多征、误征税款，即享有在一定时期内向税务机关要求返还税款的权利。离境退税则针对境外旅客实施，只有当境外旅客在旅游目的地国家或地区购买商品并携带出境时，方能向旅游目的地国申请退还商品价格中所含的生产流通环节中已缴纳的间接税，其实施对象具有局限性，实施范围也相对集中和狭窄。

（二）离境退税与出口退税的联系与区别

为提高本国产品在国际贸易领域的竞争力和影响力，对一般出口商品免除间接税成为国际通行做法。所谓出口退税，是指在国际贸易中货物报关出口销售后，输出国将其国内已征收的税款（增值税、消费税）退还给货物出口企

---

① 参见《税收征管法》第51条的规定，纳税人超过应纳税额缴纳的税款，税务机关发现后应当立即退还；纳税人自结算缴纳税款之日起三年内发现的，可以向税务机关要求退还多缴的税款并加算银行同期存款利息，税务机关及时查实后应当立即退还；涉及从国库中退库的，依照法律、行政法规有关国库管理的规定退还。

业的一种制度。① 对于出口商品,不但在出口环节不征税,而且税务机关还要退还该商品在国内生产、流通环节已负担的税款,使出口商品以不含税的价格进入国际市场,其目的在于让出口商品以不含间接税的价格进入国际市场参与国际竞争。② 在具体操作上,企业如果要进行出口退税,需要符合以下条件:一是出口货物已经缴纳了增值税和消费税;二是需要在口岸海关报关实际离境;三是出口退税货物必须在企业财务上做出口销售处理;四是必须收汇并已核销。③

在我国,根据《中华人民共和国增值税暂行条例》(以下简称《增值税暂行条例》)的规定,纳税人出口货物的增值税税率为零,且纳税人可以按期向主管税务机关申报办理退(免)税。作为我国税收制度的重要组成部分,出口退税需要满足以下三个条件:一是"出口",只有在货物出口后方可申请退税,退税时,必须有货物出口的凭证;二是"退还",即出口货物已纳税,只有已经纳税才能获得退税,同时退税应有一定标准,即按照一定的退税率进行退还;三是"税"的种类,即退还的是出口货物已经在国内缴纳的流转税,包括增值税和消费税。实践操作中,企业要获得出口退税,必须满足"货物已缴纳增值税、消费税;在口岸海关报关实际离境;在企业财务上做销售;必须收汇并已核销"等基本条件后,方能申请退税。其中,该出口纳税人通常是指企业纳税人,不包括外国游客,而离境退税主要针对个体游客消费者实施,可见,我国出口退税制度并不当然涵盖离境退税这一类型。

因此,出口退税虽与离境退税在理论上均针对"出口行为"实施,但在适用对象、适用条件和实践操作程序上并不相同。二者共同之处在于,两者都具有以退税方式来平衡本国产品税负,使出口产品以不含税的价格在国际市场上与他国商品公平竞争的目标,客观上都是间接税征收的消费地原理以及税收公平、税收中性原则的体现,能够有效避免重复征税。④ 就二者关系来看,在

---

① 李光曼、李丽:《试论我国纳税人出口退税请求权》,载《南昌大学学报(人文社会科学版)》2005 年第 6 期。

② 刘凌、陈效:《中国出口退税政策的改革路径及其经济效应分析》,载《湖南师范大学社会科学学报》2012 年第 2 期。

③ 陈平、黄健梅:《我国出口退税效应分析:理论与实证》,载《管理世界》2003 年第 12 期。

④ 刘隆亨、孙健波:《我国建立境外旅客购物离境退税制度研究》,载《税务研究》2010 年第 5 期。

一定程度上,可以将游客购物离境退税制度视为整个出口退税制度在零售领域的延伸和补充。但必须强调的是,从退税主体、销售处理、操作程序和核销方式等方面来看,离境退税制度因其属于"零售出口"的领域又有其独立的制度价值和制度属性,也需要在制度设计上作相应区分。

(三)离境退税与离岛免税的联系与区别

免税是指按照税法规定免除应纳税款,对某些纳税人或征税对象给予鼓励、扶持或照顾的特殊规定①,是世界各国普遍采用的税收优惠方式。所谓离岛免税,是指一国结合自身情况,对于来到一国境内指定的免税商店购物的游客(包括境内外游客),在离开特定区域时可享受进口商品的免税优惠的制度。由于离岛免税制度实施需要特殊地理环境支撑,其并非世界各国通行做法,目前仅有韩国济州岛、日本冲绳岛、我国台湾部分地区以及海南岛施行了"离岛免税"政策。不难发现,离岛免税区通常都是相对独立的海岛区域。对于实行离岛免税政策的地区,也对免税对象、免税店商品货物的类型、免税的种类、免税的限额以及经营形式等作了规定。以韩国济州岛实施的"离岛免税"政策为例,其免税区域仅限于韩国济州岛;免税的种类为增值税、个别消费税、酒税、关税及烟草消费税;免税对象为从济州岛乘飞机或船舶前往济州特别自治道以外地区的 19 岁以上的本国及外国人员;免税额度为每人每次免税购物总额在 40 万韩元以内,一年可免税购物 6 次;免税商品包括酒类、烟草、化妆品、香水等 17 类;主要运营商为 JDC 和 JTO,一个为国家设立的国有企业(政府独资),一个为隶属于济州岛地方政府的企业;提货方式为"店内购物、离境口岸提货"模式。

根据离岛免税政策,免税购物(Duty-free)所免除的是商品的进口关税和进口时产生的增值税,免税商品没有限制,任何人只要离境,都可以提供护照和机票去免税店购买。相比而言,离境退税所提倡的购物退税(Tax-free)是针对境外旅游者在国内退税点购买的,随身携带或托运出境的退税商品依照规定退税的制度。大部分实行入境外国旅客离境退税的国家在实施该项制度的同时也会对实施条件作出一定限制,大致包括:绝大多数国家都将非本国居民作为退税对象;退税商品通常都是个人或家庭使用的商品,用于商业用途的商品除外;所购买商品都在境外使用,在旅游目的地国境内不得使用;在一个

---

① 　李宝锋:《从税款抵扣制度看增值税免税权的运用》,载《财会月刊》2014 年第 13 期。

商店一次购物或一天购物必须超过最低购货限额才能办理退税;办理退税程序时,必须提供购物的原始发票、经海关验货盖章后方可办理退税等。[1]

总体而言,离境退税与离岛免税都是推动旅游经济发展的重要税收激励措施,但囿于制度机理不同,二者在实施对象、范围和具体措施上仍存在很大差异。在免税购物安排中,与由政府规定的专业零售商将已免税的特定商品以实物形式出售给将要出境的旅客不同,在离境退税制度中,旅客可通过多个零售商获得多类货物的税收优惠,因此离境退税制度更受境外旅客的欢迎。在此,本书拟结合我国海南省试点实施的离境退税与离岛免税制度,对二者区分如下:

表 1-1 离境退税与离岛免税制度的区别

适用条件	制度类型	
	离境退税	离岛免税
退税税种	离境退税的税种为增值税,是针对非免税店的普通消费商品实行退税。	离岛免税的税种为关税、进口环节的增值税、消费税。
退税商品	实行"负面清单"制,退税物品范围为除禁止、限制出境和增值税免税物品外的所有物品,主要为本国商品,旨在吸引境外游客购买。	市内免税店品类主要是香水、皮包、化妆品、首饰等,通常为国外品牌,对国内游客和第三国旅客都有较强吸引力。
受益人群	受益人主要为境外游客等主体,适用人群主要是在我国境内连续居住不超过 183 天的外国人和港澳台同胞	针对岛内外居民实施,年满 16 周岁,乘飞机离开海南本岛但不离境的国内外旅客,包括海南省居民,受益面更广。
购物限额	离境退税通行做法是设置最低购物限额而不设置上限,例如我国起退点为 800 元(2015 年下调为 500 元)	免税购物通常对免税额度设置上限而不设下限。例如,2018 年 12 月 1 日起,海南离岛免税政策第 5 次调整实施,旅客年度免税购物限额增至 3 万元,不限次数。

---

① 高凌江:《中国旅游税收理论与税制改革问题研究》,旅游教育出版社 2014 年版,第 53 页。

续表

适用条件	制度类型	
	离境退税	离岛免税
退免比例	国际上离境退税税率集中在 5%～20%,我国退税率统一为 11%(2019 年 4 月 1 日起,适用税率为 13% 的退税物品,退税率为 11%;适用税率为 9% 的退税物品,退税率为 8%)	国际上免税或减免税的比例集中在 20%—100%。
定点商店	只有从退税定点商店购买,才能按规定取得退税申请单等退税凭证,之后通过办理相应手续,享受退税政策。	具有离岛免税政策资格并实行特许经营的免税商店。
实施范围	具备相应条件的旅游地区均可实施,地域适用范围广泛。	具有"境内关外"特性,往往局限于一国某一特定区域,并具有海关隔离的地方。
操作流程	境外旅客在指定退税商店购物并申请退税,本人携带退税物品在离境时经海关验核确认,最后由退税代理机构退税。	先由离境旅客在离境免税店内付款,再在机场隔离区提货离境。

　　不难看出,离岛免税与离境退税的相同之处在于,二者的制度初衷都是国家利用税收调节作用来鼓励和刺激旅游购物,因此在推动旅游产业转型升级和旅游经济发展方面具有异曲同工之效。但二者在适用对象、税种税率、购物金额与数量限定、程序规定等方面仍存有不同之处。相比之下,由于离境退税制度适用地域范围更为广泛,其在推动入境旅游业发展以及整个社会经济发展的作用会更显著,更有战略价值。

(四)离境退税与个人消费退税的联系与区别

　　个税消费退税是一国政府对本国国民实行的鼓励消费的税收制度。在该项制度中,国家将从个人缴纳的个人所得税中退还一定比例给个人,但所退税款须用于个人消费,个人在消费时可按照消费总额一定比例选择用退税款支付。① 同样作为税收优惠,个人消费退税是国家为鼓励纳税人从事或扩大消费活动而给予的税款退还。一般而言,针对本国公民的个人消费退税通常通过个人所得税的退还实施,政府按一定比例向纳税人退还其所缴纳的个人所得税,让他们从心理上有获得额外收入的感觉,进而可以在最大限度上释放消费者的消费能力,满足其现实消费需求。② 例如,亚洲金融危机期间,韩国实施了个人信用卡消费可抵所得税的政策,并一直沿用至今。美国一些州也通过房产税的退税促进消费,一旦纳税人缴纳的房产税与其收入的比例超过某一数值,政府则会将超额部分用以减少其应纳所得税额或以现金直接支付的方式返还本人。③

广义而言,消费退税包括了所有国家支持消费的优惠行为,离境退税和个人消费退税均是世界各国常用的促进消费的手段。④ 由于离境退税一般针对的是入境外国游客,所退之税只能是所购商品在境内流转环节的增值税、消费税,尚不涉及个人所得税的问题,其着眼点在于把针对外国的零售出口视为外需,进而通过拉动外需促进经济发展。从拉动内需的角度出发,针对境内纳税人而言,个人消费退税主要寄希望于个人所得税的减免,通过减轻个人所得税的方式增加居民的可支配收入,进而增强居民的消费能力,以实现其调控目标。就此而言,退还个人所得税在拉动内需方面的刺激效应要比退还流转税更为实际。与现行的购物离境退税政策相比,个税消费退税政策的适用对象是全体公民而不仅限于入境旅游者,政策适用的范围更广,渠道更宽,拉动消费的杠杆效应更为明显。但是,个人消费退税的制度实施必须建立在完善的公民个税申报制度上,由于我国个税申报制度尚不完善,目前消费退税在其他国家虽有实施,但我国却对该项制度少有尝试。从共同拉动消费增长的角度来看,个人消费退税与离境退税制度有必要双向着力,从内外两个层面共同实现带动消费的目的。

---

① 陈俊杰:《实行个税退税款用于消费拉动内需政策的探讨》,载《现代经济》2009 年第 9 期。

② 施伟东、王健、欧阳天健:《以个人所得税退税拉动消费的法律政策研究》,https://www.sls.org.cn/levelThreePage.html? id=11601,下载日期:2020 年 4 月 20 日。

③ 孙瑜晨:《房产税优惠制度的探讨和重构》,载刘剑文主编:《财税法论丛》(第 15 卷),法律出版社 2015 年版,第 265～291 页。

④ 胡菲菲:《实施消费退税对我国经济的有益影响》,载《中国市场》2011 年第 39 期。

第二节 免退税制度演进与离境退税的实施背景

一、域外免退税制度发展与离境退税制度发轫

历史地看,离境退税制度内生于免税业的发展轨道之中。早在 1947年,世界上第一家免税店于爱尔兰香侬机场现身,标志着现代免税业正式诞生,其初始目的即在于拉动旅游消费。所谓购物免税制度,是指一些国家选择设立在口岸、运输工具和市内的一家或几家零售商给予特殊待遇,允许其向出入境游客销售免税商品的制度。最开始,免税店主要在口岸和交通工具上设立,此后随着船上交通和租船业务迅速兴起,免税渠道开始多样化发展,逐渐从机场、火车站扩展到外交场所、客运站、边境口岸免税店直至市内免税店①,并可细分为口岸免税店、运输工具免税店、市内免税店、外交人员免税店等。随着国际旅游业的兴起和发展,免税制度以其提供品质高、价格优惠商品的特殊优势,得到了旅游消费者的青睐。根据世代研究的数据,随着全球化的推进和出境旅游的快速增长,全球免税业销售额也从 1970 年的4.5 亿美元增长到 2011 年的 460 亿美元,增长超过 100 倍,年均复合增速达11.95％。截至 2017 年,全球免税销售额为 686 亿美元,同比增长 8％,近十年复合增长率达到 7.5％。受到 2020 年新冠肺炎疫情的影响,全球旅游人数锐减 50 亿人次,全球免税行业也惨遭重击,免税与旅游零售市场预计下跌 65％～70％,仅 2020 年全球旅行总收入下降至 2.95 万亿美元,同比下降50.9％。②

---

① 高安妮:《免税购物与离境退税购物差异研究》,载《空运商务》2015 年第 2 期。

② 以上数据都根据世代研究(Generation Research)的数据整理。受到新冠肺炎疫情的影响,旅游业发展受到毁灭性冲击,参见《2021 年全球免税业行业市场规模与竞争格局分析 中国成为全球最大免税市场》,http://finance.sina.com.cn/stolk/relnews/cn/2021-06-02/doc-ik9cfnaz8703859.shtml,下载日期:2021 年 6 月 2 日。

对于境外旅游者而言,免税商品的吸引力主要来自其与含税商品之间的价差,这部分价差主要源自旅游目的地国家免除的税收,因此旅游者通常把旅行过程中购买免税商品作为一项福利,旅游目的地国家也因此抓住了消费者心理进行税收价格激励,以此促进旅游业发展。但是,由于购物免税中的税收在旅游者购买商品时即免除,难以有效监管游客购买的商品是否带到境外消费。且旅游购物免税制度实施往往局限于一国某一特定区域并辅之以"海关隔离",适用地域范围较小,免税商品的范围也十分有限,其对入境外国旅游消费者的制度吸引力相对不足。有鉴于此,20世纪80年代初期,瑞典出台了一项与旅游免税制度相互补充的离境退税制度,主张将入境的外国旅客在旅游目的地国购买并带出境消费的商品价格中所含的在该国生产和流通过程已经缴纳的间接税予以退还,借此适度让利,以提升本国商品和服务竞争力。根据该项制度,外国旅客凭借机票及有关身份证明在商店开具退税单,由海关在退税单上盖章后,即可在退税店收到退税款。

相比免税制度,离境退税制度同样适用于旅游零售业,是一国出口退税政策在旅游零售业的体现,是出口退税政策针对境外旅客入境消费在制度形式上的变通。由于该项制度在经过部分试点后往往会上升为国家政策,具备相应条件的地区均可实施,适用的地域范围较为广泛,多种类型的消费主体都可申请退税资格,因此在各国的运用也较为广泛。当然,为有效平衡一国离境退税制度带来的财政收入减损与相关经济收益之间的关系,许多国家都作出了"可享退税的最低金额"即"起退点"的规定,消费者在规定时间范围内的同一退税店购买退税物品超过该额度,方能享受退税。

截至目前,大部分国家均已建立起完善的离境退税购物体系。例如,为更好地开展离境退税业务,许多国家与环球蓝联集团(Global Blue)、全球回报集团(Global Refund)等退税代理集团开展了退税合作,这两大国际最为知名的退税代理商在全球退税代理市场的份额分别为80%和20%,退税业务覆盖至欧洲、韩国、新加坡和阿根廷等地。根据环球蓝联提供的数据,2010年欧洲购物退税零售额为2000亿欧元,亚太地区市场规模大约为200亿欧元,退税业务主要集中在欧洲市场。但从增长规模看,2013年至2017年期间亚太地区的免税销售额增长最快,增速高达20.6%,占全球免税额比例从2013年的

13％提高到了 2017 年的 45％,成为全球免税业的增长引擎。[①] 相关研究发现,2019 年全球免税零售市场价值为 850.4 亿美元,预计 2027 年将达到 1392.9 亿美元,2020—2027 年的复合年增长率为 6.8％。[②] 可见,在世界旅游产业发展大潮中,旅游购物消费已经成为国际旅游收入的重要来源,而免税购物和购物退税逐步成为刺激游客消费的重要税收措施,在旅游市场中的制度优势也逐步显现。

　　而就离境退税的运营模式来看,世界范围内主要存在公开市场运行和政府主导退税这两种模式(如表 1-2 所示)。大多数国家采用公开市场模式为国际旅行者提供退税,在该模式下,由政府将退税业务外包给退税代理公司或直接开放市场让退税代理机构与零售商一起提供退税服务,退税代理公司在出境口岸设立退税处负责退税,由其先行垫付退税款项,并凭有关单据向政府有关部门申报退税。目前采用这种退税模式的国家主要有欧盟主要成员国,南美和亚太地区一些国家,如瑞典、阿根廷、新加坡等。其中退税代理机构主要依靠收取佣金来获得收入,而退税商店主要通过增加销售额来获得利润。此外,还有国家和地区采用政府主导型的离境退税模式,该模式主要是由政府税务部门办理购物退税业务,境外游客可以凭购物发票和退税申请单直接在离境口岸申请退税,或将相关票据寄送给退税部门或专业代理公司代为办理,所需成本主要由政府财政负担。目前采用该退税模式的主要有澳大利亚、印度尼西亚等。整体而言,购物退税业务从免税业务中发展而来,并逐渐形成以市场为主导的专业代理机构退税模式。随着旅游市场的发展,离境退税制度在刺激入境消费上发挥着愈发重要的作用,也逐渐成为旅游目的地的重要旅游服务措施和制度特色。

---

①　The Best Source for Duty Free ＆ Travel Retail Statistics,http://www.generation.se/,下载日期:2020 年 6 月 4 日。

②　Market Growth Reports,Global Duty-Free Retailing Market Outlook,Segmentation,Competitive Landscape,Size and Forecast To 2026,May,2019.

表 1-2　世界国家和地区离境退税的运营模式①

采用市场主导型退税模式的国家或地区	采用政府主导型退税模式的国家或地区
阿根廷,奥地利,比利时,波斯尼亚和黑塞哥维那,克罗地亚,塞浦路斯,捷克共和国,丹麦,爱沙尼亚,芬兰,法国,德国,希腊,匈牙利,冰岛,爱尔兰,意大利,日本,约旦,韩国,拉脱维亚,立陶宛,卢森堡,毛里求斯,墨西哥,摩洛哥,纳米比亚,荷兰,挪威,波兰,葡萄牙,塞尔维亚,新加坡,斯洛伐克,斯洛文尼亚,西班牙,南非,瑞典,瑞士,土耳其,英国	澳大利亚,印度尼西亚,哥伦比亚,格鲁吉,越南,亚美尼亚,斐济,秘鲁,泰国,埃及,马耳他

二、中国免退税制度发展与离境退税的确立

随着改革开放的发展和国际旅游活动的日渐频繁,我国免退税业务也逐渐起步,现已发展为我国促进旅游消费的重要支撑。总体上,可以将我国免退税制度发展历程概括为以下三个阶段。

第一个阶段是我国免(退)税业探索发展期。从 1978 年开始,为解决向出境游客、出国人员、外交人员、归国华侨提供外国免税品货物的需求,国务院陆续批准了中国免税品总公司、中国出国人员服务公司、北京外交人员综合服务公司经营免税品业务,同时相继复函同意广东省在深圳、珠海、汕头经济特区试办国营外币免税商场。不过,由于政策不健全,该时期部分地方和部门自行审批自办了一些免税店,并未严格遵循国务院关于"免税业务集中统一管理"的基本规定,免税业务发展极不规范。

第二阶段是我国免(退)税业的规范发展期。从 1992 年起,为了加强免税业务集中统一管理,防止中央税收漏损,国务院办公厅印发了《关于进一步加强免税业务集中统一管理的复函》。2000 年,财政部、海关总署、国家税务总局、国家旅游局联合印发《关于进一步加强免税业务集中统一管理的请示》。2006 年,海关总署发布了《对免税商店及免税品监管办法》,规范了海关对免税商店及免税品的监管。2011 年,海南开始试行境外旅客购物离境退税和离

---

① Tourism Shopping Reform Group, Federal Government Pre-Budget Submission 2016-17,04,February,2016,https://www.afta.com.au/uploads/432/160205_tsrg-16-pbs_2016-17_final.pdf,下载日期:2019 年 2 月 26 日。

岛免税购物政策。该时期,国务院及海关总署加强了对免退税业务的政策规范,我国免退税业务开始步入"政策调整"轨道。

第三阶段是我国免(退)税业的战略发展期。以 2014 年 8 月国务院出台《关于促进旅游业改革发展的若干意见》为契机,我国开始扩大境外旅客购物离境退税政策实施范围、研究新增进境口岸免税店等政策。在入境旅客购物离境退税方面,财政部、国家税务总局、海关总署于 2015 年相继发布购物离境退税政策、管理办法和监管规定①,在全国范围内正式启动我国离境退税政策。2015 年至 2020 年期间,相关政策全面实施,北京、上海率先落地实施离境退税政策,并陆续推广至全国范围内的 26 个试点地区。在进境免税店方面,国务院批复了 19 家进境免税店,包括在广州、杭州、成都、青岛、南京、深圳、昆明、重庆、天津、大连、沈阳、西安、乌鲁木齐机场口岸,在深圳福田、皇岗、沙头角、文锦渡,珠海闸口,黑河等水陆口岸各设 1 家口岸进境免税店;在离岛免税方面,财政部先后三次出台文件对海南离岛免税政策进行调整,扩大了免税购物金额、品种、数量、销售渠道和离岛方式。2020 年 6 月,中共中央、国务院印发的《海南自由贸易港建设总体方案》提出,对岛内居民消费的进境商品,实行正面清单管理,允许岛内免税购买,并明确放宽离岛免税购物额度至每年每人 10 万元,扩大免税商品种类。② 可见,进入新时期,中国免退税业务有了长足进步,免退税行业加速扩张,国家也加紧了对该领域的规范调整,但依然是以政策性调整为主导。

第四阶段则是我国免(退)税业发展的停滞时期。2020 年以来,受到全球新冠肺炎疫情的影响,全球免税行业惨遭重击,由于我国也严格规定了新冠疫情期间的旅客入境限制,旅游业大幅萎缩,免(退)税业发展也因此进入停滞时期。

由上可知,为了推动旅游消费升级,吸引居民境外消费回流,提高国际旅游竞争力,我国近年来先后出台多项政策,推动了免(退)税业新一轮的快速发展。体现为:针对入境旅游市场,国家出台了境外旅客购物离境退税政策;针

---

① 《财政部关于实施境外旅客购物离境退税政策的公告》(财政部公告 2015 年第 3 号)、《国家税务总局关于发布〈境外旅客购物离境退税管理办法(试行)〉的公告》(国家税务总局公告 2015 年第 41 号)和《海关总署关于境外旅客购物离境退税业务海关监管规定的公告》(海关总署公告 2015 年第 25 号)。

② 《中共中央、国务院印发海南自由贸易港建设总体方案》,http://www.mofcom.gov.cn/article/b/g/202007/20200702979839.shtml,下载日期:2020 年 6 月 1 日。

对国内旅游市场,国家放宽了海南离岛免税购物政策;针对出境旅游市场,国家增设了进境免税店,三大市场齐发力,打出了政策的组合拳。相比于免税行业的"百花齐放"发展态势,我国离境退税业务的发展尚处于发轫初期,行业格局尚未打开。但从当前部分试点城市的退税业务整体规模来看,离境退税政策已取得显著发展。以北京为例,2017 年,北京市退税商品销售额 1.6 亿元,旅客在商店开具退税申请单 4696 份,办理退税单 3763 份,退税额 1483 万元,同比分别增长 31%、14%、48% 和 47%。开单后完成退税的旅客达到了80.13%,较 2016 年大幅增长。① 而以最开始实行离境退税的海南省为例,在经过政策调整后,2019 年海南三亚口岸离境退税业务同比增长 2.2 倍,退税商品金额 108.6 万元,增长 1.6 倍。② 离境退税制度作为免退税政策框架的重要组成部分,正呈现出强劲的制度生命力,对于推动我国旅游业转型升级、促进我国入境旅游和消费发展意义重大。

三、中国实行离境退税制度的现实动因

我国离境退税制度的实施与扩围并非偶然,而是与我国旅游市场发展不充分不均衡密切相关。总体而言,我国离境退税制度的产生主要基于以下因素。

(一)经济因素:旅游产业结构转型升级的客观要求

旅游业是指为游客提供服务的一系列相关行业的统称,是以游客为对象,为游客提供所需商品和服务并为旅游活动创造便利条件的综合性产业。客观而言,得益于我国地大物博、资源禀赋优势,我国旅游业在近年来得到持续快速发展。而根据世界经济论坛发布的《2017 年旅游业竞争力报告》,自 2008 年发布旅游竞争力名单以来,中国的旅游竞争力呈稳步上升状态,从 2008 年的世界第 64 位上升到 2017 年的世界第 15 位,在亚太地区排行榜上从原来的

---

① 国家旅游局政策法规司:《我国免(退)税业发展形势分析与思考》,载《中国旅游报》2018 年 3 月 13 日第 3 版。

② 李怡彤、杜婕:《2019 年三亚口岸离境退税业务大幅增长——退税商品金额逾百万元》,载《中国国门时报》2020 年 1 月 7 日第 2 版。

第 10 位上升到第 5 位。[①] 而据《2019 年旅游业竞争力报告》,中国在全球旅游业竞争力榜单中上升至第 13 位。[②] 不难发现,近年来我国在国际旅游市场上的竞争力不断增强。

通常而言,旅游活动主要包括吃、住、行、游、购、娱六个方面,其中,旅游购物在发展旅游经济中占据非常重要的地位(如图 1-1 所示),其不仅影响着旅游业的发展深度和空间,而且衡量着一国旅游业发展水平。[③] 就我国而言,旅游购物既是我国旅游经济集约化发展的方向,也是提高旅游业整体竞争力的重要条件。然而,与旅游产业快速发展形成鲜明对比的是,我国尚未产生国际级旅游企业,也未产生创新式旅游商业规模。[④] 作为入境游客较多的国家,我国旅游市场购物消费水平长期较低。据《中国旅游年鉴》显示,2002 年至 2011 年期间,旅游购物收入在我国入境旅游外汇收入中占比保持在 20% 左右,加上娱乐收入的占比 10%,在整个旅游消费市场仅占比 30%,这与发达国家 40%～60% 贡献率相比有较大差距。[⑤] 尽管 2009 年来我国入境旅游者人均消费有所增加,但增幅不够明显。例如,《2018 中国旅游发展年度报告》显示,大部分入境旅客来中国的目的是了解中国特色文化和游览观光而非消费购物,这也使得受访入境游客人均消费分布呈现"中间大,两头小"的特点,超过 80% 的入境游客消费集中在 1001～5000 美元,消费在 5001～10000 美元的入境游客只有 7.4%,消费在 500 美元以下和 10000 美元以上的只占比 0.4% 和 0.7%。[⑥] 从消费项目来看,旅游交通是入境旅游中最大消费项目,其次才是购物消费,这意味着入境旅客对旅游产业、零售产业推动作用比较有限。因

①　World Economic Forum，The Travel & Tourism Competitiveness Report 2017：Paving the Way for a More Sustainable and Inclusive Future，http://www3.weforum.org/docs/WEF_TTCR_2017_web_0401.pdf.,下载日期:2018 年 6 月 1 日。

②　World Economic Forum，The travel & tourism competitiveness report 2019：travel and tourism at a tipping point，http://www3.weforum.org/docs/WEF_TTCR_2019.pdf.,下载日期:2020 年 1 月 1 日。

③　石美玉:《中国旅游购物研究》,中国社会科学院研究院 2003 年博士学位论文。

④　唐留雄:《中国旅游产业转型与旅游产业政策选择》,载《财贸经济》2006 年第 12 期。

⑤　马晓璇:《北京市离境退税制度研究》,对外经济贸易大学 2016 年硕士学位论文。

⑥　程思:《中国旅游研究院:中国入境旅游市场持续稳步增长 客源市场结构调整优化》,载中国日报网,http://cn.chinadaily.com.cn/2018-06/27/content_36466284.htm,下载日期:2020 年 3 月 1 日。

此,如何改善我国旅游消费市场产品结构,打造完整旅游产业链条,成为我国旅游经济和旅游市场向纵深发展的关键问题。

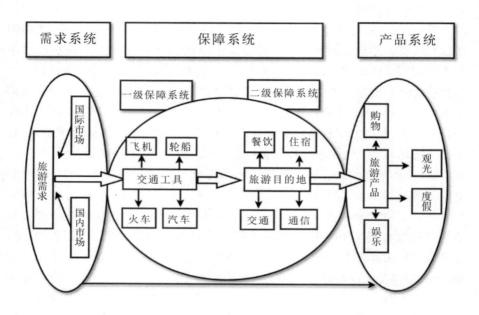

图 1-1　旅游需求与旅游目的地的关系示意图①

事实上,影响游客旅游购物的因素不仅包括旅游资源是否丰富、旅游环境是否良好,旅游政策是否科学也会成为旅游购物与否的重要考量因素。根据行为学"刺激—反应"理论,购物离境退税制度将会极大刺激旅游者的购物心理和购物行为。学者 Frederic Dimanche 研究发现,实行离境退税政策能够使入境旅客边际消费倾向得到提高,并且旅客在知晓旅游目的地国家或地区实行购物退税的情况下,会增加购物消费支出占总消费支出的比重。② 数据显示,国家每退回 1 元增值税,就可以通过消费的增加获取利润 1.8 元,并可以获取相关产业附加利益 4 元。③ 伴随着入境游客持续增加,我国各级各地更

---

① 王建勋:《旅游业发展的财政政策研究》,东北财经大学 2011 年博士学位论文。

② Dimanche F., The Louisiana Tax Free Shopping Program for International Visitors: A Case Study, *Journal of Travel Research*, 2003, Vol.41, No.3, pp.311-314.

③ 《上海多措并举优化离境退税体验》,载国家税务总局网,http://www.chinatax. gov.cn/n810219/n810739/c3398100/content.html,下载日期:2020 年 3 月 1 日。

为重视对具有传统文化和民族特色的旅游商品的培育,旅游产品质量逐步提升,而旅游产品结构不断优化。在此背景下,我国离境退税制度的实施,有助于刺激入境旅游者来我国旅游观光和购物消费,更好地助推我国旅游市场转型升级。

(二)政治因素:落实国家旅游服务贸易发展战略

离境退税制度能在域外多国和地区普遍推广,与相关国家和地区实行中长期旅游服务贸易发展战略密切相关。进入 21 世纪以来,韩国政府在宏观上便将文化旅游产业定为国家关键的战略产业之一,2017 年韩国制订了旅游业发展 5 年计划,并在重要事项上设有国家扶持,2019 年韩国政府又召开"扩大国家观光战略会议",发布了韩国旅游创新战略。[①] 另以澳大利亚为例,自2011 年起,澳大利亚政府和旅游部门共同推出"旅游业发展战略",确保旅游产业能够实现这一目标,政府也能通过预算支持跟踪旅游产业的目标实现[②]。近年来,旅游业也已发展为我国国民经济的战略性支柱产业,党中央、国务院高度重视旅游业的市场经济地位,连续出台系列涉旅政策文件,包括旅游产业、离境退税、过境免签、旅游金融等,助推旅游业新一轮发展。其中,2014 年8 月国务院发布的《关于促进旅游业改革发展的若干意见》(国发〔2014〕31 号)中,首次提出要研究完善境外旅客购物离境退税政策,将实施范围扩大至全国符合条件的地区。

为推动离境退税的政策落地,财政部于 2015 年 1 月发布《关于实施境外旅客购物离境退税政策的公告》,决定在全国符合条件的地区实施境外旅客购物离境退税政策。此后,国家税务总局作为税务主管部门明确和细化了离境退税政策的规定,通过印发《境外旅客购物离境退税管理办法(试行)》方便征纳双方操作,促进政策落实。而在离境退税政策正式出台后,我国又继续提出了对该项政策的完善思路。2015 年 11 月 19 日,《国务院关于积极发挥新消费引领作用加快培育形成新供给新动力的指导意见》(国发〔2015〕66 号)进一

[①] Gov't Announces New Tourism Strategy,载韩国世界广播网,http://world.kbs. co.kr/service/contents_view.htm? lang=e&board_seq=361280,下载日期:2019 年 10 月 1 日。

[②] Australian Government & Department of Resource, Energy and Tourism, Tourism 2020,https://www. tourism. australia. com/content/dam/assets/document/1/6/ w/u/3/2002107.pdf,下载日期:2022 年 11 月 12 日。

步提出,"要依托中心城市和重要旅游目的地,培育面向全球旅游消费者的国际消费中心……扩大72小时过境免签政策范围,完善和落实境外旅客购物离境退税政策"。该指导意见的出台同样给离境退税制度施行提供了保障。

在地方层面,亦有不少地方为离境退税政策提供战略支持。以上海为例,早在2005年,上海市浦东就曾主张将入境旅游者购物实行退税纳入综合配套改革方案,但未能得到批准。① 在2011年建设和举办"世博会"期间,《上海世博会特殊规章第7号:有关货物的通关、运输和处理》中也提出了对特定货物予以退税的设想,主张"对境外参展方在世博园区内为建馆和开展展览活动所耗用、并在中国境内购买的建筑装饰材料和办公用品,按法定征税率退还增值税",该项制度在世博会期间运行良好,被视为上海离境退税的雏形。与此同时,在上海市2011年制定的《上海商业"十二五"发展规划》《关于加快上海旅游业发展、建设世界著名旅游城市的意见》中,我们同样可以看到积极争取实行离境退税政策的相关建议。而在地方层面,2011年我国实施了建设海南国际旅游岛发展战略,并于2011年1月1日将离境退税作为旅游业发展的配套政策正式实施,离境退税也由此从理论走向实践。截至目前,为更好地助推旅游经济发展,北京、广东等诸多省市已将离境退税制度作为旅游业振兴的重要储备制度。

(三)国际因素:有效应对国际贸易市场竞争

国际旅游服务贸易是指一国旅游者为了观光、商务或其他目的,到他国后接受该国提供的旅游服务并支付报酬的国际贸易②,包括以入境旅游表现形式的旅游服务贸易出口和以出境旅游为表现形式的旅游服务贸易进口。境外旅游者购物类似于零售外贸出口,虽总量不大,但旅游消费者单个购买的商品价格要高于同类商品外贸出口价格,因此相对外贸出口,旅游消费的创汇成本要低于外贸出口成本,这种"零售出口"的方式能够减少许多中间环节,而且可以避开各国贸易壁垒的影响。据测算,实施离境退税政策后,境外旅游者的购物消费占整个旅游市场消费的比重将至少达到30%,每年将为国家多创外汇

---

① 《浦东综合配套改革试点总体方案》提出,要探索入境旅游相关机制创新,争取出入境等部门支持,探索适当延长境外旅游者落地签证时间、离境退税等旅游购物政策。

② 李仲广:《我国旅游服务贸易失衡的现状、原因与对策》,载《商业时代》2012年第14期。

14 亿美元以上。① 就此而言,离境退税能够以"化整为零"的方式增加境外旅游者购物消费,直接形成国内创汇市场,进而积极促进对国内产品的外贸出口。

与传统出口贸易相较,离境退税在促进国际贸易方面主要存在两方面优势:一是有助于减少出口贸易摩擦和壁垒;二是有助于节约贸易成本。就前者而言,由于离境退税政策的实施,一国出口商品可以在本土就可直接销售给境外消费者,且通常会以较低的价格售出,从而促进入境旅游者产生消费行为,推动我国产品进入国际市场,增强国际竞争力,并有效避免传统出口贸易中因国际关系、关税政策等因素产生的贸易摩擦和纠纷。② 就后者而言,由于离境退税实质上是将一国商品向入境旅客"就地出口",并由旅客将所购物品随身携运出境或托运出境,该形式就会减少传统出口贸易中的储存、运输、代理等环节,从而节约了出口贸易成本,有助于推动实现国际贸易便利化。基于此,许多国家和地区把入境旅游经济作为提升旅游经济国际竞争力的重要引擎。事实上,受国际金融危机和新国际贸易保护主义的影响,西方发达国家为尽快走出经济低谷,对旅游经济更为重视,而离境退税政策也被各国视为助力旅游经济发展的重要"砝码"。

就我国而言,离境退税制度实施也将助力我国持续扩大商品出口和发展旅游服务贸易。历史地看,2008 年至 2009 年,受国际金融危机影响,我国旅游服务贸易连续两年低位运行,尤其在 2009 年,我国出境旅游消费开始超过了入境旅游外汇收入,出现 23.25 亿美元的逆差,并在 2013 年扩大到 769.36 亿美元。③ 我国较大旅游服务贸易逆差的出现,原因在于中国出境游客境外旅游在"购物消费"上支出较高,而入境旅客购物消费领域的支出极为有限。在此背景下,离境退税制度的实施将有助于吸引境外消费者更多地进行购物消费,有效弥合我国旅游服务国际贸易逆差。

(四)法律因素:推动我国增值税制度与国际接轨

近年来,我国出境旅游人数逐年攀升,出境中国游客一度成为全球旅游零

---

① 徐海军:《海外旅游者购物退税政策思考》,载《旅游学刊》2003 年第 5 期。

② 张京萍、翟文兴:《现阶段我国应实行入境旅客购物退税制度》,载《税务研究》2008 年第 7 期。

③ 陆亦舒、陶颖:《改善中国旅游服务贸易逆差的对策建议——以完善税收制度的旅游购物政策角度》,载《旅游纵览(下半月)》2015 年第 4 期。

售市场最大买家。2014 年的一份报告显示,中国消费者境外人均消费额 1508 欧元,消费能力全球第一,为欧美国家公民境外购物人均消费额的 3～5 倍,是全球旅游零售领域的最大消费群体。而就奢侈品消费来看,2013 年中国内地消费者买走了全球 47％的奢侈品,但只有 280 亿美元的消费留在中国内地,奢侈品消费外流比例达 73％。① 究其原因,一方面是由于中国居民可支配收入近年来持续增加,而另一方面则是由于旅游目的地国家实施的免税、离境退税等政策刺激了国人"避税消费"与"避费消费"②。事实上,境外旅客在旅游目的地国家购买商品和企业出口退税在原理上具有共通性,而对离境的入境旅客退还其在指定退税商店购买物品的增值税已成为国际惯例和通行做法。

在国际贸易领域,由于国家间的税收差异自始存在,出口商品价格中含税的大小必然会带来各国产品在国际市场中的高度竞争,为促成出口,国与国之间难免进行不公平竞争。因此,为了维护良好的国际贸易秩序,各国在极力避免双重征税的过程中逐渐形成了一项国际惯例——对出口商品所附有加间接税实行零税率,退还或免征本国已征/应税款,同时对进口商品征收全面的间接税,通过政府向进口产品征收的税收收入来弥补出口产品零税率带来的财税缺口。③ 根据该原理,出口退税能确保一个国家出口贸易保持平衡,且不会带来财政收入的减少,在公平税负、避免双重征税等原则指导下,出口退税这一国际惯例逐渐被各国融入本国增值税立法之中,并普遍实施了针对纳税人出口货物或对外销售服务的"零税率"规则,并将入境外国旅客离境退税以法律行为予以确立。

相较而言,我国《增值税暂行条例》仅规定了企业出口商品时实行出口环节零税率,由企业退还出口商品在境内流通环节已经缴纳过的增值税,而未涉及外国旅客在中国境内购买商品并带离出境的情形。在此背景下,由于我国部分商品综合进口税率较大、流通环节费用较高,造成了同种商品在境内外高

---

① 韦伟:《中国内地消费者仍是海外奢侈品最大买家》,载《国际商报》2014 年 11 月 7 日第 A8 版。

② 蒋依依、杨劲松:《以免税为主导的旅游购物政策创新破解旅游服务贸易逆差的扩大化》,载《旅游学刊》2014 年第 9 期。

③ 刘娜:《论我国出口退税制度:变迁、问题及对策》,中国海洋大学 2008 年硕士学位论文。

额价差①,使得商品价格对入境游客的吸引力不足。有鉴于此,如何能让国内旅游者在同等价格条件下在国内优先消费,有效增加境外旅客在中国购买奢侈品的数量,既是改善我国旅游产业发展结构的重要问题,也是事关我国税制与国际惯例有序接轨的关键举措。事实上,近年来我国已经陆续实施了国内自贸区、旅游岛的免税等有关制度在内的一系列刺激消费财政税收政策,以有效集聚入境游客消费力量,努力缓解旅游消费能力外流的现象,提升国内旅游经济的消费动力。离境退税政策的实施,也将更好地补充和完善我国增值税退税制度,推动我国入境旅游的发展和中国特色商品出口。

第三节 离境退税制度的法理依据

客观来看,在一国消费另一国生产的商品,如果两国都行使税收管辖权,该商品就会被双重征税,从而提高出口商品成本,也会背离公平税收负担的原则和税收国民待遇原则。因此,为避免重复征税和减少贸易摩擦,由出口国放弃征税权,通过对出口商品实行退税或出口商品实行免税,使出口商品以不含出口国税收成本的价格进入国际市场,已成为一项国际惯例。入境游客购物离境与商品出口的机理具有类似之处,各国针对入境游客购物实行离境退税的制度背后隐藏着深刻的税收法理。本书认为,以间接税消费地征收为主导的税收管辖权协调理论、以旅游业正外部性基础的产业税收激励理论、以公共服务的合理享有为依托的税收公平理论共同构成了离境退税制度生成的理论基础。

一、税收管辖权协调理论:间接税的消费地征收

通常而言,主权国家在税收上拥有完全自主的管辖权,包括课税权和税收

---

① 自2001年加入WTO以来,我国进口关税虽多次下调,但是加上进口增值税、消费税后,商品价格中的税收比重远高于同类型国家水平,加上我国商品在生产和流通环节除了税收之外还需要承担较高的物流成本与网络分销成本,使得商品价格对外国游客的吸引力不大。

减免权。^① 但同时由于主权国家之间的税收管辖权可能存在冲突,国家之间在涉外贸易领域通常会进行国际协调。在间接税领域,国内商品税收管辖权的原则通常有消费地原则和生产地原则两项。其中,消费地原则(destination principle),是指只要商品在本国消费,不管在何处生产,本国都对其课征商品税。生产地原则(origin principle),是指只要商品在本国生产,无论在何处消费,本国都对其课征商品税。^② 由于增值税(广义的消费税)是间接税,又是价外税,其税负实际是由消费者最终负担。在国际商品贸易中,最终消费地的居民通过购买商品或服务的形式承担了增值税税负,因此基于受益的公平性,其税收收入应当归属消费者所在的国家政府,而非生产商品的国家政府。并且,在间接税的征收过程中,生产者在生产和流通环节所缴纳的税收,最终还是会以税负转嫁方式转由消费者负担。如果采用生产地课税的原则,将会在事实上带来税收收入归属和税负归属不一致,进而扭曲政府与市场参与者的行为。

考虑到税收在国家之间转移的状况,为促进税收利益协调,采取消费地课税原则更能避免双重征税现象发生,即不论商品产自何地,都仅由最终消费地政府征税。基于此,各国普遍认可间接税应由消费者所在国家或地区征收。对于出口的货物,一国通常会退还或免征该项出口货物在国内已经缴纳的间接税,以避免重复课税。^③ 事实上,依据消费目的地原则划定增值税税收管辖权范围时,因为出口产品将在税收管辖权范围之外的国家消费,故大多数国家对商品出口使用零税率,且往往对归于这些商品未抵扣完的进项税提供即时退税。^④

作为一种内部税收措施,消费税(包括增值税/商品服务税或营业税)通常在发生产品消费或使用的执法管辖区征收,通过退还出口商品中涵盖税收的方式为出口商提供国际竞争市场。历史地看,有关出口退税的思想最早由重商学派经济学者提出。最初,法国经济学家布阿吉尔贝尔主张,基于保障商业

---

① 中华人民共和国财政部税政司编:《出口退税政策与管理》,中国财政经济出版社2006年版,第64页。

② 黄夏岚、刘怡:《增值税收入地区间转移的衡量——生产地原则与消费地原则的比较》,载《财贸经济》2012年第1期。

③ 刘怡:《出口退税:理论与实践》,载《北京大学学报(哲学社会科学版)》1998年第4期。

④ [美]艾伦·申克、[美]维克多·瑟仁伊、崔威:《增值税比较研究》,熊伟、任宛立译,商务印书馆2018年版,第237页。

贸易的视角,"出口税应全部取消,因为这是国王和王国前所未有的敌人"。①
威廉·配第也认为出口退税在避免重复征税方面具有合理性,他主张,由于出口商品不是在本国国内进行消费,因此不应该征收消费税。② 亚当·斯密则认为,从促进自由贸易和利于商品出口角度出发,出口税比进口税危害更大,高关税比低关税危害更大,为避免出口税带来的负面效应,退税不失为一项合理的奖励出口措施。亚当·斯密甚至评价道,"退税在各种奖励出口的措施中最为合理,商品输出国外时退回其已经缴纳的一部分或者全部税金,既不会减少商品的输出,也不会促使资本转投其他行业,破坏社会资本的自然平衡和劳动的自然分配"③。因此,有学者认为,出口退税制度的本意在于追求一个理想化的、中性税收的状态,其目的在于消除各国税收差异对国际贸易的干扰,实现不同国家产品的公平竞争。④

　　同理,根据商品出口退税的基本原理,离境退税作为一项"零售出口"计划,也应当遵照间接税征收的消费地课税原则⑤,当游客将所购商品带离一国国境进行消费时,应当予以适当退税。一般而言,对出口产品进行退税可使其以不含间接税形式出口,不会带来出口税收负担过重现象。⑥ 在旅游消费市场中,如果消费者在旅游目的地国家购买商品后回到本国进行消费,他们是以消费者的身份进行购买,这种零售购买的方式相当于一国商品的出口。由于一国商品在出口前是包含税收的,因此为保证出口国卖给外国消费者的商品价格中不再包含旅游目的地国家的税收,应退掉商品中的增值税,免除商品中的消费税。为此,境外游客购物离境退税逻辑上相当于"出口退税",应当遵循消费地课税原则。

----

　　① ［法］布阿吉尔贝尔:《布阿吉尔贝尔选集》,伍纯武、梁守锵译,商务印书馆 2009 年版,第 360 页。

　　② ［英］威廉·配第:《配第经济著作选集》,陈冬野、马清译,商务印书馆 2009 年版,第91 页。

　　③ ［英］亚当·斯密:《国民财富的性质和原因的研究》,郭大力、王亚南译,商务印书馆 1974 年版,第 70～75 页。

　　④ 陈红伟:《再论出口退税——从理论到实践》,载《涉外税务》2004 年第 8 期。

　　⑤ 张京萍、翟文兴:《现阶段我国应实行入境旅客购物退税制度》,载《税务研究》2008 年第 7 期。

　　⑥ 裴长洪、高培勇:《出口退税与中国对外贸易》,社会科学文献出版社 2008 年版,第45 页。

　　由于税制设计的复杂性,各国间接税市场的税率安排并非一致,如果各国都对间接税的征收享有管辖权,难免带来税款征收权力和范围上的冲突。此时,如果出口国不退还该货物在国内生产、流通阶段已经缴纳的间接税,或者所退还的数额少于征收的部分,就会造成双重征税,带来国际税收冲突。而如果采用消费地征税的原则,能够将运往出口市场的商品以免税或"保税"状态运输到出口目的地,然后通过正式的出口验证后予以退税,将有利于间接税的国际协调①。此外,出于增加财政收入和保护本国产业的目的,进口国也乐于向进口货物征税,当进口商品到达最终目的地时,便可归入进口国的税收管辖范围。正因为此,离境退税制度是间接税消费地征收原则在零售出口领域的体现,这一原则可以适用于进行购买并将商品带回家的国际游客②。通过确保一国内部的消费税不适用于出口产品,国家能够有效提高国际出口竞争力,更符合避免国际税收重复征收的原理,也能够有效节约因为国际税制协调所带来的巨大成本。

二、税法激励理论:旅游业正外部性的有效促进

　　尽管基于国际旅客实施的购物离境退税在本质上而言是一项基于间接税消费地课税原则的制度创新,但它的内生逻辑还存在于推动产业的发展,需要回归到产业激励与税制设计的角度加以考察。就旅游业发展而言,有学者表明,高额的增值税将给旅游业发展带来强烈的负面影响,不利于对游客的吸引,容易使旅游业处于不利竞争地位。③ 而购物离境退税作为一项促进旅游业正外部效应的有效税法激励措施,能够通过对产业发展进行调控,提升旅游业的创新发展动力。

　　关于何为外部性,亚当·斯密认为,"每个人在追求他本身利益时,也常常促进社会的利益"④,此即外部性理论的最早阐述。至 1890 年,马歇尔在其《经济学理论》一书中首次提出了外部性(externality)的概念,认为外部效应

---

　　① 王传纶:《国际税收》,中国人民大学出版社 1992 年版,第 252 页。

　　② Dimanche F., The Louisiana Tax Free Shopping Program for International Visitors: A Case Study, *Journal of Travel Research*, 2003, Vol.41, No.3, pp.311-314.

　　③ 参见 Renata D., Impact of Value-Added Tax on Tourism, *International Business & Economics Research Journal*, 2010, Vol.9, No.10, pp.131-138.

　　④ 高鸿业:《西方经济学》(上),中国经济出版社 1996 年版,第 9 页。

是指某些经济主体的经济行为影响了其他经济主体却未为之承担应有成本费用或没有因此获得应有报酬的现象。① 简言之,外部性是指未在价格中得到反映的经济交易成本或效益。根据外部性主体对客体所产生的影响是正能量还是负能量,可以将外部性划分为正的外部性和负的外部性。其中,正外部性(positive externalities)是指经济主体的活动给他人带来的利益,而自己并没有获得这种利益;负外部性(negative externalities)是指经济主体活动给社会带来的不利影响,而经济主体本身并未承担消除该不利影响的成本。基于外部效应的存在,人们在经济活动决策依据的价格不但无法精确反映全部社会边际效用,也无法反映其全部社会成本,进而难以达到帕累托最优法则所旨在实现的资源配置最佳状态。② 因此,要有效消除外部性对资源配置的影响,就需要通过政府干预手段,借助外部性的内部化使价格机制重新发挥作用。

客观而言,任何行业的经营与发展都可能会出现一定的外部性。对旅游行业而言,其外部效应体现为它有助于扩大投资、拉动消费、扩充就业容量、促进文化交融。一方面,旅游产业具有综合性特点,能为相关产业发展带来发展空间,能有效拉动消费和就业,从而带来旅游目的地的经济发展。另一方面,旅游新型产业发展和产品研发是一个国家及地区旅游业长盛不衰的重要因素,这种创新活动不仅能使个体消费者获益,促进旅游产品的更新和结构的改善,也有助于社会文明程度的提升和人民生活水平的提高,因此具有显著的正外部性特征。反映为旅游业的发展能够为市场经济发展带来额外收益,旅游生产和旅游消费活动能对他人产生正向影响,使一些旅游业相关的经济主体获益却不需要支付成本。③ 但就旅游业自身而言,却可能因为外部收益的存在而使旅游资源发生错配,市场机制本身对旅游产品的激励不足也可能使企业获得的旅游产品个人边际收益远远小于社会边际收益。基于此,有必要通过财政力量对旅游业的溢出正效应加以强化,促使私人的供给增加到社会最优量,并使外部性内在化。

至于采用何种财政力量促进旅游业正外部性的内部化,英国经济学家庇

---

① ［美］小罗伯特·埃克伦德、［美］罗伯特·赫伯特:《经济理论与方法史》,张凤林译,中国人民大学出版社 2001 年版,第 296 页。

② 李效峰:《旅游业外部性的内部化》,载《合作经济与科技》2008 年第 8 期。

③ 田斐:《基于外部性理论的湘西州旅游业可持续发展研究》,湘潭大学 2007 年硕士学位论文。

古指出,对正外部性鼓励与限制最显著的形式为补贴与税收①。其中,政府补贴是政府或其他公共机构为促进经济发展、保证经济公平,对经济活动中的企业或个人提供无偿的财产性资助。根据利益输送方式不同,政府补贴可分为给付型补贴与减免型补贴两类:给付型补贴是指通过专项资金安排直接对受补贴者交付资金或利益的补贴,如政府拨款等;减免型补贴是指通过减免受补贴者应承担的法律义务而进行补贴,如政府减免税费等。② 对外部性较强的旅游产业而言,政府通常通过财政补贴或税收优惠等减免型补贴方式提供财政激励,以弥补市场机制缺陷,使旅游新型业态和产品达到适宜的供给量。③ 例如,为刺激旅游经济发展,政府可通过对旅行社出台招徕补贴刺激旅游产业的发展。相较其他调控手段,税收具有"自动稳定器"的特点和"作用直接、运用灵活、定点调控"的优势,能够通过制度设计调节利益分配关系,因而为世界各国所重视。同样地,在推动旅游市场发展中,为吸引更多旅游者,离境退税制度便成为国家经济政策调控的基本手段。

在旅游市场中,税收激励是与税收遏制措施相对应的一项措施,它作为税收杠杆运行的机制常被用于刺激旅游经济中的生产和消费等经济活动。④ 旅游经济学认为,旅游消费者在购买商品时不仅会考虑自身期望,还会权衡为此负担的价格。对于价格与旅游消费者需求量之间的关系,经济学家通常用反比关系予以揭示,即价格上升,消费者的需求量就会下降;价格下降,需求量会随之攀升,反映出消费者对价格变动的敏感程度。也正因为此,世界上许多国家或地区都推行离境退税制度,使其能够补偿游客在旅游目的地国购买商品所包含的增值税和消费税,让更多的旅行者能够从各种各样的零售商处买到物美价廉的商品,旅游市场的需求和利润也随之增长。短期观察,离境退税是一种税收让利,但长远观之,由于退税商品的销售可以增加退税商品的生产商和流通经销商的营利,不仅可以吸引大批国际游客,还能刺激旅游市场的繁荣,对拉动国内市场消费、提高就业水平可以起到"四两拨千斤"的效果,可以

---

① [美]曼昆:《经济学原理(上册)》,梁小民译,生活·读书·新知三联书店、北京大学出版社 1999 年版,第 219 页。

② 王亚辉:《旅游业经济法激励制度研究》,吉林大学 2017 年博士学位论文。

③ 童俊:《财政政策促进旅游业发展的理论探讨——运用公共物品和外部性理论的分析》,载《企业导报》2009 年第 7 期。

④ 吴秀波:《税收激励对 R&D 投资的影响:实证分析与政策工具选拔》,载《研究与发展管理》2003 年第 1 期。

通过涵养税源以增加国家税收。此外,离境退税制度的实施还能引导海外旅客到定点商店购物消费,能够通过交易信息的透明性保障消费者合法权益,防止经营者偷逃国家税款的行为,有助于维护国家利益。正是因为离境退税制度的推行能够产生新的经济和税收增长点,更好地规范入境旅客购物消费市场,很多国家都因地制宜地实施了该项制度。

三、税收公平理论:区域税收受益原则的考量

尽管世界范围内实施离境退税制度的国家逐渐增多,但也应看到,世界范围内依然有 40% 的国家未实施离境退税制度,且该制度也并非对所有境外游客、所有间接税适用,也未按照增值税或商品服务税的税率进行全额退税。究其原因,退税实施还有赖于对地区受益原则的合理考量。

通常而言,衡量税收公平的标准有两个,一为能力原则,一为受益原则。其中,受益原则认为个人所承担的税负应与其从政府公共服务中的获益相一致,即萨缪尔森所主张的不同的人应当根据其能从政府活动中期望得到的利益大小纳税。[①] 这种受益的公平同样可以从横向税收公平和纵向税收公平两个方面理解。横向税收公平可以解释为从政府公共服务活动中获益相同的人应当承担相同的税收,纵向税收公平则可解释为从政府公共服务活动中受益多的人应承担比较多的税负,每一社会成员所承担的税负应与他能够从政府活动中获得的利益相匹配。这种受益原则主张,税收是一种市场交换关系,在收入分配上是中性的,能够很好地体现受益与代价之间的对等。[②] 之所以要体现受益与代价之间的对等性,是因为根据税收契约理论,纳税人为保障自身的合法权益免受侵害,将自身私有财产的一部分让渡给国家,而作为抽象概念存在的国家则委托政府为个人提供不可或缺的公共产品和公共服务。[③] 申言之,在纳税人与国家的关系中,基于纳税人在日常学习、生活、工作过程中需要国家提供国防、安全保障、法律服务和社会福利等公共服务,其需要通过纳税的形式确保国家有足够的财力提供这些公共服务。在此意义上,纳税人名义上是向政府纳税,实际上是在为自己获得的各种公共服务"买单"。

---

① [美]保罗·萨缪尔森、[美]威廉·诺德豪斯:《经济学》,萧琛译,商务印书馆 2013 年版,第 277～279 页。

② 周克清:《受益原则在税收制度中的应用》,载《税务与经济》2000 年第 4 期。

③ 张美中:《税收契约理论研究》,中国财政经济出版社 2007 年版,第 1～7 页。

旅游业在本质上也具有一定的公共产品和服务特征,无论是旅游资源的形成、旅游目的地的开发和培育、旅游公共服务体系的配套建设都不可能仅仅依靠市场机制完成,如果仅仅依靠市场主体来完成,将带来大量的"搭便车"效应,难以有效收回投资。[①] 这意味着政府需要在旅游公共产品和服务的提供过程中投入较大的财政成本。为了确保政府提供公共产品或服务的成本能够得到相应补偿,对旅游者征收一定的税收来对政府提供公共产品或服务进行补偿,符合税收受益原则。对于外国旅游者而言,他们在旅游目的地国旅游时,也会享受到旅游目的地国政府提供的各种公共服务,如国防、安全保障、法律服务和社会福利等,因此作为非本国居民的外国旅游者也应缴纳一定的税收作为补偿。

然而,税收转嫁却造成征管权属地与税负归宿地的不一致,当一个地区的货物和劳务量远远多于其流出量时,将造成税收预期负担的严重不协调,进而违背税收受益原则。[②] 在旅游商品的消费中同样可以看到,境外游客前来旅游目的地国家居住的时间较短,从中所获得旅游目的地国提供公共产品和服务的机会也更少,他们通常将在旅游目的地国境内购买的商品带回国消费,由于这些商品中已含有旅游目的地国税收,因此将税负施加给他们有违税收受益原则,因为他们回国后将不再享受旅游目的地国政府提供的安全保护等公共服务。基于他们从旅游目的地国提供的公共产品和公共服务中受益较少,应当把这些商品中的税金退还给他们,这便是离境退税的法理所在,如此也更符合税收公平原则的要求。申言之,根据税收公平原则,在旅游消费市场中,纳税人的税负理应与其得到的公共产品和服务的比例相匹配,如果他是一国公民,那么必须通过消费或所得等方式给这个国家纳税;如果他不是该国的公民,也不生活在这个国家,那么即使消费了该国生产的商品,也应当被退还商品中的税收。[③] 理论上看,由于境外消费者并不常驻出口国,当其旅游结束返回自己国家(进口国)时,其就不再属于旅游目的地国家的纳税人。因而,立法

---

① 魏小安:《中国旅游发展大趋势探讨(二)》,载《中国旅游报》2007 年 7 月 25 日第 13 版。

② 张艳彦:《中国货物与劳务税地区间收入协调研究》,中国财政经济出版社 2015 年版,第 14~15 页。

③ 梁发芾:《从"离境退税"看国家与纳税人的关系》,载《中国经营报》2016 年 1 月 11 日第 E03 版,http://finance.sina.com.cn/roll/2016-01-09/doc-ifxnkkuy7772267.shtml,访问日期:2022 年 11 月 14 日。

应将外国游客购买并携带出境的商品视为出口,对其承担的间接税予以退还,由进口国征收相应部分的国内税收。在此方面,有学者甚至提出了"条约购物"(the phenomenon of treaty shopping)的理念,即纳税人充分利用本国与另一国家之间的税收协定或基于最初就不是另一国居民的身份,反而能够享有更加有利的购物需求①,比照相应条约住所地规定,入境旅客选择离境退税或免税等购物方式可以让其享受较低的税收缴纳额度。② 这便是受益原则在国际税收公平中的直接体现。

从受益原则角度出发,由于外国居民常居境外,通常不享受旅游目的地国政府提供的公共产品和服务,其未与该国订立税收契约,因而无须向该国尽纳税义务;而对基于旅游等原因到目的国短期工作、旅游、购物的外国人而言,虽其与目的国在税收上达成了短期契约,在税制设计上也应当综合考量其逗留时间长短、货物消费情况等因素进行科学设计。在此基础上,政府可以确定提供公共产品和服务的合理规模,并在制定离境退税制度时兼顾财政成本和市场竞争情况。③ 因此,为确保税收公平,各国在实施离境退税制度时对在旅游目的地国居住时间较短、购物消费数额较大的外国旅客的退税力度往往较大。而对于那些在旅游目的地国居住时间较长的留学生或是滥用离境退税制度的主体,则一般不予退税。此外,对于将货物带离境外之后又携带返回旅游目的地国家消费的物品,一些国家还要求进行退税申报,补缴相应的退税款项。

---

① 刘奇超、徐惠琳:《走出迷局:侧窥全球增值税指南之构建机理与运行机制(一)》,载《海关与经贸研究》2015年第3期。

② Thuronyi V., International Tax Cooperation and a Multilateral Treat, *Brooklyn Journal of Internationl Law*, 2001, Vol.26, No.4, p.1641.

③ 程泓:《旅客购物离境退税制度的国际比较》,载《价格与理论实践》2015年第9期。

第二章
中国离境退税制度的历史沿革与实施现状

改革开放以来,中国旅游经济飞速发展,现已形成以大众旅游消费为主体、国内国际旅游同步上升的市场格局。2016 年 12 月,国务院印发的《"十三五"旅游业发展规划》指出,中国已成为世界最大国内旅游市场、世界第一大国际旅游消费国和世界第四大旅游目的地国家。然而,与我国出境旅游人数越来越多和出境旅游消费规模越来越大相较,我国入境旅游并未随之大幅度发展。这从我国旅游外汇收入增长情况可见一斑。近年来我国旅游外汇收入虽有较小浮动,但总体增速不大,入境旅游不平衡不充分的问题较为突出。在此背景下,为刺激旅游消费,增加旅游外汇收入,寻找旅游业新的增长点,国家逐渐将离境退税作为旅游经济发展的重要政策手段,不断试点扩围,力图以此为着力点破解入境旅游消费市场发展滞后的难题。本章重在揭示我国离境退税制度实施的主要阶段,并结合当前我国离境退税的试点扩围情况,对离境退税的实施效果进行评估。

第一节　中国离境退税制度的历史沿革

尽管域外发达国家早就对境外游客购物实行了退税制度,但由于离境退税的制度设计需要耗费一定的财政成本,且我国出口领域骗税的问题一直存在,甚至一度非常严重,国家对游客购物退税政策的实施长期持谨慎态度。直到 2011 年,为了推动国际旅游岛的发展,将海南打造成为具有国际竞争力的旅游胜地,国务院方决定在海南省开展境外旅客购物离境退税政策试点工作。此后,为全面促进我国旅游业改革发展,离境退税试点政策于 2015 年开始逐步扩大到全国其他省份。总体上,我国境外旅客购物离境退税制度的实施进程大致可划分为三个阶段。

一、先行试验：离境退税的海南探索阶段

为建设海南国际旅游岛，2009 年 12 月 31 日《国务院关于推进海南国际旅游岛建设发展的若干意见》（国发〔2009〕44 号）中提出了离境退税和离岛免税两大政策建议，明确提出由财政部牵头研究在海南试行境外旅客购物离境退税的办法和可行性。2010 年 12 月 21 日，国家财政部发布的《关于在海南开展境外旅客购物离境退税政策试点的公告》（财政部公告 2010 年第 88 号）成为离境退税政策实施的标志性文件，该公告明确自 2011 年 1 月 1 日起，由海南省率先开展境外旅客购物离境退税政策试点。根据该公告，离境退税的对象为在我国境内连续居住不超过 183 天的外国人和港澳台同胞；退税物品涉及 21 个大类 324 种，范围包括服装、鞋帽、化妆品、钟表、首饰、电器、文具、体育用品等；退税税种为增值税，退税率为 11％；对境外旅客购物离境退税的起退点暂定为 800 元人民币，退税条件为购物金额达到起退点；退税时间为离境日距退税物品的购买时间不超过 90 天；所购退税物品由境外旅客本人随身携带或托运出境。离境退税的程序包括"申请退税—海关验核—代理机构退税—退税结算"四个环节。

为了落实该试点工作，国家税务总局、海关总署相继发布《境外旅客购物离境退税海南试点管理办法》和《关于对海南国际旅游岛境外旅客购物离境退税监管事宜》，为海南省实施离境退税明确了操作流程和监管验核程序。此后，在离境退税财政负担机制上，财政部于 2011 年发布了《关于在海南开展境外旅客购物离境退税政策试点有关问题的通知》，明确离境退税的退税负担参考出口退税制度进行，退税的超基数部分由中央财政和海南财政共同负担，退税代理机构的手续费则由海南财政负担。离境退税实施政策和配套措施的设置，为海南省离境退税实施奠定了制度基础。不过，海南省在实施政策之初却未实现预想的效果。例如，2014 年 1 月该省仅开展了 129 笔退税业务，退税额不到 5 万元。正面清单制带来的退税商品范围很小、数量有限的退税商店、游客目的为观光休闲而非购物等原因，使得离境退税的政策实施"遇冷"①。

总体上看，2011 年我国在海南正式开启了离境退税政策试点，其制度设计参考了货物出口增值税先征后退的模式，反映了零售商品退税与货物

---

①　何伟：《海南离境退税缘何遇冷》，载《经济日报》2015 年 5 月 13 日第 6 版。

出口退税制度的协调统一,为我国海南省推动国际旅游岛建设提供了充分的制度支持。就退税程序而言,海南采取的是由政府指定退税代理机构的模式,保证了政府对退税的调控效应。而在退税方式上,海南试点为入境游客设定了现金和转账进行退税两种方式,并提供了本外币的多币种选择,有助于提升退税政策执行效率,推动税法秩序和外汇管理秩序之间的相互协调。①

二、试点扩围:离境退税的多点实施阶段

经过四年的海南离境退税试点实践,我国已形成相对完备的离境退税政策和管理办法。与此同时,随着我国旅游业理念创新发展,通过离境退税制度拓展入境旅游市场成为客观需求。基于此,国务院于 2014 年 8 月发布《关于促进旅游业改革发展的若干意见》(以下简称国发〔2014〕31 号),提出要不断完善离境退税政策,扩大该政策实施范围。为贯彻落实该意见,财政部于 2015 年 1 月发布《关于实施境外旅客购物离境退税政策的公告》(以下简称财政部 2015 年第 3 号公告),要求在全国范围内符合条件的地区实施离境退税,离境退税全国扩围由此拉开了序幕。此后,国家税务总局和海关总署分别就退税管理、海关监管等印发了《境外旅客购物离境退税管理办法(试行)》(以下简称国家税务总局 2015 年第 41 号公告)、《关于境外旅客购物离境退税业务海关监管规定的公告》(以下简称海关总署 2015 年第 25 号公告)等制度规范,以保障离境退税顺畅实施。

财政部 2015 年第 3 号公告的印发,标志着我国离境退税政策从海南的"单点试行"逐步向全国其他省市"多点扩围实施"。其中,北京和上海于 2015 年 7 月 1 日起开始实施境外旅客购物离境退税制度,成为开启全国性离境退税扩围实践与探索的首批城市。随后,天津市、辽宁省、安徽省、福建省、四川省等也先后启动离境退税政策。据本书统计,截至 2020 年 12 月 1 日,我国共有 26 个试点地区被批准实施境外旅客购物离境退税政策(如表2-1 所示)。

---

① 张蕊、曾令辉:《境外旅客购物离境退税政策思考》,载《中国财政》2011 年第10 期。

表 2-1 我国境外旅客购物离境退税政策试点推广时间表

时间	试点地区	实施依据
2015 年 7 月 1 日	北京市、上海市	根据财政部 2015 年第 3 号公告、海关总署 2015 年第 2 号公告、国家税务总局 2015 年第 41 号公告的有关规定,将境外旅客购物离境退税政策实施方案向财政部、海关总署和国家税务总局申请备案,审核
2016 年 1 月 1 日	天津市、辽宁省、安徽省、四川省、福建省、厦门市	
2016 年 4 月 1 日	江苏省、陕西省、云南省、青岛市、深圳市	
2016 年 7 月 1 日	广东省	
2016 年 8 月 1 日	黑龙江省	
2016 年 10 月 1 日	山东省	
2017 年 1 月 1 日	新疆维吾尔自治区	
2017 年 3 月 1 日	河南省	
2017 年 8 月 1 日	宁夏回族自治区	
2017 年 9 月 1 日	湖南省	
2017 年 12 月 1 日	甘肃省	
2018 年 3 月 1 日	重庆市	
2018 年 5 月 1 日	河北省	
2018 年 12 月 11 日	广西壮族自治区	
2018 年 12 月 25 日	江西省	
2020 年 12 月 1 日	浙江省	

三、创新发展:离境退税的制度优化阶段

伴随着离境退税在全国的扩围,各地在财政部、国家税务总局和海关总署的统一规范下结合自身经济发展情况,探索将离境退税与高新技术、产业特色等相结合,不断优化离境退税制度内容,提升离境退税制度实施效果,主要体现为:

第一,建立了统一的离境退税运行系统。根据财政部 2015 年第 3 号公告、海关总署 2015 年第 2 号公告、国家税务总局 2015 年第 41 号公告等政策安排,我国虽然明确了离境退税的适用对象、退税税率、查验监管等事项,但由于在具体实施过程中未具体明确离境退税的程序和条件,且各地退税信息相

互独立,造成"全国购物与分地域退税"的矛盾,给境外游客异地退税带来了不便。在此背景下,为实现跨地区离境退税互联互通,2017年国家税务总局研发了全国统一版本离境退税系统,以解决购物地和离境地不同带来的无法退税问题。试点省市在对接新版系统以后,境外旅客购物时可在我国设有退税代理机构的任一离境口岸办理退税,由此为境外旅客开展跨地区离境退税提供了便利。

第二,探索实施了"即买即退"制度。在试点之初,境外游客离境退税只能在各地"离境口岸"进行,而无法在购物中心当场退税。为提升离境退税制度实施便利化,上海自2019年2月起在三家商店探索实施了"即买即退"政策,规定境外旅客在这三家商店购物达到一定金额后便可当场申请退税,入境游客可当场拿到退税款,在实现购物退税便利的同时还能激励境外消费者"二次消费"。[①] 至2019年9月,北京市税务局发布了《国家税务总局 北京市税务局关于开展离境退税便利化试点的通告》(国家税务总局 北京市税务局通告2019年第6号),规定符合特定条件的境外游客可办理"即买即退"手续,相关条件包括:第一,在北京市试点的"即买即退"商店购物并办理手续;第二,承诺于购物开单后17日内离境,且本人持有可操作预授权担保的信用卡;第三,同一境外旅客同一日向同一退税商店申请办理"即买即退"服务的退税物品金额累计不得超过5万元;第四,所购退税物品由境外旅客本人随身携带或随行托运,自本市离境口岸出境。至2020年5月1日,上海在南京西路恒隆广场又设置了"即买即退"集中受理点,由设在商场内的退税代理机构直接向境外退税消费者支付退税款。

第三,退税商品适用范围逐步扩大。伴随着离境退税制度实施,各地离境退税的商店数量呈现逐年增长趋势,而离境退税的商品种类也在不断增加。以广州为例,2016年7月至2017年3月期间,境外旅客购买的退税商品种类从最初的服装、箱包、鞋帽等少数种类商品逐渐扩大到饰品(不含金银)、钟表、针纺织品、手机数码、化妆护肤品、母婴用品玩具、保健品、户外/运动、家居厨具、家用电器、电脑办公、办公文具、食品、图书音像等十余项商品。[②] 其中境外旅客购买的箱包类、服装类、饰品(不含金银)类商品在验核商品中占有较高比例,鞋帽、针纺

---

① 《率先试点"即买即退"上海离境退税服务再升级》,https://baijiahao.baidu.com/s?id=1626696856363092442&wfr=spider&for=pc,下载日期:2019年4月1日。

② 罗子杰:《广州海关退税161万元》,载《信息时报》2017年7月21日第A6版。

织品、母婴用品玩具、保健品等中国特色产品数量也有较快增长，单件退税商品最高价格为 1.45 万元（参见表 2-2）。而根据厦门海关 2016 年至 2017 年的数据，厦门市的退税物品以茶叶为主，全年共计办理 56 宗，以该物品的购买申请退税的金额为 10.8 万元，分别占到同期离境退税总量的 54.37％、51.48％，该退税结构也契合了福建为中国产茶量最大的省份这一特点。

表 2-2　2016 年 7 月至 2017 年 3 月广州市离境退税业务商品情况

物品类别	开单票数（单）	比重（％）	销售额（万元）	比重（％）
箱包	237	27.8	593.93	56.4
服装	212	24.9	184.73	17.5
饰品（不含金银）	105	12.3	97.52	9.3
钟表	33	3.9	73.93	7.0
鞋帽	108	12.7	50.56	4.8
针纺织品	41	4.8	16.62	1.6
手机数码	19	2.2	14.17	1.3
化妆护肤品	25	2.9	5.25	0.5
母婴用品玩具	17	2.0	4.50	0.4
保健品	6	0.7	4.03	0.4
户外/运动	21	2.5	2.71	0.3
家具/厨具	11	1.3	1.96	0.2
家用电器	9	1.1	1.91	0.2

数据来源：根据广州海关发布的数据整理。

第二节　中国离境退税制度的主要内容

一、我国离境退税制度的立法模式

（一）我国离境退税制度的立法进程

截至目前，我国与离境退税相关的法律和行政法规尚付阙如。观察与离境退税相近的出口退税法律制度，其确立依据主要为国务院经全国人大常委会授权制定的《增值税暂行条例》和《消费税暂行条例》。其中《增值税暂行条例》第 2 条第 4 项规定了纳税人出口货物的税率为零。① 第 25 条规定了纳税人办理出口退(免)税的程序。②《消费税暂行条例》第 11 条则规定了对纳税人出口应税消费品,免征消费税。③ 可以看出,我国现行的出口退税法律规范主要围绕国家出口贸易业务进行设定,退税实施对象为企业纳税人,而不涉及境外旅客购物离境退税。2019 年 12 月,财政部和国家税务总局起草了《中华人民共和国增值税法(征求意见稿)》和《中华人民共和国消费税法(征求意见稿)》,增值税和消费税的立法依据有望实现"暂行条例"向"法律"的升级,但其中有关纳税人出口货物或出口应税消费品的规定与《增值税暂行条例》和《消费税暂行条例》相比没有变化④,也未规定离境退税制度。

在立法机关未对离境退税制度进行确认的情况下,我国离境退税制度采取了"政策先行"的立法模式。所谓"政策先行"的立法模式,是指在离境退税制度的制定过程中,采取先由主管部门通过制定规范性文件的方式对离境退税的适用范围、适用条件、退税比例等问题进行规定,而在试点经验成熟后择机将相关政策内容上升为法律的立法模式。历史地看,我国探索实施离境退税制度始于 2010 年的上海世博会。根据《上海世博会特殊规章第 7 号:有关货物的通关运输和处理》规定,"对境外参展方在世博园区内为建馆和开展展览活动所耗用、并在中国境内购买的建筑装饰材料和办公用品,按法定征税率退还增值税"。该规定是我国首次给予外商在中国境内采购货物予以退税的权利,也为我国开展离境退税积累了经验。此后,伴随着《境外旅客购物离境

---

① 《增值税暂行条例》第 2 条第 4 项规定:"纳税人出口货物,税率为零;但是,国务院另有规定的除外。"

② 《增值税暂行条例》第 25 条规定:"纳税人出口货物适用退(免)税规定的,应当向海关办理出口手续,凭出口报关单等有关凭证,在规定的出口退(免)税申报期内按月向主管税务机关申报办理该项出口货物的退(免)税;境内单位和个人跨境销售服务和无形资产适用退(免)税规定的,应当按期向主管税务机关申报办理退(免)税。具体办法由国务院财政、税务主管部门制定。出口货物办理退税后发生退货或者退关的,纳税人应当依法补缴已退的税款。"

③ 《消费税暂行条例》第 11 条规定:"对纳税人出口应税消费品,免征消费税;国务院另有规定的除外。出口应税消费品的免税办法,由国务院财政、税务主管部门制定。"

④ 《中华人民共和国增值税法(征求意见稿)》和《中华人民共和国消费税法(征求意见稿)》,载中央人民政府网,http://www.gov.cn/hudong/2019-12/04/content_5458247.htm,下载日期:2019 年 12 月 4 日。

退税海南试点管理办法》的发布,海南于 2011 年 1 月 1 日正式开启离境退税工作试点。至 2013 年,我国又相继出台《国民旅游休闲纲要》(2013—2020 年)、《国务院关于促进旅游业改革发展的若干意见》、《国务院关于积极发挥新消费引领作用加快培育形成新供给新动力的指导意见》、《国务院关于印发"十三五"旅游业发展规划的通知》(以下简称《通知》)等规范旅游行业、激活旅游市场的重磅法律和政策,其中这两个意见和《通知》中均提出要推行离境退税政策。

在国务院出台相关文件后,财政部、海关总署、国家税务总局等相关部门也对国务院的相关规定进行了细化落实,并颁布了《海南试点管理办法》(现已失效)、《离境退税管理办法(试行)》、国家税务总局 2015 年第 41 号公告、财政部 2015 年第 3 号公告和海关总署 2015 年第 25 号公告。此外,伴随着我国自贸区建设的加快推进,我国在《国务院关于印发中国(天津)自由贸易试验区总体方案的通知》、《国务院关于印发进一步深化中国(上海)自由贸易试验区改革开放方案的通知》、《国务院关于印发中国(福建)自由贸易试验区总体方案的通知》以及《国务院关于印发中国(广东)自由贸易试验区总体方案的通知》中也对离境退税问题进行了规定,明确"符合条件的地区可按照政策规定申请实施境外旅客购物离境退税政策"。不难发现,我国离境退税政策具有政策先行的特征,有关政策性规定远远多于法律性规定。

(二)我国离境退税制度的立法特点

1.离境退税制度设置的分散性

目前,我国并无统一的离境退税制度规范,相关制度主要以财政部 2015 年第 3 号公告为基本政策蓝本,以海关总署 2015 年第 25 号公告及国家税务总局 2015 年第 41 号公告等为配套措施。而在离境退税制度实施过程中,各地通过出台离境退税实施政策文件对财政部、国家税务总局及海关总署的文件予以细化。例如,2019 年 9 月,山东省政府办公厅印发《大力拓展消费市场加快塑造内需驱动型经济新优势重点任务细化落实分工方案》,明确支持具备条件的国际空港、海港、邮轮母港增设免税店,引进具备进境免税品经营资质的企业落户山东,并且争取到 2021 年年底全省新增 2～3 家免税店、20～30 家离境退税店。①又如,2019 年云南省财政厅、国家税务总局云南省税务局、昆明海关、云南省商务厅、云南省文化和旅游厅等部门联合出台《关于境外旅客购物离境退税政策

---

①　刘建宇:《未来两年,山东将新增两到三家免税店》,载《山东商报》2019 年 9 月 28 日第 A10 版。

有关事项的公告》,对退税物品、退税额计算问题进行了专门规定。

2.离境退税政策内容的体系性

就我国离境退税制度内容而言,各部委制定的离境退税文件具有相互补充的作用,共同打造了离境退税政策实施体系。例如,在财政部 2015 年第 3号公告中,对离境退税的含义、适用条件、退税率及计算方式、具体流程、退税方式、退税商店的资格、退税款项的财政负担等内容进行了规定。而在海关总署 2015 年第 25 号公告中,对境外游客退税的相关凭证、不予办理离境退税的具体情形、离境退税监管场所的设置等内容进行了规定。国家税务总局 2015年第 41 号公告则分七章对境外游客的界定、退税商店的资格、离境退税管理系统的界定、退税商店的备案、变更与终止、离境退税申请单管理、退税代理机构的选择、变更与终止、离境退税的办理流程以及信息传递与交换等内容进行了详细规定。不难发现,三部委颁布的离境退税政策基本涵盖了离境退税适用主体、适用程序、监管机制以及配套措施等内容,内容相对全面。

3.离境退税制度实施的灵活性

"政策先行"的立法模式一方面会使得制度实施缺乏权威性,但另一方面也增强了制度实施的灵活性,体现为相关离境退税的实施内容随着实践的推动正在不断得到调整和完善。例如,根据财政部 2015 年第 3 号公告的规定,境外游客离境退税需要在离境当天在离境口岸办理退税手续,但实践中为刺激境外游客消费、提升退税效率,北京、上海等地在实施过程中开始了"即买即退"的探索。[①] 又如,根据国家税务总局 2015 年第 41 号公告规定,境外游客办理离境退税时需要提交盖有发票专用章的《离境退税申请单》,但实践中北京等地已在离境退税实践中推行了电子发票,简化了退税流程。[②] 再如,在离境退税的税率设置上,尽管财政部 2015 年第 3 号公告明确规定离境退税率为11%,但伴随着我国"营改增"改革,我国离境退税的退税率自 2019 年 4 月 1日起调整为 11% 和 8% 两档。这些制度内容在实践中的适时调整,凸显了政策立法的灵活性特点。

---

① 桑彤:《上海率先试点离境退税"即买即退"首月开具 12 份申请单》,载《信息时报》2019 年 3 月 1 日第 B2 版。

② 2016 年 5 月 20 日,华联新光百货(北京)有限公司为一名法国游客开具了国内首张离境退税电子发票,凭此即可办理退税,无需再提供纸质发票。参见李佳:《外籍游客离境退税可以开具电子发票》,载《北京青年报》2016 年 5 月 25 日第 A04 版。

二、我国离境退税制度的具体内容

目前,我国各地离境退税的实施规则均以财政部 2015 年第 3 号公告、海关总署 2015 年第 2 号公告、国家税务总局 2015 年第 41 号公告等文件为依据。以下,本书拟以该三份政策文件为基础,并结合相关法律和政策规定,对我国离境退税实施的条件和程序要件进行梳理分析。

(一)我国离境退税的退税对象

通常而言,离境退税的退税对象一般为境外游客。根据我国财政部 2015 年第 3 号公告第 1 条第 1 款的规定,在我国境内连续居住不超过 183 天的外国人和港澳台同胞符合退税的要求。由于我国税法中并无关于旅客的专门界定,有关离境退税的适用对象参考了《个人所得税法》中关于非居民的概念认定。根据《个人所得税法》第 1 条的规定,在中国境内无住所又不居住,或者无住所而一个纳税年度内在中国境内居住累计不满 183 天的个人,为非居民个人。而根据我国有关税收规范性文件的规定,在非居民的时间判定上,在我国境内连续居住不超过 183 天,是指从最后一次入境到离境时,不超过 183 天。[①] 从中可知,离境退税的适用对象具有严格的限定性,不符合要求的非境外旅客无法在我国享受购物离境退税政策。当境外旅客申请退税时,需要进行一定的身份核查,这就要求符合条件的入境游客提交有效的身份证件,包括标注或能够采集境外旅客最后入境日期的护照、港澳居民来往内地通行证、台湾居民来往大陆通行证等。在此方面,国家税务总局于 2019 年发布了《非居民纳税人享受协定待遇管理办法》,明确非居民纳税人在享受相关待遇时采取"自行判断、申报享受、相关资料留存备查"的方式办理,就离境退税的业务办理而言,同样需要符合要求的境外旅客自行申报退税。

(二)我国离境退税的退税范围

在离境退税物品范围设定上,我国经历了从"正面清单"到"负面清单"的标准转换,具体而言:在海南试点时期,我国离境退税物品实行的是"正面清单"规

---

①　需要说明的是,由于我国增值税的法律规范中并未对"入境外国旅客"概念进行界定,有关非居民的判断主要参考所得税法及相关税收规范性文件的规定。参见《财政部 税务总局关于在中国境内无住所的个人居住时间判定标准的公告》(财政部 税务总局公告 2019 年第 34 号)。

定,离境退税物品涉及 21 类 324 种。为适应国际离境退税发展趋势,我国自财政部 2015 年第 3 号公告对离境退税物品实行了"负面清单制"。该公告第 3 条规定:凡境外旅客本人在退税商店购买且符合退税条件的物品均可纳入退税范围,但不包括以下物品:(1)《中华人民共和国禁止、限制进出境物品表》所列的禁止、限制出境物品;(2)退税商店销售的适用增值税免税政策的物品;(3)财政部、海关总署、国家税务总局规定的其他物品(如表 2-3 所示)。究其原因,这些物品或因出口限制无法带出境外,或因已实行免税而不应再享受退税优惠。实践中,各地遵循财政部"负面清单"制度,结合当地经济发展情况和商品特色,逐步扩大离境退税商品范围。例如,2019 年 9 月福建省泉州市商务局等部门联合出台了《加快推进泉州市境外旅客购物离境退税工作的若干措施》,提出要不断丰富泉州离境退税商品种类,支持和鼓励旅游特色商品和非物质文化遗产商品入驻离境退税商店,并为此类离境退税商店制定费用减免和优惠措施。①

表 2-3　离境退税物品的"负面清单"规定

禁止出境的物品范围	限制出境的物品范围	适用增值税免税政策的物品范围
1.列入禁止进境范围的所有物品: (1)各种武器、仿真武器、弹药及爆炸物品; (2)伪造的货币及伪造的有价证券; (3)对中国政治、经济、文化、道德有害的印刷品、胶卷、照片、唱片、影片、录音带、录像带、激光视盘、计算机存储介质及其他物品; (4)各种烈性毒药; (5)鸦片、吗啡、海洛因、大麻以及其他能使人成瘾的麻醉品、精神药物; (6)带有危险性病菌、害虫及其他有害生物的动物、植物及其产品; (7)有碍人畜健康的、来自疫区的以及其他能传播疾病的食品、药品或其他物品; 2.内容涉及国家秘密的手稿、印刷品、胶卷、照片、唱片、影片、录音带、录像带、激光视盘、计算机存储介质及其他物品; 3.珍贵文物及其他禁止出境的文体; 4.濒危的和珍贵的动物、植物(均含标本)及其种子和繁殖材料。	1.金银等贵重金属及其制品; 2.国家货币; 3.外币及其有价证券; 4.无线电收发信机、通信保密机; 5.贵重中药材; 6.一般文物; 7.海关限制出境的其他物品。	1.农业生产者销售的自产农产品; 2.避孕药品和用具; 3.古旧图书; 4.直接用于科学研究、科学试验和教学的进口仪器、设备; 5.外国政府、国际组织无偿援助的进口物资和设备; 6.由残疾人的组织直接进口供残疾人专用的物品; 7.销售的自己使用过的物品。

数据来源:根据《中华人民共和国禁止、限制进出境物品表》《增值税暂行条例》整理。

---

① 刘倩:《我市加快推进境外旅客购物离境退税工作》,载《泉州晚报》2019 年 7 月 10 日第 7 版。

(三)我国离境退税的退税条件

为保障入境旅客购物离境退税的公平实施,我国还为离境退税设置了必要的条件。根据财政部 2015 年第 3 号公告第 2 条的规定,入境旅客申请退税时,需要满足以下条件:第一,满足"三同一"条件,即同一境外旅客、同一日、在同一退税商店购买的退税物品金额达到 500 元人民币。如果未达到必要的金额条件,则无法实现退税。第二,退税物品尚未启用或消费。该项条件的规定与税收管辖中的"消费地"征收原则相一致,对于已经启用或在旅游目的地国已经消费的物品,不能退税。第三,离境日距退税物品购买日不超过 90 天,确保入境游客在旅游目的地国家居住的时间较短。从税制原理上看,这是依托游客"享受旅游目的地公共产品或服务的比例"来确定的,设置必要的时间规定更符合税收公平原则,也与国际上通行的 90 天的规定基本相符。第四,所购退税物品需由境外旅客本人随身携带或随行托运出境,这就要求离境退税不能"代理"实施,需由旅客本人亲自申请。因为离境退税政策目的在于鼓励消费而非让境外旅客营利,否则将滋生"走私"现象,给出口秩序带来损害。

(四)我国离境退税的退税率和退税金额

根据增值税零税率的原理,离境退税的最佳状态是"应退尽退",但考虑到财政负担成本等因素,各国实际退税率往往会低于应退税率。根据我国财政部 2015 年第 3 号公告第 3 条规定,退税物品的退税率为 11%(2019 年 4 月 1 日起适用税率为 9% 的退税物品,退税率为 8%),应退税额计算公式为:应退增值税额＝退税物品销售发票金额(含增值税)×退税率。但由于退税代理机构会收取一定手续费,因此旅客实际获得的退税额是应退增值税额减去退税手续费后的差额。例如,假设某游客购买 1000 元的物品,应退增值税是 110 元,但扣除退税代理手续费后,游客最终实际得到的退税额会低于 110 元。

(五)我国离境退税的退税商店设置

离境退税实施离不开特定的零售商。根据国家税务总局 2015 年第 41 号公告规定,我国合格的退税商店需要满足以下条件:第一,纳税人身份上,需具备增值税一般纳税人资格;第二,信用评价上,纳税信用等级需要在 B 级以上;第三,信息管理上,需同意安装、使用离境退税管理系统,具备运行条件,且能及时、准确地报送信息;第四,发票管理上,销售方应安装并使用增值税发票系统升级版;第五,账簿管理上,销售方需同意单独设置退税物品销售明细账,并准确核算。在满足这些前提条件的基础上,退税商店经相关部门认定后方具备退税资格。为鼓励更多商店参与离境退税,一些地方还对部分商户出台了激励措施。例如,北京市税务部门积极引导、培育红桥、秀水等特色购物市场的40家商户从小规模纳税人转为一般纳税人。①

(六)我国离境退税的退税代理机构

为节约离境退税的税收征管成本,由专业代理机构进行退税代理也是国际惯例。根据国家税务总局2015年第41号公告第13条规定,我国退税代理机构需要符合以下条件:一是设施条件的要求,银行需要在离境口岸隔离区内具备办理退税业务的场所和设施;二是信息管理的要求,银行需装设离境退税管理系统,且能够及时准确地报送信息;三是合法性的要求,三年内不能因税收违法行为而受到行政、刑事处理;四是资金的要求,需要银行自愿先行垫付退税的资金。在符合这些条件的基础上,省国税局将会同财政、海关按照公平、公开和公正原则甄选确定退税代理机构。而一旦退税代理机构出现违法违规行为,包括不再符合退税代理基本条件,未按规定申报境外旅客离境退税结算,未按规定对境外旅客离境退税结算申报资料留存备查,对不符合规定的离境退税申请办理了退税,在服务期间发生税收违法行为受到行政、刑事处理或未履行与省国税局签订的服务协议,则可能被终止退税代理服务,注销其离境退税管理系统用户资格。

(七)我国离境退税的退税流程

从广义的退税请求权来看,离境退税也应属于入境游客的基本权利,但该权利的实现需要满足相应的程序规定要求。根据我国财政部2015年第3号公告第4条的规定,境外旅客申请退税需符合以下程序要求:第一,购买退税物品,境外旅客从退税商店买回退税物品后,如需申请退税,需要向退税商店出具有效的身份证件,索取《离境退税申请单》;第二,海关验核确认,境外旅客在离境时需主动向海关出示退税物品、退税申请单、销售发票等材料,只有在海关验核无误后方会在申请单上签章确认;第三,代理机构退税,境外旅客需向在离境口岸隔离区内的退税代理机构提交退税申请,退税代理机构审核信息无误并收取手续费后,方可向旅客退税;第四,税务部门结算,退税代理机构在办理退税后,将定期与省级税务部门办理增值税退税结算(如图2-1所示)。

① 马晓璐:《北京市离境退税制度研究》,对外经济贸易大学2016年硕士学位论文。

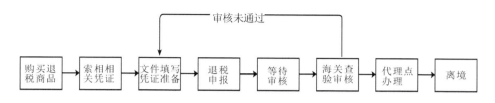

图 2-1　我国旅客办理离境退税的主要流程

(八)我国离境退税的退税方式

退税方式是否科学和便捷也是决定离境退税能否有效实施的重要内容。根据财政部 2015 年第 3 号公告规定,人民币为我国退税的单一币种。在退税方式上,我国根据退税额度不同,设置了现金退税和银行转账两种方式。其中,退税额小于等于 10000 元的,符合条件的境外旅客可自行选择退税方式,而退税额大于 10000 元,则只能以银行转账方式退税。为便利境外游客办理退税,部分城市还探索实施了更为便捷的离境退税方式。例如,上海市自 2019 年 2 月底试行了"即买即退"政策,允许境外游客在承诺 17 日内从上海口岸出境的情况下,可在上海南京路新世界大丸百货、芮欧百货以及百联奥特莱斯等三家商店办理"即买即退"手续。至 2020 年 5 月 1 日,上海在南京西路恒隆广场又设置了"即买即退"集中受理点,由设在商场内的退税代理机构直接向境外退税消费者支付退税款。此外,随着 2015 年 9 月国家税务总局发布《"互联网＋税务"行动计划》,我国还将"互联网＋自助申领发票"的方式嵌入离境退税政策,并于 2016 年 5 月 20 日在北京离境退税实践中首次引入电子发票。[①] 伴随着"互联网＋"技术在离境退税系统中的推广,外国旅客在我国的退税将更加方便和快捷。

三、我国离境退税制度的管理体制

离境退税的管理体制主要涉及离境退税管理机构和管理职责分工两个部分。从我国离境退税的管理规定可知,离境退税所涉及的管理部门非常多,包括财政部、海关、税务机关、旅游业相关部门等其他利益相关主体。总体上,可

---

① 参见李佳:《外籍游客离境退税可以开具电子发票》,载《北京青年报》2016 年 5 月 25 日第 A04 版。

以将离境退税的管理体制划分为中央和地方两个层面的管理体制。

(一)中央层面:财政部主导下的"离退分离"管理体制

在我国,离境退税政策是在国务院的主导下,由财政部、海关总署和国家税务局共同管理。其中,财政部是离境退税的主管部门,负责发布境外旅客购物离境退税政策的实施公告,并明确离境旅客购物所退增值税款的财政分担机制。对此,财政部2015年第3号公告第10条明确规定,离境旅客购物所退增值税款,由中央与实际办理退税地按现行出口退税负担机制共同负担。在此基础上,我国采取"离退"分离的管理体制,由国家税务总局和海关总署分别负责"退税"和"监管"事项。其中,国家税务总局主要负责制定离境退税实施条件和退税管理;海关总署主要负责离境退税的海关监管与风险防控。不过,由于离境退税涉及事项较多,部分职能配置往往需要三部门"会商"决定。例如,财政部2015年第3号公告规定,离境退税政策退税管理办法由国家税务总局会同财政部和海关总署制定,离境退税业务海关监管办法由海关总署会同财政部和国家税务总局制定。此外,根据该公告的规定,退税代理机构的具体条件,由国家税务总局商财政部和海关总署制定,退税商店的具体条件由国家税务总局商财政部制定等。

而在纵向管理层面,省级人民政府需要以备案的方式获得离境退税政策的审批。对此,财政部2015年第3号公告第9条规定,省级人民政府应将离境退税政策实施方案报送财政部、海关总署和国家税务总局备案,备案的内容主要包括以下事项:第一,省级人民政府同意实施离境退税政策,提交实施方案。其中,实施方案的内容应包括离境退税的拟实施日期、离境口岸、退税代理机构、办理退税场所、退税手续费负担机制、退税商店选择情况和离境退税信息管理系统试运行情况等,并且省级人民政府应当同意自行负担必要的费用支出,并为海关、税务监管提供相关条件。第二,建立有效的部门联合工作机制,在省级人民政府统一领导下,由财政部门会同海关、税务等有关部门共同协调推进,确保本地区工作平稳有序开展。第三,省级人民政府应当同意使用国家税务总局商海关总署确定的跨部门、跨地区的互联互通的离境退税信息管理系统。第四,财政部、海关总署和国家税务总局要求的其他条件。

(二)地方层面:省级政府主导下的"多部门协同"管理体制

一旦离境退税政策实施方案获得批准,各省级政府通常会在财政部统一

政策安排下,结合本地离境退税实际情况开展离境退税的税务管理,具体包括:

第一,明确离境退税的组织机制。例如,根据广东省人民政府办公厅2016 年 7 月印发的《广东省境外旅客购物离境退税政策实施方案》第 9 条的安排,广东省财政厅会同省国税局、海关广东分署、省商务厅、省旅游局等部门建立工作小组,实行部门联动,统筹推进实施离境退税政策有关工作事项。再如,为保障离境退税工作平稳有序推进,河南省根据河南省人民政府办公厅2015 年 11 月印发的《河南省实施境外旅客购物离境退税政策工作方案》的安排,按照"统筹安排、分工协作、有序推进"的原则,建立了省离境退税工作联席会议制度,联席会议部门以省财政厅、商务厅、地税局、工商局、旅游局、郑州海关、省国税局、省政府口岸办、省公安边防总队和河南机场集团等有关部门和单位为省联席会议成员单位。

第二,明确离境退税的职责分工。例如,根据广东省的政策安排,离境退税事项主要由财政部门、税务部门和海关部门负责。其中,财政部门负责经费保障,广东省有关部门实施离境退税所需的信息系统建设等经费从省财政安排的现有经费中统筹解决,各口岸所在地所需的场地提供、退税场所、监管条件改造及相关经费由相关地市政府解决。广东省国税局按规定程序开展退税商店的征集、备案和公布工作,并做好离境退税信息管理系统的选定和运行。海关部门则负责海关验核工作,由广州海关、拱北海关按照实施离境退税政策业务需要,统筹安排人力、场所开展退税物品出境验核工作。① 此外,广东省还建立了从组织保障到经费保障再到宣传保障"三位一体"的实施工作保障。在河南省,省财政厅牵头负责研究制订河南省离境退税政策实施方案,会同河南省国税局、郑州海关和省政府口岸办负责河南省离境退税信息管理系统的购买和试运行工作,会同省国税局、郑州海关和省地税局确定该省离境退税手续费负担机制和离境退税政策实施的财政经费保障。省国税局负责制定河南省离境退税政策管理办法,会同省财政厅、郑州海关和省地税局做好退税代理机构选择工作,会同省商务厅、地税局、工商局、旅游局做好退税商店备案认定

---

① 《广东省人民政府办公厅关于印发境外旅客购物离境退税政策实施方案的通知》(粤办函〔2016〕328 号)。

工作。① 郑州海关负责落实相关监管措施,拟定海关离境退税业务工作方案和操作规程,在郑州新郑国际机场设立离境退税业务海关监管办公场所,调整人力资源配置,配备相关监管配套设施。省商务厅会同省工商局、旅游局负责研究提出该省退税商店布局意见,配合做好退税商店备案认定及后续管理工作。省旅游局负责与相关部门做好政策宣传工作,参与退税商店备案认定工作。省政府口岸办负责离境口岸监管协调等工作。省公安边防总队负责按照有关规定管理进出口岸限定区域的退税代理机构工作人员。河南机场集团负责协调在郑州新郑国际机场国际区域预留离境退税海关监管机构和退税代理机构工作场所,提供必要的网络和监控设备布线等条件。由此可见,在地方层面,离境退税的管理形成了由财政部门、税务部门和海关部门主导负责,工商、旅游、口岸办公室等多部门协调配合的管理体制。

四、我国离境退税制度的保障措施

为保障境外旅客购物离境退税实施的可行性,我国各主管部门和地方政府还制定了一些具体的保障措施。

(一)离境退税实施的财政保障措施

由于推行购物离境退税会直接带来国家的财政负担,为保障退税活动的顺利实施,有必要对退税负担作出统一安排。根据财政部 2015 年第 3 号公告第 10 条以及《财政部 国家税务总局 中国人民银行关于出口退税负担机制调整后有关预算管理问题的通知》(财预〔2005〕438 号)的规定,我国退税的税负由中央与实际办理退税地依照现行出口退税负担机制,实行"超基数部分共同负担制",即各地区出口货物退增值税中属于基数部分的退税额,由中央财政负担;超基数部分的退税额,由中央和地方按照 92.5∶7.5 的比例分担。总体上看,我国财政收入近年来呈现持续增长的态势②,能为离境退税实施提供足够的财政保障。以 2013 年至 2017 年为例,该时期我国国内生产总值从 59 万亿元跃升至 82.7 万亿元,年均增长 7.1%;而同期全国财政收入以年均超 1.1 万亿元幅度增加,年均增长 8%(参见表 2-4)。而根据我国商务部关于离

---

① 《河南省人民政府办公厅关于印发河南省实施境外旅客购物离境退税政策工作方案的通知》(豫政办〔2015〕142 号)。

② 韩洁、胡璐、郁琼源:《权威人士解读:今年前 4 月财政收入增速缘何超 GDP 增速?》,载《中华工商时报》2018 年 6 月 5 日第 2 版。

境退税的成本—收益测算,如果规定 500 元人民币为最低购物退税限额,国家财政每少收 1 元增值税,则可增加 1.84 元的所得税收入,同时可为相关企业带来 5.574 元的经济收益。可见,从财政的可持续层面评估,我国有能力为离境退税的制度实施提供充分财力支持。从各地离境退税实施来看,也在持续加强对该制度实施提供财政供给。以海南省为例,2018 年 9 月,为保障海关监管工作正常运行,海南省财政厅决定从年初预算安排的国际旅游岛推进工作经费中,拨付海口海关离境退税管理系统专项经费 7.6 万元,用于采购硬件设备和配置互联网专线。① 上海市财政局的预算报告中也明确要通过积极的财政政策降低境外旅客购物成本,自 2017 年 4 月 19 日起将境外旅客购物离境退税政策的实施范围由航空口岸扩大到水运、陆路口岸,实现离境退税政策在全市离境口岸全覆盖。②

表 2-4　我国 2005—2017 年财政收入规模分析

年份	GDP(亿元)	一般公共预算收入(亿元)	GDP 增长率(%)	一般公共预算收入增长率(%)	一般公共预算收入/GDP(%)
2005	187318.9	31649.29	11.31	19.9	16.9
2006	219438.5	38760.2	12.68	22.5	17.66
2007	270232.3	51321.78	14.16	32.4	18.99
2008	319515.5	61330.35	9.63	19.5	19.19
2009	349081.4	68518.3	9.21	11.7	19.63
2010	413030.3	83101.51	10.45	21.3	20.12
2011	489300.6	103874.42	9.3	25	21.23
2012	540367.4	117253.52	7.65	12.9	21.70
2013	595244.4	129209.64	7.7	10.2	21.71
2014	643974	140370.03	7.4	8.6	21.80

① 海南省财政厅:《关于拨付海南离境退税管理系统专项经费的通知》,载海南省人民政府网,http://mof.hainan.gov.cn/sczt/0702/201809/c726db9b16a84234bb1768ce96d0d502.shtml,下载日期:2018 年 9 月 29 日。

② 上海市财政局:《关于上海市 2017 年预算执行情况和 2018 年预算草案的报告》,https://www.shanghai.gov.cn/nw12338/20200813/0001-12338_1286705.html,下载日期:2020 年 7 月 6 日。

续表

年份	GDP(亿元)	一般公共预算收入(亿元)	GDP 增长率(%)	一般公共预算收入增长率(%)	一般公共预算收入/GDP(%)
2015	689052.1	152269.23	6.9	5.8	22.10
2016	743585.5	159604.97	6.7	4.5	21.46
2017	827122	172567	6.9	7.4	20.86

数据来源:根据国家统计局数据整理。

(二)离境退税实施的信息联动机制

在"离退分离"模式下,境外旅客能否成功申请离境退税既取决于海关能否对出境物品进行及时核验,也取决于税务机关主导下的退税代理机构能否及时准确地确认纳税。为强化各相关部门之间的信息传递与交换,国家税务总局 2015 年第 41 号公告第 27 条至第 29 条专章规定了离境退税的信息传递与交换机制,明确了以主管税务机关为主导的退税信息体系:第一,主管税务机关、海关、退税代理机构和退税商店应传递与交换相关信息。第二,退税商店通过离境退税管理系统开具境外旅客购物离境退税申请单,并实时向主管税务机关传送相关信息。第三,退税代理机构通过离境退税管理系统为境外旅客办理离境退税,并实时向主管税务机关传送相关信息。与此同时,在做好离境退税信息传递和交换的基础上,同一地域的离境退税联动工作机制也在不断完善。例如,广州市在推动离境退税过程中,广州海关连同市财政局、当地国税局等相关部门积极协作,共同研究确定游客退税手续,合理调配人力、物力资源,确保试点口岸现场人员、设备到位,保障游客在办理离境退税各环节衔接流畅、方便、快捷。此外,广州市财政部门还与口岸运营方、运输工具经营方等部门在离境退税验核的监管流程、宣传引导、场地设施以及旅客服务等方面开展合作,为离境退税政策的顺利实施提供硬件基础和便利条件。①

而在信息外部联动方面,由于实践中境外游客跨省域多地购物现象较为普遍,如何对不同省份离境退税信息进行传递和互认也尤为重要,需要各海关税务部门之间加强协调。对此,我国部分地区已开展跨境离境退税互联互通和互认互退。例如,2016 年 4 月,北京市国家税务局与四川省国家税务局签

---

① 郑澍:《广东离境退税一周年广州海关退税 161 万元》,载《羊城地铁报》2017 年 7 月 18 日第 A1 版。

署离境退税互联互通协议,境外旅客可选择在北京或成都的任何一个离境口岸申请退税。2016 年 6 月,北京国家税务局与天津市国家税务局签署离境退税互联互通协议。2016 年 11 月,天津市国家税务局与四川省国家税务局共同签署离境退税互联互通协议。至此,京津川三地实现了离境退税互联互通、互退互认。① 此外,山东省也于 2016 年 10 月实现了济南、烟台、威海三地离境退税信息的互联互通,促成了异地退税的实施。② 2017 年 10 月,海南省引入了国家税务总局自主研发的境外旅客购物离境退税信息管理系统(全国统一版本),并将之前离境退税的数据导入该系统,标志着我国各地离境退税工作开启了联动、规范发展之路。

(三)离境退税实施的监督管理机制

为有效防范离境退税过程中出现虚假退税、骗税现象,我国首先要求由海关加强审查核验,各地也积极出台举措加强对离境退税过程的监管。例如,海南自 2011 年试点离境退税就在海口美兰国际机场和三亚凤凰国际机场的国际出发厅海关监管场所设置了离境退税监管业务专门岗位,负责退税物品海关验核。至 2015 年,海关总署制定了《关于境外旅客购物离境退税业务海关监管规定的公告》(海关总署公告 2015 年第 25 号),对境外旅客办理离境退税所需的手续以及不予退税的情形进行了规定。据此规定,当出境旅客交验物品的名称与申请单所列物品不符,申请单所列购物人员信息与出境旅客信息不符,或是有其他不符合离境退税规定的,海关可以不予办理境外旅客购物离境退税的签章手续。考虑到出口退税中可能出现的出口骗退税行为,国家税务总局、海关总署和公安部建立了骗取出口退税的工作部际协调机制,旨在重拳出击打击出口骗退税违法犯罪活动,整顿和规范出口退税秩序。此外,各地根据自身情况不断规范口岸办理办法、完善离境退税监管机制,提升监管效率和监管水平。例如,2016 年 7 月 1 日,广东省发布了《广东省境外旅客购物离境退税政策实施方案》,明确省级相关职能部门办理离境退税信息系统建设以及各口岸所在地所需的场地提供、退税场所、监管条件改造等费用由省级及各市财政专门保障。

---

① 董兴生:《四川、天津签订离境退税互联互通协议,京津川三地实现互联》,载《华西都市报》2016 年 11 月 2 日第 A14 版。

② 《昨日起山东实施离境退税政策》,载《烟台晚报》2016 年 10 月 2 日第 A9 版。

(四)我国入境旅游签证制度不断完善

签证是一国政府授权机关依照本国法律法规,为申请出入或过境本国的外国人颁发的一种许可证明。为推动离境退税的发展,许多国家实行了免签等政策措施。例如,为推动本国入境旅游的发展,2017 年俄罗斯在莫斯科、圣彼得堡实施离境退税后放宽了签证政策,实行离境退税旅游团可免签,并对中国公民推行免费电子签证制度。[1] 根据我国 2013 年出台的《出境入境管理法》第 15 条的规定,外国人入境应向驻外签证机关申请办理签证。为更大限度地促进入境旅游市场的发展,经报国务院批准,目前中国部分航空口岸对持53 个国家有效国际旅行证件的旅客,或者在 72 个小时或 144 个小时内确定日期、座位以及前往第三国(地区)联程机票的人员,实行过境免办签证政策。[2] 以一个韩国旅客为例,旅客从首尔经厦门到欧洲国家,可以不申请中国签证,在厦门停留 144 小时。这意味着,在厦门实行离境退税之后,韩国游客在厦门所购买的物品可以享受离境退税的政策,这无疑提升了离境退税制度的实施覆盖率。

(五)离境退税的口岸建设日趋优化

入境旅客购物离境退税需要以"离境"为基本要求,目前各国普遍设置了离境口岸对离境退税事务进行管理。根据我国财政部 2015 年第 3 号公告第1 条第(2)款的规定,离境口岸是指在我国离境退税政策的地区正式对外开放的口岸,包括航空口岸、水运口岸和陆地口岸这三类,实践中各地主要根据自身地理位置和基础设施条件设置。例如,得益于优越的区位优势,早在 2017年 4 月上海就在全国范围内率先实现离境退税"海陆空"口岸全覆盖;而受制于地理位置或经济水平,北京、甘肃等省份目前仅设有航空离境口岸。又如,西部"网红"城市重庆虽近年来位居国内前三最具吸引力的旅游城市,但受制于机场建设迟缓,直至 2018 年 3 月 2 日重庆才开始在江北国际机场 T3B 航站楼实施离境退税政策。

(六)离境退税制度的推广宣传措施

为使相关商户和境外旅客全面了解我国离境退税政策,国内各试点省市

---

[1]　《关于持俄罗斯电子签证入出俄境的提醒》,载中国外交部网,https://www.mfa.gov.cn/ce/cgkhb/chn/lsfw/lsbh1/t1498666.htm,下载日期:2017 年 9 月 30 日。

[2]　包括欧洲申根签证协议国家(24 个)、欧洲其他国家(15 个)、美洲国家(6 个)、大洋洲国家(2 个)、亚洲国家(6 个),参见《过境免签政策适用国家名单》,载《人民公安报》2018 年11 月 16 日第 1 版。

逐步加大对离境退税制度的推广宣传力度,主要措施有:第一,强化离境退税制度实施培训。例如,2016 年 7 月,福建省旅游局联合省国税局、省财政厅以及商务厅等部门,组织该省 20 余家重点出境游组团以及 30 家主要离境退税商店的相关负责人参加了离境退税政策宣传培训。① 第二,积极推出离境退税宣传指南。广东、山东等地税务部门相继发布《广东省境外旅客购物离境退税指南》《山东省境外旅客购物离境退税指南》等,对本地区内实施的离境退税政策进行广泛宣传。第三,不断创新离境退税的媒体宣传方式。以上海、北京等地为例,在离境退税的宣传领域正不断结合传统媒体(如报刊、电视、平面广告)和新兴媒体方式(如网站、微博、微信)进行政策宣传。第四,建立旅客意见调查与反馈机制。各地在离境退税实施过程中,坚持以旅客需求为导向,全面收集入境游客建议,持续优化旅客退税业务办理体验。可以预见,随着宣传推广力度不断增加,我国离境退税政策知晓度将大幅提升,入境旅游结构和规模也将持续改善。

第三节　中国离境退税制度的实施效果

整体而言,自 2011 年海南试点至今,离境退税政策在全国 26 个地区的全面实施有力促进了我国旅游经济的发展,对旅客、退税商店、银行、政府等相关主体都带来了经济和社会效益。在此,本书以调研数据、旅游年度报告以及新闻报道为样本,对我国离境退税的实施效果进行评析。

一、我国入境游客消费力度持续提升

随着离境退税的长期实施,越来越多的境外游客开始熟悉并愿意使用该项政策。数据表明,自离境退税政策实施以来,来华旅游境外游客明显增加(如图 2-2 所示)。根据 2015 年至 2019 年的《中国入境旅游发展年度报告》数据,自我国离境退税制度施行以来,入境旅客流量总体呈现持续上涨态势,同比增幅分别为 4.14%(2015 年)、3.5%(2016 年)、0.8%(2017 年)、1.2%(2018

---

① 储白珊:《我省举行离境退税政策培训》,载《福建日报》2016 年 7 月 16 日第 3 版。

年)。其中,2018 年我国接待入境游客 1.41 亿人次,入境游客规模创历史新高。①

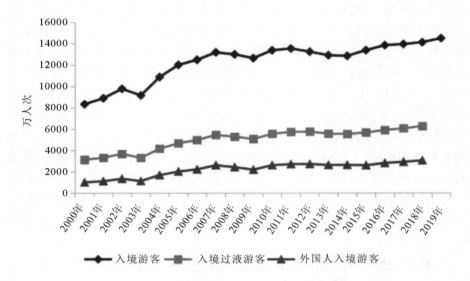

图 2-2 2000—2019 年我国接待入境游客情况

数据来源:中国旅游研究院《2019 中国入境旅游发展报告》。

就地方层面而言,离境退税对外国游客带来的消费吸引力也开始显现。数据显示,2016 年度,北京累计开出退税单据 3464 笔,退税额达 838 万元,入境旅客的申请率超过了 64%,离境退税商品销售额突破 1 亿元。入境旅客在北京所购退税商品类别共计 18 个大类,旅客来自五大洲的 125 个国家和地区。② 而到 2018 年 1 月 8 日,北京市范围内退税商店开具《境外旅客购物离境退税申请单》4696 份,退税商品销售额 1.6 亿元,境外旅客办理《退税申请单》3763 份,退税额 1483 万元,同比分别增长 14%、31%、48% 和 47%。尤其是,在退税政策推动下,老字号商店的开单量、退税商品销售额、办理《退税申请单》和退税额分别同比增长了 11%、36%、55% 和 105%。老字号商品的退税额增幅超过其他退税商品,退税政策效应更为显著。另以广州为例,截至

---

① 中国旅游研究院:《中国入境旅游发展报告 2019》,http://www.ctaweb.org.cn/cta/zdcg/202103/c04df95749304df09be1f7ce35e6af61.shtml,下载日期:2020 年 10 月 1 日。

② 赵珊:《离境退税拉动北京入境游消费》,载《人民日报(海外版)》2016 年 11 月 19 日第 12 版。

2017 年 3 月份,广州市现场海关办理离境退税商品验核手续宗数由 2016 年 7 月的最低 19 宗增长至 2017 年 1 月的最高 76 宗,增长了近 3 倍,月平均增长率约 17％,月均办理约 49 宗;验核商品金额由 2016 年 9 月的最低 13.67 万元增长至 2017 年 1 月的最高 231.34 万元,增长近 16 倍,月平均增长率约 74％,月均验核退税商品金额 92.4 万元;宗均购物商品金额由 2016 年 9 月的最低 0.53 万元增长至 2017 年 1 月的最高 3.04 万元,增长 4.7 倍,月平均增长率约 36％,月均退税金额 10.04 万元,宗均购物商品金额 1.87 万元,单宗商品业务价值显著提升(参见表 2-5)。可以看到,离境退税政策在广州的影响力持续提升,越来越多的入境旅客开始了解和尝试办理离境退税手续①。

表 2-5　2016 年 7 月至 2017 年 3 月广州市离境退税业务情况表

时间	总宗数	验核金额（万元）	退税金额（万元）	宗均购物商品金额（万元）
2016 年 7 月	19	28.59	3.09	1.50
2016 年 8 月	24	23.69	2.37	0.99
2016 年 9 月	26	13.67	1.42	0.53
2016 年 10 月	55	82.85	9.03	1.51
2016 年 11 月	62	77.27	8.48	1.25
2016 年 12 月	66	146.54	15.88	2.22
2017 年 1 月	76	231.34	25.04	3.04
2017 年 2 月	52	114.23	12.76	2.20
2017 年 3 月	64	112.99	12.33	1.77
合计	444	831.17	90.4	1.87

数据来源:根据广州海关数据整理。

二、我国入境旅游客源市场日益优化

根据中国旅游研究院发布的 2016—2019 年《中国入境旅游发展报告》,尽管来自港澳台地区的游客是我国入境旅游的主要群体,但该比例正呈现逐年

---

①　李志刚:《离境退税有效提振入境游消费》,载《中国旅游报》2016 年 11 月 11 日第 1 版。

下降趋势,2015 年至 2018 年该部分入境游客占我国入境旅游总人数的比例分别为 80.58％、79.67％、79.09％和 74.0％。与之相对应的是,外国游客来中国旅游的人数正呈现逐年增长态势,至 2018 年外国游客在中国入境旅游人数中占比达 21.6％。[①] 就游客区域结构而言,来自韩国、越南、日本、缅甸等亚洲周边国家的入境游客占比较高,此外来自美国、俄罗斯、加拿大、澳大利亚、德国、英国等国家的入境游客也日渐增多。例如,根据中国旅游研究院发布的《中国入境旅游发展报告 2019》,中国入境游客排名前十位的国家分别是缅甸、越南、韩国、日本、美国、俄罗斯、蒙古、马来西亚、菲律宾、新加坡。此外,随着我国"一带一路"倡议的推进,离境退税政策在一带一路国家中的影响力将持续扩大,有助于进一步优化我国入境旅游市场客源结构。[②]

在地方层面,美国、东南亚周边国家以及我国港台地区境外旅客是离境退税政策惠及的主要载体。以广州市海关办理海关验核手续的境外旅客分布情况为例,离境退税政策的惠及范围主要是中国香港和台湾地区的旅客,退税宗数占比为 22.4％,此外马来西亚、澳大利亚、美国、越南、加拿大、新加坡、泰国、印度尼西亚等国家与广东联系交流紧密、人员往来频繁,退税宗数占比为 41.1％。总体上,这 10 个国家和地区的旅客购买退税物品 389 宗,占同期广州市离境退税业务总量的 63.5％(详见表 2-6),此外,还有少量来自世界其余 70 多个国家和地区的旅客在广州海关申请退税。离境退税试点地区旅客分布范围的广泛性,将有助于我国将特色产品推向世界,扩大中国制造产品的影响力。

表 2-6 2016 年 7 月至 2017 年 3 月广州市离境退税业务旅客来源国家/地区

国家/地区	宗数(单位)	比重％
中国香港地区	82	13.4
中国台湾地区	55	9.0
马来西亚	50	8.2

---

① 中国旅游研究院:《中国入境旅游发展报告 2019》,http://www.ctaweb.org.cn/cta/zdcg/202103/c04df95749304df09be1f7ce35e6af61.shtml,下载日期:2020 年 10 月 1 日。

② 例如,河南自贸试验区于 2019 年 10 月设立了离境退税商店,作为自贸试验区开封片区文创产业发展模式的一次重大创新,吸引了大量外国游客的到来,在积极响应国家"一带一路"倡议,促进国际文化旅游融合发展方面取得了重大进步。

续表

国家/地区	宗数（单位）	比重%
澳大利亚	36	5.9
美国	32	5.2
越南	29	4.7
加拿大	29	4.7
新加坡	27	4.4
泰国	25	4.1
印度尼西亚	24	3.9

数据来源：根据广州海关数据整理。

三、我国入境旅游外汇收入持续增长

数据表明，自离境退税政策扩围实施以来，我国入境旅游消费提升效果明显，入境旅游给国家外汇收入带来的贡献也越来越大（如图 2-3 所示）。《中国入境旅游发展年度报告 2016》显示，2015 年度，我国入境旅游外汇收入 1136.5 亿美元，实现旅游服务贸易顺差 91.5 亿美元。《中国入境旅游发展年度报告 2017》显示，2016 年度，我国入境旅游外汇收入 1200 亿美元，同比增长 5.60%，实现旅游服务贸易顺差 102 亿美元。其中，外国游客在中国消费 668 亿美元，同比增长 10.3%，增速十分显著。《中国入境旅游发展年度报告 2018》显示，2017 年我国入境旅游外汇收入 1234.17 亿美元，同比增长 2.90%，其中，外国游客在中国消费 695.47 亿美元，同比增长 4.1%。境外游客的持续增长，直接提升了我国离境退税商品的销售额。例如，仅在第二届进口博览会展开期间，上海离境退税物品销售额达 560 万元，同比增长 16.2%，离境退税销售额呈现快速增长的态势。① 此外，根据国家统计局数据显示，2018 年我国旅游游客数量为 55.4 亿人次，同比增长 10.78%，国际旅游外汇收入达 1271 亿美元，同比增长 2.98%。根据中国旅游研究院于 2020 年 3 月发布的《2019 年旅游市场基本情况》，2019 年我国国际旅游收入达到了 1313 亿美元，比上年同期增长 3.3%。其中，外国人在中国境内花费 771 亿美元，同比增长 5.4%；香港同

---

①　吴缵超：《买完东西可在商店拿退税现金》，载《青年报》2019 年 11 月 14 日第 A10 版。

胞在中国内地花费 285 亿美元,同比下降 2.0％;澳门同胞在中国内地花费 95 亿美元,同比增长 9.4％;台湾同胞在中国大陆花费 162 亿美元,同比下降 0.2％。① 由此可见,中国旅游市场对非港澳台地区的境外旅客购物吸引力有所增加。

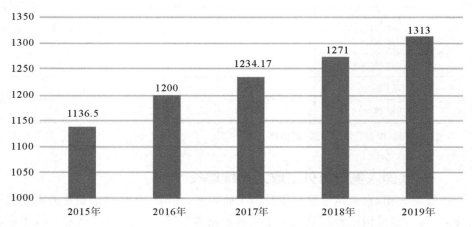

图 2-3　2015 年至 2019 年中国入境旅游外汇收入情况(单位:亿美元)
数据来源:根据中国入境旅游发展年度报告整理。

四、我国离境退税实施地域差异明显

从《中国入境旅游发展年度报告 2017》《中国入境旅游发展年度报告 2018》等可以发现,尽管 2016、2017 年中国入境旅游稳步进入回升通道,入境旅游市场持续稳步增长,但各城市之间对于入境旅游的吸引力差异较大。数据显示,2017 年上海市接待入境游客数量为 873.01 万人次,比上年增长 2.2％。广州市 2017 年共接待入境游客数量为 900.48 万人次,同比增长 4.5％。相比 2016 年,2017 年北京市接待入境游客数量为 392.6 万人次,同比下降5.8％。而深圳市接待入境游客数量突破 1200 万人次,远远高于其他三

---

① 　中国文化与旅游部:《2019 年旅游市场基本情况》,载中国旅游研究院网,https://www.mct.gov.cn/whzx/whyw/202003/t20200310_851786.htm,下载日期:2020 年 5 月 20 日。

个城市。① 相比之下,经济相对落后的中西部地区对境外游客的吸引度并不乐观。例如,2017 年,昆明市海外游客虽然相比往年增长了 8.6%,但游客人数仅为 134.07 万人次②,而海南省直至 2017 年境外游客才首次突破 100 万人次③。对此,有学者指出,旅游目的地经济发展水平、基础设施和人力资源变量是影响大部分省域旅游发展的重要因素。④ 对于经济发展水平不高的地区而言,因没有足够多的入境客源,离境退税的实施效果也不尽理想。

反映在各地离境退税政策实施上,在京、沪、广、厦等经济发达地区,离境退税的政策实施成绩斐然,而在海南、云南等地,离境退税的政策效应依然差强人意,有待持续提升。举例言之,2016 年度北京开出退税单据就有 3464 笔,退税额达到 838 万元⑤,而在云南,至 2016 年年底该省离境退税政策实施半年后,全省离境退税业务不足 10 单。⑥ 另有数据表明,海南、四川、广东在政策实施首月仅实现了不到 5 万元的退税额,这些数据的差异,凸显了离境退税在我国不同地方实践效果的不同。

五、我国退税效果受交通设施影响大

就离境退税地点而言,各国普遍将其设置于机场、码头、火车站等"出境口",这就意味着离境退税政策实施与当地交通基础设施建设密切相关。就北京市而言,离境退税的良好效果与北京首都国际机场、北京大兴国际机场每年几千万次的境外游客吞吐能力不无关系。相较而言,受制于江北国际机场

---

① 中商产业研究院:《2017 年北上广深入境旅游数据分析:深圳入境游客数远超北京》,https://baijiahao.baidu.com/s? id=15947839411554849131&wfr=spider&for=pc,下载日期:2018 年 6 月 1 日。

② 中商产业研究院:《2017 年昆明旅游数据统计:旅游总收入 1608.66 亿元 同比增长近五成》,http://www.askci.com/news/chanye/20180314/154230119710.shtml,下载日期:2018 年 6 月 1 日。

③ 赵优:《海南 2017 年入境游客量突破 100 万人次——提前三年完成工作目标入境旅游迈进新时代》,载《中国旅游报》2018 年 1 月 29 日第 6 版。

④ 戈冬梅、姜磊:《基于 GWR 模型的省域旅游影响因素空间差异分析》,载《生态经济》2013 年第 7 期。

⑤ 田虎:《北京离境退税效果显现——今年离境退税销售额已破亿》,载《京华时报》2016 年 11 月 10 日第 17 版。

⑥ 李松:《以离境退税刺激入境消费存在的障碍及其破解对策——以昆明市五华区为例》,载《环球市场》2018 年第 10 期。

T3A 航站楼、第三跑道及相关配套设施改造升级等因素,截至 2018 年 11 月底,重庆市才开具退税申请单 79 份,实现退税金额 124.96 万元,应退税额 15.92万元。① 尽管财政部公告 2015 年第 3 号确定我国离境口岸包括航空口岸、水运口岸和陆地口岸三种类型,但除上海实现了离境退税"海陆空"口岸全覆盖以外,大部分省市受制于地理位置和基础设施,仅确定了航空口岸作为退税口岸,而较少在水运口岸和陆地口岸上设置退税点。

交通基础设施的便利程度不仅会影响本地旅游业的发展,同样也会影响周边地区旅游经济的联动发展。研究发现,邻近地区入境游客的多寡会对相邻地区的旅客数量带来正向影响,且省区之间的旅游市场存在空间溢出效应,入境游客会从目的地向周边地区扩散。② 据《中国入境旅游发展年度报告 2018》观察,2017 年入境旅游客流扩散的等级性与近程性特征显著,在以北京、上海、广州、西安等热点城市为节点的扩散路径中,其中最具代表性的分别是"北京→天津""上海→北京""广州→深圳""西安→北京""成都→重庆""重庆→成都""桂林→重庆""昆明→桂林""沈阳→北京"等典型扩散路径。③ 这种特征反映了境外游客对近距离跨区域旅游的偏好。然而,目前我国各地旅游产业呈现各自为战的局面,区域联动、联程旅游尚未有效建立,这将会制约离境退税政策在全国范围内的推广,需要相邻城市之间加大交通联网,形成跨区域的游客流动市场。

---

① 丁宝秀:《境外旅客购物离境退税享实惠 重庆已开 79 份申请单》,载《西安商报》2018 年 12 月 25 日第 5 版。

② 方远平、谢蔓、毕斗斗等:《中国入境旅游的空间关联特征及其影响因素探析——基于地理加权回归的视角》,载《旅游科学》2014 年第 3 期。

③ 李强:《入境旅游地的文化感知与话语转换模式——基于生态翻译理论》,载《社会科学家》2018 年第 7 期。

第三章
中国离境退税制度的法律问题

当前,我国离境退税的政策实施已初显成效,尤其是在经济发达、对境外游客吸引力强的城市,离境退税已展现出强盛的制度生命力。但由于离境退税在我国尚处于试点期,该制度在立法设置、制度构造及具体实践等方面还存在诸多困难或阻碍,需要未来加以完善和解决。

第一节　中国离境退税制度的合法性问题

"有税必有法,无法不成税",课税是法律保留事项,任何税收制度的制定与实施都应当遵循税收法定原则。所谓税收法定,是指所有税收问题都应由代表人民意志的立法者决定,如果没有法律为支撑,国家不能征税,公民也没有纳税义务。根据我国《立法法》第 8 条的规定,税收属于法律保留事项,任何税收制度的制定与实施都应当遵循税收法定原则,在法律的框架下运行。《税收征管法》第 3 条也明确规定,税收的开征、停征以及减税、免税、退税、补税,依照法律的规定执行。然而,我国离境退税制度在制定实施过程中,并未严格遵循税收法定原则,影响了离境退税制度设计的合法性与制度实施的合理性。

一、离境退税实施的法律依据有待明确

观察我国现有离境退税法律制度,无论是 2011 年在海南开始的"单省试点"还是 2015 年推出的"部分省市试点",其采用的是"政策先行"立法模式。就效果而言,"政策先行"能够通过试点积累制度运行经验、发现制度设计漏洞、降低试错成本,然而,税收制度改革并不能证成制度本身合法性。离境退税是针对入境外国游客群体设置的税收收入退付政策,该制度将直接减少政府财政收入,可能降低政府提供公共产品和公共服务的数量和质量,并造成对纳税人财产权的侵损。诚如有学者所言,任何税收立法试点都必须于法有据,这将直接关系到立法试点的合法性,以及相关立法或者授权立法的效力和稳

定性问题。① 就此而言,离境退税立法应当严格遵循税收法定原则,由人大及其常委会制定法律来确立离境退税规则,以有效规范相关部门的行政行为,并为下级部门制定具体的离境退税实施细则或政策法规提供指引。

与此同时,从财政支出角度出发,离境退税作为一项重要的财政税式支出事项,也应当依托税收法定原则通过控制税收总量、规范税收优惠程序来维护国家财政利益。② 表面上看,离境退税是国家针对纳税人实施的税收退还优惠政策,属于财政支出的范畴,但国家对应税收入的放弃最终将影响到财政支出的规模,因此也需要受到预算法定的约束。③ 国际货币基金组织 1998 年发布的《财政透明度示范章程——宣言和原则》中也提出了将税式支出与主要或有负债纳入预算的财政透明度要求。但是,目前我国并未出台离境退税专门性法律,在与离境退税制度实施紧密相关的《旅游法》《增值税暂行条例》等法律规范中均缺少有关离境退税的法律制度内容,离境退税实施的合法性有待明确。而观察我国现有《预算法》的相关规定,其中也未有关于离境退税预算管理的相关规定,这使得该项制度在我国缺乏必要的法律依据。

二、离境退税政策规定的位阶相对较低

在缺少专门性立法的背景下,我国离境退税实施主要依赖国务院的政策规定,以及财政部、国家税务总局、海关总署等机关部门发布的部门规章和规范性文件,具体包括财政部 2010 年第 88 号公告、财政部 2015 年第 3 号公告、海关总署 2015 年第 2 号公告、国家税务总局 2015 年第 41 号公告等。不过,作为影响国家税收利益的重要事项,离境退税制度仅由国家税务总局、海关总署等部分行政部门以文件的形式予以规范,极易产生行政立法风险甚至"行政

---

① 张守文:《我国税收立法的"试点模式"——以增值税立法"试点"为例》,载《法学》2013 年第 4 期。

② 蒋悟真:《税收优惠分权的法治化:标准、困境与出路》,载《广东社会科学》2020 年第 1 期。

③ 苑新丽:《税式支出管理的国际经验与我国的选择》,载《财经理论问题》2005 年第 9 期。

立法腐败"[①]。此外,我国离境退税实施的主要依据为财政部 2015 年第 3 号公告,国家税务总局和海关总署此后出台的相关政策主要是对该文件的细化和补充。就此而言,以部门规章形式规范国家税收事项,将有损离境退税实施的权威性,尤其是在财政部 2015 年第 3 号公告规定简略的情况下,各地离境退税实施规则和机制创新可能产生"地方保护主义"问题,容易带来离境退税实施中的各项风险,不利于离境退税规范运作和纳税人合法权益维护。

三、离境退税实施的制度稳定性不高

在我国现行税法体系中,出口退税制度的法律层级一直较低,缺乏法律权威性和稳定性。以出口退税率为例,在 1995 年至 2004 年期间,我国对出口退税率进行过 10 次大范围调整,调整后出口退税率为 17％、13％、11％、8％ 和 5％,平均降低 3 个百分点,税率的频繁调整使得税法失去了严肃性,也违背了 WTO 的透明度原则。从企业发展来看,出口退税率频繁调整给企业生产经营带来了不确定性,不利于企业对其生产经营进行长期规划,也给政府信用带来了巨大挑战。

与针对企业的出口退税制度类似,现阶段我国的离境退税制度实施也存在明显的阶段性和易变性特征。例如,自 2010 年财政部 2010 年第 88 号公告发布后,我国离境退税的退税率统一为 11％。此后,伴随着我国深化增值税改革方案实施,离境退税的退税率由 11％ 一档调整为 11％ 和 8％ 两档。不难预见,离境退税税率不稳定,将削弱税收法定原则所应有的保持法律明确、稳定以及允许纳税人预测自己行为后果的机能[②],不利于国家利用离境退税制度调控经济发展。此外,从管理制度上看,各地应赋予财政、税收和海关之外的其他部门以何种管理职责并未达成一致意见,带来了部门协调不足的问题。因此,要扩大旅游消费,更好地落实离境退税政策,需要国家依托法治化的原则,运用科学化、制度化、长期化的财税政策予以支撑,由此方能形成持续稳定的经济增长拉动力。

———————————

① 所谓行政立法腐败,一般表现为立法者在行政法律法规规章起草、制定、修改或解释过程中未能忠实地履行职责,而是利用立法权力谋取私利,使公共利益或他人利益受到损害的行为。参见高松林、范卫国:《从改革引擎到规范对象:地方政府规范性文件的法治化路径》,载《重庆工商大学学报》2015 年第 6 期。

② 张守文:《财税法疏议》,北京大学出版社 2016 年版,第 55 页。

四、离境退税政策制定缺乏民众参与

党的十九大报告明确提出,要推进科学立法、民主立法、依法立法,以良法促进发展、保障善治。为不断提高立法质量,实现良法善治,建立健全立法公开制度、旁听制度、听证制度,使人民能够了解立法活动与法律内容,使人民群众有更多机会参加国家法律制度制定过程中的讨论、表达合理的利益诉求成为民主立法的必然要求。① 鉴于离境退税政策涉及多方利益,相关职能部门在离境退税制度出台时应当充分吸纳专家、民众以及利益相关方等主体意见,以保障政策制度的民主性与科学性。不过,我国在制定离境退税政策过程中主要以旅游部门的意见为主,并未充分征求其他利益相关主体的意见,离境退税制度设置的民主性有待加强。此外,目前我国各地普遍将布局离境退税商店、设置离境退税代理机构作为工作重点,但离境退税对促进当地经济发展等方面有何影响,离境退税政策在实施过程中存在哪些具体问题,以及如何对离境退税实施进行有效监督和评估各地重视程度明显不足。② 申言之,我国设置离境退税制度出发点在于有效促进旅游购物消费,但目前各地重点在于离境退税制度"布局",而未对离境退税实施效果进行数据分析和效果评估,这既不利于我国离境退税制度的法治化建设,也不利于我国对该制度实施进行有效的查缺补漏,影响制度实施效果。

第二节　中国离境退税的制度设计问题

从实质合法性角度而言,离境退税得以顺利落实核心在于退税要素设计的合理性。考察我国当前离境退税相关政策法规的规定,在退税要素的设计上仍存在过于笼统、简单、粗放的问题,在退税程序的规定上也不能满足退税便利和税收效率的要求,在一定程度上制约了离境退税制度的科学运行。

---

① 王淑芹:《推进科学、民主、依法立法一体化》,载《学习时报》2017 年 11 月 27 日第 A3 版。

② 李丹:《福建旅游资源保护及景区开发的财政扶持政策》,载《闽江学院学报》2008 年第 6 期。

一、退税主体范围设置过于机械

在离境退税制度中，适用主体的科学界定不仅关系着税负公平，也决定着一国实施离境退税政策成本高低。从国际惯例来看，各国征税通常以居住地为标准区分居民和非居民的纳税义务。其中，各国离境退税通常适用于居住时间较短的非居民，同时根据本国经济发展状况、税收制度等因素，对适用主体作扩大或限缩的调整，具体而言：第一，离境退税适用主体适度扩大。以澳大利亚为例，澳大利亚离境退税不仅适用于非澳籍出境游客，也适用于部分在澳居住时间较短的本国出境居民。在德国，旅客如证明其居住在非欧盟国家，且在德国居住未超三个月，也可申请离境退税。第二，适当限缩离境退税的主体范围。例如，澳大利亚虽将本国居民离境纳入离境退税适用范畴，但规定该政策不适用于航空营运机组人员和轮船工作人员。又如，新加坡规定乘坐新加坡航班离开的机组或轮船工作人员不被退税，而留学生也仅能在学生证到期 4 个月前购物方有退税资格。[①]

相较而言，我国离境退税适用主体的设置采取了"一刀切"方式，即离境退税仅适用于在我国境内连续居住不超过 183 天的外国人和港澳台同胞。这种做法虽然有助于防止因入境游客消费群体庞大而造成国家税收利益的巨额减损，但仅以"是否属于境外人士"以及"在我国居住时间的长短"为标准确定退税主体资格的做法未必恰当，具体而言：第一，容易造成离境退税适用范围过窄。在我国入境游客中并非仅有外籍公民，也有在我国境内连续居住时间短的中国公民，将此类主体排除在离境退税范围之外可能失之公平。例如，华侨为具有中国国籍但侨居国外的中国公民，我国相关法律通常将其视为"外商"，并享受与外国旅客的同等待遇[②]，如果将此类群体排除于离境退税范围，将会损害其购物积极性。又如，对长期在国外的中国留学生而言，其理论上也符合离境退税的时间特征，如果将该群体排除在离境退税适用范围之外也不尽合理。当然，无论是华侨、我国驻他国外交人员还是我国留学生，即便将其纳入离境退税适用主体范围，也应有所限制，具体可参照新加坡有关留学生适用离境退税的做法。例如，新加坡规定留学生在其学生证到期之前 4 个月内购物，

---

①　程泓：《旅客购物离境退税制度的国际比较》，载《价格理论与实践》2015 年第 9 期。

②　陆亦舒、陶颖：《改善中国旅游服务贸易逆差的对策建议——以完善税收制度的旅游购物政策角度》，载《旅游纵览（下半月）》2015 年第 2 期。

享有离境退税资格。① 第二,离境退税应将部分境外游客排除在外。根据我国《海关法》和《海关行政处罚实施条例》规定,个人出境随身携带物品需符合"自用、合理数量"的目的。基于此,离境退税适用主体应为基于自用或赠送朋友等合理目的的境外游客,而不得是专门从事代购活动,或者利用职务之便大批量以及长期购买退税商品的"营利性"主体。不过,如果将离境航班、轮船工作人员等可能从事代购主体一律排除在离境退税之外,则可能会造成制度适用不公甚至制度歧视,因此我国未来立法需要对"自用、合理数量"标准进行明确,确保离境退税能够依法顺畅实施。

二、离境退税率设置相对较低

离境退税体现的是消费地征收原则,其所退还的是国产物品的国内间接税,各国和地区在退税税率的设置上大体遵循"应退尽退"原则,采取了较高的退税率。受制于各国财政基础能力的影响,一国对于离境退税的退税率大小与本应征收的增值税税率大小会存在一定差异。例如,2002 年的一项数据显示,法国增值税税率为 20.6%,实际退税率为 17.1%;意大利增值税税率为 20%,实际退税率为 16.7%;瑞士增值税税率为 6.5%;实际退税率为 6.1%。② 就我国而言,离境退税退还的是商品价格中所含的增值税。近年来伴随着国家营改增改革,增值税税率也经过了简并和调整。2017 年 7 月 1 日起,我国将增值税税率由四档减至 17%、11% 和 6% 三档,取消 13% 这一档税率③。2018 年 5 月 1 日,增值税税率将适用 17% 和 11% 增值税税率的商品分别降至 16% 和 10%,调整后的增值税税率包括 16%、10% 和 6% 三档,而出口退税税率也因此作了相应调整。④ 2019 年,我国增值税税率再次调整为 13%、9% 和 6% 三档。

在离境退税的退税率设置上,我国也曾有过多次调整。根据财政部 2015年第 3 号公告第 3 条,退税物品的退税率 11%,其中 9% 给境外旅客,2% 为退

---

① 杨柳:《境外旅客购物离境退税的国际经验借鉴》,载《对外经贸实务》2017 年第3 期。

② 徐海军:《海外旅游者购物退税等思考》,载《旅游学刊》2003 年第 5 期。

③ 《今年 7 月 1 日起营改增取消 13% 这一档税率》,载《朝阳日报》2017 年 4 月 21 日第3 版。

④ 《财政部 税务总局关于调整增值税税率的通知》(财税〔2018〕32 号)。

税代理机构手续费（各地存在差别）①。2019 年我国增值税税率调整后,离境退税的退税率相应地调整为 11％和 8％两档（见表 3-1）。② 无论根据财政部 2015 年第 3 号公告规定的退税率,还是 2019 年增值税税率调整后的退税率,境外游客实际获得的退税率虽然差额比例有所提高,但仍然未实现"应退尽退"的理想目标,这不符合税收属地管辖原则和间接税征收消费地原则,也难以有效刺激境外旅客购物欲望。

表 3-1　我国增值税税率调整情况

应税商品、劳务和服务	2017 年税率及退税率	2018 年税率及退税率	2019 年税率及退税率
销售货物、加工、修理修配劳务： 1.销售或进口货物 2.提供加工、修理修配劳务 3.提供有形动产租赁服务	17％（离境退税率为 11％）	16％（离境退税率为 11％）	13％（离境退税率为 11％）
销售或进口货物的特殊情形： 1.粮食、食用植物油 2.自来水、暖气、冷气、热水、煤气、石油液化气、天然气、沼气、居民用煤炭制品 3.图书、报纸、杂志 4.饲料、化肥、农药、农机、农膜、农业产品 5.国务院规定的其他货物	11％（离境退税率为 11％）	10％（离境退税率为 11％）	9％（离境退税率为 8％）
销售交通运输、邮政、基础电信、建筑、不动产租赁服务,销售不动产,转让土地使用权	11％	10％	9％
销售电信服务、金融服务、生活服务、现代服务等	6％	6％	6％
出口货物	0％	0％	0％

①　陕西省的手续费为 1％,云南省的则为 3％,这是因为退税代理机构在提供离境退税服务时,可以按退税商品销售发票金额的一定比例收取手续费,但是银行收取手续费的比例一般由银行自行确定或者由税务机关与银行协商确定,不受相关法律的限制和调整,因此在退税手续费的确定上各地存在一定差异。

②　《关于深化增值税改革有关政策的公告》（财政部 税务总局 海关总署公告 2019 年第 39 号）,http://www.chinatax.gov.cn/n810341/n810755/c4160283/content.html,下载日期:2020 年 5 月 1 日。

我国离境退税手续费由银行自行确定或税务机关与银行协商确定,实践中多数省份将退税手续费设为 2%,而陕西和云南的离境退税手续费则分别为 1‰和 3%。离境退税手续费设置是否合理不仅影响着税收法定原则的适用,也影响着境外游客购物消费的积极性。例如,俄罗斯某游客在东宁市境退税商店购买电视、冰箱、空调、电饭煲等商品消费 9847 元,其应退税额为 1083.17 元,但在扣除手续费用后,实际得到的退税额为 886.23 元,退税手续费为应退税总额的 18.2%,占消费总额的 2%。①

三、离境退税范围的规定不当

伴随着离境退税的推广实施,我国退税物品的范围也由海南省实施初期的"正面清单制"改为财政部 2015 年第 3 号公告反向列举规定下的"负面清单制",但总体来看,现有离境退税实施范围仍存在以下不尽合理之处。

第一,退税物品"负面清单"的科学性有待考量。根据财政部 2015 年第 3 号公告的规定,境外游客不得退税的商品包括:《中华人民共和国禁止、限制进出境物品表》所列的禁止、限制出境的物品;退税商店销售的适用增值税免税政策的物品和财政部、海关总署、国家税务总局规定的其他物品。通常情况下,进出境物品的本质特征在于"非贸易性",因此海关对进出境行李物品和邮递物品的监管通常以"自用和合理的数量"为原则。② 然而由于标准的模糊性,具体实践中却往往未严格遵守这一原则,尤其是对于进出境禁止和限制进出境的物品而言,凡是纳入我国《禁止进出境物品表》或《限制进出境物品表》的物品都应该进行严格管理,也正因为此,禁止、限制出境的物品不能实行离境退税。但历史地看,海关总署于 1993 年制定的《中华人民共和国禁止、限制进出境物品表》距今已近 30 年,很多内容的确立都未进行与时俱进的审视。举例言之,该规定中限制出境的"金银等贵重金属及其制品、贵重中药材"恰恰是我国具有本土特色且受入境旅客青睐的商品,且其中部分商品出口并不损害我国国家利益或社会公共利益。因此,如果对此类商品一律限制或禁止出境,不仅会使经营此类商品的商家难以获得离境退税制度红利,也不利于吸引

---

① 马建敏:《石家庄开出首张境外旅客购物离境退税申请单》,载《河北日报》2018 年 5 月 2 日第 2 版。

② 海关总署海关法修改工作小组编:《〈中华人民共和国海关法〉释义》,海关总署教材编审委员会 2000 年版,第 155 页。

境外游客购买特色旅游商品。

第二,"服务消费应否纳入离境退税范围"有待探索。通常,境外游客消费类型包括对商品的消费和劳动性消费两种形式,前者是指对一般商品的消费,后者主要是指餐饮、住宿、交通、金融服务等消费。从国际视角来看,大部分国家的离境退税主要适用于商品,但服务消费退税也在逐步探索之中。例如,加拿大曾经针对入境外国游客消费的旅馆住宿费及套餐费予以退税[①],韩国也将离境退税的范围拓展至住宿和医疗服务领域,这种做法虽在一定程度上突破了消费地征收原则,但却符合税收激励的基本理念。在我国,伴随着"营改增"推进,我国增值税范围不仅包括传统商品的生产和销售,还涵盖劳务和服务事项。对于境外游客而言,其不仅会购买中国特色产品,也会购买用于境外消费的劳务。尤其是,伴随着中共中央、国务院2016年10月发布的《"健康中国2030"规划纲要》等国家战略的提出,包括养生服务等服务性消费已逐渐为境外游客所接受和认可,此类劳务是否属于离境退税范围也有待制度明确。

第三,"退税物品是否消费"的规定过于严格。我国规定的离境退税商品应当是境外旅客在离境机场口岸办理离境手续时尚未启用或消费的商品,而被消费掉的货物则不予退税。然而,对所有商品一律采用"是否消费"标准难免有失公平,因为食品等商品在消费过程可能会带来垃圾处理等问题,而服装、鞋包等商品在消费过程中则未必会产生垃圾处理等问题。例如,如因某地气温较低,境外旅客在当地购买衣服并穿在身上,如果以此为由严格使用,境外游客对此商品不能退税,将会打击游客购物的积极性,限制离境退税实施效果。[②] 再如,像笔记本电脑,平板电脑等电子产品等可以连续使用的物品,对于游客在境内已拆封使用的,只要符合退税购买期及其他退税条件,也不宜做过于严格的限制。

四、离境退税的退税种类较为单一

尽管离境退税通常限于各国国内的间接税的退还,但各国设置的税种范围也有所差异。欧盟实行的是增值税制,因此退税税种是增值税;新加坡实行的是商品和服务税(Goods and Services Tax,GST),其税制性质是一种广义

---

① 王文清、马莉、许银奎:《细说非居民离境退税》,载《国际税收》2014年第11期。

② 赵书博:《境外旅客购物离境退税政策比较研究及我国的借鉴》,载《国际贸易》2016年第9期。

的"消费税",其实行退税的范围更为广泛。在韩国,外国游客不仅能对增值税申请退还,还能申请退还相应的个人消费税。澳大利亚除了退还商品和服务税之外,还退还葡萄酒均衡税这一特殊的消费税。在日本,消费税作为一种间接税,是对商品和服务按价格的一定比例普遍征收的一道附加税,实质为规范的消费型增值税。[1] 因此,日本所退还的税属于广义上的消费税。我国目前离境退税所针对的仍然是增值税,由于外国人仍然需要对个别奢侈品的消费行为负担消费税,仅退还增值税对他们的吸引力较为有限。理论上,由于境外旅客并未享受旅游目的地国家的公共服务或者享用的比较少,因此未来仍可尝试将退税的种类扩大至消费税,加大退税力度促进境外旅客消费。

五、离境退税的起退点设置不尽合理

基于降低国家对境外旅客从事小额商品购买事项管理成本的考量,多数国家对离境退税政策设置了最低消费要求,且大体是按照"同一境外旅客在规定购物期间在同一退税商店"的金额标准进行要求的。例如,欧盟国家将离境退税的最低消费额度的上线限定为 175 欧元,成员国可以在此范围内进行调整。不过,有些国家为吸引境外旅客未设置最低消费限制。例如,美国的路易斯安那州在退还销售税时无最低消费限制[2];而西班牙也于 2018 年 7 月取消90.16 欧元的离境退税最低消费要求,游客购买任何金额商品均可办理增值税退税。[3] 一般而言,为降低国家退税成本、提高退税效率,对离境退税设置必要的退税门槛是必要的,但如果门槛设置太高将打击旅客退税的积极性,也正因为此,各国离境退税的退税门槛相对较低。并且,对于是否要求旅客在同一日同一商家购买最低额度的商品,大部分国家对此持开放态度,如欧盟规定只需在离境前 90 日内在同一商家购买的货物总价值超过 175 欧元即可,澳大利亚也规定只需要在离境前 60 天内购买从同一家商户(同一工商注册号)购买的总价超过 300 澳币的商品即可,同一商户发票可以叠加计算,新加坡虽规

---

① 张钟月、李咏梅:《日本消费税的启示——以日本消费税法为视角》,载《税务研究》2016 年第 5 期。

② 程泓:《旅客购物离境退税制度的国际比较》,载《价格理论与实践》2015 年第 9 期。

③ Globe Blue, Now You Can Claim a VAT Refund in Spain However Much You Spend, https://www. globalblue. com/tax-free-shopping/minimum-purchase-amount-removed-in-spain,下载日期:2020 年 7 月 7 日。

定了同一天同一零售商处购买 100 新加坡元的要求,但规定可累计 3 张发票金额的计算。

我国则实行的是严格的"三同一"规定形式,要求同一境外旅客同一日在同一退税商店内购买退税物品的金额达到 500 元人民币,这样的规定容易给游客购物施加过多的限制,一旦金额上达标,但不符合"同一日"的规定,便使旅客难以享受退税待遇。与此同时,500 元的门槛设计因各地经济发展水平差异会存在操作的差别。例如,境外游客在北上广深等大城市购物容易达到 500 元起退点要求,但在消费水平相对较低的云南、海南等省份则未必达到该要求,二、三线城市的境外游客购物时往往以手工艺品、土特产为主,如果不允许他们退税,将在一定程度上限制境外旅客对我国特色产品的消费,境外游客购物和退税的积极性也会降低。因此,有必要对离境退税最低消费标准进行差异化设计。

六、离境退税的程序单一而烦琐

退税流程的设计是否合理将直接影响到退税的效率。据媒体报道,在海外旅游过程中,仅 2013 年中国游客就有超过 10 亿元的境外购物退税金没有申领,其主要原因在于手续烦琐、相关市场服务缺乏。[①] 受到宣传不到位以及退税效率的影响,同样的问题也出现在我国试点城市。目前,我国除上海、北京等地区对小额购物游客实行"即买即退""即时到账"政策外,大多数境外游客办理离境退税需要经历"退税物品购买→海关验核确认→代理机构退税→税务部门结算"四步程序。这种"一刀切"的线下退税程序设计,既增加了离境退税办理成本,也无助于提升离境退税办理效率,影响了境外游客退税的积极性。根据我国文化和旅游部网站数据显示,至 2016 年 11 月,北京开具离境退税单据 3464 份,退税金额为 838 万元,离境退税申请率仅为 64%,这表明 36% 的税单未申请退税。反观国外,与中国地理位置接近、客源地相似的新加坡、韩国在推动离境退税电子化方面取得了较大进展。例如,新加坡于 2011 年发布了电子化离境退税指南,实现了互联网退税全覆盖,韩国也采用了 KTIS 快捷退税业务。与之相比,我国虽已逐步推广全国统一离境退税系统,但电子化退税仍处于起步阶段,当前诸多退税环节仍需依靠人工参与,降低了

---

① 陈杰:《中国游客为何"冷对"海外旅游购物退税》,载《承德晚报》2014 年 9 月 9 日第 A26 版。

退税的效率。

第三节　中国离境退税的监督管理问题

伴随着国际旅游贸易不断发展,各国离境退税制度的实施效果也不断增强。但与此同时,各国离境退税环节的骗税问题偶有发生,离境退税实施的监管风险也逐渐增大。目前,尽管我国在离境退税实践中尚未出现显性的骗税等违法现象,但离境退税制度实施同样面临不少监管风险。

一、离境退税部门管理权责配置不清

目前,我国离境退税法律规范是在财政部主导下,由财政部、国家税务总局和海关总署制定完成的。其中,财政部负责对离境退税工作的统筹管理,有关离境退税的实施期限、适用对象、定点商店选择、起退点、退税物品范围等事项主要规定在财政部 2015 年第 3 号公告中。国家税务总局主要负责离境退税日常管理,离境退税政策退税管理办法由国家税务总局主导制定和实施。海关总署主要负责离境退税的海关管理,离境退税业务海关监管办法由海关总署主导制定和实施。此外,省级人民政府、省级税务部门负责退税代理机构的资质选择、退税场所的确立、退税商店的合理选取等事项。可以发现,我国离境退税涉及部门较多,其中管理内容和管理体制也存在诸多问题,具体表现为:第一,退税违法监管机制尚不完善。国家税务总局 2015 年第 41 号公告以及海关总署 2015 年第 25 号公告分别赋予税务部门和海关部门对离境退税的征管权力与验核权力,但该权力应当如何行使以及退税违法应承担何种责任并未明确。而《海关法》和《海关行政处罚实施条例》中也仅规定了旅客携带出境物品违反国家相关规定或者超过了自用、合理数量进行立案调查或行政处罚,未涉及对外国游客退税违法违规行为的海关处理。第二,退税监管联动工作机制尚未建立。离境退税涉及海关、旅游、退税代办银行以及公安边检等多部门,需要各职能部门的协作开展。尽管财政部 2015 年第 3 号公告第 9 条第 2 款规定在省级人民政府统一领导下,由财政部门会同海关、税务等有关部门协调推进离境退税的管理,但各部门之间如何进行职能衔接与信息共享还有待明确。第三,跨区域退税工作机制有待完善。近年来,中国入境游客在境内空间扩散表现出明显的大尺度移动与扩散路径规律化特征。[①] 典型的如前来中国旅游的"背包客",跟团旅游的外国游客及港澳台同胞等,他们往往因为异地联合退税制度的缺乏而只能在出境地购买商品,这也限制了离境退税政策的作用发挥。为便利境外游客异地购物和退税,我国于 2017 年 10 月在海南上线了全国统一版本离境退税系统,此后该系统在北京、天津、广东、山东、福建、云南、四川、重庆等地先后启用,但目前该系统并未在全国范围内全面实施,不利于退税工作的跨省域联动开展。

二、离境退税商店设置标准不尽规范

关于退税商店的资格,国家税务总局 2015 年第 41 号公告明确指出,退税商店在符合以下条件前提下,经省国税局备案后可成为退税商店:一是具有增值税一般纳税人资格;二是纳税信用等级在 B 级以上;三是同意安装、使用离境退税管理系统,并保证系统应当具备的运行条件,能够及时、准确地向主管国税机关报送相关信息;四是已经安装并使用增值税发票系统升级版;五是同意单独设置退税物品销售明细账,并准确核算。不过,实践中各地有关离境退税商店的设置标准仍存在不完善之处:其一,第 41 号公告规定的退税商店必须具有增值税一般纳税人资格,不包括小规模纳税人。然而,这对于规模小但商品质量好的商店而言,将难以享受离境退税政策红利,造成设置条件的不公平。其二,根据第 41 号公告的规定,退税商店的纳税信用等级须在 B 级以上方可享有退税资格,税务机关作出的等级评定直接关系代理机构及退税商店是否具备参与离境退税的资格。应该说,由于离境退税的申请与退税之间存在"时间差",为防止零售商户实行欺诈行为,截留、侵占税款,有必要要求退税商店拥有良好的商业信用或纳税信用。[②] 不过,根据《纳税信用管理办法(试行)》第 17 条规定,特定情形下的纳税人将由于不能参加当期信用评价而错失

---

①　蒋依依、杨劲松:《以免税为主导的旅游购物政策创新破解旅游服务贸易逆差的扩大化》,载《旅游学刊》2014 年第 9 期。

②　欧阳天健:《离境退税的机制完善与路径创新——以新加坡为参考》,载《国际经济合作》2017 年第 1 期。

评选为退税商店的资格①,这就在一定程度上变相剥夺了部分优质商店的退税资格。

三、离境退税运行过程缺乏规范管理

离境退税政策实施是一个"综合施策"的过程,该制度要推广至全国将面临诸多复杂情况和问题:一是退税商品的发票管理存有难题。根据离境退税的管理办法,游客只要持有真实可靠的发票,就可以办理退税。换言之,旅客购物行为与发票的开具之间是否"客观一致",退税商品的真假能否得到有效判别需要得到高度重视。根据实质课税的原则,如果境外旅客没有真实购物行为是不能申请退税的,因此,对于是否退税需要严格的发票监管。二是退税商品的质量管理存有缺失。实施离境退税政策的目的在于推广中国特色商品,而商品的质量至关重要。但目前我国有关退税商品质量的检验和监管制度尚不完善,有待工商部门、旅游部门、运输部门以及海关、机场等相关机构形成监管合力。具体而言,工商部门应当就商品的质量、知识产权等制定具体的管理章程,旅游部门应出台相关旅游管理措施,将退税商店是否具有正规的管理体系、经营规模以及售后服务作为重点监管事项,提升离境退税商品的质量。此外,在退税制度的效果管理上,作为我国财政审计重要组成部分的税收审计未能发挥应有的作用,难以通过"第三方"的监管机制为我国离境退税实施提供有效的监督和管理。

四、离境退税欺诈风险存在监管空白

由于存在信息不对称因素,国外既往的离境退税实施过程中税收欺诈现象时有发生。理论上看,离境退税骗税案件主要存在以下类型:一是冒用虚假身份信息申请退税的情形;二是退税商品与退税申请单信息不相符的情形;三是不符合退税条件的人联合符合退税条件的境外旅客共同实施骗税的情形,

---

① 《纳税信用管理办法(试行)》第17条的规定:"纳税信用评价周期为一个纳税年度,有下列情形之一的纳税人,不参加本期的评价:(一)纳入纳税信用管理时间不满一个评价年度的;(二)本评价年度内无生产经营业务收入的;(三)因涉嫌税收违法被立案查处尚未结案的;(四)被审计、财政部门依法查出税收违法行为,税务机关正在依法处理,尚未办结的;(五)已申请税务行政复议、提起行政诉讼尚未结案的;(六)其他不应参加本期评价的情形。"

四是海关、税务工作人员利用职务之便受贿或者截留退税款违法退税的情形。① 实践中,一些非离境人员购买商品后通过离境人员申请退税,从而骗取国家税款。例如,根据澳洲的游客退税计划,游客在离澳前 60 天购买价值超过 300 澳元的商品,可以在机场申请退还 10% 的商品服务税(GST)。但实践中,部分澳洲消费者购物后将凭据交由准备离境的亲朋好友退税,或者在澳洲购物退税后重新将这些物品重新带回澳洲,以此骗取退税款项。② 显然,这种将退税商品重新入境的方式并非真正为了用于境外消费,而是为了通过出境骗取退税款。类似的,英国也存在帮他人退税而被控诈骗税金的事件。③

为防控税收欺诈,实施离境退税的国家和地区都采取了积极措施。一方面,各国和地区普遍规定旅客出境时由海关对申请退税的商品进行核对,确保退税商品真正出境。例如,欧盟国家要求旅客在最后离开欧盟国家时,出示发票、退税表格、物品和其他必要文件,只有发票与退税商品和各种文件保持一致时方可退税。另一方面,各国和地区普遍对税收欺诈规定了处罚措施。例如,新加坡相关法律规定,对于骗税者可处以骗取退税金额 3 倍的罚款,最高可判处 1 万美元罚金和 7 年有期徒刑。部分国家和地区对将出境商品重新携带入境的行为如何限制也做了规定,比如澳大利亚海关会保存旅客离境退税记录,并将重新入境的旅客标注为重点检查对象。旅客在离境后 12 个月内再次将价值超过一定额度的退税商品携带入境的需补缴税款,一旦被海关发现旅客带了退过税的物品并且没申报,轻则收到警告罚单,进入黑名单;重则入罪,甚至影响签证。

目前《离境退税管理实行办法》《离境退税业务海关监管规定》等专门性规范中均未明确规定如何对离境退税中的骗税行为进行规制,也没提供违法行为的处置办法。而《税收征管法》《海关法》《刑法》《海关行政处罚实施条例》等相关法律和司法解释也未对离境退税的违法犯罪行为进行规定。在欠缺明确法律规则背景下,离境退税的实施部门将很难明确认定离境退税骗税行为的构成要件,相关主体和当事人也很难预测自身违法行为可能承担的法律责任,

---

① 彭申惠:《论我国离境退税立法的完善》,暨南大学 2018 年硕士学位论文。

② 《澳洲出入境开始严查行李和退税,再这样钻空子小心被遣返》,http://www.yiminbang.com/news/detail/50802,下载日期:2019 年 5 月 9 日。

③ 《英国华人离境时帮公司同事退税被控诈骗税金》,https://www.chinanews.cn/hr/2012/10-12/4243364.shtml,下载日期:2019 年 4 月 1 日。

加大了法律实施的不确定性。因此,从加强国家治理和保障国家税收利益的角度,我国有必要通过完善法律对离境退税可能发生的骗税问题予以防范。

第四节　中国离境退税的实施保障问题

离境退税的有序实施需要多重配套政策。除工商管理部门、旅游部门、海关部门和税务部门的联动与协作外,离境退税制度还离不开区域特色产品的开发、有效的政策宣传以及可靠的财政、海关和外汇管理措施,但目前我国有关离境退税的实施保障机制尚未建立健全。

一、离境退税特色商品范围有待发掘

尽管我国将离境退税适用范围从原有"正面清单制"转为"负面清单制",即凡未纳入国家限制或禁止范围的产品均可适用离境退税,但就目前各地离境退税的商品类型而言,存在商品同质化、低端化现象,在特色开发层面存有不足,主要表现为:第一,各地退税商品中高端产品占比较少。离境退税政策实施的目的在于刺激境外游客的消费,目前我国离境退税的主要商品为服装、箱包等日常生活用品,而高端奢侈品等价值较高的产品在离境退税市场占据较低的份额。例如,2016 年 3 月至 2017 年 3 月广州离境退税的商品占比前三位的分别为箱包(销售额 593.93 万元)、服装(184.73 万元)、饰品(97.52 万元),占该时期商品销售比重的 56.4%、17.5% 和 9.3%。相较而言,钟表、手机数码等产品的销售份额占比相对较小。[①] 第二,离境退税商品的中国特色发掘不足。旅游商品的生命在于突出特色和丰富个性,离境退税商品的设置需要突出旅游目的地的地域特征和民俗风格。一般而言,丝绸、旗袍、珍珠、工艺品等都具有鲜明的中国特色,但各地旅游商品雷同较多,缺乏地域特色和个性。第三,我国各级政府旅游管理部门对旅游商品的开发、生产和经营缺乏宏观引导和管理,缺乏财政、税收、项目审批等方面的具体政策支持,导致旅游商品发展乏力。[②]

---

① 该数据来源于广州市税务局的统计。
② 吉洪:《从"木桶定律"看海南旅游商品开发》,载《2010 当代海南论坛文集(下)》,2011 年 3 月 1 日发布。

二、离境退税财政保障机制有待完善

一个国家的增值税退税水平将受到多重因素的影响,包括经济发展水平、增值税制度的制定,如免税和多税率层次的制定、纳税人合规行为和增值税欺诈程度、税务机关的制度和文化等①。近年来,在助推旅游业成为战略性支柱产业领域,尽管我国已在实践中推动各级财政不断加大对旅游业的投入,但尚未形成财政政策支持旅游业发展的体系化、制度化的长效机制。我国是以增值税等间接税为主体税种的国家,而离境退税的对象主要为增值税,因而,离境退税的实施需要政府做好财政负担退税款的准备。目前,关于离境退税的财政投入应该由谁负担的问题,理论上有两种观点,一种观点主张应当由中央和地方财政共同来承担,因为我国的增值税属于中央地方共享税,因而退税所需财政支持也应当由中央和地方共同负担;第二种观点认为尽管增值税属于中央地方共享税,但当前地方财政整体处于"吃紧"状态,因此应当由财政相对宽裕的中央财政来承担,以此构建统一的退税网络,避免地方收益与负担的不平衡。② 实践中,根据财政部 2015 年第 3 号公告要求,离境旅客购物所退增值税款,由中央与实际办理退税地按现行出口退税负担机制共同负担。并且,凡同意试点离境退税制度的地方政府,在制定管理办法的同时,还应自行负担必要的费用支出,并为海关、税务监管提供相关条件,这意味着地方政府须为此付出较大的管理成本。

然而,自 1994 年我国分税制改革以来,地方政府的财力一直都处于比较窘迫的状态,如果不将预算外收入和土地出让收入考虑在内,地方政府将面临极大的财政困境。此外,如果由地方政府来承担离境退税政策的负担,各地将因财政能力强弱不均而在离境退税中无序竞争。总体而言,现有离境退税制度下,按照中央财政和地方财政共同负担离境退税负担,退税代理机构手续费由地方财政负担的方式,可能会引发以下问题:第一,因离境退税是一项长期制度安排,需要依托税收的价格传导机制方能看到收益,会降低地方政府执行退税政策的积极性。第二,地方经济发展的不平衡性影响离境退税的实施效

---

① 中华人民共和国财政部税政司编:《出口退税政策与管理》,中国财政经济出版社 2006 年版,第 112 页。

② 蒋依依、杨劲松:《以免税为主导的旅游购物政策创新破解旅游服务贸易逆差的扩大化》,载《旅游学刊》2014 年第 9 期。

果。对于经济发达地区来说,在雄厚财力的支撑下,其更有能力和意愿执行退税制度;对于经济欠发达地区而言,如果地方财政收入不足以弥补离境退税支出,则会出现财政紧张问题,难以做好离境退税的实施保障,进而引发更多社会矛盾。① 此外在已经实行跨区域退税的省份中,由某一地区尤其是经济水平欠发达的地区承担其他省份的退税成本既不可行也有失公平。

三、离境退税的信息化程度尚显不足

离境退税的完成是以信息的完成和核验为前提的,但就我国离境退税的信息保障机制来看,依然存在较大问题。首先,政府支持离境退税的预算信息不透明。作为一项零售出口退税制度,离境退税需要国家财政制度予以支持,并将相关税式支出事项公开。然而,当前中央和各地财政部门预算支出报告较少对离境退税的预算支出情况予以公开。其次,离境退税实施部门之间信息传递不规范。根据国家税务总局 2015 年第 41 号公告规定,退税商店和退税代理机构应当及时向税务机关、海关等离境退税主管部门传递离境退税信息,但至于信息如何传递、具体内容为何,以及未及时完整传递将面临何种责任均未明确。实践中,如果退税商店和退税代理机构未将信息及时传递到海关,旅客将可能无法及时获得退税,违法退税风险也随之增加。最后,离境退税外部协作配合机制不完善。离境退税政策落实需要外汇机关、文化旅游部门以及其他相关部门的工作协作和信息共享,但基于信息壁垒的存在,各部门很难在离境退税管理工作中形成监管合力。不难预见,随着离境退税不同地区之间互联互通、异地退税的实现,如果缺乏跨区域的离境退税信息共享平台与机制,将无助于离境退税管理的依法有序进行。

四、离境退税商店分布不够均衡

自我国实施离境退税制度以来,各地退税商店数量呈逐年增长态势。以北京市为例,2016 年共设置 405 家的离境退税商店。② 截至 2018 年 2 月 10 日,北京市离境退税商店数量达到 503 家,类型涵盖了华联新光、拉法耶特、君

---

① 唐伟明:《我国实行境外旅客购物离境退税制度的研究》,复旦大学 2013 年硕士学位论文。

② 《北京市 44 家老字号门店成为首都离境退税商店》,http://finance.qianlong.com/2016/1125/1149117.shtml,下载日期:2019 年 4 月 1 日。

太等大型百货商场,以及同仁堂、瑞蚨祥等传统老字号企业和故宫、十三陵、八达岭等部分"北京礼物"旅游纪念品特许经营商店。不过,受制于地理位置、经济发展水平等因素的制约,不少地区退税商店数量设置较少,而且离境退税商店的布置区域也不够广泛。[①] 例如,近年来海南外籍旅客数量虽然不断增多,但现阶段海南仅在海口和三亚有五家退税商场。其中,作为旅游市场份额最大、购物消费量比例最大的三亚长期只有 1 家退税商店,2018 年 9 月 1 日才扩围至 3 家,退税商店数量偏少、布局不合理也增加了退税困难。又如,目前北京只开放了首都国际机场以及北京大兴国际机场两处的离境退税口岸,而未涉及陆运口岸,但近年来通过铁路口岸进京的外籍人员不在少数。以 2013 年北京口岸运营情况为例,以航空口岸方式来到北京的外籍人员进出境 822.36 万人次,同比降低 7.9%,但通过铁路口岸到北京的外籍人员进出境 7487 人次,同比增长 0.66%。未来随着陆地口岸的快速发展,有必要在陆地口岸增设退税网点,方便入境旅客退税。不难发现,分布不均衡的退税地点也给游客办理退税带来诸多不便利,很多游客往往在离境之前来不及办理退税。

五、离境退税代理市场竞争不足

囿于时间和精力限制,境外游客有时会选择离境退税代理机构来办理退税,专业退税代理机构的加入能够极大地降低税务机关的退税行政成本。在世界范围内,离境退税代理机构主要有专业公司代理主导型、零售主导型和政府与专业代理公司结合型三种模式[②],其中多数国家采用政府授权专业代理公司办理购物退税形式,即先由专业代理公司垫付退税款,再由专业代理公司凭借相关单据向政府有关部门申报退税。零售主导型模式和政府与专业代理公司共同办理退税业务则为法国、加拿大等少数国家采用。[③] 其中,离境退税代理机构既可能是专业的公司,也有可能是银行等金融机构。就我国而言,根据国家税务总局 2015 年第 41 号公告第 13 条至 15 条的规定,仅有符合条件的商业银行能成为我国离境退税代理机构,选定后由省国税局与退税代理机

---

① 陆亦舒、陶颖:《改善中国旅游服务贸易逆差的对策建议——以完善税收制度的旅游购物政策角度》,载《旅游纵览(下半月)》2015 年第 2 期。

② 杨九铃:《国际离岛退免税政策和我国海南离境退免税政策的探讨》,载《商业会计》2012 年第 13 期。

③ 王文清、马莉、许银奎:《细说非居民离境退税》,载《国际税收》2014 年 11 期。

构签订为期两年的服务协议。例如,上海市在 2015 年确定的首批离境退税代理机构为上海浦东发展银行股份有限公司上海分行,分布在浦东国际机场、虹桥国际机场海关指定区域内。在广西,离境退税代理机构包括中国银行广西分行、桂林银行以及北部湾银行,分别设在南宁吴圩国际机场、桂林两江国际机场和东兴口岸的口岸离境隔离区内。①

我国以商业银行为唯一离境退税代理机构,不利于形成专业化的退税代理市场,容易造成退税代理市场的垄断。由此带来的问题主要体现为:第一,代理机构专业化困境。退税代理并非商业银行的主要业务,其在专业化基础设施建设和人才储备方面尚有短板,容易使得离境退税业务办理的专业度不足。第二,代理机构业务开展激励不足。由于我国离境退税政策实施时间较短,业务量较小,商业银行从离境退税业务中获益有限,容易出现退税服务动力不足的情况。第三,商业银行垄断退税代理市场不利于行业良性发展。根据国家税务总局 2015 年第 41 号公告,退税代理机构的选定由省国税局会同财政、海关等相关部门根据公平、公正、公开的原则选择,但实践中我国退税代理机构确定主要采取直接指定的方式,而并未采取公开招投标等平等竞争的方式进行。例如,天津市离境退税代理机构直接指定中国银行天津市分行为天津离境退税唯一代理机构。② 显然,我国离境退税代理机构的确定存在着"行政本位主义"立场,不利于专业化退税代理市场的形成。

六、离境退税服务工作有待提升

检验离境退税政策实施效果的重要指标在于,该政策是否激发了境外旅客的购物热情。③ 实践中,由于政府宣传和服务工作不足,部分境外旅客难以知晓离境退税政策内容和适用条件④,其对我国旅游服务质量的满意度虽有提高,但尚未达到"好评""优评"的程度。⑤ 对此,有学者调查发现,外国游客

---

① 《广西 11 日起实施境外旅客购物离境退税政策》,http://finance.sina.com.cn/china/gncj/2018-12-07/doc-ihmutuec7120607.shtml,下载日期:2019 年 2 月 1 日。

② 《中行天津分行成为天津离境退税指定代理机构》,http://www.sohu.com/a/33452380_114812,下载日期:2019 年 12 月 1 日。

③ 游方朔:《如何把购物退税落实好》,载《中国旅游报》2015 年 6 月 24 日第 4 版。

④ 李松:《以离境退税刺激入境消费存在的障碍及其破解对策——以昆明市五华区为例》,载《环球市场》2018 年 10 期。

⑤ 张华:《我国入境旅游发展策略研究》,载《生态经济》2013 年第 2 期。

对中国旅游的负面评价主要反映在对我国旅游业语言交流环境、旅游基础设施、旅游环境、旅游服务、旅游信息、旅游资源开发与利用、旅游商品等领域。[①]理论上看,旅客是否满意旅游目的地的产品和服务存在"晕轮效应",亦即旅客对某个单项产品或服务满意或不满意,可能会导致其对目的地总体旅游产品或服务满意或不满意。[②] 目前,我国离境退税制度主要是由税务、海关部门进行宣传,由机场及其他口岸部门进行实地操作宣传,宣传方式包括在办税服务厅张贴公告栏、采用 LED 显示屏播放宣传资料、印发离境退税宣传手册、召开政策宣讲会等。但是,既有宣传工作主要侧重于"部门如何实施离境退税"而非侧重"境外游客如何使用离境退税",且在境外旅客来中国之前对离境退税的制度宣传非常少,指南发布的语言种类也不够,不利于外国游客对我国离境退税制度的事先了解,进而难以做出预先的购物计划和安排。因此,我国应加强离境退税信息发布、政策宣传、退税引导等服务工作,助推旅游服务质量提升,以吸引更多游客入境旅游。

[①] 高军、马耀峰、吴必虎:《外国游客感知视角的我国入境旅游不足之处——基于扎根理论研究范式的分析》,载《旅游科学》2010 年第 5 期。

[②] Bowen D.，Antecedents of Consumer Satisfaction and Dissatisfaction（CS/D）on Long-haul Inclusive Tours-A Reality Check on Theoretical Considerations，*Tourism Management*，2001，Vol.22，No.1，pp.49-61.

第四章
欧盟"零售出口"模式下的离境退税制度考察与启示

20世纪80年代,自瑞典始创离境退税以来,世界上陆续有60多个国家推广实施了离境退税制度。囿于间接税设置背景和各国国情差异,国外离境退税制度设计和实施各具特点。其中,以欧盟国家统一增值税立法主导下的"零售出口退税"模式,新加坡、澳大利亚以商品与服务税法为主导的"旅客退税计划"模式、韩国以租税特例限制法为主导的"外国游客退税特例"模式较为典型。这些国家和地区不仅对离境退税立法实践进行了有益的探索,而且在离境退税的制度实践中形成了丰富的经验。事实上,我国的增值税制度建设总体上遵循了欧盟增值税立法模式,且在当前逐步实现法定的过程中需要充分借鉴澳大利亚、新加坡等域外国家的商品与服务税的制度经验。此外,在旅游经济发展法律制度建设方面,亚太经济区域中旅游经济发展活跃的新加坡、韩国及澳大利亚积累了不少离境退税的制度建设经验,能对我国离境退税制度发展提供有益的启示。基于此,本书将分别对欧盟国家、澳大利亚、新加坡、韩国等国家和地区的离境退税制度模式、制度构成及基本特点进行分别探讨,并提炼其中有益的制度经验。

第一节 欧盟主要成员国离境退税的立法模式与管理体制

在世界各国增值税体系当中,最具影响力的是欧盟成员国所采用的统一增值税模式。20世纪50年代,法国最先在课税上采取多环节抵扣的方法,奠定了现代增值税雏形。① 从 20 世纪 60 年代后期起,增值税成为欧洲税制的主要税种。此后,随着全球旅游市场发展,旅游产业兼具创造就业机会和赚取外汇功能,欧洲国家为吸引外籍游客观光消费,纷纷出台外籍游客免签证待遇、免税店服务等优惠措施,而离境退税制度在此背景下应运而生。考虑到欧盟国家以增值税为主导的间接税法律制度具有一体化特点,本章将主要分析欧盟体系下离境退税制度规定,并对主要成员国(包括英国)②离境退税制度实施情况进行评介。

一、欧盟税制协调及增值税立法一体化

欧盟(此前被称为欧洲共同体),是指根据《欧洲联盟条约》③自愿加入欧洲联盟的国家。随着 2020 年 1 月 31 日英国正式退出欧盟,自 2020 年 2 月 1 日起,欧盟共有 27 个成员国。④ 欧盟成立的目的在于推动区域经济一体化,要求成员国必须遵守共同制定的统一法律。因此,伴随着欧盟一体化进程的深入,其逐渐发展了适用于所有成员国的旨在促进生产就业、构筑单一市场,有助于保护税基和防止有害税收竞争的税法规则。⑤ 根据《欧洲联盟条约》第 39 条、第 43 条、第 48 条、第 49 条及第 56 条的规定⑥,成员国税收制度和成员

① Harrison G.,Krelove R.,VAT Refunds:A Review of Country Experience,*International Monetary Fund*,2005,Vol.218,p.26.

② 尽管英国已于 2020 年 1 月 31 日正式退出欧盟,但由于自"脱欧日"后起持续至 2020 年 12 月 31 日是一个过渡期,英国《2018 年退出欧盟法案》和《2020 年退出欧盟协议法案》规定将废除《1972 年欧洲共同体法案》,同时规定在过渡期内,欧盟法律在英国继续有效,即仍将英国视为欧盟成员国之一,且过渡期内制定的新的欧盟法律也将在英国适用。考虑到过渡期内欧盟法律在英国继续有效,因此本书仍然将英国离境退税制度放在统一框架下进行分析。

③ 欧盟由 1957 年签署的《罗马条约》所建立,此后 1992 年的《马斯特里赫特条约》奠定了欧洲联盟(简称欧盟)的基础。

④ 随着英国正式脱欧,欧洲联盟的 27 个成员国分别是奥地利,比利时,保加利亚,克罗地亚,塞浦路斯,捷克共和国,丹麦,爱沙尼亚,芬兰,法国,德国,希腊,匈牙利,爱尔兰,意大利,拉脱维亚,立陶宛,卢森堡,马耳他,荷兰,波兰,葡萄牙,罗马尼亚,斯洛伐克,斯洛文尼亚,西班牙,瑞典。

⑤ 翁武耀:《欧盟税制概况》,载《重庆工商大学学报(社会科学版)》2010 年第 1 期。

⑥ 《欧洲联盟基础条约:经〈里斯本条约〉修订》,程卫东、李靖堃译,社会科学文献出版社 2010 年版,第 86～92 页。

国间的税收条约应遵守条约确立的基本原则。这就要求欧盟将"软法"和"硬法"相结合，加强欧盟各成员国之间税收协调与协作，推进税收制度一体化，清除成员国间的税收壁垒。[①]

由于增值税、消费税等间接税设计将直接影响商品和服务价格，并可能扭曲市场竞争，影响欧盟单一市场运行，如何协调好成员国间接税制度差异成为欧盟委员会的重要工作内容。为此，《欧洲联盟条约》第 113 条规定，"理事会应在咨询欧洲议会和经济与社会委员会后，以全体一致同意的方式，根据特别立法程序通过相关规定，以协调有关营业税、消费税与其他间接税的法律，这种协调对于保证单一市场的建立和运行及避免扭曲竞争而言是必不可少的"。根据该规定，欧盟应制定有关间接税的协调原则。在此基础上，1967 年至 2006 年期间，欧盟共颁布了六项增值税指令[②]，用以规定增值税征税范围、税基、税率、免税和征税等基本原则。[③] 截至 1973 年，所有欧共体成员国全部实行消费型增值税制度，从而实现了增值税制度的协调统一。

1977 年 5 月欧共体发布《增值税第六号指令》，要求各国从 1978 年 1 月 1 日起开始协调增值税征收办法，采取统一的征收措施。具体而言，包括：(1)统一明确增值税的实行范围、纳税人、计税基数和扣税范围；(2)统一零税率的规定，明确规定零税率只适用经营出口业务及某些类似出口性质的业务；(3)对税率及减税做灵活性与原则性规定；(4)对增值税的一些计算方法做统一规定，如对小企业适用估征等简化的计算方法；(5)对企业纳税申报、征税期限、缴税日期、开业、停业、经营情况变更登记、发票填发和保管以及账簿资料的记载、管理等，做出原则性规定。该项指令从征管层面建立了增值税的协调框

---

① 参见 Snyder F., The Effectiveness of European Community Law: Institutions, Process, Tools and Techniques, *Modern Law Review*, 1993, Vol.56, No.1, pp.19-54.

② 一般而言指令由欧洲理事会发布，有关税收的指令需要所有成员国一致通过，且需要在各成员国内转变为国内法后才能实施，但是当指令是无条件的，或一个成员国未能在实施期限前遵从指令且其他条件皆满足的情况下，指令可直接生效。参见[美]艾伦·申克、[美]维克多·瑟仁伊、崔威：《增值税比较研究》，熊伟、任宛立译，商务印书馆 2018 年版，第 63 页。

③ 1967 年欧共体发布关于增值税的第 1 号指令及第 2 号指令，要求成员国在 1970 年 1 月 1 日前全部实行增值税。但由于各国国情不同，实施难度有差异，经第 3、4、5 号指令修改，批准比利时延期至 1972 年 1 月 1 日、意大利延期至 1973 年 1 月 1 日执行。游燕：《欧盟增值税制度发展及其启示》，载《地方财政研究》2015 年第 4 期。

架,进而能为欧盟内部统一市场的打造清除障碍,成为欧盟历史上里程碑式指令。[1] 此后,该项指令又历经了多次修改,并于 2011 年 3 月 15 日确定了通行至今的主体框架和内容。[2] 此外,欧盟又于 2010 年开启了新一轮增值税制度改革,针对增值税欺诈泛滥、增值税收入流失严重等问题进行了制度调整。[3]

需要说明的是,欧盟虽要求成员国加强税制协调以防止有害税收竞争,但并不否认成员国在增值税领域的自主立法权。只要成员国能够遵守共同体规则,其依然可以保持独立的立法主权,选择最合适的、符合它们偏好的税收制度。[4] 例如,各国增值税的税率只要符合欧盟统一指令的要求即可[5],具体安排可以有所差异。再如,欧盟增值税指令中对特殊规则仅仅作出授权规定而未设定统一标准,成员国可选择是否采用特殊规则,运行方式可以不同但仅限于国内活动。[6] 基于此,在增值税立法层面,成员国仍保留一定的自主立法权,但如果成员国的增值税法与共同指令不一致,欧盟委员会有权利提出质疑。

二、欧盟主要成员国离境退税的立法安排

(一)欧盟《增值税指令》下的离境退税制度

增值税征收的特殊性在于其有可能基于税款抵扣机制的存在而产生有利于纳税人的税款差额,为了避免双重征税、协调共同体内部增值税关系,欧盟

---

[1] The Council of The European Union, Council Directive, 2006/112/EC of 28 november, 2006 on the Common System of Value-Added Tax, *Official Journal of the European Union* 11 December, 2006, https://eur-lex.europa.eu/LexUriServ/LexUriServ. do? uri=OJ:L:2006:347:0001:0118:en:PDF,下载日期:2021 年 9 月 1 日。

[2] 郭志东:《欧盟增值税特殊规则简述》,载中国财税法网,http://old.chinataxlaw. org/yanjiushengyuandi/20141506.html,下载日期:2019 年 1 月 6 日。

[3] 陈琍:《欧盟新一轮增值税改革及启示》,载《国际税收》2017 年第 2 期。

[4] 翁武耀:《欧盟税制概况》,载《重庆工商大学学报(社会科学版)》2010 年第 1 期。

[5] 根据欧盟第 2010/88 号指令的安排,在 2015 年 12 月 31 日之前将 15%设立为税率的最低标准。

[6] Taxation and Customs Union, Green Paper on the Future of Vat: Towards A Simpler, More Robust and Efficient VAT, European commission, Brussels Publish, 2010. https://ec. europa. eu/taxation _ customs/green-paper-future-vat-towards-simpler-more-robust-and-efficient-vat-system_en,下载日期:2020 年 6 月 1 日。

实行了消费地课税原则,确立了"在一个成员国设立机构的纳税人,对于另一个成员国开出发货票供应给他的商品或劳务已纳的税款,或在其他国家进口时已纳的税款,有权要求退税"的立法精神①,此即出口退税制度的理论基础。就针对旅客退税的离境退税制度而言,其与增值税出口退税制度原理具有类似性,因此欧盟也将该项制度在增值税指令中进行了规定,明确了"类似出口"退税制度的基本规则。

欧盟关于游客退税规定是与增值税出口退税制度一体规定的,通过独立的条款规范在欧盟增值税指令当中。依照欧盟《第六号增值税指令》第147条规定,当购买方为外国游客,并且所购产品作为外国游客随身或托运行李的一部分被带出欧洲共同体地区时,该产品可以向外国游客免于增值税销售。享受免于增值税待遇的前提是,该产品从购买之日起90天之内被带出欧盟边境,并且离境时办理海关认证。② 从中可以看到,对于外国游客是否能够就其所购买商品实行退税,欧盟层面作出了原则规定和统一安排。根据欧盟《第六号增值税指令》第147条第1段规定,个人携带商品出境可以免予该指令第169条③规定的增值税纳税义务。退税的基本要件为:第一,游客所购买的商品符合第146条(b)款规定,即商品销售的地点在成员国之外且非采用自己负责装备、加油和供应的游船、私人飞机或其他私人使用的交通工具运输出境;第二,货物自购买之日起三个月内被带出欧盟边境;第三,购买的货物总价值(包括增值税在内)大于175欧元或等值的本国货币,但成员国可以低于这一

---

① 税务总局研究处、中国财务会计咨询公司编译:《各国增值税》(上册),中国财政经济出版社1987年版,第20～30页。

② The Council of The European Union: Council directive 2006/112/EC of november,2006 on the Common System of Value-Added Tax,Official Journal of the European Union 11 December,2006,https://eur-lex.europa.eu/LexUriServ/LexUriServ.do?uri=OJ:L:2006:347:0001:0118:en:PDF,下载日期:2021年9月1日。

③ 欧盟离境退税制度系属于欧盟《第六号增值税指令》第169条的例外规定,第169条规定,增值税额除依据第168条规定予以扣减之外,还适用于其他情形的商品或者服务增值税的扣减,其中根据第147条规定的游客将商品带离出境的情形就属于例外之一。参见 Article 169 of Council Directive 2006/112/EC on the Common System of Value-Added Tax.

标准来实施退税。①

　　欧盟《第六号增值税指令》第 147 条第 2 段继续明确了第 1 段中有关离境退税的适用条件,规定:第一,前款所指的旅行者是指永久居住地或经常居住地不在欧盟成员国的游客,永久居住地或经常居住地应以护照、身份证明或其他证明中载明的地点为证明。第二,出口证明应以发票或其他代替发票的文件提供,并由所在成员国海关确认出口。第三,各成员国海关应将其用于第二款所述出口背书的备份送交欧盟委员会,以便欧盟委员会将该资料转送其他会员国税务当局。② 根据该规定,能够获得退税的旅行者通常为非欧盟成员国居民,退税需要得到海关确认方可实现,并且成员国之间可实现退税信息资料的转送和互认。

　　在欧盟《第六号增值税指令》安排下,欧盟税收与关税联盟委员会还颁布了《欧盟购物退税指南》,从适格旅客标准、如何进行增值税退税两个方面为前

---

① Article 147 paragraph 1，"Where the supply of goods referred to in point（b）of Article 146（1）relates to goods to be carried in the personal luggage of travellers，the exemption shall apply only if the following conditions are met：（a）the traveller is not established within the Community；（b）the goods are transported out of the Community before the end of the third month following that in which the supply takes place；（c）the total value of the supply，including VAT，is more than EUR 175 or the equivalent in national currency，fixed annually by applying the conversion rate obtaining on the first working day of October with effect from 1 January of the following year. However，Member States may exempt a supply with a total value of less than the amount specified in point（c）of the first subparagraph." 参见 Article 147 of Council Directive 2006/112/EC on the Common System of Value-Added Tax.

② Article 147 paragraph 2，"For the purposes of paragraph 1，'a traveller who is not established within the Community' shall mean a traveller whose permanent address or habitual residence is not located within the Community. In that case 'permanent address or habitual residence' means the place entered as such in a passport，identity card or other document recognised as an identity document by the Member State within whose territory the supply takes place. Proof of exportation shall be furnished by means of the invoice or other document in lieu thereof，endorsed by the customs office of exit from the Community. Each Member State shall send to the Commission specimens of the stamps it uses for the endorsement referred to in the second subparagraph. The Commission shall forward that information to the tax authorities of the other Member States." 参见 Article 147 of Council Directive 2006/112/EC on the Common System of Value-Added Tax.

来欧盟成员国旅行的境外游客提供了详细的退税指引。① 此外,欧盟还颁布了与《第六号增值税指令》相关的指令,包括《增值税退还—欧盟商业》(Directive 2008/9/EC)、《增值税退还—欧盟非商业》(Directive 86/560/EEC)、《增值税进口免税事项》(Directive 2009/132/EC)、《私人托运》(Directive 2006/79/EC)、《游客津贴》(Directive 2007/74/EC)等制度的规定,这些指令可以作为成员国实施离境退税的配套立法规定予以施行。

(二)欧盟主要成员国的离境退税立法安排

欧盟增值税指令的通过并不意味着该项指令在各成员国当然实施,通常指令发挥效力需要在各成员国转变为国内法后方具有法律效力。正因为此,尽管欧盟《第六号增值税指令》原则性地确立了离境退税基本制度,在主要成员国实施离境退税制度的过程中依然在相关增值税立法中对其进行了内化和细化规定。

匈牙利依托欧盟增值税指令基本要求,在《匈牙利增值税法》(2007)中明确外国旅客从欧洲共同体购买物品作为其个人行李的一部分出境时应当豁免增值税②,由此也确定了匈牙利离境退税制度。根据《匈牙利增值税法》第259条第10款和第11款的规定,离境退税的主体应满足以下条件:第一,非欧盟成员国公民,不拥有任何一个欧盟成员国的永久居留身份;第二,虽然拥有某一欧盟成员国国籍,但居住地在欧盟地区外(即在第三国)。③ 此外,《匈牙利增值税法》第98条第1分段明确规定,如果外国旅行者/乘客是通过自己的交通设备,如私人游艇或私人飞机等其他交通工具进行私人货物的运输,不应免除增值税,购买为私人交通设备使用的轮胎、其他设备和配件也不能退还增值税。这表明匈牙利对离境退税采取的是明确的"非营利性"原则,以保障本国货物出口退税制度的稳定性。④ 在离境退税的实施条件上,《匈牙利增值税法》主要从以下几个方面进行了规定:第一,在起退点标准上,《匈牙利增值税

---

① Taxation and Customs Union,Guide to VAT Refund for Visitors to the EU,https://ec. europa. eu/taxation _ customs/individuals/travelling/travellers-leaving-eu/guide-vat-refund-visitors-eu_en,下载日期:2020 年 6 月 10 日。

② National Tax and Customs Administration,VAT Exemption on Products Sold to Foreign Travellers,载匈牙利国家税收和海关管理网,下载日期:2020 年 3 月 6 日。

③ 参见 Point 10),Point 11) of Section 259 of the VAT Act 2007.

④ 参见 Subsection 1 of Section 98 of the VAT Act 2007.

法》第 99 条第 1 款 a 点规定,外国游客要享受退税首先要求含税价值总额超过 175 欧元的等值金额。但是,这并不要求每件商品价格都超过 175 欧元,只要同一张发票上所列商品价值超过该额度即可。① 第二,在出境证明和程序上,根据《匈牙利增值税法》第 99 条第 1 款的规定,商品可在下列条件下享受免增值税待遇:外国旅客将所购产品从购买之日起 90 天内作为手提行李或托运行李的一部分带出欧盟地区,并且向海关当局同时出示产品和发票(或简化发票)原件,而出境海关在退税单上签字、盖章以证明产品被带出欧盟领域。② 《匈牙利增值税法》第 99 条第 1 款 b 点以及第 99 条第 2 款规定,外国旅客应当出示有效旅行证件或可验证个人身份的其他有效证件以证明其法律身份。《匈牙利增值税法》第 99 条第 3 款规定,海关只有在该产品被带出欧盟以外的其他国家情况下才可以在退税单上签字盖章。不允许在退税单上后补签字盖章。每次办理海关手续时,可以提交多份退税单要求海关签字盖章。③ 第三,在退税时间安排上,根据《匈牙利增值税法》第 99 条第 4 款 b 点的规定,外国旅客将商品携带出境时,通过向销售商提供证明退税合法性的退税单,事后索回在购物时交纳的税款。销售方向税务部门申报包括销售商品时间的纳税季度有关的税款时,应将其作为应付税款上报该商品的税额。销售方向外国游客退税后,可从当前季度的应付税额中扣除该产品税额。④ 第四,在退税方式上,根据《匈牙利增值税法》第 99 条第 7 款的规定,在匈牙利的退税货币为福林,由销售方以现金方式交付。外国旅客也可与商家商议使用其他币种或支付方式。⑤ 第五,在退税单填写上,根据《匈牙利增值税法》第 99 条第 10 款规定,退税单应包含以下内容:(1)销售产品的纳税人名称、地址和税号;(2)外国游客(买方)姓名、住址和旅行证件的号码;(3)证明产品已被出售的发票序号;(4)销售产品的含税总价值;(5)由海关填写的空栏(产品被带出欧盟边境时海关部门在此签署盖章,以证明产品离开欧盟领土)。⑥ 此外,根据《匈牙利增值税法》第 99 条第 11 款的规定,退税单各项至少以五种语言标明(匈牙利语、德

---

① 参见 Subsection 1 of Section 99 of the VAT Act 2007.

② 参见 Subsection 1 of Section 99 of the VAT Act 2007.

③ 参见 Subsection 3 of Section 99 of the VAT Act 2007.

④ 参见 Subsection 4 of Section 99 of the VAT Act 2007.

⑤ 参见 Subsection 7 of Section 99 of the VAT Act 2007.

⑥ 参见 Subsection 10 of Section 99 of the VAT Act 2007.

语、法语、英语和俄语），并用匈牙利语、德语、英语或者法语填写。①

德国《德国增值税法》及《增值税实施细则》是该国实行出口退税的主要法律依据。其中，《德国增值税法》第 4 条规定了"贸易及其他服务的免税"，其中第 1.a 款规定了欧盟以外的第三国（地区）的出口和加工贸易产品的出口；第 1.b 款涉及欧盟区内贸易，即对欧盟成员国之间的出口。《德国增值税法》第 6 条明确规定了货物出口的适用情形，即企业或外国买主将货物发往欧盟以外的第三国（地区）；企业或买主将货物发往欧盟成员国，但买主必须是为自己公司购货的企业，或买主是外国人，并将货物再运往欧盟以外的第三国（地区）。而关于何为货物出口的对象，该条明确规定，外国买主系指在欧盟以外拥有居住地的买主，或德国及欧盟公司设在欧盟以外第三国（地区）的分支机构，并以分支机构名义进口货物。从中可以看到，《德国增值税法》中规定的适用货物出口退税规定的主体不仅包括企业，还包括属于自然人的"外国人"买主，只要其符合将货物运往欧盟以外的第三国（地区），同样可以享受退税的待遇。法国税法也规定，对出口货物适用零税率，法国采取以免税购买方式为主，先缴税后抵扣（退还）方式为辅的做法。②

在欧盟统一增值税指令框架下，英国于《1994 年增值税法案》第 30 条对增值税的零税率制度作出安排，该法案第 30 条第（6）款规定，本条款下列情形的商品供适用零税率：（a）将货物出口到欧盟成员国之外的地方；或者（b）货物作为零售商品出售给搭乘船舶或者飞机离开英国的人员。③ 该法第 33 条还对特定情形的增值税退还（refunds of VAT in certain cases）作出原则规定，规定政府可将增值税退税权适用到其他特定个人（power to Extend Refunds of VAT to Other Persons）。④ 此后，英国颁布《1995 年增值税条例》，该条例第 131 条对零售出口计划适用条件进行了细化，规定符合下述条件时适用增值税退税：（1）货物已被供应给一个海外游客，并且他打算自被供应货物之日起 3 个月内携带货物离开成员国；（2）货物最终出口到成员国之外的地方可以被税务和海关部门认为是为了成员国的共同增值税体系；（3）货物出口到成员

---

① 参见 Subsection 11 of Section 99 of the VAT Act 2007.

② 财政部税收制度国际比较课题组编：《法国税制》，中国财政经济出版社 2002 年版，第 6 页。

③ 参见 Section 30，Zero-rating，Value-Added Tax Act 1994.

④ 参见 Section 33E，Power to extend refunds of VAT to other persons，Value-Added Tax Act 1994.

国以外的地方可能被征税;(4)本规定不适用于向任何从成员国出发的船舶或航空器机组人员的供应。① 为更好地推动零售出口计划,英国税务与海关总署于 2004 年 11 月 2 日颁布了《零售出口计划(增值税 704 号通知)》(以下简称《零售出口计划》)②,2016 年 8 月 5 日更新后的《零售出口计划》规定了零售商和有退税资格使用增值税零售出口计划的客户必须遵守的条件③,为旅客离境退税提供了重要的制度保障。

与英国类似,爱尔兰在因循欧盟增值税指令要求的背景下,也将离境退税制度作为一项"零售出口计划"予以确立。其中,爱尔兰《2010 年增值税合并法案》第 58 条分别从旅行者、合格商品、退税代理人的身份界定、退税的条件、制定条例的授权、退税代理人的行为规范、退税部门权力的行使要求等方面对零售出口计划(retail export scheme)进行了原则规定。④ 其中,《2010 年增值税合并法案》第 58 条第(2)款规定,爱尔兰财政收入局局长能够根据法律的规定授权向旅客提供适格的商品适用该法案第 46 条(1)(b)项下的"零税率"规定,为旅客提供退税服务,但需符合以下条件:第一,符合本节有关旅客的界定;第二,证明商品将被旅客在爱尔兰离境前三个月的最后一天前带离出境;第三,证明向旅客收取的本款所涵盖的商品税款在由供应商收到旅客退税请求后不迟于 25 个工作日内退还给旅客;第四,用书面形式告知旅客退税金额的大小和相关手续费用的收取;第五,告知旅客用本国以外的货币退还给旅客相关款项的汇率;第六,告知旅客法律规范中有关交易的其他信息。爱尔兰《2010 年增值税条例》第 15 条规定了"零售出口计划"的实施细则⑤,明确《2010 年增值税合并法案》第 58 条第 2 款规定的商品或服务供应采用零税率,其条件为:第一,供应商保留了充分的证据证明购买方是符合法律要求的旅客。第二,在向旅客提供商品时,供应商应当向旅客开具发票,并显示下列详细信息:(1)开具发票的日期;(2)供应商的名称、地址和注册号;(3)旅客的

---

① 参见 Section 131,The Value-Added Tax Regulations 1995(1995 No.2518).

② Retail Export Scheme (VAT Notice 704),https://www.gov.uk/guidance/vat-retail-export-scheme-notice-704,下载日期:2020 年 4 月 1 日。

③ Claim VAT Back on Tax-free Shopping in the UK (VAT Notice 704/1),https://www. gov. uk/guidance/claim-vat-back-on-tax-free-shopping-in-the-uk-notice-7041 ♯ section1,下载日期 2019 年 3 月 1 日。

④ 参见 Section 58,Retail Export Scheme,Value-Added Tax Consolidation Act 2010.

⑤ 参见 Section 15,Retail Export Scheme,Value-Added Tax Regulations 2010.

姓名和地址;(4)所提供商品的说明;(5)旅行者在出售商品时应支付的金额;(6)所收取的税款;(7)退还税款的汇率。第三,旅客应在上述发票信息上签字认可。第四,供应商收取的退税费用。第五,供应商应该在收到退税信息后不超过 25 个工作日前退税。第六,供应商应当保存发票副本和相关记载信息。此后,爱尔兰又于 2019 年发布了详细的《零售出口计划》指南,对增值税法案和条例中的内容做了细化规定,具体内容包括零售出口计划的目的、主体、商品范围、零售商和退税代理商如何参与计划、如何认证出口等事项。①

三、欧盟主要成员国离境退税的管理体制

在管理体制上,欧盟委员会并不直接参与欧盟成员国退税管理,而主要以发布增值税指令和退税指南的方式为成员国提供指引,因此有关离境退税的管理主要由成员国自行负责。目前,欧盟委员会只在《第六号增值税指令》第147 条第 2 款中明确了成员国之间相互转送退税资料的要求,未对各国财政税收部门的职责做具体安排。总体而言,欧盟主要成员国的离境退税采取的是"市场主导型"管理模式,各国财政税务机关的主要职责是根据法律规定设定与退税有关的事项,不会过多参与离境退税计划管理。通常,在离境退税实施过程中,在充分的财政保障下,一国会由税务机关在离境退税的前端环节与自愿参与到退税经营中的零售商签订退税协议,并通过统一的增值税身份认定机制对参与退税经营的零售商实行监督管理。就海关而言,则通常负责在离境退税末端环节进行退税确认,只有旅客在通过出境口时经过海关的签章确认,方能确保旅客有效实现退税。

例如,根据爱尔兰《2010 年增值税合并法案》第 58 条第 6 款规定,零售出口退税计划将在财政收入局(Revenue)的指导和控制下实施,任何权力、职能和职责可以由代表财政收入局的行政人员来行使或执行。② 而根据爱尔兰《2010 年增值税条例》第 15 条第 3 款(a)的规定,旅客出境提供的商品出口发

---

① Irish Tax and Customs, Retail Export Scheme, https://www.revenue.ie/en/vat/retail-export-scheme/certification-of-exports-outside-of-Ireland.aspx,下载日期:2020 年 6 月 12 日。

② "For the purposes of this section, and subject to the direction and control of the Revenue Commissioners, any power, function or duty conferred or imposed on them may be exercised or performed on their behalf by an officer of the Revenue Commissioners."参见 Section 58(6),Value-Added Tax Consolidation Act 2010.

票证明需要由财政收入局授权给海关人员进行确认,如果货物为另一成员国出口物品,则需要由另一国海关确认,或由财政收入局认可的其他方式进行确认。该条例第 15 条第 3 款(b)继续规定,如果是代理旅客办理离境退税证明的,同样需要经过由财政收入局授权的海关人员确认或者由其他成员国的海关进行确认。[1]

英国根据《1994 年增值税法案》的规定,在经由财政部授权实施离境退税计划后,英国税务海关总署相关工作人员必须审核确认旅客提交的退税申请,并按照特定的退税计划向相关主体退还增值税税额。[2] 对此,英国《1995 年增值税条例》继续明确,由海关专员根据增值税法案规定行使各部门赋予的权力,当海关专员对旅客消费退税的条件表示认可时,该项货物的销售才能适用零税率规则并向旅客实行退税。[3] 而就零售商店管理而言,则主要由英国税务部门负责,退税商店需要根据税务机关安排来进行增值税纳税人登记,开具增值税发票,并根据与税务机关的协议来对旅客身份信息确认,为旅客提供退税服务。同样,法国规定,旅客在向零售商购买商品并符合退税条件时,经海关进行出口确认后,由零售商店或退税代理商负责退还在法国购买货物支付的增值税。

第二节　欧盟主要成员国离境退税制度的主要内容

历史地看,最早的离境退税制度起源于欧洲的瑞典,此后,随着世界旅游零售市场发展,其他欧盟国家和地区相继建立了离境退税制度。根据欧盟一体化的增值税指令以及《欧盟购物退税指南》的安排,只要持有效的非欧盟成员国护照,就可以在这些国家实行退税。[4] 而就欧盟成员国中典型国家离境退税立法来看,也在增值税法制定过程中将非欧盟成员国的外国游客购买物品带离欧盟的行为视为"零售出口",如英国和爱尔兰都先后推出了零售出口

---

① 参见 Section 15(3),Retail Export Scheme,Value-Added Tax Regulations 2010.

② 参见 Section 33E(2), Value-Added Tax Act 1994.

③ 参见 Section 131,The Value-Added Tax Regulations 1995.

④ António Calisto Pato, Marlon Marques, *Commented Recast VAT Directive*: *A pragmatic view on European Value-Added Tax*, Easygotax, CreateSpace Independent Publishing Platform,2014,p.151.

制度,通过赋予这些持有境外护照的旅游者以退税的权利,促进欧洲旅游经济的发展。以下,本书将重点揭示欧盟主要成员国离境退税的制度框架和保障机制。

一、欧盟主要成员国离境退税的制度设计

(一)欧盟主要成员国离境退税的主体条件

在欧盟各成员国中,非欧盟成员国居民是购物退税的对象,因此要成为退税的主体首先要满足的基本条件是"必须是非欧盟居民",相关主体需要持有旅游签证或其他类型的短期签证。其退税条件是在本国连续居住不超过 6 个月,在旅客离开欧盟时给予退税。根据欧盟增值税指令统一规定,非欧盟成员国居民在结束其在欧盟国家短期旅行时,有权在欧盟任何一个国家将在欧盟国家购买的物品所缴纳的增值税取回,采用自己负责装备、加油和供应的游船、私人飞机或其他私人使用的交通工具运送出境的除外。[①] 但如果时间超过 6 个月,则只对离境前 3 个月内购买的商品给予退税。在欧盟统一规定基础上,各成员国离境退税适用主体进行了更加细致的规定。

作为离境退税制度的鼻祖,瑞典于 20 世纪 80 年代开创了这一制度。根据该国增值税制度规定,购物退税的申请人必须是非欧盟国家的居民,是持 3 个月以内短期签证的非欧盟人士。拥有欧盟国家、挪威或奥兰自治区的居留许可或工作许可的非欧盟公民,并持有税务局出具的已不再居住于欧盟或挪威的官方证明文件,同样可以享受购物退税。同时,拥有非欧盟国家(和挪威)一年居留许可,或拥有非欧盟国家(和挪威)工作许可并能证明已不再居住于欧盟国家的欧盟或挪威公民,也可以申请退税。[②] 但如果仅持有挪威或奥兰自治区短期签证的居民,则不满足瑞典购物退税条件。可见,在瑞典,欧盟公民只要能证明其不居住在欧盟并且拥有非欧盟国家的居留证,便符合退税的资格。

作为世界上第一个确立增值税制度的国家,法国在欧盟统一增值税制度

---

① 参见 Article 147 of Council Directive 2006/112/EC on the Common System of Value-Added Tax.

② 《瑞典购物退税贴士和指南》,http://www.globalblue.cn/tax-free-shopping/sweden/,下载日期:2020 年 3 月 1 日。

方面具有较好的承接性。根据法国海关和间接税税务局发布的退税指南①，享受离境退税服务的主体需满足以下条件：第一，属于非欧盟成员国居民。第二，年龄上要求是 16 岁以上的公民。第三，在法国逗留时间不超过 6 个月。可见，在欧盟统一立法基础上，法国明确对离境退税的境外游客的年龄进行了限定，以确保境外游客做出负责任的申请退税行为。与此同时，在法国退税指南中，还对哪些主体不适用于离境退税制度进行了明确，规定以下情形不属于申请退税的主体范围：第一，欧盟成员国的居民。第二，瓜德罗普、法属圭亚那、马提尼克、马约特和留尼汪法国海外部的居民。第三，为避税而离开欧盟到非欧盟国家或地区任职的个人。第四，外交或领事使团成员，以及派驻法国或欧盟的国际组织的雇员。第五，在法国或欧盟居住少于 6 个月的学生和实习生。第六，绝对离开欧洲联盟的个人，即使他们返回原籍国。第七，摩纳哥公国的居民。第八，返回法国或欧盟居住的个人。第九，已享受部分或全部可报销药品的增值税退税的法国社会保障受益人。从中可知，在离境退税主体判断标准上，国籍并非唯一考量要素，是否具有营利目的、是否有避税嫌疑、是否有特殊外交身份，以及是否为游客都会直接影响到退税权利的行使。在德国，离境退税主体也需要满足三个条件：第一，非欧盟居民（即护照上所标明的常住地在欧盟境外）；第二，18 岁以上；第三，持不超过 90 天停留的旅游、探亲或商务签证在德国短期停留。可见，德国对离境退税主体的年龄有更高要求，且有关停留时间的规定也更为严格。

与法国相比，爱尔兰对于退税主体也作出了正面列举和负面排除的规定，根据爱尔兰《零售出口计划》，游客或旅行者从欧盟以外国家到访爱尔兰，或是爱尔兰居民或欧盟居民离开欧盟以外连续居住至少 12 个月时，可申请离境退税。但下列主体应该排除在退税范围之外：第一，任何通常居住爱尔兰或其他欧盟国家的旅客；第二，来自其他欧盟国家的旅客；第三，在爱尔兰居住的外国公民在外旅行，但打算返回爱尔兰；第四，在欧盟以外地区居住少于 12 个月的爱尔兰或欧盟居民；第五，爱尔兰或欧盟居民，已在欧盟以外拿到连续居住 12

---

①　Direction Générale des Douanes et Droits Indirects，Eligibility for VAT Refunds，https://www.douane.gouv.fr/fiche/eligibility-vat-refunds，下载日期：2019 年 3 月 1 日。

个月的许可,但在前 12 个月内暂时返回(包括最初 12 个月内的度假或商务回访)。①

在离境退税适用主体方面,英国的规定可谓最细致,也最为灵活。根据英国《零售出口计划》安排,凡是在英国停留时间超过 6 个月以上的境外游客都属于长期居留,不符合退税申请人条件。反之,凡是前来短期旅游、探亲、访问的非欧盟国家居民才能符合退税申请人条件。根据该项计划第 2.4.1 的规定,海外旅客是指非在欧盟定居的旅客(包括船上或飞机上的船员),需要满足以下条件:第一,旅客的住所或惯常居住地非坐落在欧盟内部,需要有效护照、身份证或其他可接受的证明材料予以证明。第二,旅客打算在购买商品后第三个月最后一天之前离开英国,且须携带商品离开英国前往欧盟以外的最终目的地。第三,旅客在离开欧盟时,应当向海关官员出示收据和增值税退税文件。② 此外,英国《零售出口计划》第 2.4.2 还专门对在英国学习或务工人员能否适用离境退税做出了专门规定,明确以学生或劳务工人身份进入英国的海外旅客只可在逗留英国的最后 4 个月期间购买货物方能享受退税计划。对于该群体,如果他们在英国的学习或工作时间为 6 个月或更长,英国将签发一份单独的工作许可证明,但如果该部分群体要申请退税,应当出示签证或工作许可证,并符合以下要求:第一,打算在购买商品后的第 3 个月最后一天前将商品带离欧盟境内。第二,离开欧盟后,在欧盟之外至少停留 12 个月。第三,在离开欧盟时,向海关官员出示商品的收据和增值税退税文件。③ 此外,英国《零售出口计划》第 2.4.3 还对其他获得授权的英国居民或欧盟居民开放了退税渠道。对于已经在英国或欧盟居住但打算永久离开英国或欧盟最少 12 个月的居民,亦可被当作海外旅客对待,但需要满足以下三项条件:第一,打算在购买货物后第 3 个月的最后一天前将商品运出英国或欧盟以外的目的地。第二,在欧盟以外逗留至少 12 个月,这部分群体应当提供海外工作许可证、签证申请批准以及居留许可证予以证明。第三,在离开英国或欧盟时,向海关官员出示商品收据和增值税退税文件。④ 从中可以看到,英国离境退税主体范围

---

① Irish Tax and Customs, Retail Export Scheme, https://www.revenue.ie/en/vat/retail-export-scheme/certification-of-exports-outside-of-Ireland.aspx,下载日期:2020 年 6 月 12 日。

② 参见 2.4.1 Overseas visitors, Guidance Retail Export Scheme (VAT Notice 704).

③ 参见 2.4.2 Overseas visitors, Guidance Retail Export Scheme (VAT Notice 704).

④ 参见 2.4.3 Overseas visitors, Guidance Retail Export Scheme (VAT Notice 704).

相对较为宽泛,并且通过"类型化"的方式设置了"私人订制式"的主体条件,进而能够更好地满足不同群体的退税需求。

(二)欧盟主要成员国离境退税的起退点

根据欧盟《第六号增值税指令》的规定,旅客要申请退税需要满足所购买的货物总价值(包括增值税在内)大于 175 欧元或等值本国货币,但各国可以基于欧盟的原则性规定来设置符合国情的起退点(参见表 4-1),境外旅游者同一天在同一家店,购物超过所在国家和商店所用退税公司规定的退税标准,才有权利办理退税和返还所缴增值税。[①]

法国、匈牙利与欧盟的规定一致,旅客于规定时间内在同一商店购买商品的含税价值总额超过 175 欧元或等值金额方可满足退税条件。对于大部分欧盟国家而言,其离境退税起退点通常低于欧盟标准。例如,在意大利,非欧盟国游客购物的起退点为同一家商店内消费满 155 欧元,荷兰规定了 50 欧元的起退点,德国则只规定了 25 欧元的起退点,旅客在德国单日单店购物金额只需要达到 25 欧元即可申请退税。[②] 瑞典的起退金额为 200 瑞典克朗(约合 144 元人民币),需要在同一家商店购物超过 200 克朗方可退税。英国规定了 30 英镑的起退点,当游客达到这一要求时便可申请退税。此外,实践中有商家自行对起退点进行调整,要求在购买金额达到 40～50 英镑时申请退税。

由上可知,尽管不同国家在起退点规定上有所差异,但总体上遵循了欧盟统一规定要求设置了更低起退点,以便发挥离境退税的激励效应。甚至,在英国 2013 年所做的一份关于增值税零售出口计划评估中,很多受访者认为起退点设置门槛会形成大型零售商和百货公司相对于小型零售商的竞争优势,诱发不公平竞争,且会向前往英国的境外游客传递"不受欢迎"的信息,损害英国免税购物的竞争力。[③] 正因为此,从吸引外国游客的角度,英国正在着手考虑实施"无门槛"的退税制度。事实上,更低限度的起退点规定在促进公平竞争、提升对游客吸引力的同时也会带来降低退税效率的问题,只有将奉献价值较

---

① 张雨:《欧洲旅游购物退税有门槛》,载《消费与生活》2003 年第 12 期。

② 刘焰:《广东省旅游税收优惠政策初探》,载《科技创业月刊》2009 年第 12 期。

③ HM Revenue & Customs,VAT: Retail Export Scheme,Summary of Responses,https://assets.publishing.service.gov.uk/government/uploads/system/uploads/attachment_data/file/267601/20131812_Summary_of_Responses_VAT_retail_export_scheme.pdf.,下载日期:2020 年 3 月 1 日。

小、退税额度较少的这部分群体从离境退税程序中剔除，才能更方便那些奉献价值较大、退税额度较大的游客减少"排队"的时间成本，提升退税的效率。就此而言，应该如何设置起退点仍应根据本国国情予以考量。

（三）欧盟主要成员国离境退税的退税比例

理论上，欧盟要求购物退税要根据"应退尽退"的原则，全额退还境外游客购物支付的增值税，因此各主要成员国实施退税时一般会按照本国商品的增值税率予以退还。一般而言，欧盟国家增值税的标准税率在8%到27%之间，如德国增值税为19%，荷兰为21%，法国为20%（如表4-1所示）。例如，瑞典遵循了应退尽退的原则，退税率会根据商品的类型和适用的增值税税率不同而不同，退税金额等于含税购物金额/（1＋税率）＊税率，这种做法好处在于让游客除手续费之外，没有额外税收负担。德国增值税税率在7%至19%之间，因此居住地在欧盟范围外的游客可以在离开欧盟国家时申请退还在欧盟范围内所买商品的增值税，退税率最高可达到19%。

但在实践中，依照增值税税率所计算出来的退税额并不等于旅客实际获得的退税额，原因在于退税代理公司在办理退税过程中，通常会按照一定标准收取手续费，所以最终实际退还到境外旅客手中的税款要比理论上少一些。例如，英国《零售出口计划》规定，零售商在出示给旅客的退税单据和文件中，必须清楚地显示退税的管理手续费用和应退税款净额，并向消费者做好必要的解释工作，以免造成误解。① 英国的增值税税率是20%，但对退税主体而言，真正的退款款项需要根据不同经营者和退税代理公司确定的管理费和服务费予以确定，在扣除手续费后，实际退税比例在8%～16%。以购买一个1000英镑的提包为例，最后大概能退122英镑。而在手续费不变的前提下，在同一个店购买的东西越多，退税的比例越高，比如买10000镑的东西，退税能退1400镑。

表 4-1　欧洲国家增值税税率和离境退税的起退点要求

国别	增值税标准税率	起退点（以本国货币为准）
奥地利	20%	€ 75.01
比利时	21%	€ 50

---

① 参见 3.6 Charging for administrative or handling expenses, Guidance Retail Export Scheme（VAT Notice 704）.

续表

国别	增值税标准税率	起退点(以本国货币为准)
保加利亚	20％	250 BGN
克罗地亚	25％	740 HRK
捷克共和国	21％	2,001 CZK
丹麦	25％	300 DKK
爱沙尼亚	20％	€ 38.01
芬兰	24％	€ 40
法国	20％	€ 175.01
德国	19％	€ 25
英国	20％	€ 30
希腊	24％	€ 50
匈牙利	27％	54,001 HUF
冰岛	24％(食品和书籍为11％)	6,000 ISK
爱尔兰	23％	€ 30
意大利	22％	€ 155
拉脱维亚	21％	€ 44
立陶宛	21％	€ 55
卢森堡	17％	€ 74
马耳他	18％	€ 100
荷兰	21％	€ 50
挪威	25％	315 NOK
波兰	23％	200 PLN
葡萄牙	23％	€ 61.35
罗马尼亚	19％	250 RON
斯洛伐克	20％	€ 100
斯洛文尼亚	22％	€ 50.01
西班牙	21％	€ 90.16(2018年降为€ 0)

续表

国别	增值税标准税率	起退点(以本国货币为准)
瑞典	25%	200 SEK
瑞士	8%	300 CHF
土耳其	18%	118 TRY

注释:欧洲国家的增值税标准税率是由成员国自行设定的,可以浮动。扣除手续费用后,旅客获得的退税款比法定税率标准计算出来的金额要少。

(四)欧盟主要成员国离境退税的商品范围

在欧盟《第六号增值税指令》中,离境退税适用的商品范围并未统一。根据《欧盟购物退税指南》的规定,凡需要以货运形式出口的商品以及汽车和游艇都被排除在退税商品之外,但各国可以根据国情对退税商品作出规定。实践中,多数国家规定本国征收了增值税和消费税的商品均予退税,但有些国家仍将部分特殊商品排除在退税之外。例如,根据法国海关的要求,可退税商品的范围需要受到一定限制,退税必须属于针对旅客销售的观光零售产品,而非进行商业贸易的商品。因此,石油类产品、武器、文化产品、未开发的宝石、大型交通工具及其部件、一些受《华盛顿公约》限制的产品(如麻醉药品等)和其他所有不能用于个人的自然产品不能享受离境退税政策。[1] 德国以"负面清单制"的形式明确了退税商品的范围,明确机动车及配件和服务业消费等不予退税,除此之外服装、鞋帽、珠宝、箱包、手表、化妆品等其他商品均可退税。捷克规定,下列商品不能申请退税:燃料、润滑油、烟草、酒类、饮料、杂货。[2] 而在爱尔兰,供私人使用的游艇、私人飞机或其他运输工具的装备、燃料和供应不在退税计划内。

英国《零售出口计划》2.6 中也规定,实行标准化增值税税率的商品以及低税率的商品可以按照计划出口,但下列商品除外:第一,个人出口的新旧车

---

[1]　Direction Générale des Douanes et Droits Indirects, VAT Refund Process in France, https://www.douane.gouv.fr/sites/default/files/uploads/files/Documentations-Brochures/Langues-etrangeres/detaxe-pablo-%28en%29-vat-refund-process-in-france.pdf., 下载日期:2020 年 8 月 1 日。

[2]　Refund of Czech VAT to Foreign Tourists, https://www.accaglobal.com/content/dam/acca/global/PDF-students/2012s/sa_jan09_kralova_2.pdf.,下载日期:2020 年 8 月 1 日。

辆;第二,计划航行至欧盟以外目的地的船舶;第三,用于商业目的出口价值超过 600 英镑(不含增值税)的商品;第四,作为货运或单独行李出口的商品;第五,需要出口证的商品,古董除外;第六,未镶嵌的宝石;第七,金条(超过 125 克,2.75 盎司或 10 托拉);第八,在欧盟范围内消费的商品(所有或部分在欧盟内消费的旧消耗品);第九,邮购商品,包括通过互联网购买的货品。第十,在该计划下,书籍和儿童服装等零税率商品。① 与此同时,英国还赋予了零售商对退税商品范围的选择权,根据英国《零售出口计划》第 2.7 的规定,零售商可以自愿选择将一些商品排除在退税范围之外,无须对所有商品实行退税。② 此外,英国《零售出口计划》中还针对邮购或网上货物销售出口以及服务退税事项进行了特别规定,该计划第 2.8 规定,本计划不适用于通过邮购或互联网向符合资格的游客出售商品的情形。③ 该计划第 2.9 规定,本计划不适用于酒店住宿、餐饮、租车等提供给客户的服务,只适用于商品销售④。

除大部分成员国对退税商品的范围作"负面清单式"规定以外,要实现所购买商品在欧盟国家的退税,仍需满足在离境前 3 个月内购买以及尚未消费和使用作为退税要件。对此,《欧盟购物退税指南》规定,纳税人必须亲自到退税商店购买商品,而不能委托他人购买。当离开欧盟时,必须将退税物品随身携带或作为行李托运,在退税前必须向海关官员展示那些货物,由其在增值税退税单上盖章。⑤ 在德国,游客必须在规定时间内将商品亲自携带出境才可申请退税,购物日期和海关盖章日期间隔时间不允许超过 3 个月,且原则上用于退税的商品必须未经开封使用,游客在海关处盖章时,需要检查商品是否完好未拆封,包括食品、药品、糖果等。如果所退税商品已被开封或使用,海关会拒绝盖章,无有效海关章的商品无法进行退税。在西班牙,购物离境退税商品

---

① 参见 2.6 Goods that can be sold under the scheme,Guidance Retail Export Scheme (VAT Notice 704).

② 参见 2.7 Exclude certain goods from the scheme,Guidance Retail Export Scheme (VAT Notice 704).

③ 参见 2.8 Sales by mail order or goods sold over the internet,Guidance Retail Export Scheme (VAT Notice 704).

④ 参见 2.9 Services,Guidance Retail Export Scheme (VAT Notice 704).

⑤ Taxation and Customs Union,Guide to VAT Refund for Visitors to the EU,https://ec. europa. eu/taxation _ customs/individuals/travelling/travellers-leaving-eu/guide-vat-refund-visitors-eu_en,下载日期:2020 年 6 月 10 日。

必须是为个人使用,购买是非商业性质,且必须在购买商品之日起 3 个月内带着所购买的商品出境方能退税。① 再如,匈牙利《增值税法》第 98 条第 2 款 a 点规定,外国旅客将所购产品从购买之日算起 90 天内作为手提行李或托运行李一部分带出欧盟地区,向海关当局同时出示产品和发票(或简化发票)原件,并由出境海关在退税单上签字、盖章以证明产品被带出欧盟领域之时,方可实现退税。

(五)欧盟主要成员国离境退税的商店设置和代理机构

欧盟《第六号增值税指令》中对于退税商店没有统一的安排,而根据《欧盟购物退税指南》的安排,凡是带有"免税"标志的商店都可提供退税服务②,而对于哪些经营者可以经营退税业务,各成员国有自主选择的权利,一旦选择从事退税业务,需要与当地税务机关之间建立适当的退税协议安排。

一般而言,零售商是指将退税商品卖给获得授权的消费者的经营者。在此方面,大部分欧盟成员国家对退税商店持开放态度,如德国的大多数商店都备有离境退税单,甚至在一般的超市购物也可以申请退税。在英国,经营者是否选择加入退税经营范围同样取决于零售商的"自愿参与",而并非强制要求。一般而言,街头小贩、人行道艺术家、许多小城镇的商店一般不提供退税服务。在决定是否参与退税计划的过程中,退税商店可以设置最低销售价值,一旦销售额达到最低销售价值要求,零售商可以选择开通退税计划。③ 但一旦选择参与退税,零售商应当承担一定退税服务义务,包括:第一,检查旅客是否有权退税,如购买商品的时间是否在离境前的 3 个月内,货物是否在退税范围等。第二,零售商应当按要求在增值税退税单上填写相关信息,要求客户签署确认退税单,在客户的销售收据上做好退税标记,签写零售商声明。第三,零售商应当给旅客提供在英国购物退税通知的复印件。第四,零售商应为消费者提

① DIVA,Procedure for Obtaining the VAT Refund in Spain,https://www.agenci-atributaria.es/static_files/AEAT/Aduanas/Contenidos_Privados/Viajeros/Viajeros/Vers_ingles.pdf.,下载日期:2020 年 8 月 1 日。

② 一般而言,带有"Globe Blue"(环球蓝联)和 Premiere(卓越)标志的"Tax Free"属于退税点,而单纯采用"Tax Free"或"Duty Free"的则属于免税店。

③ 参见 2.2 Minimum sales value,Guidance Retail Export Scheme(VAT Notice 704)。

供退税信封以便海关确认。第五,零售商应当解释任何可能收取的手续费用。[①] 此外,零售商店还必须保留经认证的增值税退税文件和增值税已被退税的证据,以支持任何有关退税的诉求。[②]

欧盟大部分国家从事退税业务的商店门口会挂有"Tax Free"标志。零售商店可以把退税事项交由退税代理公司管理,由退税代理公司收取必要的服务费用。零售商店与退税代理公司之间是委托代理关系,退税代理公司将从旅客退税款中抽取4%左右的服务费,但会降低旅客退税的时间成本。[③] 退税代理公司通常会提供自己设计的官方批准的增值税退税文件供零售商使用,游客在零售商店购物填写离境退税单后,便可以到与退税商店合作的退税代理机构申请退税。在欧盟国家,专门的退税代理机构也很多,其中以 Global Blue、Planet、Tax Free Worldwide、Innova Tax Free 最为典型。其中,Global Blue 于 1980 年在瑞典成立,是目前全球最大的购物退税服务机构,合作商家约 27 万家,其退税效率最高,最有保障。Planet(其前身为 Premier Tax Free)于 1985 年在爱尔兰成立,是一家专门服务于欧盟国家退税服务的机构。Tax Free Worldwide 成立于 2003 年,目前在全球 15 个国家营运,在 19 个国家拥有超过 350 个退税点,如今已和 Premier Tax Free 机构合作。Innova Tax Free,成立于 2003 年西班牙首都马德里,是欧洲最大的退税代理机构。对于有合作关系的退税代理机构,旅客可以向零售商店事先了解,通过退税代理服务,旅客可以将在不同商店购买的物品拿到同一家退税公司申请退税。[④]

(六)欧盟主要成员国离境退税的退税程序

由于欧盟主要成员国离境退税都是在统一的增值税指令基础上做出的,它们在退税程序上相对一致。游客在购买商品时必须为商店里的商品支付包括增值税在内的全部价格,只有当游客完成了相关手续并且出示了出口证明

---

① 参见 3.1 What to do at the time of sale, Guidance Retail Export Scheme (VAT Notice 704).

② 参见 3.4 Produce goods and refund documents to customs, Guidance Retail Export Scheme (VAT Notice 704).

③ Steves R., How to Claim VAT Refunds, https://www.ricksteves.com/travel-tips/money/vat-refunds,下载日期:2020 年 6 月 11 日。

④ Pang A.,Claim VAT Refunds in Europe:What to do and where to go,https://www.tripzilla.com/claim-vat-refunds-europe/81949,下载日期:2018 年 6 月 19 日。

时,所附加在商品中的增值税才会被退税。① 实践中,离境退税的基本流程为:首先,旅客的退税商品应当是在带有退税机构标识的商店中购买,但船运、邮寄或网上购买的商品不适用于退税。其次,游客购买的退税商品数额应达到该国规定的最低限额,且由售货员开具用于退税的增值税发票,并在其中准确填写购物者的通信地址和个人护照号码,注明所购商品的名称、数额和金额。售货员还应计算出返回的增值税金额,明确地记录在商品金额的后面。当这些手续办妥后,售货员会把有关票据和退税说明放在一个特制的信封内,由旅游购物者保管好该信封以便边境海关办理退税手续。再次,旅客应当在前往退税口岸之前填写退税单,退税单上需要填写的信息包括姓名,入境、离境时间,完整地址,居住城市以及邮编,国籍,护照号码,电子邮箱等。如果旅行者选择通过信用卡退税,则需要填写信用卡卡号并签字。以英国海关发布的 VAT 407 退税表格为例,消费者可以填写由零售商或退税代理公司提供的与海关版本相同的表格信息,以便在离境时获得海关的审核批准(如表 4-2 所示)。最后,当游客在离开欧盟成员国时应向海关人员出示退税发票及所购物品,让海关官员核验后在发票上加盖出口证明章,在此之后游客便可到第三方退税代理机构完成退税。

近年来,为进一步加快退税的效率,不少欧洲国家在离境退税领域已经开展了电子通关的业务。例如,法国作为世界上名列前茅的旅游目的地国和购物天堂,于 2014 年起便推出了 PABLO 自动退税机服务,旅客只需将持有的法国退税单直接在 PABLO 自动退税机上办理退税验证,而无须到海关窗口办理。② 再如西班牙的国家税务总局(AEAT)于 2018 年起推出了一项叫做 DIVA(增值税退款)的免税盖章法,游客只需要在离境口岸设置的验证机上扫描免税文件的条形码就可获得退税认证,无须再去海关办公室办理手续。当获取海关印章后,旅客就可以在任何位于机场退货点要求信用卡或现金退税。③ 再如,退税机一般设在离境口岸(国际机场、港口、边境)的海关服务处附近。

① Taxation and Customs Union, Guide to VAT Refund for Visitors to the EU, https://ec. europa. eu/taxation _ customs/individuals/travelling/travellers-leaving-eu/guide-vat-refund-visitors-eu_en,下载日期:2020 年 6 月 10 日。

② La détaxe électronique en France pour les touristes-PABLO, https://www. douane. gouv.fr/la-detaxe-electronique-en-france-pour-les-touristes-pablo,下载日期:2020 年 6 月 11 日。

③ 参见 DIVA: Devolución Electrónica de IVA a Viajeros, Publicada nueva información DIVA: Devolución electrónica de IVA a viajeros.2018.

需要说明的是,由于欧洲国家普遍比较小,部分游客在欧洲的行程可能涉及多个国家,这就涉及跨国离境退税操作问题。根据《欧盟购物退税指南》安排,当入境旅客行程涉及两个或两个以上欧盟成员国时,其可在离开欧盟最后一个国家时一并申请退税,但应当在旅欧时明确最后离境的欧盟国家,以便申请退税。[①] 如果旅行者的行程需要经过瑞士、挪威等非欧盟成员国,在这些国家购买的东西都需要在当地进行退税,而不能在欧盟国家退税。再如,英国实行脱欧后,一旦超过了协定过渡期并在退税规则上发生了变化,游客在英国境内购买的东西不能拿到其他欧盟国家申请退税,而需要先由英国海关盖章后直接在英国退税。

表 4-2　VAT 407 零售出口计划表

表格分区	填写主体	填写程序
A	消费者	确保您的客户在销售时清楚完整地填写此部分并签署声明
B	零售商	(a)就货品作出全面及准确的描述,列明货品的识别号码、编号或其他识别标记,描述必须足够清晰,以便英国或欧盟海关官员能够清晰地识别货物 (b)划掉表格上任何未填写的地方 (c)用文字和数字标明包括增值税在内的应付总额、价格中包含的增值税金额、将从退税款项中扣除的任何管理费以及最终将支付给客户的退税金额
C	零售商	(a)填上公司全称、地址和增值税编号 (b)填写货物销售给客户的日期 (c)声明书必须由本人或其他经营负责人签字
D	海关官员	在离开欧盟时,海关官员必须在表格上盖章,以确认出口的有效性

数据来源:英国《零售出口计划》。

(七)欧盟主要成员国离境退税的地点和方式

就退税地点的安排而言,无论是乘船还是乘飞机离开欧盟国家,都可以在

---

①　Taxation and Customs Union,Guide to VAT Refund for Visitors to the EU,https://ec. europa. eu/taxation _ customs/individuals/travelling/travellers-leaving-eu/guide-vat-refund-visitors-eu_en,下载日期:2020 年 6 月 10 日。

出境口岸申请退税。但如果是乘坐火车离开欧盟,则需要同样在出境火车站得到海关对增值税退税文件的盖章认可,这取决于火车线路和每个欧盟国家的内部安排,因此需要旅客提前进行了解。由于各国离境退税实际情况不同,因此退税地点的设置也相对灵活。例如,在英国,大部分游客可以选择到希思罗机场和盖特威克机场退税,在没有人工服务时,游客可将表格填好装进退税信封并投进退税邮筒,以便海关工作人员审核后交由退税代理机构办理退税。此外,英国还在一些大购物区域设有即时退税点,入境旅客小额购物时可享受"即买即退"。

而就退税方式来看,游客可以选择通过信用卡或者现金退税的方式。相比现金退税,信用卡退税更为便捷,旅客只需在退税单上填上卡号信息交由机场退税处工作人员审核后即可登机,当旅客回国后,退税款将直接打到信用卡。不过,由于未当场确认信息,一旦信用卡信息填写错误或遗漏其他事实,游客将无法拿到退款款项。此外,伴随着互联网移动网络端的发展,微信、支付宝等企业已与西班牙、德国等欧盟国家合作推出实时购物退税服务,以便在欧洲旅行的中国旅客办理离境退税业务。[①] 例如,瑞典的退税代理机构已于2017年开始与支付宝合作,游客可在退税单上填写自己的支付宝账号,在退税流程结束后退税代理机构将把税款退回游客支付宝账户,但需要注意的是,采用支付宝退税时每张退税单均要收取手续费,相比信用卡和现金退税费用要稍高一些。

此外,在退税币种方面,欧盟国家所使用的货币种类比较多样化。一般而言,欧元区国家[②]通常将欧元作为统一货币,但也有国家使用本国货币进行退税。因此,在欧盟国家办理退税时,游客可自由选择退税币种,由工作人员为旅客换算成相应金额的货币。

二、欧盟主要成员国离境退税的实施保障

(一)欧盟主要成员国离境退税的信息保障

增值税号码是一种在欧盟国家或地区使用的标识符,各成员国都可通过

---

① 王迪:《德国、西班牙等国机场推出微信退税服务:中国人欧洲购物退税更便利》,载《人民日报》2018年2月22日第22版。

② 欧元区内现有以下国家使用欧元作为统一货币,这些国家分别是奥地利、比利时、德国、法国、芬兰、爱尔兰、意大利、卢森堡、荷兰、葡萄牙和西班牙,简称"欧元区国家"。

统一的"VIES VAT Number Validation"来对商家注册增值税的情况予以认证。① 在欧盟统一增值税体系下,企业无论大小,只要满足一定条件,就能被认定为欧盟可靠的增值税纳税人。企业可向本国税务局申请"认证纳税人"的身份认定,并证明其完全具备按时纳税、具有可靠的内控体系和具有偿付能力证明等条件。在此基础上,"认证纳税人"身份将在欧盟所有成员国之间互认,经过认证之后,企业纳税将更便捷、更省时。这就为欧盟范围内参与退税计划的经营者身份认定提供了充分便利。

在增值税的征管层面,欧盟层面引进了行政合作和信息交流的共同制度,以确保增值税在成员国之间的融通应用和打击欺诈行为。如上所述,在欧盟《第六号增值税指令》第 147 条中,便要求各成员国实施离境退税制度之时,由各成员国海关将出口背书的备份送交欧盟委员会,以便欧盟委员会将该资料转送其他会员国税务当局。② 2003 年,欧盟还颁布了《增值税领域的行政合作条例》③(以下简称《增值税合作条例》)。其中,《增值税合作条例》第 5 条规定:为正确查明增值税的信息,成员国主管当局有权向另一成员国主管当局提出获得相关税务信息、开展相关行政调查的请求。该条例第 23 条规定,税务当局可通过电子手段获得经营者的增值税认证号码以及向此经营者供货的货物价值。每个成员国都必须保存包括成员国签发的增值税认证号的公司或个人记录。成员国税务当局在任何时候都可直接从储存的信息中确认在共同体内提供货物和服务的人的增值税号码的有效性,经过特别请求,被请求当局有权了解增值税认证号码签发的日期和截止日期。即使这些信息没有被成员国作为将来可能有用的信息而被储存,税务当局也应毫不迟延地提供增值税的认证人姓名和地址,每一成员国的税务当局都应保证在共同体内提供货物和服务的人,以及提供某种电子供货服务的人有权在规定时间内,得到增值税认证号码有效性的确认。为达到这些目的,成员国税务当局用电子数据库的形

---

① European Commission, VIES VAT Number Validation, https://ec.europa.eu/taxation_customs/vies/vieshome.do,下载日期:2020 年 6 月 10 日。

② 参见 Article 147 paragraph 2 of Council Directive 2006/112/EC on the Common System of Value-Added Tax.

③ The European Union, Council Regulation (EC) No.1798/2003 of 7 October 2003 on Administrative Cooperation in the Field of Value-Added Tax, Official Journal of the European Union 2003, https://eur-lex.europa.eu/legal-content/EN/TXT/PDF/? uri=CELEX:32003R1798,下载日期:2020 年 6 月 10 日。

式储存信息并用电子手段交换信息。税务当局可以据此判断经营者是否缴纳了增值税,从而避免骗税行为的发生。[①]

随着经济全球化、数字经济的发展深化,欧盟成员国"各自为政"制定实施增值税制度的缺陷日益凸显,在很大程度上出现了增值税欺诈泛滥、增值税收入流失严重等问题。为进一步加强增值税领域的信息合作,欧盟又于2010年颁布了《增值税领域的行政合作和打击欺诈行为条例》[②]。根据该条例,欧盟各国税务局应在增值税领域开展合作、共享信息,打击增值税欺诈行为,保障增值税收入。在有关增值税退税信息的共享方面,该条例第48条规定了每个成员国的退税主管当局应通过电子方式通知其他成员国的主管当局根据指令2008/9/EC要求的信息,进而在成员国税务主管部门间建立了交换和存储增值税退税信息规则。此外,欧盟还采取了相关措施促进税务局、海关和执法机构的合作,以提高盟区税务协查能力。由此,欧盟通过增值税领域有效的信息合作和共享制度建设[③],为离境退税的制度施行提供了有效的法律保障,也更好地防范了离境退税制度中的退税欺诈问题。

(二)欧盟主要成员国离境退税的服务保障

得益于发达的旅游业和优质的零售业,许多旅客将欧洲国家作为旅游目的地的首选。为推动旅游业的发展,欧洲国家推出了申根国家的内部边境制度[④]。所谓申根国家,是指在申根成员国中间取消边境管制,持有任意成员国有效身份证或签证人可以在所有成员国境内自由流动的国家。旅游者如果持

---

① 崔晓静:《欧盟税收情报交换制度及其启示》,载中国欧洲学会欧洲法律研究会2008年11月年会论文集。

② The European Union, Council regulation (EU) No.904/2010 of Oct.7, 2010 on Administrative Cooperation and Combating Fraud in the Field of Value-Added Tax, Official Journal of the European Union 2010, https://eur-lex.europa.eu/legal-content/EN/TXT/PDF/? uri=CELEX:32010R0904,下载日期:2019年10月1日。

③ 驻欧盟使团、黄燕琳:《欧盟新一轮增值税改革安排》,载《中国税务报》2019年12月10日第5版。

④ 全世界有105个非欧盟国家和地区的游客进入欧洲需要申请申根签证,在申根区一个成员国获得旅游签证,可以在申根区22个欧盟成员国和4个非欧盟成员国自由出入,一次最长停留90天。任彦:《欧盟加快推进申根签证改革》,载《人民日报》2019年4月19日第16版。

有任一申根国的有效签证即可合法地到所有其他申根国家参观,无须另办签证①。其中,在签订申根协议的 26 个国家中,22 个国家是欧盟成员国,其余 4 个国家是欧洲自由贸易联盟的成员。根据欧盟离境退税制度的安排,非欧盟国家居民可享受离境退税制度,其只需在离开欧盟最后一个国家的海关盖章退税即可。因此,如果某欧洲国家同时是申根国家和欧盟国家,旅客可事先不在该国进行退税,仅需在离开欧盟的最后一个国家退税即可;但如果该国仅是申根国家而非欧盟国家,则不能在其他欧盟国境内退税。

与此同时,为更好地保障游客申请退税,许多国家注重对离境退税制度实施的服务建设。以匈牙利为例,根据该国 2007 年《增值税法》的要求,退税单用匈牙利语、德语、法语、英语和俄语这 5 种语言标明,游客可以使用匈牙利语、德语、英语或者法语来进行填写。在法国,有关离境退税的程序性指南也被翻译为中文、俄语、西班牙语、日本语、意大利语、葡萄牙语、英语等 7 种语言,并在法国的政府官网上予以发布,以供旅游消费者知晓。② 爱尔兰规定,退税代理机构可在税务部门的指导下为游客发放用以记录旅客每次购物信息的退税卡,当旅客购买符合退税需求物品时,便可在特定销售点刷卡,以准确评估自己的退税信息。③ 这些配套服务措施制定为各国离境退税的制度发展提供了有力保障。

(三)欧盟主要成员国离境退税的权利实现

由于大部分旅客会选择以信用卡方式来获得离境退税款,还有些旅客会选择通过在机场邮筒投递退税单的方式来申请退税,一旦发生信息核验错误或处理不及时的问题,便很难及时拿回退税款项,此时便需要在各国的离境退税制度中嵌入必要的退税追踪和投诉机制。德国规定,为了更好地追踪退税款项,游客可以在寄出退税申请表前保留复印件,或记录好退税申请表的 ID 号码,该号码由 16 位或 20 位数字组成,游客可凭此追踪自己的退税款项。捷

---

① 例如英国不是申根国,旅客到达到英国后,如果想游览其他国家,还得再办申根签证。

② La détaxe électronique en France pour les touristes-PABLO, https://www. douane.gouv.fr/la-detaxe-electronique-en-france-pour-les-touristes-pablo,下载日期:2020 年 6 月 11 日。

③ Irish Tax and Customs, Retail Export Scheme, https://www.revenue.ie/en/vat/retail-export-scheme/index.aspx,下载日期:2020 年 6 月 12 日。

克共和国的退税制度中也要求,零售商应当为旅客所递交的退税资料至少保存 10 年,以便税务机关核查相关信息。① 由此,通过必要的信息制度设计,能为游客或税务机关及时追踪、核查有关退税信息提供保障。

当出现退税文件遗失时能否实现退税,英国《零售出口计划》中作出了明确规定。根据该计划第 7.7 的规定,如果旅客持有的退税文件和发票在加盖海关印章前遗失,可以要求零售商提供一份副本,在离开欧盟时,可以把商品的副本文件连同货物一起交给海关出口官员。如果后来又发现了原来的退税文件,应当及时销毁。如果旅客所持有的退税文件和发票在加盖印章后遗失,但能够提供海关盖了章的复印件,可以把该复印件退还给零售商,并要求零售商开具一份退税表格的复印件,然后寄到原海关盖章。但如果旅客不能出示加盖印章的退税文件复印件,将不会收到退税。② 这就要求旅客保管好相关信息,以便更好地保障自身退税权利。

爱尔兰则为游客退税设置了繁简分流的退税制度,将退税单划分为不超过 2000 欧元和超过 2000 欧元两种类型。如果退税单上购买物品的价值低于 2000 欧元,则旅客在离开都柏林/香侬机场时无须获取海关盖章,可以直接前往退税办公室办理退税或把退税单放进海关箱,以便海关查验。而如果单张退税单上购买物品的价值高于 2000 欧元,旅客的退税单则需获取海关盖章后方能退税,而对于超过 2000 欧元(含税)的单品,必须同时将物品和收据出示给海关,才可进行退税。③ 爱尔兰《2010 年增值税条例》中还对退税时间进行了要求,当退税商店或代理机构收到旅客退税申请信息之后,应当在收到信息之日起 25 个工作日内进行退税,以此确保旅客能尽快获得退税的收益。

对于游客在出发前因客观原因未能在海关及时办理退税手续,能否补办退税申报的问题,法国离境退税制度中作出了特殊规定。根据法国海关和间接税税务局发布的退税程序,即便是顾客因为特殊原因未能在法国及时办理退税,同样可以寻求一定的"补救"措施。旅客需要在购物之日起的 6 个月内,

① Refund of Czech VAT to Foreign Tourists,https://www.accaglobal.com/content/dam/acca/global/PDF-students/2012s/sa_jan09_kralova_2.pdf.下载日期:2020 年 5 月 18 日。

② 参见 Section 7.7 Lost refund documents,Guidance Retail Export Scheme(VAT Notice 704)。

③ Irish Tax and Customs,Retail Export Scheme,https://www.revenue.ie/en/vat/retail-export-scheme/index.aspx,下载日期:2020 年 6 月 12 日。

向离境口岸的海关提出事后补办验证的请求。在此过程中,旅客必须提供所居住国家的海关验证单,证实已经缴纳相关税金,或者向其所居住国家的法国使馆或领事馆出示退税单和相关商品,以获得验证单和证明。旅客在验证补办请求时还需要附以下文件:(1)欧盟境外居民的身份证副本;(2)所居住国家海关出具的验证单,或法国使馆或领事馆出具的证明或验证单;(3)机票或车票;(4)列明离开法国或欧盟国家前未能办理退税手续的缘由并注明法国离境地点和日期的信函。如果旅客是经由法国之外的另一个欧盟成员国离开欧盟边境,则必须请求该国海关部门进行海关验证,随后再将经过验证的退税单寄回给法国商店。①

为了让旅客退税权利得到全方面保障,《欧盟购物退税指南》中还规定了相应的退税投诉机制。当旅客出境后未能获得退税之时,可以向其购买商品的公司投诉,由退税经营商负有主要责任。但如果该公司委托了退税代理机构,游客则可以优先向中介机构进行投诉。对此,欧盟委员会并不会对外国游客退还增值税的特殊情形进行干预,一般由成员国在退税计划中自主进行安排。例如,英国《零售出口计划》中提出,具有退税主体资格的旅客可根据英国纳税人权利宪章的规定行使离境退税过程中的一切权利,包括获得尊重和诚实对待的权利、获得便捷高效服务的权利、获得专业审慎服务的权利、信息和隐私受保障的权利、委托代理的权利、获得迅速及公平处理投诉的权利。② 爱尔兰《零售出口计划》也规定,零售店或退税机构收到旅客退税申报单后,应在25 天内办理退税。如果旅客未收到退税,可联系零售店或退税机构,或向爱尔兰税务部门投诉。

(四)欧盟主要成员国退税违法的责任机制

根据欧盟主要成员国退税制度的要求,退税通常需要满足退税物品的自用、非营利性要求,并且需要由旅客在规定的时间内带离出境方能享受必要的退税权利,这就要求旅客遵守相关退税规定,避免违法违规情形发生,而一旦

---

① Direction Générale des Douanes et Droits Indirects,VAT Refund Process in France, https://www.douane.gouv.fr/sites/default/files/uploads/files/Documentations-Brochures/Langues-etrangeres/detaxe-pablo-%28en%29-vat-refund-process-in-france.pdf.,下载日期:2019 年 5 月 1 日。

② HM Revenue & Customs,Your Charter,https://www.gov.uk/government/pub-lications/your-charter/your-charter,下载日期:2020 年 5 月 20 日。

旅客实施了不符合条件的恶意申报退税行为,则将受到相应惩罚。由上可知,欧盟在推动增值税制度统一协调的同时,也加紧了对增值税欺诈行为的防控。欧盟《第六号增值税指令》首先作出原则性规定,成员国应该确保正确适用零税率等豁免制度,防止逃税,避税或者滥用。[①] 近年来欧盟在财政网络上增加线上信息共享系统,以改进成员国沟通合作方式,对跨境增值税欺诈风险作出快速准确评估,同时还将赋予欧盟财政网络协调跨境调查的新职能。但对于在离境退税过程中出现的违法违规的行为,则主要由成员国各国依托国内相关法律制度进行制裁。

在法国,根据法国海关和间接税税务局的制度安排,零售商负担日常退税的义务,海关只需对离境退税进行审核和监管。因此,一旦游客违反了相关退税规则,可能遭到法国海关的处罚。根据法国的离境退税规定,游客在申请退税时应当妥善保管在法旅游期间购买的退税品、发票和相关材料,以供海关人员逐一检查。因此,游客需在办理完退税手续后再办理行李托运,如果违反相关程序要求,则可能遭受相应处罚。此外,根据法国退税条件,入境旅客购买的退税物品须在欧盟以外地区使用,如外国旅客将已退税物品赠予在欧盟境内生活的亲友或再次带入欧盟使用,可能会被要求补交相应的增值税税款,同时被处以高额罚款。

由于英国将离境退税视为出口退税的重要组成部分,因此对离境退税的监管也较为严格。对此,英国《零售出口计划》中规定,旅客在向海关提交增值税退税文件时,应当声明有资格使用该计划,并且相关文件上显示的所有商品都是准备从欧盟出口的。一旦作虚假声明将导致旅客错过航班,误报的商品可能会被没收,并处以相应的罚款。[②] 如果旅客购买了商品后决定不带离出境,则应当自觉将相关物品从增值税退税文件中删除,确保退税文件中只有"准备出口"的商品,以便进行认证。[③]如果旅客将退税以后的商品重新带回欧盟境内,则需要在进口欧盟成员国的海关申报进行申报,以确保它们在该成员国的关税或免税旅行津贴限额之内。但如果被允许退税的欧盟居民、学生或

---

① 参见 Article 131,156 of Council Directive 2006/112/EC on the Common System of Value-Added Tax.

② 参见 7.5.4 Making a declaration to customs when you present the VAT refund document to the customs officer,Guidance Retail Export Scheme (VAT Notice 704).

③ 参见 7.5.5 What to do if you decide not to export all of the goods bought under the scheme,Guidance Retail Export Scheme (VAT Notice 704).

移民工人将购买的商品在其离开欧盟的 12 个月内又重新带回欧盟消费,此时退税条款将不再适用,而应当由相关旅客重新支付包括应付增值税在内的进口税。① 为了防止欺诈,英国税法中还制定了相应的责任条款,明确规定:在供应商声称商品已出口或在确定的出口期之后,若发现商品仍在英国(经批准的除外),或违反任何规定的征税条件,则商品都应被没收。如果不属零税率,也不能证实为零税率的商品,则必须向占有商品的任何人征收应缴纳的多种税款。② 此外,根据英国《2006 年诈骗罪法案》的规定,一旦被英国国家税务与海关总署查处骗取离境退税,将被检察机关以欺诈罪起诉,法院一旦认定,行为人可能面临最高 10 年的监禁刑或者罚款,或是两者并处。如果采用的是即席判决,行为人的监禁期限不超过 12 个月,或者罚金不超过法定最高限额,或是两者并处。③ 此外,对于欺诈骗税的惯犯和要犯,还将被驱逐出境,或者禁止其在一定期限内再进入英国。

而根据德国法律规定,出口偷漏税行为将按照德国刑法典和纳税条例进行量刑和处罚。其中,故意偷漏税者将被处以 10 年及 10 年以下监禁或罚款;非故意偷漏税者将被处以 5 年及 5 年以下监禁或罚款;逃税 2 万马克以内,处以最高 80 天监禁或每天 250 马克罚款;逃税 1 万马克以内,监禁 40 天或罚款 1 万马克;逃税 1 万至 2 万马克,监禁 80 天或罚款 2 万马克;逃税 2 万至 10 万马克,处以最高 240 天监禁或每天 500 马克罚款;逃税 2 万至 3 万马克,监禁 100 天或罚款 5 万马克;逃税 3 万至 6 万马克,监禁 140 天或罚款 7 万马克;逃税 6 万至 10 万马克,监禁 240 天或罚款 12 万马克;逃税 10 万马克以上,原则上从严处罚,可处以最高 10 年监禁或每天 1000 马克罚款。④

---

① 参见 7.8 What you should do if you bring the goods back into the UK or EU, Guidance Retail Export Scheme(VAT Notice 704).

② 各国税制比较研究课题组编:《增值税制国际比较》,中国财政经济出版社 1996 年版,第 88 页。

③ Fraud Act 2006,http://www.legislation.gov.uk/ukpga/2006/35/pdfs/ukpga_20060035_en.pdf,下载日期:2020 年 3 月 5 日。

④ 中华人民共和国驻德意志联邦共和国大使馆经济商务处:《德国实行出口零税制的立法与实践》,http://de.mofcom.gov.cn/article/ztdy/200705/20070504636561.shtml,下载日期:2020 年 3 月 5 日。

第三节　欧盟主要成员国离境退税的实施成效与启示

欧洲是增值税法律制度的起源地,自瑞典首创旅客购物消费的离境退税制度后,因其在促进经济发展上具有重要意义而为其他欧洲国家所吸纳,其立法内容与实施经验对我国具有非常重要的参考价值。因此,有必要对欧洲各国的离境退税制度进行综合分析,并在此基础上提炼出对于我国制度建设的有益启示。

一、欧盟主要成员国离境退税的制度特点

(一)欧盟主要成员国离境退税制度的共性

1.离境退税的实施有明确的法律依据

从欧盟主要成员国的离境退税制度实施情况看,由于其属于间接税制度,需要遵从欧盟增值税指令约束。基于一体化退税制度安排,许多国家将其内化为国内增值税法一部分予以施行,并在此基础上形成了规范的离境退税制度体系。例如,英国和爱尔兰不仅在《增值税法案》和《增值税条例》中确立了离境退税的原则规定,而且还通过专门的《零售出口计划》将离境退税制度贯彻到每一个细节。匈牙利《增值税法案》中也依托欧盟增值税指令的基本要求,对退税主体的范围、退税条件的要求、退税单据的内容、退税时限的规定及退税方式等方面对离境退税做了全方位制度安排,进而为离境退税实施提供了充分的法律依据。

2.形成了典型的"零售出口"退税模式

从欧盟主要成员国增值税立法中可知,这些国家普遍将旅客购物离境当作出口的一种特殊形式,即以商品分拆的方式实现"零售出口"或"类似出口"。根据间接税消费地征收原则,各国消费者应当只负担本国的税收,没有义务承担别国税收,如果一国对出口商品征税,就等同于侵犯了其他国家的税收自主

权。① 因此,欧盟主要成员国对出口交易实行零税率,出口不仅不征税,出口商品或劳务在国内生产经营各环节负担的增值税还可获得退税。伴随着各国旅游业的发展,原本适用于企业贸易出口领域的出口退税制度逐步应用到"零售"领域,并形成了典型的零售出口退税计划。对于欧盟成员国而言,游客购买商品并带回本国使用,可以看作是商品出口,政府把商品价格中包含的增值税退还给境外游客,可以让本国商品以不含税价格参与国际竞争,提高本国商品的竞争力。

3.退税范围限于商品而不涉及服务领域

根据欧盟统一增值税的安排,大部分欧盟成员国的退税种类限于增值税,而不涵盖特殊消费税,而退税范围也仅限于商品而不涉及服务领域。因为当旅客在酒店住宿或在餐馆用餐时,这些服务都是在当地消费而不构成出口,游客在购买这些商品时没有资格获得增值税退税。就退税商品的要件要求看,欧盟国家普遍要求将"带离出境"和"尚未使用"作为商品退税的要件,并要求旅客在出境之时对商品如实申报。例如,在德国,旅客必须持本人相关证件到退税商店购物,并将未开封或使用的商品带离出境方能获得海关的退税认可,其他欧盟国家如法国、克罗地亚也有类似要求,以此保证旅客申报退税的真实性。这意味着旅客必须离开欧盟而非仅仅越过欧盟内部边界方可退税,且所退商品必须是新的和未使用的,不能有不必要的拆开、消耗或磨损。

4."市场主导型"退税模式激发经营者积极性

欧盟国家普遍采取的是"市场主导型"退税模式,反映在退税商店的选择上,经营者具有自主决定是否加入退税计划的权利。英国零售商可以根据自己的营业额大小决定是否参与或退出退税计划,同时有权自愿决定离境退税商品的适用范围,而在专业退税代理机构选择上,欧盟国家赋予退税商店充分的选择权,为避免烦琐而零散的离境退税事务,大部分欧洲国家退税商店会委托在机场、港口等出境口岸设立退税点的专业代理公司为游客办理退税。② 关于是否以及选择哪一退税代理机构实施退税,欧盟各国普遍遵循公平竞争原则,由退税商店自主选择,以确保退税手续顺利完成。离境退税的业务拓展

---

① 吴宏伟、吴长军:《出口退税法律政策演进与改革效应分析》,载《法治研究》2011年第4期。

② 郝玉柱、宋伟华:《北京发展市内免税商店问题探讨》,载《商业时代》2011年第5期。

不论是对于退税商店的营利,还是对于退税代理机构之间的自由竞争都有较好的促进作用。

(二)欧盟主要成员国离境退税制度的差异

1.退税主体的范围有所差异

尽管欧盟增值税指令中对离境退税的主体资格进行了原则性安排,将退税主体规定为"非欧盟居民",但亦有国家对此项规定进行了变通设置,扩大了离境退税的主体范围。例如,瑞典规定拥有非欧盟国家(和挪威)工作许可并且可以证明已不再居住于欧盟国家的欧盟或挪威公民可以在持有相关证明的前提下申请退税。相比之下,英国《零售出口计划》进一步扩大了符合资质的退税主体范围,当在英国学习或工作的海外游客以及获得授权的欧盟居民,在符合"离开欧盟后,在欧盟之外至少停留 12 个月"的条件时,可以获得退税许可。类似地,爱尔兰也规定爱尔兰居民或欧盟居民离开欧盟以外连续居住至少 12 个月时,可以申请离境退税。如此,能够在坚持非居民境外消费退税原则的基础上适度延展,有利于刺激符合要求的旅客使用离境退税制度的积极性。此外,在退税主体的年龄范围上,各国通常会根据本国的民商事法律规定进行设置,如法国规定退税主体需为 16 岁以上的公民,而德国规定的退税主体年龄为 18 岁以上。

2.退税商品的范围有所差异

尽管欧盟要求退税商品以自用和非营利性为目的,但在具体退税商品范围的设置上,主要由各国以"负面清单制"的形式自行设定。例如,法国在设定离境退税商品范围时,就将食品、饮料、烟草等消耗品以及文化商品、大型交通工具及部件等消费排除在退税之外;德国则将汽车或汽车用品、签约手机/SIM 卡等消费排除在退税之外。相较而言,英国《零售出口计划》规定得最为具体,明确将网购物品、食品、图书、报纸、杂志、童装、残疾人设备和汽车零部件等 10 余项特殊免税物品排除在退税范围之外。

3.离境退税的起退点设置存有差别

尽管欧盟增值税指令中规定了 175 欧元的起退点要求,但同时预留了各国低于该标准实施的权利,因此各国规定的起退点有所差异。例如,法国、匈牙利等国规定的是相当于 175 欧元的起退点要求,另有一些国家则规定了较低的起退点,如德国规定的是 25 欧元,英国规定的是 30 英镑的起退点,并且还有继续降低或废除起退点规定的趋势。之所以各欧盟成员国有不同的退税门槛要求,主要是基于税收公平与税收效率平衡的考量。从严格的间接税消费地课税原则而言,只要境外旅客从旅游目的地国购买了商品出境就应该符合退税的条件,对于来自不同经济社会背景、消费能力有差异的游客而言也比较公平。但如果不设置退税的门槛,难免会增加海关审核的负担,同时会降低其他旅客的退税效率,不利于最大限度地刺激旅游消费。

二、欧盟主要成员国离境退税的实施成效与问题

旅游业对价格具有敏感性,税收会直接影响旅游产品的价格,而增值税对旅游业和物价的影响最大,为防止增值税的征收降低整个旅游业的竞争力,欧盟指令中通过对降低税率、免税、退税机制的探讨,为旅游业的发展创造了较好的发展契机。[①] 总体而言,离境退税在欧洲各国的实施取得了良好的成效。根据全球蓝联公司的数据,2009 年在法国消费达到退税限额的中国游客平均每人消费达 138 欧元,该数字 5 年内增长了 118%。在西班牙,来自欧盟以外的游客只占 9%,但却集中了 47%的消费,显示出巨大的发展潜力。根据 2013 年英国的一项调查,近年来入境旅游给英国经济做出了重要贡献,使得英国每年外汇增长 180 亿英镑。在这其中,增值税零售出口计划——也被称为免税购物制度对游客的购物激励影响极大,该计划使得英国成为旅游和购物的胜地。[②] 据英国税务海关总署估计,英国每年有超过 3 亿英镑的增值税在增值税零售出口计划下被退税,每年提交到英国出口口岸的购物退税申请大约有 360 万份,其中 80%以上的表格是在希思罗机场出示的,该计划的使用每年都在增加。[③] 就退税代理机构发展来看,目前仅全球蓝联公司一家已为全球最好的购物区超过 30 万家商店提供退税代理服务,为 2300 万的旅客节约了购物资金。[④] 环球蓝联公司的业务已经遍及西欧和部分东欧国家,以

① Dombrovski R., Impact of Value-Added Tax on Tourism, *International Business & Economics Research Journal*,2010, Vol.9, No.10, pp.131-138.

② HM Revenue & Customs,VAT: Retail Export Scheme,Summary of Responses, https://assets.publishing.service.gov.uk/government/uploads/system/uploads/attachment _data/file/267601/20131812_Summary_of_Responses_VAT_retail_export_scheme.pdf,下载日期:2020 年 5 月 1 日。

③ HM Revenue & Customs,VAT: Retail Export Scheme(Consultation document), Published on 1 July, 2013, p.5.

④ Global Blue, How to Shop Tax Free, https://www.globalblue.com/tax-free-shopping/how-to-shop-tax-free,下载日期:2020 年 6 月 10 日。

及阿根廷、日本、摩洛哥、新加坡、韩国、土耳其和乌拉圭等国。而就离境退税制度的实施效率来看,伴随着各国退税方案的自动化,离境退税效率也大幅提升。如前所述,法国和西班牙等国推出的电子通关业务,有效缓解了海关在核验退税单据上的压力,使得游客能够更为方便快捷地享受退税服务,退税效率有了明显提升。

在看到欧盟国家离境退税业务顺畅开展的同时,也应注意到离境退税在欧盟国家的实施还存在一定的问题,主要体现为:

第一,零售商主导的退税资格审查容易滋生道德风险。欧盟国家大多采用市场主导型的退税方式,游客是否具有退税资格的审查通常由退税商店实施,但由于退税商店没有法律规定的审查权利和专业能力,也没有受过检查护照证件的专业训练,审查工作面临诸多问题。一些退税商店表示,如果他们错误地批准一名境外游客实施退税计划,将因"审核不当"受到惩罚,进而影响经营的可持续性,因此,将海关职责附加于退税商店身上并不妥当。同时,在营利驱使下,退税商店容易产生对旅客身份信息核查不严的"道德风险"。此外,海关虽会对旅客购物信息和退税单据进行签章确认,但在退税效率的约束下海关往往仅做形式审查,而没有和零售商建立"信息交叉核验"制度,由此可能产生退税监管风险。

第二,部分国家离境退税实施耗费了较大财政成本。例如,为了吸引境外游客,英国政府在 2011 年至 2015 年间耗费 23 亿财政资金用于离境退税实施,实游客数量增长 460 万。然而,由于英国离境退税制度存在退税流程不够精简、退税标识不够醒目、退税程序耗时过长等问题①,使得退税实际效果不如预期。在此背景下,英国需要付出更多财政成本开展数字化退税、电子通关系统设计,但囿于财政成本拘束,该项制度至今尚未建立,使得部分零售业务和旅游业务流失到其他欧洲国家。也正因为此,英国政府在 2016 年的一份声明中宣布提供财政资金推动零售出口计划的完全数字化,以减轻旅游者申请退税的程序负担。②

----

① HM Revenue& Customs,VAT：Retail Export Scheme,Summary of Responses,https://assets.publishing.service.gov.uk/government/uploads/system/uploads/attachment _data/file/267601/20131812_Summary_of_Responses_VAT_retail_export_scheme.pdf,下载日期:2020 年 5 月 1 日。

② Tolley, Retail Export Scheme, https://www. lexisnexis. co. uk/tolley/tax/ guidance/retail-export-scheme,下载日期:2019 年 8 月 15 日。

第三，欺骗性离境退税行为在部分国家频繁发生。从欧盟国家离境退税的制度实践来看，旅客通过虚假或错误陈述或是通过其他违法违规行为进行退税欺诈的现象频繁发生。以西班牙为例，部分消费者在使用购物离境退税时使用了伪造的非欧盟护照或其他证件或者伪造的盖章，在办理完退税后并未离开西班牙，这种违法违规现象直到 2019 年西班牙税务局在海关强制使用电子系统时才得到有效遏制。① 再如，根据英国《商业法》的规定，绝大多数售出商品可在 14 天内原价退还，基于该项法律规定，实践中有犯罪分子钻法律的漏洞，在将所购买物品退税后再去商场实行退货，诈骗税款达到 30 多万英镑。②

三、欧盟主要成员国离境退税制度对我国的启示

通过对欧盟主要成员国离境退税制度的特点和成效的分析，可以从中提炼以下有益于我国制度建设和实践发展的经验。

(一)我国应当加强离境退税法律制度的一体化和协同性

总体上，欧盟国家有关离境退税的法律制度遵循的是《欧盟增值税指令》的基本要求，尽管各国在具体实施过程中的基本规定和要求不尽一致，但在实施原理上均遵循的是统一的欧盟增值税法律制度的指导。并且，在欧盟"硬法"和"软法"的双重约束下，大部分欧盟国家的离境退税制度具有协同性，体现在当游客在多个欧盟国家旅行购物时，仅需选择在最后一个离境的欧盟国家退税即可，这极大地提升了退税的便利性。而在退税商店的增值税身份认证、退税信息的合作共享机制方面，欧盟国家也建立了比较完善的退税系统。就我国而言，目前实施离境退税的地域范围仍在不断拓展，同样会涉及境外游客游览不同省市的问题，在此方面，可以借鉴欧盟国家的"跨地域退税机制"，完善我国的跨区域退税协同平台，提升境外游客退税的便利性。

---

① 西班牙税务局应用的是电子报销系统(DIVA)，离境时由机器阅读电子发票取代了原本海关的手动盖章，该系统应该在 2016 年底就开始施行，但直到 2019 年 1 月才被强制执行。胡文卉：《西班牙税务局电子系统防非法退税 留学生代购需谨慎》，http://www.chinaqw.com/hqhr/2019/06-06/224261.shtml，下载日期：2020 年 5 月 1 日。

② 《英国华人离境时帮公司同事退税被控诈骗税金》，http://news.sina.com.cn/o/2012-10-12/114825345375.shtml，下载日期：2019 年 9 月 13 日。

(二)我国可对离境退税的主体范围进行更加科学的设置

在欧盟国家,凡是持有非欧盟成员国护照,有效期在 6 个月以内的短期申根签证或过境签证的游客均可纳入合格退税主体范围,这跟我国 183 天的规定时间基本一致。但瑞典、英国等国在退税主体资格方面进行了一定突破,规定欧盟居留许可持有者在满足特定海外居住时间要求时,也可享受离境退税待遇。而法国更是对退税主体的资格进行了类型化区分,明确了"享有退税主体资格的条件"和"不享有退税主体资格的主体范围",进而能为游客提供更为直接的退税指引。就我国现有离境退税的主体范围而言,有关"在我国境内连续居住不超过 183 天的外国人和港澳台同胞"弹性不足,且未对"不适格"的主体范围作出规定,不利于更好地发挥离境退税制度对境外旅客的激励效应。

(三)我国可对离境退税的适用条件进行细化规定

在欧盟国家,尽管有关增值税离境退税的规定是放在《欧盟增值税指令》之下,但大多数国家都为此做出了更为细致的制度安排,典型的如英国国家税务与海关总署专门于 2004 年颁布了《关于零售出口计划的通知》,专门指导离境退税实施,法国海关也专门出台《增值税退税的适格条件》为离境退税实施提供具体指引。因此,我国应在未来制定的增值税法中考虑"原则制定+规则指引"的方式,对离境退税适用条件进行详细规定。

(四)我国可对离境退税的起退点进行必要调整

综观欧盟国家现行离境退税法律制度,尽管各国在起退点的规定上各不相同,但总体采取"下限"规定方法,且大部分国家规定的退税门槛都低于欧盟的起退点要求,以更好地提升对游客的吸引力。例如,比利时在 2016 年 8 月之前是满 125.01 欧退税,现在已降低到 50 欧。再如,英国政府提出未来离境退税的发展方向应该是取消起退点的要求,让外国游客能够"无门槛"地进行退税,以此提升小商户相对于大商户的竞争力。值得一提的是,西班牙在 2018 年 7 月取消了原来外国游客在西班牙购物退税的 90.16 欧元最低消费要求,游客购买任何金额商品均可办理增值税退税。① 就我国而言,目前有关离境退税的起退点规定相对较高,未来制度设计中同样可以考虑"标准设置+地

---

① 《西班牙取消购物退税最低消费要求,使用银联卡当场即可退税》,http://lvyou168.cn/20180731/48066.html? mode=mobile,下载日期:2019 年 8 月 1 日。

域差异"的方式,降低经济欠发达地区的起退点规定,更好地激发离境退税制度的潜能。

(五)我国应当在提升离境退税效率的同时防范退税风险

近年来,欧盟国家普遍注重提升离境退税效率的同时,还注重提防范退税过程中的风险,并持续加大税务稽查力度。例如,英国对退税骗税处罚十分严厉,严重者可能面临最高 10 年的监禁刑或罚款;法国海关对违法退税行为除要求申请人补交增值税外,还可对行为人处以高额罚款;爱尔兰则根据旅客所购商品价值对退税程序进行区分,严格监管价值大的物品,降低退税监管风险。相较而言,我国离境退税制度未涉及退税欺诈风险及法律责任,这些都有待进一步规范。

(六)我国应当保障退税商店的自主选择权利

从离境退税制度设计出发,其本质目的在于吸引游客购物动力进而助推当地经济发展。对于退税商店而言,也有助于通过"让利"的方式吸引游客购物,但也不乏商家不愿加入退税行列。对此,大部分欧盟国家对参与退税的商店实行"自愿申请制",允许商家自行选择是否参与退税,典型的如丹麦的 ECCO 鞋店、比利时的 UGG 鞋店就曾一度宣布不参与退税计划,充分体现了相关经营者的经营自主权。此外,在退税代理机构选择上,欧盟国家退税商店可以自主选择与退税代理机构合作,商定退税手续费等事宜。通过鼓励自由竞争,能够实现退税业务的专业化,促进相关领域的就业发展。在此过程中,一些国家在充分引入竞争制度的基础上加强了对本土退税公司的培育,如意大利的 Tax Refund for Tourist,德国的 Tax Free Germany,西班牙的 Innova Tax Free 和 Travel Tax-Free 等。就此而言,我国在退税商店选择上可以进行灵活的制度设计,适当引入第三方退税机构,赋予离境退税市场以必要的竞争,同时结合我国市场需求有针对性地培育本土退税代理机构,更好地推进我国离境退税市场的发展。

第五章
新澳"旅客退税计划"模式下的离境退税制度考察与启示

　　伴随着离境退税制度对入境旅游经济的推动作用越来越大,世界上实施离境退税制度的国家和地区越来越多,这项在欧盟国家增值税立法中首创的退税制度被逐步拓展到亚太国家。其中,新加坡、澳大利亚作为以旅游经济为重要经济增长点的国家,在以商品与服务税法为主导的增值税立法模式下形成了各具特色的"旅客退税计划",并在拉动本国入境旅游消费增长中发挥重要作用。与新加坡、澳大利亚相比,我国离境退税政策起步较晚,离境退税制度在刺激旅客消费方面的优势尚未完全发挥。以下,本章将重点考察以新加坡、澳大利亚为代表的离境退税制度,并通过对这两个国家离境退税的经验进行总结,提出完善我国离境退税制度的启示。

第一节　新加坡、澳大利亚离境退税的立法模式与管理体制

一、新加坡、澳大利亚离境退税的立法模式

(一)新加坡、澳大利亚商品与服务税法的立法架构

　　截至 2018 年,在 193 个联合国正式成员国中,有 166 个采用了增值税,包

括除美国以外的所有经合组织成员国。① 但在增值税的立法模式上,有些国家却并未因循欧盟国家的增值税立法模式,而是将针对商品与服务的消费课税立法称为商品与服务税法(Goods and Services Tax Act)。20 世纪 80 年代起,新西兰开始探讨引进商品与服务税计划的可行性并率先在 1985 年将《商品与服务税法》确立为针对新西兰境内提供商品、服务和进口商品课税的法律依据。② 由于商品与服务税具有高效、透明、利于商业运作、促进经济发展、提高国家在国际市场的竞争力的特点③,该项立法模式逐渐为澳大利亚、新加坡、印度、马来西亚等国所吸收,成为世界范围内增值税的另一种立法表达。例如,新加坡于 1993 年制定了《商品与服务税法》,对所有在新加坡提供货物和劳务服务以及进口货物征收。④ 澳大利亚于 1999 制定了《商品与服务税法》⑤,适用于澳洲企业销售用于在澳洲消费的大部分商品和服务。此后,马来西亚于 2014 年制定了《商品与服务税法》⑥,充分发挥商品与服务税的高效、透明、利于商业运作的特点,促进经济发展、提高国际市场竞争力。⑦ 印度则于 2017 年引入了《商品与服务税法》⑧,适用于该国范围内消费的商品和服

---

① OECD,Consumption Tax Trends 2018:VAT/GST and Excise Rates,Trends and Policy Issues,Secretary-General of the OECD Pubulish 2018,p.14,https://www.oecd-ilibrary.org/taxation/consumption-tax-trends-2018_ctt-2018-en,下载日期:2020 年 10 月 1 日。

② 参见 Goods and Services Tax Act 1985,Reprint at 17 March,2019.

③ 杨小强、徐志、薛峰:《马来西亚商品与服务税法律制度研究》,载《国际税收》2016 年 10 期。

④ 参见 Goods and Services Tax Act,Original Enactment:Act 31 of 1993,Revised at 31 July,2005,Published by The Law Revision Commission Under the Authority of the Revised Edition of The Laws Act(Chapter 275).

⑤ 参见 A New Tax System(Goods and Services Tax)Act 1999,Amended and in force on 1 April,2019.

⑥ 需要说明的是,2018 年马来西亚颁布了《2018 年商品和服务税(废除)法案》,并通过《2018 年销售税法案》和《2018 年服务税法案》的颁布,重新回归到销售与服务税(SST)的制度实施中。参见 SST Act,载马来西亚联邦公报网,https://mysst.customs.gov.my/SSTAct,下载日期:2020 年 6 月 15 日。

⑦ Ahmad H.,Mat Saad,N.H.,Consumption Taxes-GST,the Way Forward,*Asta-Pacific Tax Bulletin*,2011,Vol.17,No.4.

⑧ 参见 The Gentral Goods and Services Tax Act 2017,*Ministry of Law and Justice*,2017,No.12.

务税目和进口货物。

与欧洲增值税法律制度原理类似的是,商品与服务税是对商品和服务的增值额课征的一种宽税基税收,它要求遵守消费地课税原则,旨在通过税制的设计由最终的消费者承担税负。也正因为此,该项制度能够为境外旅客购物离境退税制度提供生存的土壤,诚如有学者提出的,"免税购物制度发展总是与一国新消费税的引入相伴相生"①。例如,伴随着本国商品与服务税法律制度的确立,以新加坡、澳大利亚为代表国家的"旅客退税计划"(tourist refund scheme)成为离境退税制度的典型,根据这项计划,如果游客从已注册商品与服务税的商户那里购买商品并且将该商品带离新加坡或澳大利亚,那么,游客可以于离境时申请退回购买该商品时所支付的商品与服务税。虽然最早确立《商品与服务税法》的新西兰并没有确立"短期旅游者"离境退税这一优惠待遇,但该国有较为成熟的免税购物制度,旅客如欲购买商品而不缴纳商品及服务税,可以到免税店进行购买,也符合了商品与服务税消费地征收的基本逻辑。作为政府对商品与服务税的实施引进的一项税收优惠制度,离境退税制度的实施为新加坡、澳大利亚旅游经济的发展带来了重要的激励作用。以下,本章将重点考察这两个国家的离境退税立法和制度运行情况。

(二)新加坡、澳大利亚"旅客退税计划"的设置动因

新加坡是一个自由港,由于新加坡地狭民少,所以其经济为典型的外向型经济,多仰赖外贸与国际金融。从新加坡发展历史我们可以看到,在 20 世纪五六十年代新加坡建国之初,新加坡的支柱产业为转口贸易,利用其得天独厚的地理优势大力发展服装鞋帽的来料加工,为新加坡的经济腾飞打下了坚实的基础。在随后的科技浪潮中,新加坡又开始大力发展电子产业,但其本质仍为外向型的来料加工模式。在完成经济发展的原始积累后,新加坡在 20 世纪80 年代开始了经济转型,逐渐淘汰旧有的制造业,将其转移至中国、越南的新兴发展中国家,将本国的经济发展重心逐渐转向航运业与金融业,成为亚太地

---

① Dimanche F.，The Louisiana Tax-free Shopping Program for International Visitors：A Case Study，*Journal of Travel Research*，2003，Vol.41，No.3，pp.311-314.

区的航运与金融中心。①　然而,伴随着 20 世纪末亚洲金融危机袭来,新加坡发展势头正盛的金融业陷入困境。在此背景下,如何挽救新加坡经济发展的颓势成为当时执政者重点考虑的问题,而重振旅游业成为振兴经济的重要内容。

在此之前,得益于新加坡得天独厚的地理区位与优美的城市环境,其旅游业一直较为发达,但在 90 年代后新加坡旅游业逐渐呈现"成熟期末期的衰退现象",且从 1994 年开始旅游收入增长率分别为－4.3％、－6.3％和－4.6％②。为吸引境外旅客赴新加坡旅游消费,时任新加坡总理李光耀提出要打造市场主导型的旅游经济的理念,要通过制定符合市场需要的旅游战略,吸引境外旅客的观光兴趣。③　为恢复旅游产业,新加坡逐渐将购物消费纳入新加坡整体旅游业发展战略的一部分,在 1997 年的《商品与服务税法》制定过程中明确了旅客购物离境退税制度,以吸引游客来新加坡旅游,并刺激游客在境内消费。

澳大利亚国土面积广阔、旅游资源丰富使得该国旅游业对国际旅客具有先天吸引力。同时,澳大利亚政府主张零售购物是澳大利亚整体旅游战略中不可或缺的重要组成部分,能为旅客在澳达利亚的旅行带来较大的"附加值"。根据澳大利亚旅游研究所(Tourism Research Australia)的研究,国际旅客每年为澳大利亚创造超过 35 亿美元的旅游购物收入,其中 24 亿美元是带出境外消费的,11.3 亿美元是在澳大利亚国内消费的,其中零售购物部分占到国际游客总消费的 10％。④　与此同时,为刺激境外游客来澳购物消费,提升澳大利亚旅游业的比较优势,澳大利亚紧随新加坡于 1999 年推出了商品与服务税制度,将旅客退税计划作为《商品与服务税法》的重要组成部分。与此同时,为发展特色葡萄酒经济⑤,1999 年的《葡萄酒均衡税法》确立了旅客离境退税制

---

①　Gopinathan S.,Preparing for the Next Rung:Economic Restructuring and Educational Reform in Singapore,*Journal of Education and Work*,1999,Vol.12,No.3,pp.295-308.

②　Yuen B.,Creating the Garden City:The Singapore Experience,*Urban Studies*,1996,Vol.33,No.6,pp.955-970.

③　参见 Senior Minister Lee Kuan Yew,Cited in the Straits Times Weekly Edition,16 June,1993,in Teo and Chang 1999,p.117.

④　Tourism Research Australia,International Visitor Survey,September 2015.

⑤　澳大利亚是葡萄酒产酒国之一,该国东南澳和西部的玛格丽特河产区都出产饱受赞誉的精品葡萄酒,在世界葡萄酒消费市场上占有一席之地。

度,通过葡萄酒均衡税①退税为澳洲葡萄酒"零售出口"创造了有利环境。

总体上,从新加坡、澳大利亚"旅客退税计划"的衍生逻辑来看,主要是基于间接税设置原理以及旅游业的税收激励两方面考虑。一方面,从税制设计的原理来看,广义的消费税、商品与服务税、增值税或销售税的征收主要适用于征税国范围内产品的消费或使用。一般而言,各国政府不对出口商品征收国内税以更好地提升出口商品的竞争力,在一个国家购买并运输到另一个国家使用的商品被称为"微型出口",对其实行退税符合各国对出口商品实行零税率政策的一致性。而在另一方面,从旅游业发展角度来看,离境退税制度的应用对于旅游业的发展同样意义非凡,尤其是在国际旅游业发展中,购物往往是旅游经济的重要组成部分,对旅客购物实行退税能为国际旅客购物提供必要的激励,增强旅客访问某购物目的地国的可能性,扩大其在旅行期间的零售购物支出。

(三)新加坡、澳大利亚"旅客退税计划"的立法安排

通常而言,"旅客退税计划"作为只针对旅客零售出口返还特定税收的制度,往往内生于一国的商品与服务税法中。在新加坡和澳大利亚的离境退税法律规定中,《商品与服务税法》及配套制度就为离境退税制度的实施提供了必要依据。

1.新加坡离境退税制度的法治框架与立法概貌

新加坡作为亚洲诸国中现代税收制度的"领头羊",为促进经济与社会目标的实现,通常根据不同时期的产业政策变化制定不同的税收制度。② 历史地看,新加坡于 1997 年引进离境退税制度,是离境退税法制建设较为完善的国家之一,相关制度设计主要包括《商品及服务税法》(Goods and Services Tax Act)、《海关法》(Custom Act)以及《商品及服务税条例》(Good and Services Tax Regulation)等法律依据,涉及退税条件、退税代理机构的选择、电子

---

① 所谓葡萄酒均衡税是指由注册了 GST 的葡萄酒进口商、批发商、制造商在进口、销售葡萄酒之时,在缴纳商品与消费税的同时再在单一环节加征 29% 的消费税的一项特别消费税。参见 A New Tax System (Wine Equalisation Tax) Act 1999.

② 财政部税收制度国际比较课题组:《新加坡税制》,中国财政经济出版社 2006 年版,第 12 页。

化退税系统建设以及偷逃税款罚则等具体规定。① 其中,有关离境退税的主要法律规范设定在新加坡《商品与服务税法》及其条例之中。

　　遵循税收法定原则的原理,新加坡《商品与服务税法》第 25 条率先对离境退税做出原则安排,规定"财政部部长可以颁布规章,在特殊情况下对规定的人员或主体退还所缴纳的商品与服务税"②,由此明确规定在特殊情况下可以向纳税人退还所缴纳的商品与服务税,并授权行政机关制定细则,预留了为旅客推行离境退税制度的空间。根据该项授权,新加坡国家税务局(以下简称 IRAS)制定了《商品与服务税条例》,该条例第 7 章专章对旅游离境退税作出规定,该章第 47 条至第 51 条对离境退税的相关概念、退税条件、适格退税主体、退税程序、退税限制以及滥用离境退税的法律规制等事项进行专门规定。值得关注的是,为便于制度实施,新加坡在《商品与服务税条例》第 47 条中对"货物(goods)""游客(tourists)""海关有关机关(proper officer of customs)"等可能会引发纳税人理解分歧的词汇进行了全面解释③。这些界定在税收立法中是非常重要的,因为无论是大陆法系还是英美法系,税法中的诸多法律概念移植于民法、行政法等传统部门法。在全新的法律语境下,这些术语的内涵会逐渐变化,但税法毕竟是对民商事法律行为的事后评价,故而实践中产生歧义、冲突的情况较为常见。立法机关在立法时对相关概念进行解释,既能为纳税人在离境退税过程中提供便利,也避免了不必要的税务纠纷,能够提高税务机关的行政效率。由此,《商品与服务税条例》成为新加坡离境退税制度最重要的法律依据。

　　此外,为配合离境退税制度实施,新加坡国家税务局每年颁布《有关旅客退税计划的商品与服务税指南》④和《零售商参与旅客退税计划的商品与服务

---

　　①　欧阳天健:《离境退税的机制完善与路径创新——以新加坡为参考》,载《国际经济合作》2017 年第 1 期。

　　②　"25.(1) The Minister may by regulations provide for the refund or remission of tax chargeable on the supply of goods or services, or on the importation of goods on a claim made in cases of bad debt or insolvency or in such other circumstances and by such person or body as may be prescribed ..."参见 Section 25 of Goods and Services Tax Act.

　　③　参见 Section 47 of the Goods and Services Tax Regulations.

　　④　从新加坡国家税务局网站获悉,最新的电子退税指南适用于 2019 年 4 月 4 日以后的交易。参见 IRAS e-Tax Guide,GST :Guide for Visitors on Tourist Refund Scheme (Refund claims made on or after 4 April, 2019)。

税指南》①（以下简称《指南》）等离境退税指南，对离境退税实施条件和程序进行详细规定，这些《指南》与《商品与服务税法》《商品与服务税条例》共同构成新加坡离境退税法律体系。可见，新加坡政府注重通过完善旅游购物配套制度，提升境外旅客购物退税体验。

2.澳大利亚离境退税制度的法治框架与立法概貌

澳大利亚税收法治建设同样较为发达，该国于 1999 年推出的《商品与服务税法》主要借鉴了新西兰、新加坡的立法经验，代替了之前实施的《销售税法》，并在相关立法中确立了契合本国旅游业发展实际的"旅客退税计划"。在澳大利亚，国际旅客或者本国居民从澳大利亚离境之时都有权申请获得商品与服务税的退税和葡萄酒均衡税的退税。澳大利亚有关离境退税制度主要规定于《商品与服务税法》之中。《商品与服务税法》第 168 条为旅客购物离境退税制度的主要条款，并下设 168-1；168-5；168-10 三款对离境退税制度作出具体规定。其中 168-1 条是一条定义条款，对何为离境退税作出界定。根据该条，如果外国居民携带或寄送在澳大利亚境内购买的物品出境，则该货物在澳大利亚境内所缴纳的商品与劳务税可被退还给该纳税人。② 这一条款清晰地将离境退税的概念和基本要求界定清楚，与新加坡法律规则之中的名词解释条款有异曲同工之妙，目的均在于让纳税人更好地理解专业晦涩的税法规范。168-5 条则从"旅客将商品作为随身行李带离出境"以及"境外居民将商品邮寄出境"两个方面对旅客退税计划进行了原则性规定，前者明确如果旅客从澳大利亚采购相应《商品与服务税条例》规定的应税物品并将商品作为随身行李从间接税区出口，澳大利亚的税收专员将代表联邦政府向旅客返还相当于应税商品所课征商品与服务税的税额。后者则规定，如果一个购买者的居住地或住所在国外，或是一个在过去 12 个月内有一半以上的时间连续或间歇地在境外逗留的澳大利亚居民，在采购商品从澳大利亚间接税区离境出口的过程中，澳大利亚的税收专员将代表联邦政府向其返还相当于应税商品所课征商品与服务税的税额。③ 可以看到，澳大利亚离境退税制度的显著特点在于其

---

① 参见 IRAS e-Tax Guide，GST：For Retailers Participating in Tourist Refund Scheme（Refund claims made on or after 4 April，2019）.

② 参见 168-1 What this Division is about，A New Tax System（Goods and Services Tax）Act 1999.

③ 参见 168-5 Tourist refund scheme，A New Tax System（Goods and Services Tax）Act 1999.

规定了符合条件的本国居民购物离境也有权退税。168-10 条则规定,如果纳税人已经根据第 168-5(1A)款规定获得退税,但后来发现该商品属于增值税免税商品时,应在规定时间内向联邦政府退回所获得的退税款项和部分的税款利息。①

在《商品与服务税法》规定前提下,澳大利亚的《商品与服务税条例》同样在法律规定基础上,通过第 168 条对"旅客退税计划"的制度运行进行了细致规定。其中,第 168-A 涉及什么是适格商品的购买条款,包括何为合格的应税商品的条件、合格的经营者、最低购物门槛以及税务发票获取等。② 第 168-B 涉及的是从"间接税区"离境的制度安排,包括何为间接税区、何为离境以及离境口岸等内容。③ 第 168-C 条是对"随身携带行李出口"的规定,包括何为随身携带商品、出口的时间以及出口的检查确认等规定。④ 第 168-D 条涉及"澳大利亚居民向境外出口无人携带行李"的规定,包括何为本国居民出口商品到国外,出口的时间以及出口的检查确认等规定。⑤ 第 168-E 条涉及应退消费税额以现金方式支付给购买方的规定⑥。第 168-F 明确了税务机关给予购买方退税授权的规定⑦。第 168-G 则规定了退税的期限和方式⑧。

与此同时,在葡萄酒均衡税领域,澳大利亚的《葡萄酒均衡税法》第 25 条

---

① 168-10 Supplies later found to be GST-free supplies,A New Tax System（Goods and Services Tax）Act 1999.

② Subdivision168-A—Kinds of acquisitions,A New Tax System（Goods and Services Tax）Regulations 2019.

③ Subdivision168-B—Departure from the indirect tax zone,A New Tax System（Goods and Services Tax）Regulations 2019.

④ Subdivision168-C—Export as accompanied baggage,A New Tax System（Goods and Services Tax）Regulations 2019.

⑤ Subdivision168-D—Export by resident of an external Territory as unaccompanied baggage,A New Tax System（Goods and Services Tax）Regulations 2019.

⑥ Subdivision168-E—Proportion of amount of GST for payment in cash,A New Tax System（Goods and Services Tax）Regulations 2019.

⑦ Subdivision168-F—Documentation relating to entitlement to payment,A New Tax System（Goods and Services Tax）Regulations 2019.

⑧ Subdivision168-G—Period and manner of payment,A New Tax System（Goods and Services Tax）Regulations 2019.

专门规定了旅客购买葡萄酒离境时的退税制度。其中,第 25-1 规定,如果购买者将葡萄酒作为随身行李带往海外,或者购买者是境外居民并将葡萄酒邮寄回国,有权获得退还葡萄酒税。① 第 25-5 明确规定了"将葡萄酒作为随身行李带离出境的退税"和"将葡萄酒向境外邮寄的退税"两种情形,与上述有关商品的离境退税制度规定基本一致。② 第 25-10 对后来发现购买的都是免征消费税的葡萄酒时将所退税款和必要的利息予以依法返还进行了规定③。相比商品与服务税而言,葡萄酒均衡税是一项特殊的消费税,它属于单环节征收的税种,大部分销售葡萄酒的行为通常也需要缴纳商品与服务税,就此而言,葡萄酒均衡税是以商品与服务税的征收为基础的特殊消费税。为了更好地保障葡萄酒平衡税的退税,澳大利亚在 2000 年的《葡萄酒平衡税条例》的第 25 条专设了三个条款细化了离境退税内容,包括第 25-1 规定的购物种类、第 25-2 规定的退税数额以及第 25-3 规定的退税程序。值得一提的是,在 2019 年《商品与服务税法条例》中,澳大利亚财政部要求该国葡萄酒均衡税退税制度要遵守商品与服务税中旅客退税计划的一般规定,以实现两种税收退税制度的衔接。以下,本书在对澳大利亚离境退税制度进行介绍过程中,主要侧重对商品与服务税退税的介绍,不对葡萄酒均衡税退税制度进行重点评介。

二、新加坡、澳大利亚离境退税的管理体制

在离境退税的运行过程中,管理体制和监管框架的安排至关重要,总体上可以区分为政府主导型的管理体制和市场主导型的管理体制这两种类型。其中,政府主导型的管理体制主要由政府来提供零售出口的认证并协调退税服务,与佣金导向型的商业模式不同,政府导向型的运作模式主要由行政机关工作人员来提供退税服务,并由政府承担运行的行政成本。事实上,从税收收入损失和项目管理成本的角度来看,在政府主导运行模式下任何费用的增加都

---

① Section 25-1 What this Division is about, A New Tax System (Wine Equalisation Tax) Act 1999.

② Section 25-5 Tourist refund scheme, A New Tax System (Wine Equalisation Tax) Act 1999.

③ Section 25-10 Purchases later found to be GST-free supplies, A New Tax System (Wine Equalisation Tax) Act 1999.

可能被视为政府成本,而非财政收入机会。正因为此,全球范围内有更多国家采用市场导向型的离境退税管理模式,政府要么将离境退税管理事项外包给专业退税代理机构,要么让退税代理机构与零售商一起提供退税服务,其中退税代理机构主要依靠收取佣金获得收入,而退税商店也有足够的经济动机增加免税销售额比重,并以此扩大游客对离境退税制度的使用频率。尽管新加坡和澳大利亚都是在商品与服务税项下建立了"旅客退税计划",但新加坡所采用的是市场主导型的管理模式,澳大利亚主要采用了政府主导型的管理模式,二者的部门职责也存在差异。

(一)新加坡:市场主导型的离境退税管理体制

新加坡的国内税务局和海关都隶属于财政部(Ministry of Finance,简称MOF)。其中,新加坡国内税务局是新加坡最主要的税务行政管理机构,负责所得税、商品与服务税在内的诸多税种的征收管理,其一般职责为政府管理税务、评估税款、征收税款、执行税款的支付,并负责新加坡国内税收征管政策的制定与执行。[①] 在离境退税事项上,主要由新加坡海关代表新加坡国内税务局在樟宜机场协助管理旅客退税计划。其中,基于《商品与服务税法》的授权,新加坡国内税务局通过制定指南的方式对有关旅客离境退税制度的规定进行了细化。而就新加坡海关而言,其主要职责在于通过防止偷税漏税来保护海关收入,就贸易及海关事宜提供一站式服务。反映在离境退税制度中,海关主要负责在退税机构处理退税申请前检查国际旅客将带出境的商品。

但由于新加坡采取的是市场主导型的离境退税管理体制,在离境退税程序设置中,主要依托经税务机关认可的中央退税机构及零售商店完成,海关仅在必要时对旅客退税物品的情况进行抽查。此外新加坡《商品与服务税条例》中还专门规定了审计长或其他授权人员的稽查权,一旦有合理的怀疑认定旅客在购物离境退税过程中存在欺诈等滥用行为,便可及时行使其执法权力,进行相应的处罚。

---

① 新加坡国内税务局的廉洁与高效在世界范围内均首屈一指。一方面,新加坡国内税务局坚持税收法治,以法律为其行政依据,极少通过扩张解释等方式破坏税收法律体系;另一方面,新加坡国内税务局奉行为纳税人服务之理念,通过定期发布纳税服务指南等形式为纳税人答疑解惑,树立了良好的税务机关形象。

(二)澳大利亚:政府主导型的离境退税管理体制

澳大利亚是典型的税收联邦制国家,实行联邦、州和地方三级课税制度。税收立法权和征收管理权由澳大利亚的联邦议会和政府来行使,联邦税收收入是全国税收收入的最主要组成部分。在联邦税中,个人所得税、公司所得税、商品与服务税占比最高,其中商品与服务税占联邦税总额的 27.5%,宽厚的商品与服务税税基为澳大利亚政府离境退税计划的顺利实施奠定了坚实基础。[①]

在澳大利亚,旅客离境退税计划主要由澳大利亚财政部(Department of the Treasury)、内政部(Department of Home Affairs)和税务局(Australian Taxation Office)共同管理,其中财政部主要负责旅客退税计划的顶层设计、政策指引和政府间财政关系协调,澳大利亚税务局负责为旅客退税计划运营提供建议和指导,开展部分退税事项调查,并在该税务局网站上对有关商品与服务税管理情况发布年度报告。[②] 而就离境退税制度实施来看,有关澳大利亚旅客退税计划的直接管理机关则是由内设于澳大利亚内政部的独立管理部门——澳大利亚边防局(the Australian Border Force,简称 ABF)来具体负责运营管理。

根据澳大利亚审计署于 2019 年的一份审计报告,有关澳大利亚离境退税的管理情况可以表示如下(参见表 5-1)。其中,根据澳大利亚联邦政府与各州和领地订立的《联邦财政关系政府间协议》[③],联邦政府在将商品及服务税收入分配给州政府和地方政府前,会扣除与商品及服务税有关的行政成本。这意味着,有关离境退税管理成本由澳大利亚联邦政府和地方政府一同承担。在澳大利亚,税务局下设商品及服务税管理司,负责商品与服务税的征收,同时设有商品与服务税管理小组委员会监察商品与服务税的运行和管理。此外,澳大利亚税务局还与内政部于 2017 年签署了谅解备忘录(MOU),授权澳

---

① 财政部税收制度国际比较课题组:《澳大利亚税制》,中国财政经济出版社 2002 年版,第 10 页。

② The ATO's Annual Reporting on the TRS and TRS Performance Measures can be Viewed in GST Administration Annual Performance Reports,https://www.ato.gov.au/About-ATO/Commitments-and-reporting/In-detail/GST-administration/,下载日期:2020 年 6 月 12 日。

③ 参见 The Intergovernmental Agreement on Federal Financial Relations (IGA) between the Commonwealth and the states and territories.

大利亚内政部管理涉及"进出口"领域的商品及服务税(GST)以及葡萄酒均衡税(WET)和豪华车税(LCT),税务局为澳大利亚列属内政部的边防局提供必要的管理资金。其中,与商品与服务税、葡萄酒衡税相关的旅客退税计划管理便成为澳大利亚内政部的一项重要职责。就此而言,在澳大利亚政府主导模式下,离境退税主要由澳大利亚的边防局负责管理,并由澳大利亚财政拨款为离境退税的管理提供必要行政资金。

表 5-1　澳大利亚离境退税 TRS 的管理职责概述

管理机构	管理职责	权责依据
财政部	高级别政策及相关立法	《联邦财政关系政府间协议》《澳大利亚税务局与内政部有关旅客退税计划的谅解备忘录及相关附属安排》
税务局	运营政策建议和指导;为内政部边防局管理提供资金;退税调查	
内政部(具体由边防局负责)	运营政策实施	
	退税的交付;日常检查并向税务局备案	

数据来源:澳大利亚审计署对内政部和税务局的职能分析①。

第二节　新加坡、澳大利亚离境退税的制度架构

受立法和监管框架的影响,离境退税制度的退税门槛设置、获取离境退税商店便捷性、退税效率性以及附加在零售商和消费者之上的出口认证条件都会直接影响到离境退税实施效果。② 尽管新加坡和澳大利亚都在商品与服务税框架下退税,但由于国情不同,两国离境退税制度具体架构和实施机制存在较大差异。

---

① 参见 Australian National Audit Office(ANAO),Management of the Tourist Refund Scheme,The Auditor-General Auditor-General Report No.8 2019-20 Performance Audit,2019,p.18.

② 参见 Australia introduced changes to several of these service characteristics in the 2007-08 Federal Budget,Parliament of Australia.

一、新加坡、澳大利亚离境退税的制度设计

（一）离境退税的主体条件

新加坡税法对退税权利主体资格主要规定在新加坡《商品与服务税条例》有关"游客"的概念规范中。根据新加坡法律规定，离境退税主体应满足如下条件，第一，在过去两年内，在新加坡境内停留时间不超过 365 天；第二，不能为新加坡公民或新加坡永久居民；第三，不能是往返于新加坡和其他国家间的飞机、轮船上的工作人员；第四，在发生消费行为前 6 个月内未曾受雇于新加坡企业；第五，购买商品时其年龄应大于或等于 16 周岁。[①] 但对持有学生签证者，新加坡对该类主体能否退税仍持开放态度，除非其在离境后 12 个月内再返回新加坡境内[②]。换言之，如果在学生签证到期前的最后 4 个月内购买商品，并且计划在新加坡以外的地方停留至少 12 个月，亦可享受退税。[③] 总的来说，新加坡离境退税对象比较严格，且将飞机、轮船上的工作人员及部分学生排除在外是较有特色的做法。之所以如此规定，目的在于防止离境退税制度被滥用，因为他们有机会频繁往来于新加坡与其他国家、地区之间。

澳大利亚对于何种主体能够实行离境退税则作出了相对比较宽松的规定，无论是游客、访客（包括留学生）、澳大利亚公民或居民（PR 或者 Citizen）都属于《商品与服务税法》及其实施条例规定的退税主体范围。对此，澳大利亚财政部曾在 1998 年 8 月的一项政府白皮书中阐明了引入商品及服务税的理由，即："前往海外的游客和澳大利亚居民可以在离境时退回他们在澳大利亚购买商品时支付的消费税。"[④]这一政策规定随后在澳大利亚《商品与服务税法》中予以明确，该法第 168-1 中原则性地规定，"如果您将商品带往国外作为随身行李，或者您是境外居民并将商品寄回家，您可能有权获得在您购买商品时已经支付部分商品与服务税的退款。"[⑤]其中，关于哪些主体在将商品作为随身行使携带出境能享受退税，澳大利亚并未区分居民

---

① Article 49(1) of the Goods and Services Tax Regulations.

② Article 49(2) of the Goods and Services Tax Regulations.

③ 彭申惠：《论我国离境退税立法的完善》，暨南大学 2018 年硕士学位论文。

④ Commonwealth of Australia, *Tax Reform: not a New Tax*, *a New Tax System*, Commonwealth of Australia, Canberra, 1998, p.92.

⑤ 参见 Division 168-1, A New Tax System (Goods and Services Tax) Act 1999.

和非居民,但在《商品与服务税法》第 168-5 中对将商品寄回国外时的退税主体条件作了限定,要求必须是经常居住地或住所地在澳大利亚境外,并且在过去 12 个月时间里连续或间歇地在境外居住,方能符合退税主体资格。[①] 从中可以看到,澳大利亚是世界上少数允许本国公民和居民实施退税的国家。

(二)离境退税的所退税种与商品范围

就离境退税的税种而言,新加坡与澳大利亚所退的均为商品与服务税。除了商品与服务税以外,澳大利亚还将葡萄酒均衡税这种特殊消费税纳入征税范围。之所以新加坡和澳大利亚都选择商品服务税为退税税种,主要是因为商品与服务税作为价外税,使消费者在购买商品时能迅速了解离境所能退还的金额,对消费的刺激力度更为直观;对政府而言,开展商品与服务税的退税能有效刺激零售行业发展,提升制度实施效益。

就离境退税商品范围而言,新加坡法律规定旅客可以要求就从零售商店购买的所有收取商品与服务税的商品申请退税,但下列商品除外:第一,在新加坡使用过或食用过的商品或食品;第二,用于商业用途的商品;第三,通过交托货运出口的商品。[②] 此外,新加坡是对商品实行退税,在新加坡的酒店或旅社、公寓或类似地方的住宿服务,以及在新加坡消费的娱乐、干洗、租车等生活服务不在退税的业务范围。而根据澳大利亚《商品与服务税法》以及澳大利亚国家税务局的公告,下列情形不得申请离境退税。第一,啤酒、白兰地等酒类产品、烟草制品不得申请离境退税[③];第二,本属免税商品的,不得申请离境退税;第三,在离境前已经全部或部分使用、消费的,如食品,不得申请离境退税;第四,出于安全原因考量,被禁止带上飞机、轮船的商品如打火机、烟花爆竹等不得申请离境退税;第五,在澳大利亚境内享受的服务不得离境退税,如车辆租赁、导游服务等;第六,网络购物的商品不参与离境退税计划;第七,消费卡

---

① 参见 Division 168-5,A New Tax System(Goods and Services Tax)Act 1999.

② 参见 7. Type of Purchases Eligible for Refund under the TRS,GST Guide For Visitors on Tourist Refund Scheme(Refund claims made on or after 4 April,2019).

③ 参见 Division 168-5.02,Goods to which this Subdivision Applies,A New Tax System(Goods and Services Tax)Regulations 2019,Dated 21 March,2019.

等预付卡不参与离境退税。①相比而言,两国都根据实际情况规定了退税物品的负面清单,进而能够将已经消费的、用于商业用途的、危险物品或是免税商品的等排除在退税范围之外。

(三)离境退税的条件设置

除了需要满足退税主体条件的要求外,新加坡和澳大利亚在相关制度安排中还明确了离境退税需要满足必要的其他条件。新加坡税务局 2019 年发布的《GST 游客电子退税计划》第 5 条规定,游客要申请退税,仍应符合以下相关条件:第一,旅客需购买商品,并申请零售商采集退税信息;第二,最低购买金额应为 100 新加坡元以上,其中同一天同一零售商可累计 3 张发票金额;第三,主动向零售商出示护照原件以获取电子护照信息(不接受护照复印件或图片);第四,在机场的自助退税服务机申请退还商品及服务税;第五,自购买商品之日起 2 个月内从指定口岸离境,包括樟宜国际机场和实里达国际机场、港湾城新加坡邮轮中心或新加坡滨海湾邮轮中心等;第六,在获得退税批准后12 小时内带着货物离境;申请获批的 2 个月内向获得授权的中央退税机构申请退税。② 从中可知,新加坡对旅客申请离境退税的条件规定较为严格,需要确保退税信息的真实性并在规定的时间内出境,方能及时获得退税。此外,如果游客持有学生签证,则必须在符合上述所有条件基础上,在学生证到期前 4个月内购买商品,并携带购买商品离开新加坡至少 12 个月。

根据澳大利亚《商品与服务税法》规定,离境退税的条件采取的是"概括＋列举"的立法模式。首先在 168-5 条中原则性规定在境内购买并被带出国境的商品可申请离境退税外,在这一原则性规定下,澳大利亚《商品与服务税条例》中又明确规定,货物的离境退税需满足以下条件:第一,商品必须是离境前60 日购买的;第二,单件货物 300 澳元(含)以上,或在同一商家消费合计满300 澳元(含);第三,需凭原始发票凭证申请退税,如果申请人在购买商品时

---

① Australian Taxation Office,Tourist refund scheme,载澳大利亚税务局网站,https://www. ato. gov. au/business/gst/in-detail/your-industry/travel-and-tourism/gst-free-sales-to-travellers-departing-australia/? anchor＝Touristrefundscheme#～:text＝Travellers%20departing% 20Australia% 20can% 20get% 20a% 20GST% 20or,retailer% with%20an%20ABN%20and%20registered%20for%20GST.,下载日期:2020 年 8 月 1 日。

② 参见 5.1 Qualifying Conditions for Tourist Refunds Guide For Visitors on Tourist Refund Scheme (Refund claims made on or after 4 April, 2019).

获得的是电子发票,则申请退税时需在自己电子设备上向工作人员展示[1];第四,上述商品必须被带离澳大利亚国境,包括从机场或海港带离出境;第五,经过海关专门退税核查设施的核查,并应要求向海关官员出示相关退税证明文件。[2]　此外,澳大利亚还规定,如果旅客购物发票面值超过 1000 澳元的,应在发票上注明购买人姓名、联系方式等详细信息,以便在离境退税过程中加强对价值较高商品的审查,降低退税带来的税收风险。就此而言,根据澳大利亚离境退税制度,只有 100％合法的退税申请才能获得退税。

(四)离境退税的退税商店和退税机构

根据新加坡《商品与服务税条例》的规定,"被批准的独立零售商"是指根据该条例第 50E 条第(1)款获得批准的独立零售商,"被批准的中央退税机构"是指根据该条例第 50E 条第(1)款获得批准的中央退税机构。其中,零售商既可以作为独立零售商,也可以通过加盟中央退税机构作为"附属性的退税商店"来参与电子退税服务,为游客提供无缝衔接、便捷高效的购物和退税体验。对于何为适格的中央退税机构和独立零售商,新加坡《商品与服务税条例》中并未对二者的申请条件严格区分,首先要求整体上必须符合该条例第50E 条第(1)款的基本目的,或是为了使用电子系统处理游客提交的退税申请,或是为了通过获得批准的中央退税柜员向游客发放退税款项。其中,要成为独立的退税零售商或合格的中央退税机构,经营者需要满足以下条件:第一,会计和内部控制系统能够达到审计官所要求的会计和审计标准;第二,能够忠实地遵守、履行所有与商品服务税、关税相关的职责和义务;第三,在申请之日前的 12 个月内,每个月处理的游客退税请求数量不少于审计官规定的平均水平;第四,拥有必要的电子系统,能帮助游客提交退税申请;第五,电子系统的操作员能够并且愿意授权,让他提交游客的退税申请;第六,被批准的中

---

① 　需要说明的是,在澳大利亚,构成有效退税发票一般需要包括以下内容:税务发票;商户身份信息;商户工商注册号;发票日期;商品简要描述、数量、价格;应付商品和服务税(GST)金额,可单独列明,如 GST 税率正好是总价 11％,有"总价含 GST"字样即可;列明发票上每项商品价格均已含税。此外,超过一千澳币的税务发票上必须有购买者的身份信息(与退税时递交的旅行证件名字应当吻合)。

② 　参见 Division 168—Tourist refund scheme,A New Tax System (Goods and Services Tax) Regulations 2019,Dated 21 March,2019.

央退税机构能够并且愿意代表退税商店给游客发放退税款。① 当出现了退税商店或退税机构不符合上述条件或提供了任何虚假、误导或不准确的声明或信息时，审计官可以根据不同的情况暂停或撤销相关离境退税事项的审批。从中可以看到，新加坡对退税商店和退税机构的设置条件较为严格，既需要符合法律要求，也要达到业务上的条件。

澳大利亚采取的是广义退税商店制度，符合条件的旅客可从任意一家零售商购买商品获得退税，只需该商户有工商注册号并在澳大利亚登记缴纳商品和服务税。根据澳大利亚《商品与服务税法》，当经营者营业总额等于或超过 7.5 万澳元（非盈利性机构为 15 万澳元）/年的 GST 营业额限额时，必须进行 GST 注册登记。如果没有超过该限额，则可选择自愿注册GST。就此而言，澳大利亚经营退税事项的商户只要符合 GST 的注册登记即可，无须进行任何"Tax free"的标记，旅客便可从商户购买非限制类商品进行退税。此外，由于澳大利亚实行政府主导型退税制度体系，因此在该国退税主要由澳大利亚税务局、海关设置在机场或其他出境口岸的退税柜台来完成，退税柜台主要设置在国际机场和主要海港，退税柜台设在出境边检后，只要国际机场有离境航班，退税柜台都开放而不交由退税代理公司完成。

（五）离境退税的退税程序

在新加坡，退税程序一般需要经过"申请退税—办理登机手续—托运行李—出关—退税—安检—登机"等程序，但主要根据商家是否参与了电子旅游退税计划（Electronic Tounist Refund Scheme，简称 eTRS）而有所不同。如果旅客购物时商家没有 eTRS 标志，即不属于 eTRS 系统，此时需要请商家提供退税表并填写完整和签字，由旅客在消费后保存原始发票/收据。此后，旅客可在离境前持退税表前去海关检查处（customs inspection counter）办理，出示相关的商品、原始发票/收据、登机牌、机票确认单。海关在检查旅客购买商品与单据相符后在单据上盖章，旅客也可将盖章的表格投至机场信箱，随后该表格将送至相应商家或退税代理机构处理。

伴随着新加坡电子旅游退税计划出台，旅客可通过电子方式来申请商品及服务税退税，无须再用纸质方式填写退税表格。一般而言，在新加坡

---

① 参见 50E. Approved central refund agencies and approved independent retailers, Goods and Services Tax(General) Regulations.

"eTRS"主导下,旅客在零售商店购物时可用同一张信用卡/借记卡作为退税卡,以标注所有购物记录。离开时向商店索要 eTRS 退税凭证、原始发票/收据。之后,旅客在办理登机手续之前(在离境关口之前),可到 eTRS 自助服务台就 eTRS 票据的商品及服务申请退税。如果需要办理商品托运,旅客需要先在位于机场离境厅(办理离境手续前)或游轮码头一楼的 eTRS 自助服务台使用他们的凭证或 eTRS 票据申请退税。但办理托运事先需要经得海关查看。如果是随身携带消费品,符合退税资格的旅客需要携带商品前往机场离境转机厅(办理离境手续后)或游轮码头二楼,于 eTRS 自助服务台申请退税(大致如图 5-1 所示)。

　　在澳大利亚,旅客在购买商品后,于离境当天需要在退税柜台提交护照、国际登机牌、税务发票原件、商品等物品文件,以便进行相应的退税检查。在进行退税过程中,可选择采用信用卡、澳大利亚银行账户以及支票等退税形式。如果是在海港办理退税,旅客只能在离开澳大利亚前往海外的最后一个海港办理,并需要在截至船只计划离港前 30 分钟进行办理,此后,在澳大利亚边防局设置的退税柜台提交申请后,获得批准的旅客将在提交申请后 60 天之内收到由服务提供者支付的退税。此外,自 2000 年以来,澳大利亚边防局一直使用"投递箱"制度,退税申请人可以将退税申请和发票一起放入投递箱中,稍后由边防局行政人员对退税进行处理。投递箱的作用主要是为了应对断电或"异常高需求"时的退税效率较低情况,一方面可以缓解退税旅客流量较大,退税官员应接不暇的实际情况,另一方面也能让那些因为缺乏充足的登机时间,不能及时实现现场退税的旅客保留退税的权利。为更好地提高退税的效率,澳大利亚税务局开发了"TRS"的 App 和退税小程序,旅客可以事先在手机等电子设备上储存需要前往国际机场办理退税的信息,包括旅行出入境信息、申请退税的商品信息、接受退税款的方式等,小程序将生成二维码,便于处理退税。即便如此,旅客在离境前仍然需要到澳大利亚机场或海港的退税柜台提交税务发票原件和商品办理退税。与新加坡相比较,由于澳大利亚所采取的是政府主导型的退税模式,有关退税事项的受理和审查主要由边防局来完成,尽管该国的退税流程已引入了部分互联网技术予以辅助,但仍依赖边防局的人工核验,退税效率相对较低。如图 5-2 所示。

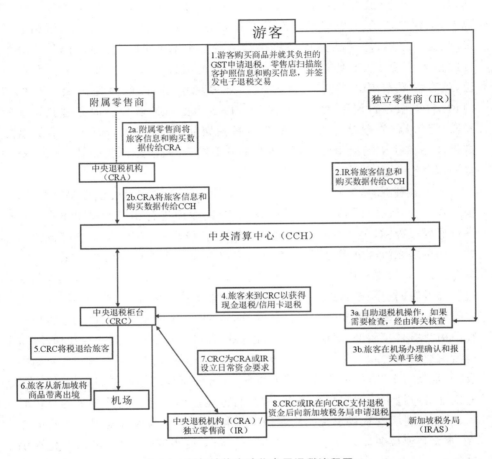

图 5-1　新加坡旅客购物电子退税流程图

二、新加坡、澳大利亚离境退税的实施保障

(一)退税流程的电子化、便捷化运行

　　旅客退税制度的顺利运行离不开便捷高效的退税制度。在传统退税流程中,新加坡是全纸质化退税操作,申请退税人员在购买商品时或离境时须填写纸质退税申报表。2012 年以后,新加坡离境退税全部改为电子化操作,消费者在购买商品时销售人员即可通过退税代理机构网络平台即时在线提交退税申请,这意味着在消费者可以在离境前 12 小时内,通过机场或港口的自助退

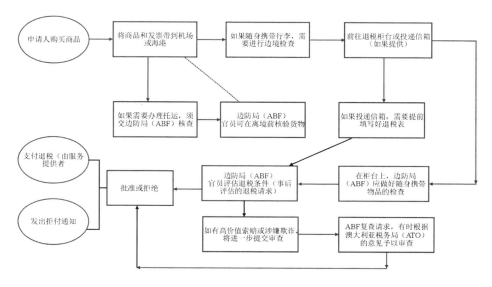

图 5-2　澳大利亚旅客离境退税流程图

税设备,输入护照号以及退税账户信息等资料,完成正式的退税申请手续,申请一经批准,将于两个月内汇至申请人账户。为更好地为纳税人服务,在机场、港口的自助退税设备旁均有新加坡税务机关的工作人员在场,协助在线办理手续并提供政策咨询。值得注意的是,为使退税程序更加便捷,新加坡国家税务局于 2018 年 1 月 17 日推出了电子旅客退税方案,eTRS 可以在单一平台上同时连接多个中央退税机构和零售商,当旅客在新加坡购物并申请退税时,可为其提供无缝对接的退税体验。[1] 就游客而言,其在申请退税之时既可通过设置在机场的自动退税机来进行操作,也可以通过环球蓝联公司开发的 SHOP Tax Free App 或 Tourego 手机应用 App 跟踪购买商品的情况。

　　观察澳大利亚,虽然该国依然保持了在离境口岸由边防局设置的退税柜台及其工作人员来进行商品核查和退税的制度,但从提高离境退税效率的角度,澳大利亚税务局也已推出离境退税在线申请功能,游客可通过网站或手机 App 进行退税申报。例如,通过下载"TRS"手机 App 退税的方式,游客可以

---

① Inland Revenue Authority of Singapore,GST: The Electronic Tourist Refund Scheme(eTRS) (Thirteenth edition),Published on 17 July, 2018, https://www.iras.gov.sg/taxes/goods-services-tax-(gst)/consumers/tourist-refund-scheme,下载日期:2019 年 7 月 2 日。

免去现场退税时核对发票的时间,在"My Travel Details 我的旅行详情"里如实填写个人信息并保存,在"My Invoices 我的发票"里面添加发票,填写申请退税的物品类别和金额,在"My Payment Details 我的付款详情"中选择退税方式,在"My Claim 我的申请"中同意所有说明后,生成二维码。之后就可以通过二维码走 TRS 柜台的快捷通道,凭借护照、登机牌及相关发票实现快捷退税。这种方式为游客提供了极大的便利,进而能够为离境退税的制度运行提供有效的保障。与此同时,在退税流程设置上,澳大利亚对要求对 1000 澳元或以上的税务发票必须标注买家的姓名和住址,实行实名退税制度,而低于1000 澳元的商品则不作特殊要求,由此能够通过"重点突出"的方式将边防局力量集中在对高价值商品退税进行核查上,进而在一定程度上提高退税效率。

(二)旅客退税信息的及时有效获取

在确保旅客信息及时有效的获取领域,由于新加坡采用了 eTRS 电子退税系统,因此在退税信息的获取上较为便捷。对此,新加坡《旅客退税计划指南(2019)》首先重申了旅客对退税信息的真实申明义务,要求旅客"在申请任何商品与服务税退税之前,确保符合旅游退款计划规定的身份和退税条件"[1],并且明确,根据新加坡《商品与服务税法》,如果旅客没有资格申请退税而获得了退税批准,这是一种违法犯罪行为。此后,新加坡《旅客退税计划指南(2019)》还对旅客如何提供退税信息进行了规定,旅客在零售商店购买商品时,需要向其出示护照证明退税资格,且必须出示原件,需要取得并保存好购买货品的发票或收据正本。[2] 值得关注的是,游客可以在 eTRS 系统中确认零售商店已经签发了退税交易并关联到游客的护照号码。此后,游客可以通过注册并登录 eTRS 电子服务网站(https://touristrefund)追踪退税信息,或从谷歌或苹果应用商店下载"eTRS"应用程序来进行查看,如果是通过退税代理机构运行的,有关退税代理的费用也可从旅客退回的商品与服务税额中扣除。就此而言,整个过程十分公开透明,也能为税务和海关部门对相关事项的抽查提供基础信息。

为确保旅客信息能够进行及时有效的获取,澳大利亚税法规定,消费者在

---

[1] 参见 5.1 Qualifying Conditions for Tourist Refund,GST Guide For Visitors on Tourist Refund Scheme (Refund claims made on or after 4 April, 2019).

[2] 参见 Steps to Take in Retail Shop,GST Guide For Visitors on Tourist Refund Scheme (Refund claims made on or after 4 April, 2019).

申请离境退税时需准确提供个人信息,且该信息应当和该消费者在入境时向澳大利亚内政部填报的信息一致。这一政策的主要目的在于防止澳大利亚本国公民利用外国游客身份,为自己购买的商品骗取退税。为确保个人信息一致,依据澳大利亚 1981 年《个人信息法》,澳大利亚内政部、澳大利亚税务局、澳大利亚商品零售网点之间将做到信息共享,通过部门间信息的共享在一定程度上确保旅客退税信息的准确性。与此同时,由于澳大利亚的离境退税政策对于澳大利亚居民离境同样适用,所以对于已经退税出境的物品是否返回澳大利亚消费十分重视。澳大利亚在设定宽免值的同时设定了相关人员的退税申报义务。允许 18 岁以上的消费者携带价值不超过 900 澳元的货物或 18 岁以下的未成年人携带不超过 450 澳元的货物返回澳大利亚境内。但如果超出这一数值,那么:第一,消费者携带这些商品回境时需如实申报;第二,应当补缴这些商品离境时所退还的商品与服务税;第三,补缴对象为全部商品价值,而非超出宽免值的部分。如果消费者未按规定申报补缴税款,则将面临刑事处罚。由此,澳大利亚能够通过对旅客信息的掌控防止旅客将离境退税的商品带出国境后再在短期内返回本国境内,进而保护离境退税制度免受滥用。当然,在做好信息采集的过程中,澳大利亚也对信息的保护极为重视,规定税务和海关部门对信息的使用应当严格遵守该法规定,不得泄露消费者个人信息。对此,根据澳大利亚 TRS App 退税流程中的"隐私声明",退税部门将根据 1999 年的《商品与服务税法》第 168 条的规定收集和使用旅客信息来评估和退还商品与服务税以及葡萄酒均衡税,并把这些信息提供给澳大利亚税务局、零售商以及签约的退税代理机构以便完成退税。此外,澳大利亚《隐私法》(1988)和《隐私(税收档案号码)规则》(2015)进一步规范了个人涉税信用信息的收集、存储、使用、披露、安全和处置,个人如果认为自己的涉税信息在离境退税环节中被滥用,可以向澳大利亚信息委员办公室投诉。①

(三)防止退税权利滥用的制度保障

离境退税是政府财政收入的一种让与,一旦被滥用,可能成为攫取不法利益的工具。正因为此,各国在推广该项制度的同时,通常也会进行相应制度防控,规定相应处罚措施。根据新加坡《海关法》第 128J 条规定,"任何人在新加坡境内将享受离境退税的商品出售、交换、赠与或提供给其他人出售、交换、赠

---

① 参见 Privacy(Tax File Number)Rule 2015,20 February,2015.

与的行为都是违法行为"。为了在第一时间内防范退税违法行为,新加坡《商品与服务税条例》还专门规定了审计长或者其他授权人员的稽查权,授权他们只要存在合理怀疑,便可以在没有搜查令的情况下行使其执法权力,随时抽查、扣押物品,逮捕相关人等。① 如根据新加坡《商品与服务税条例》第51A条规定,税务稽查人员发现嫌疑人滥用、试图滥用离境退税条款,或对该嫌疑人的滥用行为有合理怀疑(reasonably suspect)时,可以不经法庭申请令状而直接逮捕。逮捕后经查确有重大骗取退税款嫌疑的,应移交司法部门处理。对认定为确属滥用者,根据《商品与服务税法》第58条的规定,应被处以5000新加坡元以下罚款和6个月以下拘役。此外,《商品与服务税法》第62条还进一步规定了滥用离境退税的行为可能构成刑事犯罪,诈骗消费税退款的行为一经定罪,罪犯必须支付3倍退税金额的罚款,并可能面临高达1万新加坡元的罚款或者长达7年的监禁,又或者罚款与监禁两者兼而有之。② 由此,新加坡税法中对离境退税规定了严格的行政责任和刑事责任,并通过稽查程序的设计较好地联结了税务行政处罚与刑事处罚二者之间的关系,避免抵牾,提升效率,以实现对退税欺诈行为的有效规制。

澳大利亚于1953年通过、2017年最新修订的《税收管理法》(Taxation Administration Act 1953)赋予税务局对"虚假和误导性陈述"退税行为进行惩罚的权力,以追回不正确支付的退税款项,并做出相应的行政处罚。其中,该法第8条规定,如果任何人向税务官员作出声明,并且该陈述在重大事项上是虚假的或有误导性的,将构成违法行为,可根据违法主体违法行为的不同形态进行相应的惩罚。当违法主体没有尽到合理的注意义务而作出错误或误导性的陈述时,可处以不超过20个罚款单位(penalty units)③的罚款;当违法主体已经意识到虚假或误导性陈述的风险而故意放任时,可处以不超过40个罚款单位的罚款;而当违法主体为达到特定目的而故意作出虚假或误导性陈述

---

① 参见 Goods and Services Tax (General) Regulations, Revised Edition 2008.

② 江苏省苏州工业园区地方税务局:《新加坡税法》,中国税务出版社2014年版,第581～582页。

③ 在澳大利亚,处罚单位决定了一个人违法时的罚金数额,根据澳大利亚税务局的公告,2017年7月1日至2020年6月30日期间,处罚单位是210澳元,2020年7月1日之后,处罚单位是222美元。Penalties, https://www.ato.gov.au/general/interest-and-penalties/penalties/,下载日期:2020年6月17日。

之时,可处以不超过 60 个罚款单位的罚款。[①]　如果构成犯罪,还需依照澳大利亚《刑法》第 6.2 条的规定承担法律责任。[②]　目前,根据澳大利亚和内政部之间的谅解备忘录的安排,这项权力已下放给内政部官员,以便他们可以当场发现违法退税行为,并进行当场处罚。

第三节　新加坡、澳大利亚离境退税制度实施成效与启示

一、新加坡、澳大利亚离境退税制度设计与实施的异同

(一)新加坡、澳大利亚离境退税制度的共同点

在税制设计上,新加坡税制向来以简洁、高效、完善著称,该国遵循严格的税收法定主义,根据《新加坡共和国宪法》第 42 条至第 82 条的规定,税收是绝对的法律保留事项,任何机构和个人在法律之外都不允许被额外征收税费,也不允许随意给予税收优惠。而就澳大利亚而言,其虽是判例法国家,但也建立了完备的税收法律体系,税收法定化程度较高,《澳大利亚联邦宪法》第 51 条、第 53 条、第 54 条和第 55 条分别对税收立法权、收益权和征收权进行了合理分配,并对各类税收优惠制度进行了较为严格的限制,这些规定为离境退税的相关立法提出了要求。整体上,依托税收法定原则的基本要求,新加坡和澳大利亚的离境退税制度在法律建构上体现出以下共同之处:

第一,在制度理念上,注重以税收法定原则为离境退税制度提供法律依据。由于新加坡、澳大利亚的离境退税制度都植根于商品服务税的体系中,其都在《商品与服务税法》《商品与服务税条例》及其他相关法律规范中确立了离境退税法律制度,并在本国财政税收部门支持下,建立了由财政部门提供政策支撑、税务部门颁布退税指南、海关负责审查出境事宜的法律体制,确保该项

---

① 参见 Section 8K,8N,8U,Taxation Administration Act 1953,Amendments up to Act No.91,2017.

② 参见 section 6.2 of the Criminal Code Act 1995，Amendments up to Act No.156,2018.

制度的灵活性和可实施性，充分发挥税收政策的激励效应。

第二，在制度设计上，这两个国家的离境退税制度设计都较为科学，反映为两国都非常注重离境退税中的信息管理和欺诈风险防控。例如，在事前阶段，新加坡注重赋予旅客的诚实信息登记义务来确保退税信息的真实性，澳大利亚也要求旅客进行真实的陈述和申报，确保旅客不将已经退税的物品恶意带回国内消费。在事中阶段，新加坡注重利用 eTRS 的便捷性来及时准确地确认交易，澳大利亚则注重通过部门间税务信息的共享来明确退税信息，两国都设置了严格的退税程序以保障退税的顺利进行。在事后阶段，新加坡和澳大利亚均明确了退税欺诈违法行为的类型，并对其设置了明确的法律责任予以约束。

第三，在制度程序上，除了防止避税、坚守国库利益外，这两个国家都注重加强对离境退税宣传和服务，与时俱进地通过"互联网＋"技术来提升消费者的"退税体验"。这主要体现为，新加坡借助环球蓝联公司、爱尔兰最佳免税公司等开展离境退税的业务代理，进而借助这些世界驰名退税专业代理公司的安排扩大宣传。就澳大利亚而言，则主要借助边防局、税务局的官网，让旅客在来澳大利亚前能关注到有关离境退税相关的信息，最大限度地提升该项制度的影响力。此外，新加坡和澳大利亚还采用了电子化的退税系统保障退税，允许利用网银、支付宝以及多币种现金等多种支付方式进行退税。这些便民措施增强了消费者购物体验，刺激了消费者的购物欲望，降低了税务机关管理成本。

(二)新加坡、澳大利亚离境退税制度的差异

新加坡和澳大利亚在对境外旅客吸引层面存在竞争关系，因此二者也非常注重通过自身制度优势来吸引游客。新加坡作为自然资源相对逊色的国家，十分注重通过后天资源的打造来吸引游客，而澳大利亚在自然资源相对丰厚的基础上，也善于结合自身优势开发优势产品，提升对旅客的吸引力。正基于此，两国的离境退税制度还存在很多不同之处，主要体现为：

首先，在退税主体制度安排上，与新加坡将退税主体严格限定在境外居民、新加坡公民或新加坡永久居民不能退税不同，澳大利亚的退税主体规定较为宽松，是世界上为数较少的允许其本国公民和居民离境申请退税的国家，该制度设计的优点在于与商品与服务税的"消费地"课税原则高度吻合，当本国公民或居民出境之时，也可以借助退税制度进一步扩大消费，但不足之处在于，本国公民或居民出境后将退税商品带回澳大利亚境内的情形很多，如果海关监管不足或旅客主动申报意识低下，其中的退税风险便难以得到应有的限制。

其次，在推动退税效率的实现方式上，新加坡主要利用的是 eTRS 系统

来助力离境退税的实施效率。尽管澳大利亚退税效率不及新加坡,但该国在退税过程中引入了"重点突出""程序分离"的退税审查机制,对于价值在1000澳元以上的商品需要加强旅客实名认证,做好信息的特别标识以防控退税欺诈。与此同时,澳大利亚还针对旅客将退税物品带回澳大利亚的情形设置了一定的宽免额,让旅客不必因为某些必备物品的带入而接受严苛审查,以此做好旅客退税的"非营利性"和"营利性"的区分,将"营利性"退税排除在外。

最后,在退税的专业性上,新加坡税务主管机关并不直接负责离境退税事宜,而是委托专业的离境退税公司办理,更符合离境退税发展的"市场化"趋势。从世界范围来看,有三分之二以上的国家选择由专业代理机构负责离境退税事宜。新加坡于1997年引入环球蓝联公司开展离境退税业务,随后又于2004年引入爱尔兰最佳免税公司(Premier Tax Free)开展离境退税代理业务,符合社会分工精细化与政府简政放权的趋势。这些退税公司有着多年的离境退税代理经验,运营模式和服务规程都较完备,能够极大地提升退税的效率。一方面,专业代理机构的引入能够免除纳税人为办理退税业务频繁往返于税务机关之间的时间成本,另一方面也能够通过服务外包的途径减少税务机关业务量,提升行政效率和服务质量。相比之下,澳大利亚以政府主导的退税模式的最大特点在于能够准确地掌握退税的尺度,及时地监控风险,但也带来了退税效率低下、运行成本较高问题。

二、新加坡、澳大利亚离境退税的实施成效与问题

(一)新加坡、澳大利亚离境退税制度实施成效

由于新加坡本身就是自由港,该国销售产品所含税负较少,加之离境环节可以退还商品与服务税,这就为促进境外游客来新加坡购物起到了很大的推动作用。在同一时期,由于亚洲地区日本、台湾地区消费税税率较高,故而在离境退税政策下,新加坡的产品,尤其是一些高档消费品在整个亚太地区形成了"价格洼地",周边国家的人员纷纷来新加坡购物旅行。以离境退税为中心点,它不仅带动了旅游业的发展,也带动了会展行业等关联产业的发展,创造了大量就业岗位,其对新加坡经济的贡献不可谓不大。以会展行业为例,作为亚太会展中心,之所以众多商务人士将会展地点选在新加坡,很大一个原因也是可以借机购物。有学者统计,来新加坡参加会展的商

务人士中,平均 28% 的消费用于购物,远超餐饮(14%)、观光(5%)和休闲娱乐(4%)①。

数据显示,自新加坡 1997 年推行离境退税计划的 10 年间,这项业务吸引了大量游客前来新加坡旅游,国际旅游收入从 1997 年的 63.3 亿美元增长到 2006 年的 75.4 亿美元,年增长率也有了大幅度提高(如表 5-2 所示)。进入 21 世纪后,新加坡离境退税产业更加成熟。2010 年到访新加坡的外国旅客达到 1160 万人次,旅客离境退税申请次数达 250 万次的新高,退税商品价值额度达 25 亿新加坡元,退税额达 1.75 亿新加坡元。随着新加坡旅游业发展,2011 年离境退税交易量同比增加了 29.6%,新加坡一度成为环球蓝联免税业务最大市场。② 其中,中国游客成为新加坡购物退税消费总额最高的群体,2011 年 4 月至 2012 年 3 月间,总花费达到 6.3 亿新加坡元,每位中国旅客平均消费金额为 1920 新加坡元。

表 5-2　1997—2006 新加坡国际旅游收入及收入增长统计表

年份	国际旅游收入(亿美元)	年增长率(%)
1997	63.3	—
1998	46.0	−27.30%
1999	50.9	10.60%
2000	51.4	0.99%
2001	46.4	−9.70%
2002	44.6	−3.80%
2003	38.4	−13.90%
2004	53.3	38.80%
2005	62.1	16.50%
2006	75.4	21.40%

数据来源:世界旅游组织发布《旅游统计年鉴》、《旅游统计手册》及数据资料。https://data.worldbank.org.cn/indicator/ST.INT.RCPT.CD? end = 2018&locations = SG&start=1995&view=chart.

---

① 韦小良:《新加坡会展业成功战略的探讨》,载《桂林旅游高等专科学校学报》2003 年第 6 期。

② 胡清颀:《新加坡购物离境退税政策的启示》,载《上海商业》2012 年第 6 期。

　　而从澳大利亚离境退税制度实施情况看,该制度在促进澳大利亚零售业和旅游业发展领域取得了较大作用。首先,从申请退税数量上看,从 2000 年 7 月到 2018 年 6 月,澳大利亚海关收到了超过 960 万件退税申请,支付了超过 16 亿美元的 GST 和 WET 退税。其中,澳大利亚公民和居民申请退税约 370 万件(占 38.9%),退税数额为 6.834 亿澳元(40.8%)(如图 5-3、图 5-4 所示)。其次,从旅客分布来看,根据澳大利亚旅游公司的调查,购物已成为国际游客第二受欢迎的活动。截至 2018 年,国际游客在澳大利亚的购物支出为 41 亿澳元,其中,中国游客是 TRS 的最大用户,在澳大利亚花费达到 10 亿澳元。(如图 5-5 所示)。最后,从退税物品种类来看,根据 2017 年至 2018 年度的数据,奢侈品、服装和电子产品是通过 TRS 要求退还商品与服务税最为常见的商品,而就退税商店来看,占据澳大利亚前 10 名的零售商所卖出的商品退税款占到整个退税款项的 40% 以上(如表 5-3 所示)。正是在此背景下,旅客退税计划再次被纳入 2020 年澳大利亚旅游业整体战略计划中,以增强澳大利亚旅游业的弹性和竞争力。

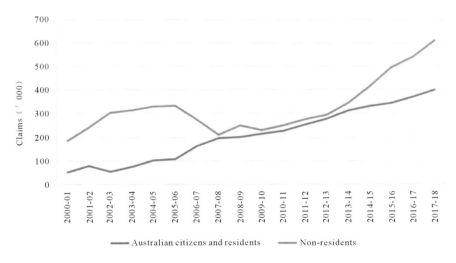

图 5-3　2000 年至 2018 年提出的 TRS 申请数量

数据来源:澳大利亚审计署对 TRS 的数据分析。

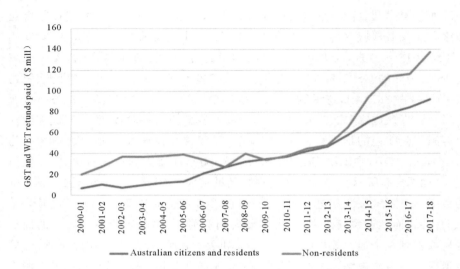

图 5-4　2000 年至 2018 年支付的 TRS 退税金额

数据来源:澳大利亚审计署对 TRS 的数据分析。

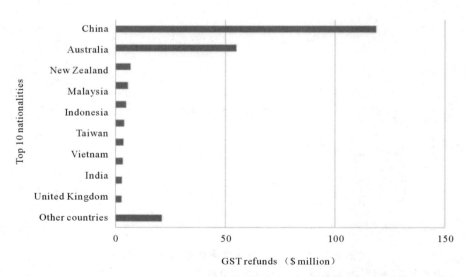

图 5-5　2017 年至 2018 年 TRS 申请人排名前 10 的国家和地区

数据来源:澳大利亚审计署对 TRS 的数据分析。

表 5-3 2017 年至 2018 年 TRS 排名前十的零售商

零售商	商品类型	批准 GST 退税金额(百万澳元)
Apple	消费类电子产品	17.2
Louis Vuitton Australia	奢侈品	13.8
Gucci Australia	奢侈品	10.1
David Jones	包括服装在内的商品	10.0
JB Hi Fi	消费类电子产品	9.8
Chanel Australia	奢侈品	9.1
Richemont Australia	奢侈品	7.2
Myer	包括服装在内的商品	6.4
Hermes Australia	奢侈品	6.2
Tiffany & Co.	珠宝	4.3
Total		94.1

数据来源:澳大利亚审计署对 TRS 的数据分析。

(二)新加坡、澳大利亚离境退税实践问题

在看到新加坡和澳大利亚离境退税制度发挥重要作用的同时,也应看到两国在离境退税实践中也面临着不同的实施问题,主要体现为:

第一,退税欺诈风险存在的可能性较大。新加坡所采用的是市场主导型的退税模式,在此模式下,符合资质的零售商和中央退税机构是整个退税流程中的核心力量,游客的身份信息在购买商品时即可在退税商店得到确认。但由于零售商和退税机构都不可避免地带有营利性,他们的工作人员在其中很可能产生非法营利的动机。例如,据新加坡执法部门调查发现,2014 年 9 月25 日,四名印度籍男子涉嫌贿赂一名新加坡海关官员和受雇于一家金匠店的新加坡销售主管,让他们协助办理虚假退税,六人被全部被告上法庭。[①]

澳大利亚内政部于 2018 年对旅客退税计划欺诈和腐败风险的评估发现,

① Six Charged for Corrupt and Fraudulent GST Tourist Refund Claims,https://www.cpib. gov. sg/press-room/press-releases/six-charged-corrupt-and-fraudulent-gst-tourist-refund-claims,下载日期:2019 年 6 月 4 日。

目前澳大利亚退税风险评估主要侧重对 ABF 腐败风险的考察,而不太关注旅客的欺诈风险,这使得旅客进行欺诈性退税的事件频繁发生。[①] 据统计,自 2000 年澳大利亚实施旅客退税计划以来,由于监管不善带来的旅客欺诈退税案例就有 200 余起(相关典型案例如表 5-4)。澳大利亚旅客退税计划项下的商品与服务税税收流失了 2.443 亿澳元至 5.566 亿澳元[②],其主要问题在于澳大利亚退税申请人有 42% 是澳大利亚公民和居民,他们中有很多将货物退税带出国后又带回澳大利亚,返回时并未根据 TRS 制度实施要求进行如实申报,以此获取非法退税利益(如图 5-6 所示)。基于此,澳大利亚内政部正着手制订计划,以减少欺诈和不合规行为来保障离境退税制度的完整性和有效管理。[③]

表 5-4 澳大利亚旅客违法退税典型案例的个案分析

发生时间	违法主体	违法经过	违法事由
2013 年 3 月至 2015 年 4 月	澳大利亚公民	澳大利亚边防局(ABF)关注到,一名澳大利亚公民在一次从新西兰回国的旅行中,多个商品仍处于包装状态,ABF 进一步发现,这些商品属于该旅客申请 TRS 退税时的同类型商品。该游客每次退税出境返回澳大利亚时,都没有按照要求进行重新申报、缴纳税款。据调查,该游客一共就所购买的商品提出了 65 项 TRS 申请,货物总价值为 638306 澳元,他获得了 51976 澳元的退税	违法进行经营性退税,未重新申报退税

---

① Department of Home Affairs, Letter from Home Affairs Acting Chief Financial Officer to ATO Assistant Commissioner GST Product Leadership and Program Assurance Branch, 11 July, 2018, p.2.

② Over $500 Million Lost as Australians Rort Tourist GST Refund Scheme, https://www.sbs.com.au/news/over-500-million-lost-as-australians-rort-tourist-gst-refund-scheme,下载日期:2020 年 6 月 19 日。

③ 参见 Department of Home Affairs, Tourist Refund Scheme Improvements-Home Affairs, draft funding proposal, 7 January, 2019, p.1.

续表

发生时间	违法主体	违法经过	违法事由
2017 年 3 月至 2017 年 5 月	澳大利亚非居民（香港游客）	2017 年 5 月,159 名来自中国香港的游客来到澳大利亚并通过 TRS 退税并获得了超过 600000 澳元的退税。其中,旅游退税办公室（TRO, Tax Refund Office）对其中一名游客提出的退税申请进行和调查,发现该申请人与其他 158 位申请人同为亚洲有组织犯罪网络成员,在该组织成员提出的 167 个 TRS 申请中,至少有 146 个是欺诈性退税申请。该犯罪团伙认为离境退税中欺诈退税被调查的可能性很低,且需要持续数据追踪,进而通过滥用制度漏洞获得退税	有组织性的欺诈退税
2017 年 9 月至 2018 年 5 月	澳大利亚公民	澳大利亚退税办公室（TRO）发现,2017 年 9 月至 2018 年 5 月之间,一名澳大利亚公民对价值超过 50000 澳元的商品（内含一辆发票价值为 27999 澳元的" 2019 型号"自行车和价值较高的服装）申请了退税,由于货物的价值很高,TRO 对该退税事宜进行了核查。发现该旅客用来退税的发票编号与零售商店使用的编号不相匹配,且"2019 型号"自行车尚未上市,上市后售价约为 15000 美元（而非 27999 美元）,据此推定该旅客的退税行为违法	伪造发票进行退税

数据来源:澳大利亚审计署关于旅客离境退税的案例分析。

第二,澳大利亚政府主导下的退税管理成本居高不下。澳大利亚维多利亚州旅游协会 2014 年一项调研报告指出,离境退税制度管理费用高、劳动密集、耗时,对稀缺政府资源的利用效率低下,是该项制度实施的最大问题。[①]对此,澳大利亚税务局的数据指出,作为少数由纳税人出资并由政府主导运营

———————

① Victoria Tourism Industory Council,Policy Update: Tourist Refund Scheme,http://www. vtic. com. au/wp-content/uploads/2015/04/Policy-Update-Tourist-Refund-Scheme-2014_08_25-FINAL.pdf.,下载日期:2021 年 4 月 3 日。

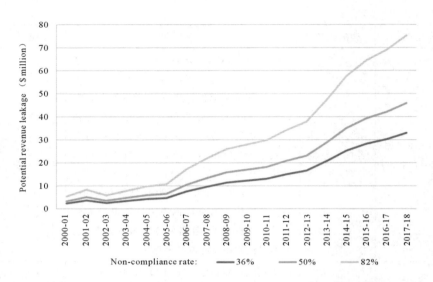

图 5-6　2000 年至 2018 年澳大利亚居民退税违规导致税收流失的趋势分析

数据来源:澳大利亚审计署关于旅客离境退税的数据分析。

旅客退税制度的国家之一,澳大利亚的旅游退款计划每年需要花费澳大利亚边防局大约 1400 万澳元的成本。而根据联邦和各州之间签订的财政关系政府间协议,有关 TRS 的管理费用将在分配给各州和地区的商品与服务税当中扣除①,这难免会给地方财政收入带来难题,也会给各州和地区未来提供公共产品和服务的效果带来影响。同时,由于 TRS 中的风险属于澳大利亚边防局主管事项中的中低风险级别,澳大利亚边防局并未给予足够重视,退税风险也较容易发生。

第三,澳大利亚过于宽松的零售商门槛加大了风险管理难度。与新加坡的旅客退税计划中要对合格的零售商和退税机构进行资质认定不同,在澳大利亚,旅客只需要从具有澳大利亚工商业务编号(ABN)②并已进行商品及服

①　参见 Australian National Audit Office(ANAO),Management of the Tourist Refund Scheme,The Auditor-General Auditor-General Report No.8 2019-20 Performance Audit,2019.p.19.

②　澳大利亚的企业编号由 11 位数字组成,用于澳大利亚政府和社区进行企业认证。https://www.business.gov.au,下载日期:2019 年 7 月 6 日。

务税注册①的零售商处购买适格的物品即可退税。然而,实践中存在部分企业虽注册了 ABN 但却未及时进行 GST 注册,或进行 GST 注册之后又取消的情况,此类情况下是否能够经营退税业务尚不明确。例如,澳大利亚审计署数据表明,自 2000 年 TRS 运行以来,在零售商未注册商品及服务税的情况下,已获批支付的退税事项多达 34487 件,由于一些零售商实际上并未向国家缴纳商品与服务税,但却因为退税获得了相应的价格补贴,这就给国家带来了潜在的收入损失。此外,澳洲移民局在此前一份报告中也指出,澳大利亚在防范 TRS 计划实施的关键风险和流程控制中未遵守充分的隐私要求,需要加强保护。②

第四,澳大利亚办理退税效率低下。相比新加坡等国家,澳大利亚离境退税的制度效率较为低下。在新加坡,TRS 主要由私人退税机构完成,这种私人运营退税公司能够在竞争激烈的市场中运营,并提供创新的系统,极大地简化了机场退款申请时间,降低了运营成本,刺激了旅客购物欲望。然而,澳大利亚虽然也在退税制度上设立了"投递箱"③处理方式,但由于该项制度的执行需要边防局官员手动输入数据,总体上需要更长的处理时间,运行效率相对较低。2019 年 1 月澳大利亚内政部就发现边防局积压了将近 30000 件在投递箱中申请退税的事项,很多事项未在法定的 60 个工作日内获得处理。

三、新加坡、澳大利亚离境退税制度对我国的启示

通过对新加坡、澳大利亚两个国家离境退税制度的归纳总结,结合我国离境退税制度实践,可以从中发现以下有益启示。

(一)科学优化我国离境退税的主体资格制度

以上分析表明,在退税对象,即游客选择方面,新加坡的设定比较严格,

---

①　注册实体是指根据澳大利亚 1999 年《商品和服务税法》第 23-5 条要求注册的实体。一般来说,任何年营业额超过 75000 美元的企业都必须注册。

②　Department of Immigration and Border Protection,Review of the Controls Framework for the Tourist Refund Scheme Management Initiated Review-2017/18 Final Report,Internal Review Report,Department of Immigration and Border Protection,Canberra,2018,p.7.

③　在投递箱退税制度中,边防局管理人员会在退税工作繁忙时段或 TRS 柜台关闭时,处理好旅客放在"投递箱"中的退税申请。

而澳大利亚的退税主体资格设计可以说是世界上最宽松的。从经济学分析角度来看,越宽松的旅客资质设计,越能带来退税的激励效应,但由此产生的税收风险也不断增加,而相对严格的旅客资格设计,则能较好地做好风险防控。但即便如此,新加坡旅客退税对于符合条件的留学生——学生证持有者依然适用,只需他满足打算从离开新加坡之日起至少 12 个月内不再入境的先决条件。而根据我国《离境退税管理办法》,境外旅客是指在我国境内连续居住不超过 183 天的外国人和港澳台同胞,在退税主体资格设定上可谓最为严格,难以为常年在外留学或常年居住国外的本国公民或居民提供必要的退税支持,进而可能在一定程度上影响退税实施效果。就此而言,我国可在现行主体制度设计基础上,适度借鉴新加坡和澳大利亚制度规定,在退税主体上作适度放宽,并对退税主体可以携带返回中国的物品限额进行科学规定。

(二)逐步完善离境退税零售商的"选择加入"模式

在零售商选择方面,新加坡是在市场机制主导下开展了零售商"选择加入"模式,符合条件的零售商可以自己选择通过资格认证后成为退税商店,而离开的旅行者只有在零售商与退税服务商有关联的情况下才能获得购买时支付的商品与服务税退税。这种系统能够限制某些交易的进入,并使零售商、退税公司和海关当局能够设计和实施购买和退税之间的综合流程。相比之下,澳大利亚规定只要注册了商品与服务税的企业,不论规模大小,旅客在其中购物都能享受退税①,但由于零售商的辐射范围过大,政府在资质管理上存在一定难度。在我国,目前采取的是和新加坡模式类似的"选择加入"备案模式,相关零售商店在满足相关政策文件规定后需经省国税局备案获得退税商店资格,但现有《离境退税管理办法》并未对零售商在旅客购买商品时所需要履行的职责和义务进行详细说明,也未要求对零售商在退税初期的退税请求处理能力进行科学评估,容易带来退税商店中间考核环节的失灵。在此方面,可以借鉴新加坡模式逐步完善零售商"选择加入"模式,当零售商店达不到办理业务条件或未履行法定职责时,则可以做出暂停业务或撤销退税资质的处理。

(三)逐步增强离境退税代理商的市场竞争力

以上分析可以看到,相比新加坡的市场主导型离境退税模式,主要由专业

---

① 鉴于澳大利亚的政策制定者倾向于尽量减少修改商品及服务税法律的要求,澳大利亚政府在现阶段不太可能考虑引入选择性加入模式,限制非关联零售商进入 TRS。

的退税代理公司来负责具体退税业务不同,澳大利亚则采取的是政府主导型离境退税模式,主要由边防局的行政人员来负责退税,前者的优势在于退税机构能够通过收取手续费的方式由市场分担退税成本,而后者则主要采取由政府买单的方式来分担退税成本。由于离境退税在很大程度上将带来财政收入上的损失,因此如果退税成本大幅增加,容易带来退税管理方式的不周全和退税效率的低下,进而难以起到以退税的方式来刺激旅游经济增长的目的。也正因为此,澳大利亚退税制度的后期,也逐步在政府主导下允许私人代理商经过批准后提供离境退税。就我国而言,尽管在退税工作方面已经确立了由退税代理机构来进行办理的模式,但在退税代理机构选择上,当前只确立了银行作为退税代理机构,不利于促进退税代理机构的良性竞争和长远发展。在此方面,仍有必要加强退税代理机构的专业化建设,同时加强与退税商店的程序衔接,有效防控退税风险,最大限度地提升退税效率。

(四)竭力加强离境退税的风险联合管理

从以上新加坡和澳大利亚退税管理方面来看,两国均将离境退税的信息管理和风险防控放在了重要位置,一旦风险防控不严,该制度便容易成为部分主体谋取利益的工具。在此方面,新加坡和澳大利亚都对旅客退税的条件进行了严格的设计。新加坡规定,根据旅客退税计划的制度安排,当某个人无权享受退税权利之时,任何其他人都不得促使他寻求或获得本计划规定的退税标准。如果应纳税人未能遵照新加坡旅客退税计划的要求申请退税,他应该将相应退税金额偿还给审计官,并由审计官根据违法行为程度进行相应处罚。澳大利亚同样要求,当旅客违法退税时,退税官员可以根据澳大利亚《税收管理法》的规定实行处罚。同时,根据澳大利亚审计署最新提供的审计发现,尽管澳大利亚内政部是在税务局的授权下进行退税事项的管理,但这两个单位都将旅客退税的风险管理放在"低优先级"的位置,自离境退税制度设立以来从未进行过联合风险排查和评估,以至于实践中很多退税不合规或欺诈性退税的现象很难得到有效的核查和处罚,正因为此,审计署提出了应当由税务机关与内政部携手进行联合风险评估的建议,以更好地优化退税程序。澳大利亚财政部也提出,边境官员需要采取更高级别的安全行动,才能让离境退税制度规定得到良好遵守。[①] 就我国而言,无论是国家税务总局发布的 2015 年第

---

① The Treasury,Reform of the Goods and Services Tax Tourist Refund Scheme,Ministerial Submission,the Treasury,Canberra,25 January,2016,p.4.

41 号公告还是海关总署发布的 2015 年第 25 号公告都未对离境退税风险问题给予足够重视,未明确退税欺诈的法律责任和处理规则,也未对部门间的信息共享和风险联合防控给予充分的制度支撑。就此而言,我国有必要进一步吸收新加坡和澳大利亚的退税管理经验,汲取联合风险防控机制匮乏的教训,做好离境退税的风险管理。

第六章
韩国"租税特例"模式下的 离境退税制度考察与启示

　　韩国是我国的邻邦,亦是利用税收优惠制度推动经济发展经验较为成熟的国家之一。现代韩国税制成型于 1998 年亚洲金融危机后,在对金融危机进行反思的过程中,韩国逐步对传统税制进行了改革,形成了宽税基、少优惠、低税率的税制结构。[①] 在间接税领域,韩国主要形成了以增值税、消费税为代表的间接税制度,而为刺激经济的发展,韩国在增值税法、消费税法等立法体系下,另辟蹊径地在《租税特例限制法》中确立了离境退税这一税收特别措施,通过灵活地利用该国入境旅游经济发展,韩国打造出了一体化制度建设与分类实施相结合、以旅客退税作为租税特例的离境退税制度。

第一节　韩国离境退税制度的立法模式 与管理体制

一、韩国离境退税的制度沿革

　　20 世纪 60 年代,韩国成为"亚洲四小龙"之一,作为全亚洲最富裕的国家之一,旅游业是韩国国民经济的重要来源。1988 年汉城奥运会前夕,为增强韩国经济对外国游客的吸引力,韩国未雨绸缪,于 1984 年推出了境外游客购物离境退税制度,使外国游客在韩国境内购买物品时可将其中包含的附加价值税(即增值税)和个别消费税(即消费税)进行退税处理。遵循税收法定基本

---

　　① 秦世宝、张永学:《韩国税收负担与社会公平分配研究》,载《财会研究》2010 年第 13 期。

原则,同时为避免税收优惠条文适用过于繁杂,1998 年韩国《租税特例限制法》①第 107 条明确规定了针对外国旅客的离境退税制度,将其作为促进旅游经济发展的税收特别措施予以确立。最初,离境退税在韩国确立的主要目的在于释放境外游客在本国的消费能力,通过给予境外游客以本国当地居民无权享有的"优惠待遇",吸引他们入境旅游并进行购物消费,即韩国国会所谓的"为了提高外国人访问韩国的人数和提高国内外国人购买物品的金额,需要在税制上进行支援"②。

2014 年,为提高酒店利用率,改善酒店价格比民宿高、竞争难度较大的状况,韩国决定于 2014 年 4 月 1 日至 2015 年 3 月 31 日期间实行酒店住宿费中的增值税退税制度。为保障该事项顺利落实,韩国国会审议通过了《对外国游客等征收增值税及个别消费税特例规定部分修订案》(2014),作为《租税特例限制法》第 107 条之 2 的规定。发展至 2016 年,伴随着韩国医疗观光产业发展,韩国开始在医疗整形领域试水医疗服务离境退税。③ 其中《租税特例限制法》第 107 条之 3 规定,在韩国接受整容和皮肤科治疗的外国游客出境时可获得增值税退税,消费者可在韩国保健福祉部注册登记的医疗机构④享受退税服务。

总体而言,近年来韩国离境退税制度经历了较快发展,从"商品"向"服务"的拓围来看,其直接目的虽在于促进旅游观光产业发展,但客观上实现了规范旅游服务市场的目标。尤其是,为改变韩国整形业乱象丛生、外国患者权益屡

① 为避免税收优惠制度的条文过于繁杂带来适用的困境,也为了给税收优惠法律规定的查询提供便利,韩国于 1965 年 12 月 25 日制定通过了《租税减免规制法》,后又于 1998 年的 12 月 25 日更名为《租税特例限制法》,其英文名为 "Restriction of Special Taxation Act"。参见 Restriction of Special Taxation Act,Act No.14760,18 April,2017.

② 韩国国会网站,http://likms.assembly.go.kr/bill/billDetail.do? billId=009830,下载日期:2019 年 11 月 11 日。

③ 韩国政府近年来大力提倡"政策实行期"制度。即韩国税制中大部分新税种的推出均规定了一定的政策实行期,实行期一结束,政府就组织有关方面对该税种的运行情况进行评估,有存在必要的就正式立法,没有存在必要的即刻取消,这样做可以有效避免税收政策出现重大失误。在该项制度指导下,有关住宿服务的退税以及医疗服务的退税便可以得到较好的评估。

④ 根据韩国《医疗法》第 27 条第 2 的第 4 项规定,此处的医疗机关是指向保健福祉部长官注册的外国人患者招引医疗机关,外国观光客在规定的医疗机构做完整容手术之后,可实现增值税退税。

屡受损的问题,韩国旨在推动医疗整形市场的价格透明化,其中,离境退税这项特殊制度设计能够通过护照、信用卡等信息的收集、核查以规范医疗秩序,防范医疗机构和中介"宰客"现象,进而能为入境外国游客的保护提供有力支撑。

二、韩国离境退税的立法安排

总体上,韩国离境退税制度可以从间接税立法和税收优惠立法两个层面分析。事实上,韩国《增值税法案》和《个别消费税法案》仅对一般条件下退税做了安排,并未严格确立离境退税制度。例如,韩国《增值税法案》第 59 条规定,经营者属于下列情形之一的,主管税务机关可自预备申报结束之日起 15天内退还其应退税额:(1)在零税率的情况下;(2)在经营者新建、取得、扩建或增加其经营设施的情况下。① 《个别消费税法案》则规定,已征或应征个别消费税的商品或原材料可归于以下类别之一的,已缴税款可以退还或减免:(1)出口的,或提供给驻扎在韩国的外国军队的应税货物或产品;(2)免征个别消费税的货物以及用于加工此类货物的原材料;(3)返厂的应税货物(不包括使用过的物品,但包括按《消费者保护法》规定通过交换和赔偿返厂的货物)。② 可以看到,韩国的《增值税法案》和《个别消费税法案》确立了出口货物退税的制度,而未明确规定入境外国游客离境退税制度。

伴随着税收制度的发展和完善,韩国在 1998 年的《租税特例限制法》第107 条对境外游客购物离境退税制度进行了确立,并先后于 2014 年 1 月 1日和 2015 年 12 月 15 日新设了有关外国游客申请住宿服务退税和医疗服务退税的规定,并延续至今。根据《租税特例限制法》的规定,该法旨在通过对减税、免税、重税等特殊情况的规定以有效执行税收政策并对这些情况进行特别限制,以确保税收公平,促进国民经济的健康发展。以下,本书以《租税特例限制法》为依据,就韩国有关离境退税法律制度规定进行梳理(参见表 6-1)。

---

① 参见 Article 59 (Refunds),Value-Added Tax Act,Amended by Act No.14387,20 December,2016.

② 参见 Article 20 (Deduction from and Refund of,Tax Amount),Individual Consumption Tax Act,Amended by Act No.14378,20 December,2016.

表 6-1　韩国《租税特例限制法》第 107 条关于离境退税的制度安排

法律规定	退税范围	退税对象	退税范围	退税限制	退税程序
第 107 条	商品货物	外国游客	增值税＋个别消费税	未携带出国	由总统令规定
第 107 条之 2	住宿服务	外国游客	增值税	不属于返还对象的住宿服务	由总统令规定
第 107 条之 3	医疗服务	外国游客	增值税	不属于返还对象的医疗服务	由总统令规定

　　第一,《租税特例限制法》第 107 条是对"外国经营者等的间接税特例"的统一规定,包括针对外国游客购买商品的离境退税和针对其他外国经营者购买经营所用的商品或接受服务的增值税退税两个方面。[1]　其中第 1 款到第 5 款是对外国游客购物离境退税的专门规定:第 107 条第 1 款是对外国游客购物离境退还增值税的一般规定,规定:"针对外国游客等为了携带出国,从总统令规定的经营者处买入的商品货物,可以依据总统令的规定适用增值税零税率,或者返还对该商品货物所征收的增值税额。"第 107 条第 2 款是对外国游客购物离境退还消费税的一般规定,规定:"针对外国游客等为了携带出国,从总统令规定的销售场所买入的物品,可以依据总统令的规定免除个别消费税,或者返还针对该物品所征收的个别消费税额。"第 107 条第 3 款是对外国游客购物离境退还增值税和消费税的限制条款,即退税必须以"携带出国"为要件,该条规定:"对依据第一款和第二款免除增值税和个别消费税(包括增值税适用零税率)或者取得返还的商品货物,未携带出国的,政府应依据总统令的规定,征收增值税和个别消费税。"第 107 条第 4 款是对外国游客购物离境退还增值税和消费税的程序进行规定,该款规定:"在适用第一款至第三款的规定时,有关外国游客等的范围、商品货物的范围、买入或卖出的程序、税金返还以及其他必要事项,由总统令规定。"第 107 条第 5 款是对外国游客购物离境退税的经营者和销售场所的原则要求,规定:"国税厅长、管辖地方国税厅长或者管辖税务署长为了防止不当流通,在认为必要时,可依据总统令的规定,对第一款规定的经营者和第二款规定的销售场所做出命令。"

---

　　[1]　参见 Article 107（Special Cases concerning Indirect Taxes on Foreign Business Operators，etc.），Restriction of Special Taxation Act，Act No.14760，Apr.18,2017.

第二,《租税特例限制法》第 107 条之 2(Article 107-2)是对"针对外国游客酒店住宿服务的增值税特例"的新设规定,一共涵盖了四款规定。① 其中第 107 条之 2 第 1 款是对外国游客接受住宿服务退税作出的一般规定,规定:"外国游客等截至 2015 年 3 月 31 日,在符合总统令规定要件,且属于《旅游振兴法》中规定的酒店中入住 2 日以上 30 日以下的情形下,对其接受的住宿服务,依据总体令的规定,可以返还对该住宿服务所征收的增值税。"第 107 条之 2 第 2 款是对不符合条件的外国游客接受住宿服务退税的限制条款,规定:"适用特例的旅游酒店的管辖税务署长官,对不属于第一款返还对象的住宿服务,但是外国游客等接受了增值税返还的情形,应依据总体令的规定,对适用特例的旅游酒店等机构和个人,征收增值税相应税额。"第 107 条之 2 第 3 款是对观光酒店范围的特殊规定,规定:"国税厅长、管辖地方国税厅长或者管辖税务署长为了防止不当返还,在认为必要时,可依据总统令的规定,对特例适用观光酒店做出命令。"第 107 条之 2 第 4 款是对外国游客住宿服务返还增值税的程序事项进行规定,规定:"在适用第一款和第二款时,有关外国游客、特例适用观光酒店、住宿服务返还对象的范围、税金返还的流程以及其他必要事项,由总统令规定。"

第三,《租税特例限制法》第 107 条之 3(Article 107-3)是对"外国游客美容整形医疗服务的增值税特例"的新设规定,一共涵盖了五款规定。② 其中,第 107 条之 3 第 1 款是对外国游客接受医疗服务退税做出一般规定,明确对于总统令规定的外国游客,在依据《医疗进出海外和外国人患者维持支援法》第 6 条第 1 款的规定,向已在保健福祉部登记的医疗机构接受总统令规定范围内的医疗服务时,可以申请退还该医疗服务所征收的增值税额。 第 107 条之 3 第 2 款是对经营者提供医疗服务提供确认书的程序性规定,规定:"适用特例医疗机构的经营者,在向外国游客提供返还对象医疗服务时,须向该外国游客交付企划财政部所制定的医疗服务提供确认书,并通过网络以电子方式向外国游客增值税退税业务者加以传送。"第 107 条之 3 第 3 款是对外国游客

---

① 参见 Article 107-2 (Special Cases concerning Value-Added Tax for Foreign Tourists),Restriction of Special Taxation Act,Act No.14760,18 April,2017.

② 参见 Article 107-3 (Special Cases concerning Refunds of Value-Added Tax to Foreign Tourists Provided with Medical Services for Cosmetic Surgeries),Act No.14760,18 April,2017.

提供医疗服务提供确认书的程序性规定,规定:"拟依据第一款取得返还的外国游客,应自接受返还对象医疗服务之日起 3 个月内,向退税窗口运营经营者提交医疗服务提供确认书。"第 107 条之 3 第 5 款是对不符合条件的外国游客医疗服务退税的限制条款,规定:"适用特例医疗机构管辖税务署长对不属于返还对象的医疗服务,在外国游客取得增值税返还或者适用特例医疗机构交付或者传送了与事实不符的医疗服务提供确认书等总统令规定事由的情形,应当自该适用特例医疗机构处征收相应的增值税额和加算税。在此情形下,增值税额的确定和征收等,适用《增值税法》第 57 条、第 58 条以及第 60 条的规定。"第 107 条之 3 第 5 款是对外国游客美容整形医疗服务退税的适用要件和程序性事项的原则性规定,规定:"在适用第一款至第四款的规定时,退税窗口运营经营者进行退税的要件、指定程序、增值税额返还和征收的程序以及其他必要事项,由总统令规定。"

由上可以看到,根据税收法定的要求,韩国《租税特例限制法》为该国离境退税的制度实施提供了合法性支持。但"徒法不足以自行",要真正将离境退税制度落到实处,还要求有具体的操作规范和实施指引。正因为此,韩国在《租税特例限制法》的基础上,又先后颁布《退税服务指南》为离境退税制度实施提供指引。其中在购物离境退税方面主要有《购物退税服务指南》《市区退税服务指南》《即刻退税服务指南》这三项指南,住宿服务退税版块则有《住宿服务退税指南》,而在医疗服务退税版块则有专门的《医疗服务退税指南》,这些指南的出台为韩国旅客离境退税的具体实施提供了直接的操作依据。[①]

三、韩国离境退税的管理体制

根据韩国《租税特例限制法》的内容,针对外国游客购买商品出境的退税、住宿服务的退税以及医疗服务的退税主要是根据总统令进行确立的。韩国国会中,总统作为议长是主要政策和法律制定者,可以向国会提出立法议案,并亲自以书面形式向立法人员说明自己的观点。[②] 正因为此,《租税特例限制法》第 107 条第 4 款规定,有关外国游客的范围、商品货物的范围、买入或卖出的程序、税金返还以及其他必要事项,由总统令规定。《租税特例限制法》第 107 条之 2 第 4 款、第 107 条之 3 第 5 款也要求有关住宿退税的条件和程序、

医疗服务退税的条件和程序由总统令来做出安排。

在此规定之下,关于何种类型的经营者能纳入退税范围则由税务部门审查确定。其中,《租税特例限制法》第107条第5款规定国税厅长、管辖地方国税厅长或者管辖税务署长为防止不当流通,在必要时可依据总统令规定,对第一款规定的经营者和第二款规定的销售场所进行明确。该法第107条之2第3款同样赋予了国税厅长、管辖地方国税厅长或者管辖税务署长对旅行观光酒店进行明确的权力。第107条之3第4款则赋予了医疗机构管辖地税务署长对已向保建福祉部登记的医疗机构进行退税资格认定的权力。由此,通过税务部门与退税经营者建立常态的税务联系,能够有效实现对经营者的行为监管。

而就退税流程操作而言,韩国采用的是市场主导型的退税模式,因此有关退税的事宜主要由退税商店和退税代理机构来办理,游客只需在出境时向海关出示购买的商品和护照,并由海关在退税专用发票上盖章确认即可。就此而言,在离境退税职责分工中,有关游客出境通关的事宜主要由海关来负责处理。由此,韩国形成了由立法进行明确规定,由总统令作为实施依据,由退税指南作为实施细则,税务和海关各司其职加强离境退税管理的管理体制。

第二节 韩国离境退税制度的具体内容与实施保障

由上分析可知,韩国不仅在《租税特例限制法》第107条针对外国游客购买物品的离境退税制度进行了原则规定,还针对处于"试点期"的外国游客进行住宿服务和医疗服务的退税制度进行了规定,形成了"三位一体"的离境退税制度体系。尽管从长远观察,处在试点期的两项服务退税制度均具有阶段性、暂时性实施特点,但为保障处于试点期离境退税实践有法可依,韩国坚持税收法定原则,根据国会立法修正案要求对《租税特例限制法》进行了补充,使离境退税法律制度的实施更有权威性,也由此得到广泛适用。以下,本书将从购物离境退税、住宿服务退税和医疗服务退税三个层面分析韩国离境退税的制度架构。

一、韩国购物离境退税的制度设计与实施保障

总体上,韩国购物离境退税制度主要规定在韩国《租税特例限制法》第107条中,并由《购物退税服务指南》《市区退税服务指南》及《即刻退税服务指南》相互配合,共同构成购物离境退税制度体系。以下,本书对该制度的适用条件和保障机制予以评述。

(一)韩国购物离境退税的制度设计

1.购物离境退税的适用对象

在韩国,离境退税适用对象包括三类主体:第一类为外国人,是指在韩国没有地址、住所或在国内滞留期限不超过 6 个月的外国人;第二类为海外侨胞,是指在国外居住 2 年以上的韩国公民或永久居住权者暂时入境后,在国内滞留期限不超过 3 个月以上的人;第三类是指韩国内无收入者,是指在韩国没有劳动收入或不进行营业活动的非居民。[①] 而不符合退税条件的主要有:第一,从韩国本地公司取得薪酬的旅客;第二,任职于韩国航空公司的空服或机组人员;第三,在韩国或海外工作的韩国外交官;第四,在韩国工作的外国外交官。这意味着,驻韩美军、驻韩外交官、未持有护照人员、超过滞留期限人员、在韩工作人员、代理人等主体,将被列为无资格退税的旅客。

2.购物退税的基本条件

在韩国,同一天在同一商铺购物金额达到 3 万韩元以上,并在 3 个月以内出境的游客在个人行李中携带出境商品可申请退税。不可退税的商品范围主要有枪支,剑和爆炸物,被指定为遗产类资产的货物,上瘾和依赖性药物,烟草,禁止进出口的货物以及书籍,邮票,生食品等增值税税率为 0% 的物品。可见,在韩国,主要是危险性的产品和本就采用零税率的商品不可退税。旅客在购物时需要随身携带护照,在开具退税单时商家会登机查验,如果使用支付宝退税,那么需要提供绑定支付宝账号的手机号码。旅客在购物时,需要妥善保管购物小票原件(不同于退税单),以供海关核验。凡是需要在机场退税的商品,还要求在韩国期间没有拆封和使用。在此方面,店家在了解旅客的退税需求后,会使用海关专用的口袋将退税品塑封,旅客只需要将商品和塑封袋完

---

① Easy Tax Refund, https://www. easytaxrefund. co. kr/CHN/tourist/InfoAction. do,下载日期:2019 年 6 月 20 日。

整地交给海关查验,就可以获得海关确认的退税章。

3.购物退税的税种与退税率

韩国的离境退税与世界上主要国家、地区相类似,其所退税种主要为增值税。为抑制国内奢侈品消费,韩国从 20 世纪 70 年代起开征特别消费税,课税对象为高尔夫球用品、高档手表、皮革服装、珠宝及高档相机等高档消费品。根据课税对象不同,韩国特别消费税的税率也不尽相同,娱乐场所及其设备、宝石、珍珠、高档手表、高档照相机、高级毛皮及服装等税率为 20%,化妆品、鹿茸等税率为 7%,超过 2000cc 排气量的汽车税率为 10%,汽油、柴油按每升缴纳特别消费税,此外高尔夫入场券也需要缴纳特别消费税。① 与大部分国家不同,韩国对符合条件的外籍消费者在韩国境内购买高档消费品时,可以退还特别消费税。

韩国的增值税税率在制度设计之初被设计为 10%～13% 的浮动税率,但在实践中始终以 10% 的低税率运行②。在离境退税过程中,符合条件的消费者将被退还其在购物过程中缴纳的增值税,但不是按照消费额度退还部分增值税,其最高退税比率可达 8.18%。据韩国有关部门统计,实际退税程度将随着游客购买商品价值额度的变化出现级距式变化。当购买金额介于 30000～49999 韩元时,能退还 1500 韩元(约 9 元人民币)的税;当购买金额介于50000～74999 韩元时,则能退还 3500 韩元(约 20 元人民币)的税(如表 6-2 所示)。可见,境外游客须掌握好购买商品价值的临界点,方能实现退税的最优选择。

4.购物退税的地点

在韩国,符合条件的外国游客消费者必须在韩国授权的退税商店内购物方可享受退税政策,韩的退税机构多达八个,旅客可以选择到挂有任何一家退税公司标志的商店内去购买产品,典型的如印有蓝色"Global Blue Tax Free"标志的环球蓝联指定退税商店,标有"Global Tax Free"标志属于韩国本国的退免税商店以及 Easy Tax Refund,Easy Tax Free 等退税公司。与世界主要国家一样,韩国离境退税并非在购物时直接退还或免去所缴税款,一般而言,消费者需在离境时到机场办理。但随着市区退税制度的引入,旅客可在消费结束后到首尔市区的定点退税窗口办理退税事宜,这在很大程度上节约了

---

① 唐明义:《韩国税制体系及其非税收入管理》,载《涉外税务》1998 年第 1 期。
② 伦玉君、张立球、靳东升:《韩国增值税制度及借鉴》,载《涉外税务》2012 年第 1 期。

消费者的退税时间。当然,这一变更虽然更为便利,但与传统机场、码头退税模式相比加大了逃税的空间,难以确保退税商品最终被带离国境。为防止该滥用行为出现,韩国推出了"临时结算"制度(temporary charge),即旅客办理退税时需使用消费者信用卡刷一笔与退税金额相等的"临时结算"资金,待办理行李托运并确认把退税物品带出境后,再将这笔金额退回消费者账户。

表 6-2　韩国境外游客购物退税级距表

单位:韩元

消费金额	退税金额	说　　明
30000～49999	1500	
50000～74999	3500	
75000～999999	5000	
100000～124999	6000	消费者只有掌握购买物品价值与退税金额之间的级距差异,方能实现最优退税
125000～149999	7500	
150000～174999	9000	
175000～199999	10000	
200000～224999	12000	
225000～249999	13500	
250000～274999	15500	

5.购物退税的流程安排

韩国离境退税的程序大致可划分为"购买商品,获得退税单—申请退税—海关确认"这三个步骤。近年来,韩国为分流退税人次,正逐步推进退税程序的差异化运行,但根据退税金额不同,申请退税程序也有所差异,大致可以划分为出境口岸(机场)办理退税、市区退税和即时退税三种程序。首先,韩国规定了市区退税程序,适用于游客单笔消费金额在 3 万韩元以上 500 万韩元以下的情形,游客购买含有附加税的物品后通关之前,可直接通过在市内设置的退税窗口或退税机办理退税,这使得游客退税更为便利(如图 6-1 所示)。一旦单笔消费金额在 500 万韩元以上,则必须到机场或港口办理退税(如图 6-2 所示)。在办理退税手续时,游客需持有购物发票(仅凭收据或支付清单无法退税)、购物商店开具的退税单据、登机卡或机票,并填写护照姓名、地址、国籍、护照号码、居住地址等信息的退税单。在退税手续上,消费者到达机场并办理完登机手续后,可至海关柜台办理手续,工作人员在查验完退税物品后,会在每份退税单据上盖章,之后消费者的行李还将通过 X 光查验,以确保退税商品被托运离境。在办理完托运手续后,消费者应至退税窗口,由工作人员审核单据后将退税金额退还给消费者。

为更好地提高退税效率,韩国"KT Tourist Reward"公司目前在仁川国际机场、金浦国际机场、济州国际机场均设有退税服务窗口,旅客可使用机器自行退税(如图 6-3 所示)。此外,为更好提升退税效率,韩国还推出了即刻退税制度,当国外游客在百货商店每次购物达 3 万韩元但单次购物金额小于 20 万韩元,单人购物金额不高于 100 万韩元时,可直接由指定商店在扣除物品中所含的退税金额后,直接进行结算(如图 6-4 所示)。外国游客仅须通过护照查询关税厅的许可,便可直接用扣除增值税后的金额购物①,这种小额退税制度具有即征即退的特点,也因其便捷性受到消费者的广泛好评。

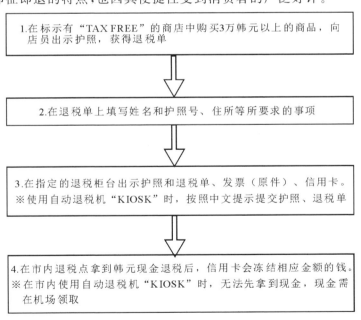

图 6-1　韩国市内离境退税的流程

① 王伟:《韩国多商家实施"即时退税"或为吸引中国游客》,http://travel.people.com.cn/n1/2016/0201/c41570-28099489.html,下载日期:2019 年 9 月 1 日。

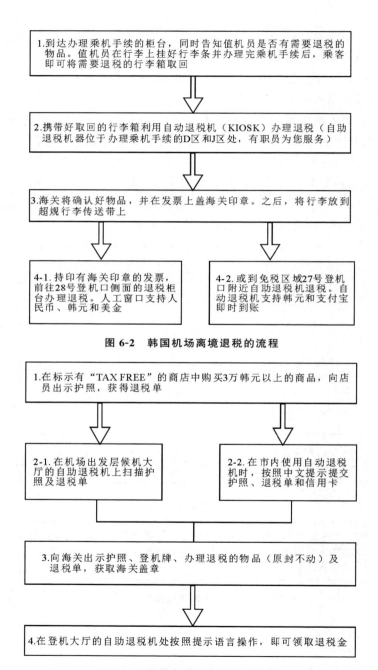

1.到达办理乘机手续的柜台，同时告知值机员是否有需要退税的物品。值机员在行李上挂好行李条并办理完乘机手续后，乘客即可将需要退税的行李箱取回

2.携带好取回的行李箱利用自动退税机（KIOSK）办理退税（自助退税机器位于办理乘机手续的D区和J区处，有职员为您服务）

3.海关将确认好物品，并在发票上盖海关印章。之后，将行李放到超规行李传送带上

4-1.持印有海关印章的发票，前往28号登机口侧面的退税柜台办理退税。人工窗口支持人民币、韩元和美金

4-2.或到免税区域27号登机口附近自动退税机退税。自动退税机支持韩元和支付宝即时到账

图 6-2　韩国机场离境退税的流程

1.在标示有"TAX FREE"的商店中购买3万韩元以上的商品，向店员出示护照，获得退税单

2-1.在机场出发层候机大厅的自助退税机上扫描护照及退税单

2-2.在市内使用自动退税机时，按照中文提示提交护照、退税单和信用卡

3.向海关出示护照、登机牌、办理退税的物品（原封不动）及退税单，获取海关盖章

4.在登机大厅的自助退税机处按照提示语言操作，即可领取退税金

图 6-3　韩国自助离境退税的流程

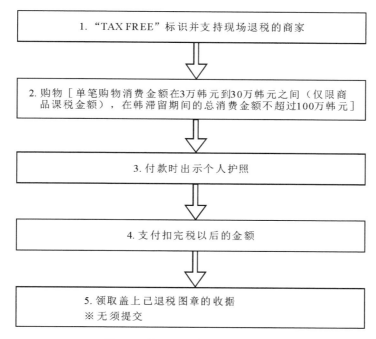

图 6-4 韩国现场离境退税的流程

（二）韩国购物离境退税的实施保障

1.多样化的购物退税形式

韩国传统离境退税方式主要有现金退税和邮箱退税两种方式,伴随着"互联网＋"的兴起,韩国境外旅客购物离境退税开始引入电子退税系统。2014年 7 月,银联国际与韩国 KTIS 公司开通了快捷退税服务,凡持有银联卡的境外消费者可在 KTIS 退税业务的合作商户以及各大机场的 24 小时自助退税终端完成现金退税,从而实现境外游客的快捷退税与即时到账。[①] 此外,韩国还积极推行手机退税和支付宝退税等方式,境外游客可通过手机 App 或支付宝扫码方式预约退税,在机场出境处退税机完成电子验证后,便可在 5 分钟内实现退税到账。[②] 这些方式简化了退税步骤,将游客从填写退税单、前往退税

---

① 杨柳:《境外旅客购物离境退税的国际经验借鉴》,载《对外经贸实务》2017 年第 3 期。

② 李文瑶:《支付宝在韩推"无纸化"退税 随时随地一扫即入账》,http://tech.huanqiu.com/internet/2018-08/12786270.html,下载日期:2018 年 9 月 1 日。

点排队的烦琐过程中解放出来,旅客可以根据具体情况自行选择退税形式(如表 6-3 所示)。

表 6-3　韩国不同退税方式比较

退税方式	到账时间	消费者体验	退税币种
支付宝	实时退税	手机短信提醒退税金,支付宝钱包和 95188 客服实时追踪退税情况	人民币
信用卡	1 至 3 个月	使用信用卡退税时,出境前必须在机场退税机扫描护照信息	人民币或美元
现金	立等可取	排队时间过长影响退运行李登机办理	当地货币或者其他货币

2.信息化系统和隐私权的有力保障

在韩国,对达到条件的外国游客购买的商品,商家会给消费者一个装着退税单的信封,其中包含了退税所需的材料及退税的流程指引。伴随着"互联网+"等技术的应用,韩国离境退税程序设计信息化程度不断提升,尤其是 KIOSK 自动退税机的逐步推广,使退税信息能便捷地在旅客和退税系统之间进行衔接,这能够最大限度地满足纳税人不断增加的退税请求,也有利于降低税务机关和海关部门的征收成本。与此同时,韩国在加快退税效率的同时,也加大了对游客权益的保障。例如,当外国游客来到自动柜机申请退税时,不仅有中、美、日、韩的四国语言界面切换提示,而且还有"同意收集和使用个人信息"的确认声明,游客需授权韩国信息通信公司通过自动机器、退税电子票等书面形式收集相关信息,韩国信息通信公司也承诺将对通过 KIOSK 退税机器所收集到的顾客个人信息进行合理保护,通过这些方式,让旅客的信息权利能够得到有效保障。

3.离境退税程序的严格监管

在韩国,离境退税须得到海关出境确认,以此搭建防控离境退税欺诈的坚实屏障。当然,为确保退税效率,外国游客征得海关核验的难易程度并不相同,区别在于海关退税的时间点和繁易程度有所差别。当境外游客针对一项购物申请即刻退税时,商店可从物品价格中扣除退税金额后再进行结算,只需海关进行"事后确认"即可。而采取市区退税、机场或港口退税等方式的,需要在机场或港口得到海关确认方可实现退税。二者的区别在于:对于低于

75000 韩元的退税事项,海关职员可以省略检查程序进行确认,境外游客仅需在自动柜机上扫描护照和退款单即可,即"机器扫描＝海关盖章";但对于高于75000 韩元的退税事项,则需要经由海关确认和检查后,游客方能出关,即"海关的电子确认＝海关盖章"。例如,在以上市区退税程序中,尽管游客事先可以在市内退税点拿到现金退税,但基于控制风险信用卡会冻结相应金额,以防止退税制度被滥用,只有当游客顺利出关后方会退还信用卡中冻结的资金。可见,在韩国,"No Customs Approval＝ No Refund"(未经海关准许无退税)已成为防控离境退税欺诈的一项基本原则。此外,韩国具有健全的国税一体化管理系统(TIS)、国税信息管理系统(TIMS)、网上办税厅(Home Tax 系统)、现金发票系统,它们的存在为离境退税申请是否合规建立了实时监控体系,能够有效减少和防控违法违规退税行为。

二、韩国住宿服务退税的制度设计与实施保障

韩国住宿服务退税事项从 2014 年 4 月 1 日起实行过 1 年时间,实施之初仅限于住宿费用较 1 年前上涨不超过 5% 的住宿业所。此后,韩国虽于 2016 年年初将该项政策废止但又于 2018 年初重新启动,其目的在于借助平昌冬奥会契机,进一步吸引外国游客访韩。根据外国游客酒店住宿附加费退税制度的规定,韩国针对在韩国短期住宿的外国游客实行外国游客住宿费附加税退税制度。[①]

住宿服务退税的适用通常应满足以下条件:第一,适用对象上,该制度适用于在韩国酒店内住宿 30 日以内的外国游客。但是在韩停留 6 个月以上或持有就业相关签证的外国人排除在退税对象之外。第二,退税范围上,在制度实行期间,留宿在韩国酒店的入境游客可以获得住宿费用 10% 的附加税(主要是指增值税)返还。酒店客房费用中最初包含的早餐费用适用于退税条件,此外客房另外的附加费用不适用于附加费退税。第三,退税要求上,为申请退税,游客只有在酒店前台直接结算住宿费用时,才能获得退税。如果只是通过酒店预约网站或旅行社预约住店,则必须等到酒店前台直接付费时方可退税。此外,外国游客需要在退房后 3 个月内离开韩国。第四,退税程序上,游客向酒店获取酒店附加税退税清单和退税确认书后,应向退税服务窗口提交退税

---

① 《韩国推住宿费附加税退税制度》,https://www.jiemian.com/article/1883852.html,下载日期:2022 年 11 月 10 日。

申请。第五,退税酒店范围上,只有政府规定能够进行退税的旅店方可予以退税。例如,在2014—2015年试行期间,韩国只允许将该项政策适用范围限定在住宿费用上涨率较1年或2年前低于10%的酒店。截至2018年3月2日,韩国参与附加税退税制度的酒店已有125家。第六,退税地点方面,游客可在出国机场(或港湾)保税区内的退税窗口、市区退税窗口或投宿酒店内申请退税。当然,能否直接在市区退税窗口或投宿酒店进行退税,不同的酒店会有所不同,游客可在投宿酒店内进行咨询。

与购物离境退税的适用条件略有不同,购物离境退税通常以“离境消费”为前提,而针对酒店住宿附加费的退税必然不以“离境消费”为前提,这在一定程度上与间接税的消费地征收原则相冲突,因此也可以称之为离境退税制度的一个特例。从离境退税制度生成的逻辑来看,很大程度上是以间接税消费地课税为适用基础的,但从服务退税的角度来看,却主要依托的是税收激励机制的安排,反映的是最大限度地通过税收制度的设计来刺激旅游经济的发展。也正因为此,韩国在设计该项制度时较为审慎,退税之初采用的是“试行期”做法,且对于外国游客的条件设定更为严格,只适用于在韩国酒店住宿30日以内的外国游客,使得针对住宿的退税制度更加符合税收优惠的比例原则。

三、韩国医疗服务退税的制度设计与实施保障

为了刺激受到中东综合呼吸征(MERS)重创的旅游业,韩国政府根据《医疗服务退税指南》,规定外籍患者在获得特殊适用医疗机构提供的含附加税的医疗服务后,可办理退税。该项制度最早于2016年4月1日至2017年3月31日实施,但截至目前,政府仍未取消该项制度。

总体上,境外游客医疗服务退税的适用条件大致规定如下:第一,适用对象上,医疗服务的适用对象主要包括:(1)在韩国国内滞留期间未满6个月的外国人;(2)在韩国国外居住2年以上者或在韩国国内滞留期间未满3个月的海外侨胞;(3)韩国境内无收入者。第二,退税范围上,以下医疗服务项目可享受退税,包括抗衰老项目、皮肤治疗、整形手术等,但整形手术后遗症治疗、重修手术、智齿矫正手术被排除在外。[1] 第三,退税条件上,对于外籍患者实施的医疗服务退税,要求其在获得特殊适用医疗机构提供的含附加税的医疗服

---

① 林芳浚:《赴韩美容整形外国患者4月1日起可享退税》,http://www.chinaqw.com/hqly/2016/03-31/84079.shtml,下载日期:2020年1月1日。

务后,在 3 个月内出境方可办理退税。① 第四,退税医院的规定上,所有医疗机关必须是依韩国《医疗法》第 27 条之 2 的第 4 项的规定,向保健福祉部长官注册的外国人患者招引医疗机关。接收外国消费者的机构必须拥有由韩国保健福祉部颁发的《外国人患者吸引业者登陆证》,外国观光客做完整容手术之后,增值税可以退税,但对于没有合法资质的非法中介,将不能实行退税。第五,退税地点上,一般情况下,外国消费者可选择出国机场(或港湾)保税区内的退税窗口、市区退税窗口退税。但当外国消费者发生的医疗费用在 200 万韩元以下之时,可直接在首尔、釜山市区设置的退税窗口办理退税。第六,就退税比例来看,旅客可以获得除去退税对象总诊疗费的 10% 手续费的金额。

在韩国,境外旅客获得医疗服务退税需要遵守退税程序。外国消费者办理结算手续后会收到就诊医院提供的《医疗服务供给确认书》,随后他们仅需在 3 个月内将退税单交到退税窗口即可办理退税。与购物离境退税程序相似,旅客有关医疗服务的退税程序会区别诊疗费用的不同而有不同的选择方案。当退税对象总治疗费在 200 万韩元以下时,旅客可选择到市中心退税窗口进行退税,此时他们需要提交《提供医疗服务确认书》和《个人信息使用同意书》,这时运营退税窗口的机构,会要求旅客提供相应担保。而当退税对象总治疗费在 200 万韩元以上时,则需要到出境口岸进行退税,旅客可以将相关退税材料向设有退税窗口的出境口岸提交,如果出境口岸没有退税窗口,此时旅客可将《提供医疗服务确认书》和《个人信息使用同意书》投入海关专设在退税窗口的信箱。与住宿服务退税一样,韩国医疗整形服务退税制度的推出与一般意义上购物离境退税制度所遵循的"消费地课税"原则也存在一定冲突,属于离境退税制度的特别规定。韩国之所以在购物离境退税之外推出该项制度,主要是为了在旅游市场上占据竞争优势,并借此有效规范整形服务行业,通过激励游客积极退税使他们找正规的医疗行业来接受服务,间接达到促进消费者人身和财产权益保障的目的。

---

① 具体而言,韩国可用于退税的诊疗项目主要有双眼皮手术、鼻子整形、乳房扩大/缩小术、吸脂术、除皱手术、面部轮廓术、牙齿整形等整容手术和脸颚矫正术、色素痣/雀斑/黑点/黑痣治疗术、黑头粉刺治疗术、除毛术、脱发治疗术、头发移植术、文身,以及洗文身、穿孔、溶脂术、皮肤再生术、皮肤美白术、抗衰老治疗术和毛孔缩小术等,参见《整容手术增值税退税指南》,https://www.cookips.com/chn/introduction/introduction07_view.html? idx=152&page=1&ckattempt=1,下载日期:2020 年 2 月 1 日。

第三节　韩国离境退税制度的实施成效与启示

在推动旅游外向型经济发展领域,韩国离境退税政策对该国经济发展起着至关重要的推动作用。作为东亚地区最重要的旅游目的地之一,韩国长期以来实行离境退税制度以促进其旅游业的发展。根据我国旅游局统计,我国公民出境游前十大目的地、跟团游前十大目的地与自由行前十大目的地中,韩国均位居榜首。据统计,2010 年至 2015 年,中国游客对韩国商品的满意度由平均 4.02 分(满分 5 分)上升至 4.29 分,推荐意向从 3.98 分上升至 4.29 分[①],截至目前中国公民赴韩国旅游人均开支已超 2000 美元,这与韩国实施离境退税政策密切相关。而就韩国免税行业发展来看,2009 年以来韩国免税额已超过英国,牢牢占据全球最大的免税市场的位置,占全球免税的 8% 左右。[②] 总体而言,韩国在《租税特例限制法》主导下的离境退税制度设计颇具特色,值得我国认真研究与借鉴。

一、韩国离境退税制度的制度特点

(一)离境退税制度目标的多元化

在旅游经济发展领域,韩国历来实行"政府主导型"的经济运营体制,在以市场为基础配置资源的前提下由政府组织、发动和协调各种社会主体的力量,加快旅游业增长速度的发展。[③] 这一运营体制反映在离境退税制度的设定目标上,政府将离境退税制度纳入本国旅游发展规划战略,以推动旅游经济的发展为主导目标。然而,从近年来在医疗服务领域所采取的离境退税制度规定来看,其虽旨在推动具有韩国特色的医疗整形服务之于境外游客的吸引力,但在另一方面也旨在实现规范韩国整容市场、增加韩国诊疗费用透明度、提高患者信赖度和满意度的根本要求。对此,韩国保健福祉部曾多次指出,针对

---

① 《韩媒称中国〈旅游法〉实施后韩旅游商品销售减少》,https://www.chinanews.com.cn/gj/2014/01-28/5792040.shtml? agt=8,下载日期:2019 年 3 月 1 日。

② 国信证券:《韩国免税行业重磅专题》,http://www.sohu.com/a/348682336619400,下载日期:2019 年 10 月 22 日。

③ 甘露:《解析韩国旅游业成功的因素》,载《乐山师范学院学报》2007 年第 12 期。

2009 年开始外国患者和医院纠纷事件增多的现状,有必要对外国人实施离境退税政策以更好地缓解治疗费用畸高、收费不透明、非法中介猖獗等现象,且根据韩国《医疗法》第 88 条的规定,只有根据该法注册的企业方可吸引、介绍外国患者,违反规定将被处以 3 年以下有期徒刑或 1000 万韩元以下罚款。[①]可见,离境退税目的已不单纯地为了提高外国人来韩接受整容手术的频率,也代表着韩国经济发展规范化、医疗收费透明化的基本要求。

(二)离境退税制度设计的法治化

根据韩国《租税特例限制法》的要求,任何税收优惠政策的出台均应当以法律规定方式明确列示于法律规范之中,务必使得税收优惠的推行符合法定的要求,做到严谨、规范、准确,如此方能让纳税人更好地明晰税收优惠政策的内容,充分发挥税收优惠政策对经济行为的引导作用。从以上关于离境退税政策入法的过程可知,所有关于离境退税的制度规定均是通过立法程序,在获得国会审议通过后颁布施行的。其间,即便是在 107 条的基础上加入住宿服务退税和医疗服务退税的规定,也均是通过《税收修正法案》的方式对《租税特例限制法》中的相关制度内容进行不断修正和完善,严格地遵循了税收法定原则。值得注意的是,为了给税收优惠的政策实施保留弹性空间,韩国在《租税特例限制法》中以授权立法的方式赋予行政机关规定相关政策实施的程序权力,现行的离境退税适用条件和程序性事项均可以总统令的方式来予以规定。基于此,韩国根据经济发展客观情况,通过事前可行性研究和事后反馈机制相结合的方式对离境退税的试点推行情况进行及时总结,并适时选择对该项制度的施行期间、适用对象以及适用程度等方面进行及时修正和调整,做到法律规定权威性和灵活性的统一。

(三)离境退税制度设计的特色性

总体上,韩国依循的仍然是针对商品而非针对服务退税的国际惯例,但该国又分别在 2014 年度和 2016 年度试点实施了住宿服务退税和医疗整形服务退税。这表明,韩国离境退税的适用范围正逐步由退税商品向退税服务拓展,且退税服务主要集中在与旅游经济发展息息相关的酒店服务业和医疗整形服务行业,具有鲜明的本土特色。但在具体实施过程中,这两项制度的实施条件

---

① 《中国留学生变身在韩"整容中介人"》,https://kr.hujiang.com/new/p596348/,下载日期:2018 年 4 月 1 日。

又存在区别。例如,酒店服务退税的目的在于增强酒店竞争能力,所以 2014 年服务退税试点仅限于住宿费用上涨率较 1 年或 2 年前低于 10% 的酒店;而对于医疗服务退税而言,其目的在于规范整形市场,因此该项服务退税的事项仅限于经过韩国保健福祉部依法登记的医疗机构,做到"不同事项不同对待"。在当前,这两项重要的服务领域退税已成为传统离境退税制度的重要突破,也体现了该税收优惠政策在经济领域的正向激励作用,反映了韩国税收治理水平的提升。

(四)离境退税制度设计的科学性

经过近四十年制度发展,韩国离境退税制度发展已日臻成熟,其在适用对象、适用条件、退税程序等诸多经验值得我国借鉴。首先,在适用对象上,韩国购物离境退税适格主体较为广泛,不仅包括符合相应条件的非居民,也包括因在国外拥有永久居留权、留学、就业、进修等因素而在海外滞留 2 年以上的韩国人。不过,相比外国人 6 个月的滞留时间而言,海外侨胞的滞留期间更为严格,要求在国内居留期间不满 3 个月。其次,游客退税需满足购物金额的最低要求,即在有资格退税的商店购买 3 万韩元以上的商品方可退税,且未使用过的物品需在 3 个月内携带出境。对于住宿服务和医疗服务申请者而言,离境退税还需游客在 3 个月内出境。最后,在适用程序上,韩国整体上建立了以"顾客便利"为中心的差异化退税程序机制。其中,就购物退税而言,韩国退税程序可分为店内即刻退税、市区退税和机场退税三种,区分标准在于所购商品数额大小,游客单次购物金额小于 20 万韩元,单人购物金额不高于 100 万韩元时,可在所购物商店进行即时退税;游客购物金额在 500 万韩元以下时,可在市区退税场所办理退税;当购物金额超过 500 万韩元时,则需要前往机场或港口办理退税。而在住宿服务和医疗服务退税领域,也需要旅客根据消费金额大小到不同退税地点申请退税。

二、韩国离境退税的实施成效与问题

(一)韩国离境退税制度的运行效果

自 1984 年境外游客离境退税制度首次登场以来,伴随着该项制度的不断发展完善,韩国的旅游事业逐渐度过了亚洲金融危机时期的瓶颈期,并跃居亚洲国家之榜首。数据统计,截至 2016 年 1 月,韩国退税商店已超过 12000 家,这表明韩国离境退税的政策实施取得了显著效果。一般而言,在不考虑其他因素影响时,设置的退税商店数量越多,意味着退税服务涉及的范围就越广,对外国游客的吸引力越大。表面上看,离境退税制度实施会带来韩国税收收入的减少,但长远观察,以离境购物退税为代表的税收优惠制度的确能够实现对税基的培植和涵养,从而有助于经济恢复和快速发展。在韩国企划财政部预计的 2017—2021 年达到的税收效果中,由增值税带来的减税效应将达到391 亿韩元。[①]

与此同时,根据韩国文化体育观光部于 2015 年发布的《酒店住宿服务附加税退还政策效果研究报告书》[②],住宿服务退税带来的税收福利也逐渐增加,反映为在住宿服务退税政策施行期间,外国游客申请退税的数量屡次增加(如表 6-4 所示),受惠团体的整体满足度上升 2.33%,再次到访韩国可能性提升 7.01%,向他人推荐的可能性提升 6.66%,旅行后对韩国整体印象提升6.46%。可见,该项制度的实施在推动旅游经济发展上取得了积极的实施成效。

表 6-4　韩国 2014—2015 年住宿服务退税情况分析

运行期间	退税数量	退还金额(韩元)	退还酒店数(家)	具有退还资格酒店数(家)	拥有终端设备酒店数(家)
2014 第 2 季度	4285	359810000	39	75	75
2014 第 3 季度	5537	465924500	34	56	56
2014 第 4 季度	7086	622765000	37	49	49
2015 第 1 季度	5284	425695000	45	30	30

值得关注的是,在医疗整形服务退税制度施行前后,前往韩国进行整形医疗的外国人的人数和比重也有明显改观,反映为在 2015 年度前往韩国进行医疗整形的人数增长缓慢,而在 2017 年度该部分人群的数量和比重则有了明显增加(如表 6-5 和表 6-6 所示)。可见,伴随着离境退税的政策宣传和普及,韩国医疗整形行业有了明显发展,在规范整形市场领域也发挥了积极的政策效应。

---

① 宋凤玲、王文清:《韩国税收优惠政策最新调整及对我国的启示》,载《国际税收》2017 年第 5 期。

② 韩国文化体育观光部:《酒店住宿服务附加税退还政策效果研究报告书》,https://cafe.naver.com/tourexpert/2306,下载日期:2018 年 12 月 25 日。

表 6-5 韩国 2014—2017 年进行医疗整形的外国人数变化

科室	2014		2015		2016		2017		前年对比增加率(%)	年平均增加率(%)
	人数(个)	比例(%)	人数(个)	比例(%)	人数(个)	比例(%)	人数(个)	比例(%)		
整形科	36224	10.2	41263	11.1	47881	11.3	48849	12.3	2.0	42.6

数据来源:韩国保健产业促进院:《2017 年外国人患者维持实际情况统计分析报告书》。

表 6-6 韩国 2016 年 4 月—2018 年 6 月医疗服务退税情况分析

运行期间	加盟退税医院数(家)	退税件数(件)	退税金额(韩元)
2016.4—2016.12	538	33659	9171000000
2017.1—2017.12	482	50338	12149000000
2018.1—2018.6	492	32096	7824000000
总计	1512	116093	29144000000

数据来源:韩国国会议员国政监察报告书①。

(二)韩国离境退税制度的基本问题

韩国在促进离境退税制度发展的同时,也带来了一些问题。一是韩国离境退税政策受到政治因素的影响较大,反映 2013—2016 年期间,在韩国财阀经济、总统大选特殊国情和特殊时期主导下,离境退税制度频繁发生调整,反映在酒店住宿服务、医疗整形服务领域的退税都具有严格的试行期限,且时有中断,这一方面体现了韩国离境退税制度的灵活性,但也客观上不利于制度的稳定实施。二是韩国离境退税制度受到外部因素的影响较大。举例言之,由于中国游客系韩国离境退税和市内免税购物的绝对主力,2017 年受"萨德事件"②后的限韩令影响,中国赴韩游客下滑明显。数据显示,2017 年 3 月至2018 年 2 月期间,每月中国赴韩客流下滑幅度 38%～70%,这也给韩国退税

---

① 国会议员国政监察报告书,来自该议员自建博客,https://blog.naver.com/nisoon/221374944407,下载日期:2018 年 11 月 11 日。

② 2016 年 9 月 30 日,韩国国防部公布"萨德"最终部署地点,为乐天集团的星州高尔夫球场。2017 年 2 月 27 日,乐天集团董事局决定,为部署萨德供地。2017 年 3 月 17日,中方敦促有关方面正视问题本质和中方合理关切,立即停止相关部署进程。随着"萨德事件"的持续发酵,国内消费者赴韩旅游热情锐减。

制度销售额业绩带来了较大影响。三是作为当前世界上唯一一个将特定服务纳入离境退税范围的国家,韩国利用《租税特例限制法》开设服务退税的"先河"虽反映了该项制度的灵活性和弹性设计,但在该领域实施离境退税制度的正当性和合理性仍有待从增值税的课征原理上得到论证,且尚未得到其他国家的广泛认同,因此对于这些领域的退税效果仍有待持续评估。此外,韩国离境退税制度实施虽然采取了即时退税、市区退税和口岸退税的分流程序,但对不熟悉韩国退税程序的外国消费者而言,很难依据自身的认知区分这些机制的运行区别,并选择最经济的退税方式,就此而言,韩国离境退税的良好运行依然有待针对性宣传和服务配套措施的跟进。

三、韩国离境退税制度对我国的启示

相比韩国,我国离境退税推行较晚,尽管当前离境退税制度在我国试点地域越来越广,但北京、上海等较为发达的省市取得了较好的实施效果,其他城市离境退税制度实施效果仍然有待提升①。且在制度建设层面,我国的离境退税仍主要以财政部、海关总署以及国家税务总局颁布的规范性文件为主,与韩国相比仍存在较大差距。未来,我国可借鉴韩国制度经验对离境退税制度规定进行完善。

(一)提升离境退税的法定性,将离境退税纳入立法体系

从法律制度建设来看,我国未建立关于离境退税的专门性法律,实践中全国各地离境退税工作主要以《关于实施境外旅客购物离境退税政策的公告》(财政部 2015 年第 3 号公告)、《关于境外旅客购物离境退税业务海关监管规定的公告》(海关总署 2015 年第 25 号公告)、《境外旅客购物离境退税管理办法(试行)》(国家税务总局 2015 年第 41 号公告)等规范性文件为依据,与税收法定的要求相距甚远。相比之下,韩国通过在《增值税法》《个别消费税法》中确立出口退税制度原则规定,并在《租税特例限制法》中明确规定购物退税、住宿服务退税和医疗服务退税"三位一体"的退税制度,树立了离境退税制度的合法性和权威性。在此方面,我国可逐步提升离境退税的法定性,化解离境退

---

① 以云南昆明为例,实施半年以来仅有不到 10 项离境退税业务;在笔者所在的重庆市,调研发现江北国际机场每月的离境退税业务发生量也仅有 10 件左右,这表明离境退税政策在西部地区省市的实施依然遇冷。李松:《以离境退税刺激入境消费存在的障碍及其破解对策——以昆明市五华区为例》,载《环球市场》2018 年 10 期。

税政策实施欠缺合法性的困局。考虑到我国尚未制定专门的税收减免法律规范,建议我国将离境退税作为增值税法律体系中的一项特殊制度加以规定,且逐步将现行《增值税暂行条例》适时上升为法律。因此,为提升离境退税法定性,我国可在未来增值税立法中,将离境退税法律制度纳入《增值税法》的法律体系,概括规定离境退税的一般条款。同时,借鉴韩国规定,将离境退税的退税对象、退税税种、退税率等基本税制要素固定下来,从而为制度运行提供法律支撑,也为纳税人提供合理的信赖保护和法律引导。

(二)科学运行施策,注重法规政策的补充作用

离境退税政策目标、参与主体具有多元性,法律无法作"事无巨细"的规定。因此,在对离境退税进行原则规定的同时,还应注重对离境退税制度实施的弹性规定。对此,我国可借鉴韩国立法规定,通过授权立法的方式由国务院对离境退税的对象、退税的范围、退税的条件、退税商店及退税代理机构资质,以及退税的申请、核准和退税违章行为的处理等内容制定实施条例和细则。此外,为继续发挥政策在推动离境退税中的作用,国务院应要求相关部门在法律、行政法规的框架内发布退税指南、通知等,强化对法律规定的补充作用,确保强化离境退税制度的灵活性和实用性,提升外国游客对离境退税政策的可获取性和满意度。

(三)合理设置要件,不断完善离境退税制度规定

当前,我国离境退税政策实施还存在效果不彰的问题,可借鉴韩国有关离境退税制度设计,提升离境退税实施效果。首先,在适用对象上,可适度扩大离境退税的主体范围,考虑到来我国留学的境外学生连年增加的实际情况,可将计划离开我国(不包含港澳台地区)12个月以上的留学生也纳入退税游客范围。其次,在适用商品范围上,我国《境外旅客购物离境退税管理办法(试行)》虽实行了"负面清单制",但却很难体现我国离境退税的商品特色。相比之下,韩国主打退税商品主要是服装、鞋帽、化妆品、钟表、电器等[1],一定程度上反映了该国的经济特色。就我国而言,可根据各地实际情况适度扩展退税商品目录,重点推出特色农产品、特殊工艺品等具有中国特色的退税商品,并按商品价值层次分别设置不同的退税率。再次,在退税的税种上,考虑到外国旅客购买的物品有较多的奢侈品,未来可考虑扩大离境退税的税种范围,对外

---

① Tax Revision Bill, *Republic of Korea Economic Bulletin*,2016,Vol.38,No.8.

国游客购买商品的消费税也进行退税。复次,在起退点的设置上,考虑到我国各地区经济发展不均衡的实际情况,可赋予地方政府在起退点规范标准上以一定的调整权,将准予退税的最低消费标准由固定下限更改为浮动下限,甚至对部分地区取消起退点的要求。此外,考虑到当前我国退税率过低,建议未来立足离境退税远期目标,将退税商品流通过程中所缴纳的全部税款予以退还。最后,针对我国银行代理离境退税业务专业化水平不高的现状,可借鉴韩国等先进国家经验,引入国际专业退税代理机构,优化退税服务市场。

(四)优化程序设计,加强离境退税的信息化管理

在退税程序方面,韩国于2014年引入的自动退税制度使得传统离境退税程序大大得以简化,旅客可凭借护照在自动退税机上进行操作并在机场获得现金退税。而韩国于2016年推出的即时退税制度能让不超过一定购物限额的游客购物时直接退税,为旅客大量地节约了退税的时间和精力,能够为其带来更加愉快和方便的旅行体验。① 此外,韩国以指南方式对离境退税提供了细致的操作指引,使得离境退税的申请程序更为便利。因此,我国可参考韩国制度,在切实落实进出境游客行李物品监管的前提下,简化申报退税流程,积极推行网络平台退税方式,加快退税效率。首先,为了更好地推动外国游客申请购物退税的便利度,我国可在离境退税政策试点成熟的基础上,推行市区退税制度和小额现场退税制度,尽可能方便广大购物游客。其次,在退税方式上,还应逐步提升"互联网+"技术的应用,推广自动退税机在机场、港湾等地方的设置,推动微信退税、支付宝退税作为信用卡退税的有益补充。此外,我国还应加强财政、税收、银行、旅游管理、海关和出入境管理部门在退税事项中的协作,探索建立购物退税综合协调机制,搭建多部门的信息交换和共享平台。

(五)强化监管意识,防控退税违法违规行为

在离境退税的实施过程中,不仅会遭遇退税欺诈风险,而且可能带来经营者冒用合格退税者身份进行退税以及对假劣伪冒产品进行退税的问题,需要对离境退税加强监管。为防范离境退税风险,韩国不仅对离境退税的适用对象、条件、程序等内容进行规范,同时还通过《旅游产业促进法》《医疗进出海外

---

① 　OECD,OECD Tourism Trends and Policies 2018,OECD Publishing,http://dx.doi.org/10.1787/tour-2018-en,下载日期:2020年5月2日。

和外国人患者维持支援法》等规定,对退税企业和机构有序规范推行退税服务进行监管、提供保障。考虑到离境退税实施的风险,我国可借鉴韩国经验,在《离境退税管理办法》完善过程中对各种离境退税违法行为加以明确,要求税务机关根据《税收征管法》对此类行为予以处理。此外,我国还可借鉴韩国对酒店服务、医疗服务退税的制度设计,由行业主管部门加强对旅游退税市场的监管,加强我国工商管理部门对经营者的退税监督,切实维护外国游客的合法权益。

第七章
中国离境退税制度完善的宏观思路

离境退税制度的实施对一国旅游业发展、国家贸易水平提升以及税收体制改革有着重要作用。当前,由于我国离境退税制度尚处于试行阶段,相关立法尚未严格贯彻"税收法定"的要求,而实践运行困境和实施的监管风险也逐渐显现。随着我国旅游业发展勃兴以及全面深化税制改革的持续运行,有必要综合考虑旅游税收改革的整体情况,在借鉴入境游客离境退税制度改革国际经验的基础上,厘清我国离境退税制度改革的总体思路和基本方向,为离境退税的制度完善提供必要的原则指引和立法指导。

第一节　中国离境退税制度完善的基本方向

作为税收制度的重要组成部分,宏观经济环境是离境退税制度得以推行的重要保障,因此国家在制定离境退税制度时,既要符合国际上在增值税制度发展过程中逐步形成的"零售出口"退税惯例,又要遵循本国经济政策发展的基本导向。观察最先确立离境退税制度的瑞典、英国等欧洲国家,之所以要把离境退税作为一项重要的旅游产业政策,都跟本国旅游经济和零售业的快速发展离不开,新加坡和澳大利亚为了从亚太地区旅游市场中争取更大的竞争优势也随后推出了旅客退税制度,可以说离境退税制度在很大程度上是由旅游业发展的内生动力催生的。同时,离境退税的制度运行还需要结合本国财政收入的支持力度进行平衡,使该项税收优惠措施的行使不至于影响到一国财政收入的可持续运行,且不对地方财政收入造成过大影响。而在离境退税制度操作模式上,各国在注重引入市场化退税制度的同时,也强调发挥政府在制度监管和风险防控中的优势。就此而言,未来我国在完善离境退税制度过程中需要从以下方面厘清思路,确立总体方向。

207

一、应助力旅游经济供给侧改革发展

就世界范围来看,旅游通过创造就业、吸引外国投资、赚取外汇以及增加全国、区域和本地的价值,从而刺激经济已得到各国充分肯定。[1] 在我国,党的十九大报告中指出:"深化供给侧结构性改革。建设现代化经济体系,必须把发展经济的着力点放在实体经济上,把提高供给体系质量作为主攻方向,显著增强我国经济质量优势。"[2]而就我国旅游业发展来看,同样存在"入出境旅游市场发展不平衡、不充分"的问题,旅游业发展的有效供给不足,旅游供给结构与市场需求结构不相匹配。本书认为,为更好地推动旅游经济的平衡发展,充分释放旅游经济的发展动力,当前我国离境退税制度完善需要以我国宏观经济目标的实现为目标,深入回应旅游经济发展的不平衡不充分问题。

从我国近年来入境旅游的发展来看,尽管 1979 年至 2000 年期间入境旅游一直以两位数的年增率增长,但在 2004 年以后入境旅游停滞不前,境外游客多样性也未得到根本性改善,这折射出我国旅游政策供给不足,难以为境外游客提供充分的制度吸引力。而根据国家旅游局统计数据,在我国国际旅游收入中,以会议、商务为目的的旅客贡献最大,而以消费为目的的旅客人数和消费贡献有待提升。在此方面,离境退税政策实施能够对境外游客来华旅游及购物产生积极影响,有助于改变我国当前入境旅客结构,激发海外游客来华旅游及购物的热情,增强游客消费的"乘数效应"。

然而,从目前试点扩围的离境退税制度来看,在服务于旅游市场的供给侧改革方面,仍面临着以下供需矛盾:第一,目前离境退税的范围只在全国 26 个试点地区展开,并未在全国范围内普及。这种谨慎试行的做法固然能推动离境退税效应的逐步拓展,但也容易带来"旅游资源共享、购物政策分散"的问题,使得政策推进过程缓慢,限制了政策的影响力。[3] 第二,我国旅游业发展长期存在重视速度与规模,忽视旅游产品质量提升的情况。就当前离境退税

---

[1] Durbarry R., Tourism Taxes: Implications for Tourism Demand in the UK, *Review of Development Economics*, 2008, Vol.12, No.1, pp.21-36.

[2] 习近平:《决胜全面建成小康社会 夺取新时代中国特色社会主义伟大胜利——在中国共产党第十九次全国代表大会上的报告》,2017 年 10 月 18 日。

[3] 石雪晴:《离境退税政策对中国入境旅游业发展的影响研究》,西南财经大学 2019 年硕士学位论文。

的产品范围来看,虽已施行"负面清单制",但由于对产品质地要求不过硬,特色产品不够突出或对它的购买难以达到退税的标准,进而难以满足外国游客追求品质、细节和内容的旅游消费需求。第三,支撑旅游业快速发展的相关配套设施建设相对落后,难以为旅游业提质增效提供充分支持。反映在离境退税的服务领域,也同时面临着基础服务不足,缺少必要指引和配套解说、信息服务不足,政府信息平台建设不到位以及安全管理服务不到位的问题,难以有效满足外国游客的退税请求。[①] 就此而言,我国有必要顺应国际惯例要求,将离境退税作为旅游经济供给侧结构性改革重点和主要矛盾来抓,以此促进出入境旅游经济的平衡。

　　从长远来看,我国离境退税制度应着力开展供给侧结构性改革,以有效解决目前存在的供需矛盾问题,具体而言:一是积极创造条件,尽快实现离境退税政策在全国范围内的全覆盖,对于已经实施了离境退税政策的省份,应逐步将个别城市的试点逐步推广至该省其他城市;对于正在计划推行离境退税的省份,则应做好在全省范围内同步实施的政策准备;对于旅游资源联系紧密的省份,也应该保持试点离境退税政策的同步性,在相近时间内开通该政策,通过增强离境退税政策的"辐射效应",让更多外国游客享受到制度福利。二是要做到重点突出,重点面向发达经济体、人口规模大国和海外华人华侨密集地区做好离境退税政策的宣传和营销工作,让更多外国游客知晓该项政策。例如,上海在推进国际贸易中心和世界著名旅游城市建设过程中,就将离境退税政策实施作为城市建设的重要组成部分。上海、广东等地还利用自贸试验区建设优势,将离境退税制度作为配套政策纳入自贸试验区的总体发展方案,助推离境退税制度的落实。三是充分利用我国"一带一路"倡议发展机遇。从基础设施建设上,应结合国际交流需求加强潜在入境旅游来源地的港口和航空线路建设,降低外国游客旅游的交通成本;从信息和管理服务方面,则应积极布局沿线的基础设施和人文环境建设,增强境外旅客对本地旅游环境的认同感。四是要增强旅游产品的供给,以离境退税制度推行为契机丰富各地旅游产品,打造产品品牌特色,并通过各大宣传平台进行推介,以此提升旅游产品的吸引力和感召力。

---

　　① 闫书铭:《我国旅游经济发展的新趋势探索——基于共享经济和旅游业供给侧改革的双重视角》,载《中国集体经济》2019 年第 7 期。

二、应注重发挥中央和地方"两个积极性"

离境退税是国家对税收收入的一种让步,其制度目的在于通过提升国家旅游吸引力、拉动地区消费来增加财政收入,但如果离境退税的运行效果不明显,可能会增加退税计划的运行成本,削弱旅游经济的财政收入效应。例如,2006 年 9 月,加拿大就取消了曾于 1991 年实施的入境游客的退税计划(The Visitor Rebate Program,简称 VRP),原因就在于游客退税的行政成本远超外国人给本国经济带来的效益。① 离境退税的制度成本通常由一国财政承担,加上该制度实施往往需要由旅游目的地国的税务部门配合实施,如果运行效果不佳,将直接影响离境退税的实施空间。尤其是在我国,该制度实施带来的区域差异极为明显,如果不提升地方推行离境退税制度领域的动力,将直接影响该制度的未来发展。因此,如何发挥中央和地方推动离境退税制度的双重积极性,至关重要。

关于中央与地方关系,党的十九届四中全会提出,要"健全充分发挥中央和地方两个积极性体制机制",为推进国家治理体系和治理能力现代化提供重要支持。② 就我国离境退税的实施来看,其虽然是在财政部、国家税务总局以及海关总署的统一规范下进行的,但由于该项制度尚未实行全面扩围,因此当前政策实施主要集中在一些条件相对成熟的我国试点省市。根据《财政部关于实施境外旅客购物离境退税政策的公告》(财政部公告 2015 年第 3 号)规定,相关地区和省级人民政府推行离境退税政策的基本条件是:第一,认可我国的离境退税政策,并根据我国现行离境退税政策制定提交相应的实施方案,并为税务以及海关等相关职能部门提供必要的便利条件。第二,在省级政府的领导下,协调税务、财政以及海关等职能部门建立联合工作机制,协调推进当地离境退税制度实施,确保该工作依法有序开展。第三,积极对接国家税务总局推行的离境退税信息管理系统,实现离境退税工作的高效率、跨区域、跨部门实施。第四,国家税务总局、海关总署以及财政部要求的其他条件。在这种全国性政策指导、地方性制度试行的过程中,由于试点地区环境不同和试点

---

① Crowley P., The GST Visitor Rebate Program for Individual Travellers—An Economic Impact Analysis, Global Refund, 2007.

② 楼阳生:《健全充分发挥中央和地方两个积极性体制机制》,载《人民日报》2019 年 12 月 5 日第 9 版。

时间长短不一,各地所发布的离境退税实施方案具有一定"地方特性",使得离境退税实施在不同省份的效果不尽相同。

之所以要处理好离境退税制度中的央地关系问题,一方面是因为根据现有政策规定,离境退税的财政资金由中央和地方政府共同负担。根据《财政部 国家税务总局 中国人民银行关于出口退税负担机制调整后有关预算管理问题的通知》(财预〔2005〕438号)的规定,各地出口货物退增值税(含出口货物"免、抵"增值税税额)中基数退税额由中央财政继续负担;超基数部分的退税额,由中央和地方原按75∶25比例分担改按92.5∶7.5的比例分担。各地区出口退税基数维持经国务院批准核定的数额不变。财政部公告2015年第3号规定,离境旅客购物所退增值税款,按照目前出口退税担负机制由实际退税办理地和中央共担,但退税代理机构的手续费一般由地方财政负担。这意味着,离境退税要在一个地方得以良好实施,必须要求地方政府拥有能够基本满足退税支出款项的税收收入,这就在一定程度上给地方财政施加了压力。另一方面,从当前离境退税的推行范围来看,也与各地旅游资源的分布情况不平衡密切相关。目前,我国主要在大城市开展离境退税工作,但有近70%的旅游资源分布在农村等相对偏远地区,而这些地区在财政支持上没有优势。因此,离境退税制度的实施必须加强配套服务和设施建设,这就需要地方政府在退税产品打造、退税场所布局和退税财政等方面给予支持。

因此,在离境退税制度实施过程中,应理顺中央和地方关系,注重中央和地方积极性的发挥。一是要将离境退税视为一项影响我国旅游经济税收收入的基本手段,充分考虑离境退税制度对各地税收收入的影响,做好中央和地方的预算安排,为年度离境退税的财政支出作出合理安排。在此方面,有必要建立科学合理的出口退税资金预算制度。根据《预算法》的规定,国家预算应具有完整性,所有收支都应纳入预算,离境退税作为中央财政和地方财政共同支出的一部分,也应当将其纳入预算,作出科学合理的预算安排。二是在中央地方退税分担机制问题上,目前我国采取的是超基数部分由央地共同分担的机制,但近年来部分地方政府财政负担较大,加上离境退税过程中容易出现征税地与退税地不一致的情况,容易造成地区间离境退税负担的不平衡。因此,需要在更大程度上加大中央政府对离境退税的财政支持,同时财政状况良好的地方政府也应发挥积极性,继续加大对离境退税的财政支持,为离境退税提供更多实施保障。三是要充分发挥中央和地方推行离境退税制度的积极性。就中央政府而言,应顺应我国旅游经济国际化发展趋势和"一带一路"倡议,尽可能地推广离境退税制度实施范围,挖掘离境退税对消费的牵引力;就地方政府而言,则应根据当地实际情况合理布局退税商店和退税代理机构,让更多境外旅客享受离境退税政策福利。例如,海南省可利用海南自由贸易港建设契机,更好地推动离境退税政策在旅游经济发展中的作用。同时,地方政府还可通过加强部门协调、完善信息共享制度,以及提供便利服务等方式让符合条件的入境外国游客实现良好的税收遵从。

三、应协调政府监管与市场自由的关系

长期以来,政府和市场关系的处理一直都是我国经济体制改革的核心问题。十八届三中全会《中共中央关于全面深化改革若干重大问题的决定》提出,"经济体制改革是全面深化改革的重点,核心问题是处理好政府和市场的关系,使市场在资源配置中起决定性作用和更好发挥政府作用"。就旅游经济而言,由于旅游业具有正负两方面外部性,需要政府以某种形式干预。[1] 当旅游业对一国经济发展具有显著影响时,政府的干预便可能非常之深。[2] 离境退税制度作为各国旅游产业发展的重要保障,制度实施需要做好严格的监管,因此不可避免地带有国家调控的属性,但同时离境退税必须依托于旅游市场,结合旅游市场发展规律方能发挥作用,就此而言,离境退税实施需要以自由市场的机制为支撑。

观察国外离境退税制度构造,大致可以划分为市场主导型的退税模式和政府主导型的退税模式,前者如英国、新加坡,后者如澳大利亚和我国台湾地区。其中,离境退税的市场机制构造主要具有以下特点:一是普遍尊重零售商的自由意志,零售商可考量成本收益决定是否加入游客退税计划;二是退税代理机构具有可选择性,符合条件的退税代理机构均有可能通过公平竞争进入本国市场,在此方面,多数国家的退税代理机构为专门的公司,其在政府职能部门的授权下,先行垫付相应的退税款项,在办理离境退税事项后再向税务机关等政府职能机构统一申报退税;三是起退点的设置上普遍有下降趋势,甚至有一些国家已取消起退点的规定,较为宽松的条件设置也能使顾客节约更多

---

① Lickorish L.J.,Jenkins C.L., *An introduction to Tourism*, Oxford:Butterworth-Heinemann,1997.

② Kerr W.R., *Tourism Public Policy and the Strategic Management of Failure*, Pergamon, Elsevier Limitied, United Kingdom,2003.

的购物成本,使企业在价格上占据优势,从而有利于扩大市场份额,推动离境退税的发展。

放眼域外,以澳大利亚为代表的政府主导型离境退税优势在于能够为离境退税的政策实施集聚财力、优化设施、减少风险,但该模式也有不利于离境退税的专业化发展、降低旅游消费市场活力的弊端。因此,从发展趋势上看,大部分国家在离境退税制度上选择了市场主导的模式,提倡激发旅游市场的竞争力,而传统以政府为主导退税模式的国家也迈出了向市场化转型的步伐。以澳大利亚为例,该国认为现行政府主导型的退税具有成本高昂的缺陷,需要通过开放市场引入私营退税部门,确保澳洲发展更具竞争力的旅游购物产业。① 但同时,大部分以市场为主导型的国家在更好地运用市场机制的同时,也逐步加强了对离境退税的政府监管,例如,一些国家通过加强离境退税的信用监管,设置欺诈退税的惩罚措施等方式加强了对违法违规离境退税行为的监管。

相比之下,我国无论是在离境退税的市场化运作,抑或在政府监管领域都存在不足之处:一方面,虽然我国已经在退税商店的选择方面实行了市场化,但在退税代理机构设置方面,按照现有规定,只有银行才有资格申请退税代理机构,致使环球蓝联、中免集团等国内外有明确从业意向和专业品质的企业被排斥在外,不利于市场的公平竞争。在起退点的布局上,也未能考虑到我国各地消费水平的不同进行科学设置。另一方面,目前我国虽规定了"出口退税"的惩戒措施,但对于离境退税是否可直接适用出口退税规定仍存在很大争议,并未在立法中予以明确,不利于违法违规退税行为的监管和相关监管制度的体系化建构。

因此,未来我国离境退税法律制度在完善过程中,应努力做好"推动市场建设和加强政府监管"二者的统一,不断提升国内购物退税市场的专业化、市场化,优化退税管理的流程,提高退税商店积极性和退税顾客满意度。一是要将税收中性原则作为离境退税制度实施的内在要求和前提条件,为我国更好地参与国际税收公平竞争创造有利条件。二是要基于风险防控的要求加强退税商店管理,制定关于退税商店的准入、退出、奖惩标准,强化对离境退税货物

① Tourism Shopping Reform Group,Federal Government Pre-Budget Submission 2016-17,04 February,2016,https://www.afta.com.au/uploads/432/160205_tsrg-16-pbs_2016-17_final.pdf,下载日期:2019 年 2 月 26 日。

的监管,对离境退税欺诈行为进行有效防控,使该制度在符合财政管理要求的基础上,更大地释放市场潜力和动能,拉动入境游客经济的增长。

第二节　中国离境退税制度完善的主要原则

一、坚持税收法定原则为制度基石

在我国当前制度体系下,离境退税更多体现的是经济属性和政策属性,而其中的法律属性未能充分彰显。诚然,在经济合理性的角度,离境退税是一项有利于刺激旅游目的地国商品出口、经济增长和避免国际双重征税的重要措施,"先试点后立法"的模式有利于我国总结政策试点经验和教训,进而从整体上推进发展。然而,根据税收法定原则的要求,与税收有关的法律渊源必须由国家最高权力机关制定通过的"法律"予以明确,尤其是设置纳税人权利和税务机关权责的事项更应当详细规定,以此实现纳税人权益与税收征管权的统一。① 就此而言,我国离境退税制度的试点存在的缺乏明确立法授权、政策性大于法定性、退税率调整过于频繁等问题,使得离境退税制度长期面临合法性的质疑。

从域外国家来看,无论是英国零售出口计划,还是新加坡或澳大利亚的旅客退税计划,抑或是韩国的租税特例,都能在相应的增值税法、商品与服务税法或其他法律制度中找到离境退税的法律依据。在我国,党的十八届三中全会明确提出"落实税收法定原则",这就要求不论是纳税活动抑或退税活动均应纳入法律规制轨道,严格依据法律实施。《中央全面深化改革领导小组2014 年工作要点》也强调,"凡属重大改革都要于法有据。在整个改革过程中,都要高度重视运用法治思维和法治方式,加强对相关立法工作的协调"。2015 年《立法法》的修改更是对税收法定原则予以单独列示,第 8 条明确规定:"下列事项只能制定法律:……(六)税种的设立、税率的确定和税收征收管理等税收基本制度。"

事实上,离境退税作为一项重要的退税制度,也应符合国家治理法治化的

---

① 刘剑文:《税法学》,北京大学出版社 2010 年第 4 版,第 94 页。

基本要求,遵循税收法定的原则约束,正确处理好"改革与立法"之间的关系。尤其在当前,我国改革发展已进入深水区,经济和社会发展中积累的问题和矛盾日益凸显,只有依法而行的改革方能凝聚共识,方能取得制度创新和突破。① 而通过比较其他国家离境退税的实践,均是在"税收法定"的框架下进行落实的。相比之下,由于离境退税政策在我国尚处于"摸着石头过河"的成长初期,其推行过程中仍面临合法性的危机。

因此,为确保离境退税制度实施的正当性,长期来看我国必须坚持"税收立法优先改革"的原则,用法治原则来为离境退税的实施保驾护航。在税收领域,税收法定主义原则是税法的最高法律原则,只有将国家税收的征、管、退通过具有高度权威性的国家法律规定下来,才能在保证国家财政收入的同时,保障纳税人的合法权益。② 首先,我们应当按照税收法定主义原则确立离境退税制度在我国税收法律体系中的地位和作用,增强离境退税的透明度和规范性、公正性。事实上,我国《立法法》以及《税收征管法》都明确规定了税收法定原则,但在相关实体法中却没有明确确立针对个人退税的离境退税制度,因而为实现退税法定化,我国应适时由全国人大将离境退税法律制度确立到税收法律规范之中,以落实税收法定原则的基本要求,用法律形式将离境退税的主体、税种范围、退税率等基本要素用狭义的法律予以明确规定,并严格规定退税机关应当依法退税,不能随意限制、取消符合条件的入境旅客的退税权利,使得离境退税的实施于法有据。其次,虽然《立法法》第 9 条明确规定了税收法定事项,但同时在其第 9 条明确规定全国人大及其常委会有权对税收法律问题授权国务院现行制定行政法规。必须承认的是,授权行政机关立法有助于解决法律的滞后性问题,但为了防控行政权对立法权的僭越,必须严格规范税收授权立法权力。在此方面,我国也可通过授权立法的方式,在立法对离境退税制度进行原则性确立的基础上,明确授权的目的、事项、范围、期限以及被授权机关实施授权决定应当遵循的原则等,以此确保离境退税的适用条件以及税率的变动在事实上不由行政权来决定,但基于政策灵活性考量,可通过授权立法制度来平衡制度设计的合法性和灵活性之间的关系。再次,要求税收

---

① 张文显:《全面推进法制改革,加快法治中国建设——十八届三中全会精神的法学解读》,载《法制与社会发展》2014 年第 1 期。

② 参见殷琳娜:《出口退税制度存在的问题及法律对策》,载《财税法论丛》2003 年第 2 期。

的同位法之间以及上位法和下位法之间做好相应调整,使得有关离境退税的同位阶税收法律规定,如增值税法律制度、税收征管法律制度以及旅游法等进行同时调整,避免出现盲点或相抵触的地方,下位法则需根据上位法规定进行调整,以更好地推动离境退税政策实施。例如,我国可在未来《增值税法》对离境退税制度进行原则确立的基础上,通过在未来《增值税法实施条例》中进行细化规定予以落实。最后,加强离境退税制度中纳税人的信赖利益保障。尽管离境退税的适用对象是境外游客,但从税收法律关系的角度,这些游客在从我国购买商品或享受服务时仍间接地承担了相应的增值税,应属于我国税收法律规制范围内的"纳税人",基于对纳税人信赖利益保障以及提升离境退税制度效果的考量,也应遵循法治化理念,对离境退税制度予以科学设计。

二、坚持税收效率原则为实施指针

税收效率原则是帕累托效率在税法领域的体现,是指税收制度的设计应当符合市场经济的发展规律,使得税收征管成本最小化。通常而言,为保障税制的合理设计,税收应当满足经济效率和行政效率两个方面的要求,从经济效率角度出发,税收应当给纳税人造成的额外负担降到最低,尽量减少对社会经济和市场公平竞争的干扰;从行政效率角度出发,则要求税收征管做到合理有效。税收征管的"效率性"大体包含了两层含义:一是优良的征管效果,二是较高的征管效率。这就要求税收征管所耗费的征纳成本保持在较低水平,其衡量标准为征纳成本与税收收入间的投入——产出比例关系。[①]

就离境退税制度而言,其是否能够得到合理的实施不仅需要消耗一定的财政成本,也需要退税机制的有效设置。从经济效率角度出发,离境退税发生在境外游客购买退税商品的过程中,如果退税条件过于严苛、退税程序过于复杂,经营者等主体将因无利可图自动放弃推行该制度。因此,离境退税的制度实施需要营造公平、有序的退税环境,使经营者因制度执行所获利益大于其所遭受的损失,降低境外游客为此承担的交易费用成本。例如,澳大利亚关于离境退税的一项调研发现,澳大利亚是国际旅客长期停留的旅游目的地,30 天以下的国际旅客只占 21%,30 天至 60 天的国际旅客只占 10%,如果设定的退税期间是离开澳洲前 30 天内购买,将使得很多长期居留的旅客无法享受必

---

① 潘文轩:《促进税收负担合理化问题研究基于结构性减税视角》,光明日报出版社 2016 年版,第 15 页。

要的退税。① 正因为此,澳大利亚随后将 30 天的离境购物期延长到了现在的 60 天,使得旅客购物退税的时间更为充分。

从行政效率角度出发,税务和海关部门在开展离境退税服务之前,应该准确测算境外游客在申请离境退税、代理机构在办理离境退税以及主管部门在管理离境退税中的成本,通过离境退税系统的信息化、退税程序的便捷化以及管理制度的规范化,提高纳税人购物和退税的积极性,降低退税管理的成本。一言以蔽之,对于纳税人的出口退税请求权,应遵循充分、及时、有效的原则,只要"在法定期限内一经发现并查实,便应立即退还;退税行为必须能够给纳税人带来效益,不能增加其成本、负担"。② 据环球蓝联公司统计,海外退税实施过程中普遍存在因退税效率低下带来的退税申请率不足的问题,仅 2012 年中国消费者在海外购物未申请的退税金额就达到 8 亿元,2013 年未申请退税金额超过了 10 亿元。③ 而以澳大利亚为例,该国联邦监察员在 2016 年针对旅客退税计划中"旅客需在登机前 30 分钟内到达退税柜台办理退税"的规定进行审查的过程中发现,该制度会使很多边防局官员因为旅客退税申请不符合时间规定拒绝其退税请求。④ 这就要求做出更加妥善的制度安排,在旅客符合法律规定的前提下提高退税效率,而不能随意增加退税条件约束,对于时间不足的旅客,则可以加大力度以在退税口岸布置"投递箱"的方式保障旅客成功退税。

在离境退税的制度实施过程中,还应当强化离境退税的程序保障。通过对域外国家和地区离境退税制度考察可以发现,各国和地区在离境退税制度保障上都探索了较多的措施。基于此,为实现实体税收正义和程序税收正义的有机统一,离境退税制度并不仅仅涉及立法位阶的提升问题,除了基于税收法定的要求对离境退税的退税对象、退税范围、退税率和退税条件等税制要素规定予以明确之外,还应借鉴域外国家和地区在离境退税实施过程中的信息

---

① Tourism Research Australia, International Visitor Survey, December Quarter 2010.

② 张守文:《略论纳税人的退还请求权》,载《法学评论》1997 年第 6 期。

③ 陈杰:《中国游客为何冷对海外旅游购物退税》,载《北京商报》2014 年 9 月 1 日第 4 版。

④ Richard Glenn, Investigation into the Tourist Refund Scheme and the Application of the 30-minute Rule, Report No. 3, 2016. https://www.ombudsman.gov.au/__data/assets/pdf_file/0018/40176/TRS-own-motion-final-report-for-website.pdf,下载时间:2021 年 4 月 5 日。

化、类型化、效率性特点，推动我国离境退税制度的科学化、合理化和便捷化。

三、坚持比例原则为度衡基准

作为一项核心原则，比例原则的本质在于通过考量税收目的与执法手段之间的关系，对税收立法和执法能否实现法律既定的价值目标以及是否会对纳税人的基本权利造成不恰当的损害进行评估。[①] 当前，随着税收调控作用增强，基于特殊的经济或社会目的采取减免税负或加重税负的税收特别措施已成为各国通例，然而税收优惠措施目的在于通过减轻或免除纳税人税负的方式促进经济发展，因此容易与早期税收唯一的财政目的相冲突，且由于税收优惠实质上创设了一项税收特权，只能使部分人得到收益，因此在一定程度上将违背税收公平原则。有鉴于此，世界各国在制定税收优惠政策时，往往需要依据比例原则对税收优惠进行规制，以保证其达到合理的目的又控制其负面效果。在税法上，比例原则包含三个衡量标准：有效性原则、必要性原则和均衡性原则。[②] 其中，有效性原则是指该措施必须能帮助目标的实现；必要性原则是指该措施是必需的，如果缺乏该措施则难以达成目标，或者在同等达成目标的方法中，该措施是最优的；均衡性原则指的是该措施实施的时间、强度、范围等都与达成其目标相匹配，负面效果最小而成效最大，要考虑该措施的总体实施效果是否有负外部性。[③]

在国际贸易领域，在遵守公平税赋、避免双重征税原则的前提下，出口退税已成为一项重要的国际惯例。但根据国际条约及相关协定的安排，出口退税制度同样应当遵循比例原则。根据世界贸易组织在《补贴与反补贴措施协议》中的规定："退税计划表允许对出口生产消耗的进口物资征收的进口费给予减免或退税。"与此同时，该协议对征收反补贴税的情形进行了明确规定，当"给予用于出口商品生产的商品或服务的税收豁免、退税或延期征收，其优惠程度超过了给予国内消费的同类产品的生产中使用的商品和劳务"时，构成出口补贴。从中可知，如果优惠程度超过"标准"，出口退税将构成出口补贴，但

[①] 姜昕：《比例原则研究——一个宪政的视角》，法律出版社 2008 年版，第 18 页。

[②] 叶金育、顾德瑞：《税收优惠的规范审查与实施评估——以比例原则为分析工具》，载《现代法学》2013 年第 6 期。

[③] ［美］图若尼：《税法的起草与设计（第一卷）》，国家税务总局政策法规司译，中国税务出版社 2004 年版，第 101～102 页。

只要退税数额不超过已征或应征的间接税,就不构成出口补贴。[①]由此可见,出口退税制度的实施同样需要遵循一定的比例原则要求。

离境退税制度实质是国家给予特定纳税人的一项税收优惠,其设置初衷在于"对符合资格的纳税人和征税对象给予鼓励和照顾,扶持特殊地区、产业、企业发展,促进其产品转型升级"。[②]正是由于"鼓励与照顾"违背了一般意义上的税收正义,国家在制定和实施该政策时应当坚持比例原则,将这种"鼓励与照顾"限定在特定主体、特别事项中,并通过特别程序付诸实施,以防止课税权力不当扩大。事实上,世界各国普遍结合本国经济调控要求,对离境退税的适用主体进行了区别化设置。例如,有些国家严格将旅客限定在外国居民范围内,有些国家则将符合条件的本国居民也纳入退税范围;有些国家设定了较高的退税门槛,有些国家则主张取消起退点的规定;有些国家将退税范围限定在商品领域,有些国家却将退税范围拓展到服务范畴。与此同时,对于享受税收优惠的特定纳税人主体而言,也应当严格按照制度确定的条件与程序申请退税,而不得出现骗税等违法犯罪行为。

我国离境退税制度设计也应坚持比例原则进行科学设置,具体而言:第一,在退税的实施对象上,应结合各国有关旅客的范围界定,在适度扩展旅客外延的基础上,对留学生及海外华侨等特殊身份群体的退税资格予以科学界定。在退税的客体范围上,我国应当借鉴国际通行经验,自身经济发展现状以及国家对于部分商品销售、流通的特定要求等因素,合理设定离境退税适用范围。同时,鉴于我国幅员辽阔,各地经济发展水平及特色产品种类存有差异,应当允许各地在法律规定范围内因地制宜地进行调整。第二,在实施力度上,离境退税制度推行需要充分的财政支出,因此,应根据全国各地区的税收优惠目标、区域优惠总量进行统一规划和管理,进而做到结构上的合理安排,实现离境退税制度在地区间的均衡。第三,在离境退税实施过程中,国家应对离境退税适用对象进行严格把控。离境退税实施目的在于通过对境外游客等特殊主体让渡部分税收利益,鼓励更多的境外游客到退税国旅游观光,从而拉动旅游目的地国的旅游经济发展。因此,如果相关主体基于"避税"等目的从事"代

219

---

① 王复华、叶康涛、彭飞:《次优出口税理论与我国出口退税政策的完善》,载《中央财经大学学报》1998 年第 4 期。

② 张玲南、邓翔婷、贺胜:《互联网金融税收优惠政策的博弈分析及其比例检视》,载《财经理论与实践》2019 年第 2 期。

购"等活动时,国家税收监管部门应对其严格限制,防止国家税收利益不当损失。

第三节 中国离境退税制度完善的立法思路

稳固持续的离境退税能够大大增强旅客的购物意愿,并给旅游业发展带来强劲的联动发展效益。但倘若没有专门的法律规范来为入境外国游客提供充分指引,将使离境退税制度面临"无法可依"的困境,同时难以建立起防范虚假骗税风险的规则体系,无法应对该项制度的运行风险。目前,我国政策主导下的离境退税规范模式与税收法定原则的要求相去甚远,尽管财政部、国家税务总局以及海关总署等制定了有关离境退税的制度规范,但其存在立法位阶较低、规定较为零散以及内容较为原则的问题,既违背了中央《贯彻落实税收法定原则的实施意见》的立法要求,也不利于离境退税制度的规范有序实施。基于此,我国有必要在借鉴国外经验的基础上改革"政策式"离境退税立法模式,建立统一、确定、权威的离境退税法律规范。

一、域外国家离境退税的立法模式总结

纵观世界各国离境退税立法样本,大致存在三种立法模式,具体为:第一,"零售出口退税"模式,主要以欧盟统一增值税指令主导下的欧盟国家为代表。依循欧盟增值税立法体制,许多国家在统一的欧盟增值税指令安排下确立了旅客"零售出口退税"模式,典型的如英国、爱尔兰的离境退税立法,它们均在《增值税法案》与《增值税条例》中对一般货物出口退税与海外游客零售出口退税作了区分。而为了更好地推进零售出口计划,英国税务与海关总署于 2004 年颁布了《关于零售出口计划的通知》[Retail Export Scheme (VAT Notice 704)]①,详细规定了零售商和有退税资格使用增值税零售出口计划的客户必须遵守的条件,奠定了英国离境退税的法律基础和执行方案。第二,"旅客退税方案"模式,主要以新加坡、澳大利亚《商品与服务税法》主导下的"旅客退税方案"模式为代表。新加坡遵循税收法定原则,在《商品与服务税法》第 25 条

---

① Overseas Visitors, Guidance Retail Export Scheme (VAT Notice 704), https://www.gov.uk/guidance/retail-export-scheme-northern-ireland,下载日期:2020 年 5 月 8 日。

中对离境退税做了原则性安排,并在《商品与服务税条例》第七章第 47 条至第 51 条对离境退税的概念、条件、主体、程序、限制以及滥用离境退税的法律规制等进行了专门规定。此外,新加坡国家税务局还制定了专门的《旅游业离境退税指南》,为旅客退税提供了具体方案。如前所述,澳大利亚也采取了类似于新加坡的离境退税制度设计。第三,"租税特例"模式,主要以韩国在《租税特例限制法》主导下为旅客购物或服务退税做出的"分类退税安排"为代表。韩国《增值税法案》和《个别消费税法案》中仅对一般条件下的退税作了规定,但该国在其《租税特例限制法》第 107 条中系统规定了游客购物离境退税、住宿离境退税以及医疗服务退税制度。在此基础上,韩国国税厅又分别颁布了《购物退税服务指南》《住宿服务退税指南》《医疗服务退税指南》,为离境退税实施提供明确指引。

二、我国离境退税制度的立法模式选择

如前所述,目前我国《增值税暂行条例》中仅有出口退税的制度规定,并无针对旅客离境退税的制度规定,即便是在财政部和国家税务总局最新发布的《中华人民共和国增值税法(征求意见稿)》中,也是沿用了暂行条例中的制度安排,仅规定"纳税人出口货物、服务、无形资产,适用零税率的,应当向主管税务机关申报办理退(免)税",并未为旅客退税制度预留立法空间。

关于如何在我国现行立法中明确规定离境退税制度,有学者提出,我国现行《增值税暂行条例》中有关出口退税的规定可以直接适用到离境退税领域,可以将离境退税作为一个特殊的退税事项在《增值税暂行条例》中得到解释。但具体来看,这种直接将"出口退税"规定适用于旅客离境退税的立法模式未免过于草率。一方面,现行出口退税制度中并未确立离境退税这种"类似出口"行为,照搬适用将难以满足退税法定的基本要求;另一方面,将离境退税视为特殊出口退税政策将在操作层面出现适用困难。因为根据我国《出口货物退(免)税管理办法(试行)》(国税发〔2005〕51 号)的安排,出口商需要在财务上做出口销售核算[①],且出口商包括对外贸易经营者、没有出口经营资格委托出口的生产企业、特定退(免)税的企业和个人(仅指注册登记为个体工商户、

---

① 《出口货物退(免)税管理办法(试行)》第 2 条规定,出口商自营或委托出口的货物,除另有规定者外,可在货物报关出口并在财务上做销售核算后,凭有关凭证报送所在地国家税务局(以下简称税务机关)批准退还或免征其增值税、消费税。

个人独资企业或合伙企业）。由此可知，针对个体消费者的离境退税政策显然不符合该规定的要求，无法进入实践操作。

要从根本上解决离境退税合法性难题，就必须寻求适合我国立法实践的离境退税制度模式。从世界各国的增值税立法模式来看，大致可以划分为欧盟成员国采用的统一增值税模式、新西兰所实行的宽税基商品与服务税模式和日本实行的无发票税额抵扣型增值税模式。[1] 就我国制度设计来看，主要采取的是源自欧盟国家的 VAT 增值税模式，因而选择采用以英国、爱尔兰等为代表的"零售出口退税"立法模式较为适宜，加上我国并未制定专门的税收优惠法，要在类似于韩国的《租税特例限制法》中对离境退税制度予以确立的难度也相对较大。而就立法框架的设计来看，比较各国离境退税立法模式可以发现，大部分离境退税制度运行良好的国家采用的是原则立法＋单行计划实施的方式，如英国、爱尔兰是通过"《增值税法》＋《增值税条例》＋《零售出口计划》"的方式规定离境退税制度，新加坡、澳大利亚采用的是"《商品与服务税法》＋《商品与服务税条例》＋《旅客退税计划》"方式规定离境退税制度，韩国则是通过"《增值税法》《个别消费税法》＋《租税特例限制法》＋《旅客退税指南》"方式规定离境退税制度，实现了上位法注重顶层设计和下位法注重法律实施的相互统一。但我国仅是以财政、税务、海关部门通过发布政策性公告、通知的方式来实行离境退税，并未将该项制度予以实质法定化。

上述国家有关离境退税的"原则规定＋单行实施"的立法模式既明确了离境退税与其他税制的共同性，也保障了该制度自身的特殊性，值得我国在今后的立法中借鉴和参考。而在具体操作上，在我国现有"出口退税"制度规定下，可以考虑采用类似于英国、爱尔兰的增值税法，对针对旅客的零售出口退税制度予以确立，但就具体立法内容而言，则可参考其他国家在商品服务税法或租税特例限制法中的规定。历史地看，将离境退税纳入我国增值税立法之中有着政策传统和立法经验。例如，我国已于 1985 年起实施了企业贸易出口退税制度，并于 1993 年实施的《增值税暂行条例》中对出口退税以"授权立法"方式对其实施的基本原则作了明确规定，此后国家根据经济形势的发展逐步完善

---

[1] ［美］艾伦·申克、［美］维克多·瑟仁伊、崔威：《增值税比较研究》，熊伟、任宛立译，商务印书馆 2018 年版，第 56 页。

了出口退税领域的法律规范体系。虽然我国出口退税立法制度尚存在缺陷①,但该领域的法律规范体系建设仍为我国完善离境退税立法提供了颇具价值的参考范本②。基于此,我国在未来增值税立法时,可考虑将出口退税和离境退税制度共同规定于增值税法之中,并通过单行规定的方式对离境退税的实施作出具体安排。

三、我国离境退税制度完善的立法思路

不难发现,离境退税立法需要植根各国国情,并结合其他因素予以考量。随着税收法定原则的深入人心、我国全国人大立法技术的加强、预算管理体制的深化和全民税法意识的提高,我国在未来离境退税的法律制度设计过程中,也应以维护税法的权威和提升执法效率为目标,加强离境退税的制度建设,增强离境退税的正当性、规范性、公正性和透明度。这就要求我们做好离境退税法律制度的立法规范,合理论证该项制度立法的可行性,处理好离境退税法律制度与其他法律制度之间的关系,既要保持该项制度的"相对独立性",在高位阶法律体系下对离境退税法律制度作出明确安排,又要兼顾法律的统一性,避免离境退税法律制度与相关法律之间产生矛盾和冲突。③ 因此,在对我国离境退税的法律条文进行设计过程中,一方面应当按照税收法定原则的要求,以法律或行政法规的形式对离境退税的条件、范围、退税率、退税机关、退税程序以及法律责任等基本要素作出统一的规定;另一方面则应当加强法律之间的协调与融合,在《旅游法》《海关法》《税收征管法》《刑法》等相关法律制度中对离境退税制度作出配套规定,避免离境退税制度实施的随意性。以下,本书先从总体上探讨我国离境退税法律制度基本构想,并结合我国增值税法立法趋势及配套制度设计提出完善我国离境退税法律制度的建议。

(一)完善我国离境退税立法的总体构想

第一,离境退税立法应在结构上做到详略得当。尽管韩国以《租税特例限

①　需要说明的是,由于我国增值税和消费税等基本税种的立法尚停留在"暂行条例"的层次,无法有效支撑出口退税的稳定运行,因此也饱受学界诟病。

②　陈洪宛、孙俊:《入境游客购物退税的国际比较及对我国的启示》,载《中国财政》2009 年第 23 期。

③　马典祥:《构建依法退税法律体系应着力理顺的五大关系》,载《涉外税务》2001 年第 12 期。

制法》为代表的立法模式在总体上难以为我国所借鉴,但观察该国的离境退税立法,通过在《租税特例限制法》中分别对不同领域的购物离境退税、住宿服务离境退税以及医疗服务退税作出规定的方式,能够集中体现离境退税的原则规定,并能够做好"原则立法和授权立法"的统一。新加坡、澳大利亚在《商品与服务税法》中对"旅客退税计划"做专门规定的做法也能够将离境退税的制度要素进行妥善确立。相比之下,英国、爱尔兰《增值税法案》与《增值税条例》虽对零售出口有原则性规定,但这些国家有关"零售出口"的制度规定仍然过于粗略,难以为离境退税的下位法提供充分指导。就此而言,我国在未来的《增值税法》中对离境退税作原则性规定的同时,可以适当汲取韩国、新加坡、澳大利亚的制度经验,对离境退税的构成要件予以明确。

第二,离境退税立法应将本土实践与域外经验有机结合。在具体的立法进程中,域外国家有关离境退税的立法经验固然值得借鉴,但同时还应当充分结合我国离境退税立法实践中形成的制度经验。例如,成都市在其《成都市旅游业促进条例》就对离境退税促进措施进行了规定,明确在重点景区、机场、中心城区等入境游客集散地设置离境退税购物与服务消费点,并引导金融机构设置外汇兑换点和开展国家化信用服务。此外,该市还鼓励政府和与社会资本进行合作,设置专门的旅游产业促进基金,共同建设、开发旅游项目。① 而《中国(广东)自由贸易试验区条例》中明确了"符合条件的区域可以按照政策规定申请实施境外旅客购物离境退税政策"的规定,这些规范为我国离境退税立法和实践提供了有益的经验。

第三,离境退税立法应妥善处理稳定和灵活的关系。各国之所以普遍采取了在商品和服务税法或增值税法中进行原则性规定和通过发布计划或指南方式进行具体规定的做法,其根本原因仍在于各国国情以及社会经济发展具有多变性,通过税收法定中的"限权"与授权立法中的"放权"相结合的做法,能够使税务、海关部门及时通过指南的年度发布对离境退税实施进行灵活安排,既能保证制度实施的正当性,又能及时反映社会经济变化,有效回应法律变化需求,满足制度实施的效率性,从而对制度运行起到积极推动作用。

第四,离境退税立法应兼顾权利保障与风险防控。观察域外国家的离境退税立法,无论是欧盟国家、澳大利亚抑或新加坡均极为重视离境退税欺诈风险防控,并专门设定了包括行政处罚和刑事责任内在的法律责任,典型的如新

---

① 《成都市旅游业促进条例》,载《成都日报》2016 年 6 月 14 日第 4 版。

加坡《商品与服务税法案》第 58 条、第 62 条的规定以及澳大利亚《税收征管法》中对"虚假和误导性陈述"的法律责任规定等。对此,我国亦需要借鉴新加坡及澳大利亚等国的制度经验,完善违法离境退税责任追究制度。

第五,离境退税立法应保障相关利益主体参与权利。观察域外国家或地区的离境退税立法和实施情况,社会第三方机构的调研和评价对离境退税的制度完善发挥了重要作用,如前文所述,为更好地调研旅客退税计划的实施情况,英国国家税务与海关总署邀请到了零售商、退款公司、海外旅客、机场营办商、旅游团体及相关业界代表来对现行零售出口计划发表意见。加拿大之所以取消了游客退税计划,主要基于"成本收益分析"的考量。而澳大利亚同样认识到离境退税制度是多部门运行保障的结果,澳大利亚审计办公室在对离境退税计划提出建议的同时也邀请了机场、航空公司、澳大利亚贸易委员会、大型零售商、州和领地政府、大型旅游机构等部门人员为离境退税的发展提出建议。① 就我国而言,离境退税的立法应当提升立法的民主性、公开性和透明度,通过采取座谈会、听证会或调查问题等方式,向利益相关者及社会公众公开离境退税实施意见,以确保离境退税制度的科学制定和有序完善。

(二)我国增值税立法与离境退税制度的完善

1.在未来的《增值税法》中增加离境退税原则性及授权性规定

随着营改增的全面完成,我国将进入增值税立法的快车道。根据财政部条法司最新公布的《2019 年财政部立法工作安排》,年内将力争完成增值税法、消费税法等法律的部内起草工作。② 2019 年 11 月 27 日,财政部、国家税务总局发布了《中华人民共和国增值税法(征求意见稿)》,但其中关于出口退税的规定只有第 37 条第 2 款规定的"纳税人出口货物、服务、无形资产,适用零税率的,应当向主管税务机关申报办理退(免)税。具体办法由国务院税务主管部门制定"。其中,并未明确对我国已在实践中广泛试行的离境退税制度予以确立。考虑我国暂无专门的税收优惠立法,我国可借鉴英国的"零售出口退税"模式或新加坡的"旅客退税计划"模式,在单行税法规范中嵌入离境退税

---

① 参见 Australian National Audit Office(ANAO), Management of the Tourist Refund Scheme, The Auditor-General Auditor-General Report No.8 2019-20 Performance Audit,2019.

② 财政部:《力争年内完成增值税法等多部法律起草》,http://news.sina.com.cn/o/2019-03-20/doc-ihsxncvh4141309.shtml,下载日期:2019 年 3 月 20 日。

的原则性规定。申言之,我国可以在未来的《增值税法》制定过程中增加离境退税的规定,明确"外国旅游者在中国购买并带出境消费的商品按规定予以退税"。具体可在已经起草的《增值税法(征求意见稿)》中融入相应的离境退税法律条款,主要内容包括:

第一,明确零售商品出售给境外个人时按零税率对待并作退税处理。根据增值税的"消费地课税原则",国际上对于出口商品所负有的间接税通常实行的是零税率。对此,离境退税制度可以同样基于该项国际惯例予以设计。我国可以参考英国、爱尔兰等国的《增值税法案》制度规定,扩大"零税率"的适用范围,将零税率不仅适用于企业出口退税,也适用于零售出售给境外个人的情形。就此而言,本书建议将《增值税法(征求意见稿)》第13条第4款有关增值税的零税率的条款修改为:"将货物出口到境外,或将货物作为零售商品出售给境外个人的,税率为零;但国务院另有规定的除外。"

第二,应当将离境退税制度与出口退税制度并列设计。目前,在出口退税制度方面,《增值税法(征求意见稿)》第37条的规定基本延续了现行《增值税暂行条例》第25条的规定,并未明确针对旅客的离境退税制度适用。在此方面,澳大利亚《商品与服务税法》第168-1规定,如果外国居民携带或寄送在澳大利亚境内购买的物品出境,则该货物在澳大利亚境内所缴纳的商品与服务税可被退还给该纳税人。韩国《租税特例限制法》第107条第1款也规定"针对外国游客等为了携带出国,从总统令规定的经营者处买入的商品货物,可以依据总统令的规定适用增值税零税率,或者返还对该商品货物所征收的增值税额"。考虑到出口退税制度与离境退税制度的适用对象和操作机制存在不少差异,建议我国在《增值税法(征求意见稿)》第37条中增加旅客离境退税的原则性规定:"境外旅客携带商品在离境口岸离境时,可以根据国务院的规定,在法定的期限内对其在指定退税商店购买的退税物品退还所征收的增值税额。"

第三,应将离境退税的实施程序授权国务院在《增值税法实施条例》中予以明确。由于一国增值税法所涉及的事项较多,大部分国家还在增值税法案中对离境退税程序作了授权性规定。如新加坡《商品与服务税法》第25条规定,"财政部部长可以颁布规章,……对规定人员或主体提出的申请,就相关商品或服务的供给或商品的进口应征的商品与服务税的退税和减免明确相关规定"。韩国《租税特例限制法》第107条第4款规定,"有关外国游客等的范围、商品货物的范围、买入或卖出的程序、税金返还以及其他必要事项,由总统令规定"。根据我国立法实际,也可在《增值税法(征求意见稿)》第 37 条增加一款关于旅客离境退税程序的授权性规定,明确"关于境外旅客的范围、商品货物的范围、退税的程序、退税率以及其他必要事项,由国务院制定的《增值税法实施条例》予以规定"。

2.在未来《增值税法实施条例》中增加离境退税的要件性规定

为保障《增值税法》的顺利实施,部分国家还在相关增值税法条例或规章中明确离境退税的实施要件。例如,新加坡《商品与服务税条例》中单设了第 7 章,共 5 个条文对离境退税的相关事项进行专门规定。澳大利亚的《商品与服务税条例》第 168 条也分设了 7 个条款对旅客退税计划的实施进行规定,包括购买货物的事项、离境的安排、随身携带行李出境和非随身携带行李出境的情形、退税的方式、退税的机构、退税的时间等。对此,我国可在未来的《增值税法实施条例》中单独设置离境退税章节,对《增值税法》中的离境退税事项予以细化规定。具体而言,根据《增值税法》的授权规定,未来《增值税法实施条例》有关离境退税制度的专章规定可大致涵盖以下内容:第一,境外旅客离境退税制度的一般规定。可以在其中明确境外旅客离境退税制度的主要目标和通用概念。第二,明确"境外旅客"的基本涵义,可以从适格的境外旅客主体和离境退税适用的排他主体范围进行双向规定。第三,明确退税条件的基本要求,可以规定境外旅客申请退税需要满足的退税物品范围、退税金额门槛、退税的时间、行李出境要求等。第四,明确退税率的基本安排,对应退增值税额的计算方式予以明确。第五,明确退税商店和退税代理机构的基本概念,并对退税商店的备案条件、退税代理机构的选任条件予以原则规定。第六,明确退税程序的一般流程,要求旅客申请退税时主动向退税商店索取退税凭证,向海关办理核验确认手续,并在规定时间内凭有效证件和海关签章申请退税。第七,确立退税规章制定的一般条款,明确财政部、国家税务总局和海关总署可颁布规章,在特殊情况下对法定主体退还增值税,并对离境退税业务实施监管。第八,规定旅客违法退税法律责任的原则性条款,明确旅客违法退税应按照《税收征管法》《海关法》的规定实施处罚。

3.颁布统一的离境退税规章指导离境退税的具体实施

从域外有关离境退税的具体经验来看,典型国家或地区除了在相应的增值税法中作出原则规定,在增值税法实施条例中做出要件性规定以外,还发布了有关离境退税制度实施的规章、指南或指引,为旅客退税提供充分的制度指引。典型如英国税务与海关委员会发布的《零售出口计划》、新加坡税务局发

227

布的《旅客退税计划指南》和《零售商退税计划指南》等。目前,我国在国务院旅游业发展战略的规划下建立了"政策先行"的离境退税制度体系,但现有离境退税的政策规范仍较为分散,造成了管理体制不尽协调、制度实施不够稳定等问题。就此而言,我国有必要在财政部主导下联合国家税务总局和海关总署共同制定和发布有关离境退税实施的部门规章,对离境退税的具体实施条件和程序予以明确,对此,本书将在附录部分,结合现行离境退税制度规范,拟定《境外旅客购物离境退税管理办法(建议稿)》及立法说明,为离境退税规范实施提供智力支持。

(三)我国离境退税制度在相关法律中的确立

1.《旅游法》与我国离境退税制度完善

离境退税是针对境外游客实施的一项旅游促进措施,旅游法等法律规范是否完备也关系着离境退税的推行是否有良好的实施环境。2013 年,我国首部《旅游法》颁布出台,明确提出要切实保护旅游者和旅游经营者的合法权益,规范旅游市场秩序,但由于《旅游法》出台在先,离境退税制度扩围在后,《旅游法》中并未明确提出促进境外游客入境旅游的规定,而主要侧重倡导旅游经营者应当合法经营,入境旅游、境外游客应当进行合法、文明旅游。此后,为进一步推动旅游业的供给侧改革,《国务院关于促进旅游业改革发展的若干意见》(国发〔2014〕31 号)明确提出,要"大力拓展入境旅游市场,为外国旅客提供签证和入出境便利"。受此驱动,成都等试点城市作为离境退税制度的直接推行者,已经注意到旅游法规在规范入境旅游中的重要性,《成都市旅游业促进条例》明确提出要推动入境游客离境购物退税系统建设,推进重点景区、中心城区、机场和车站等设立离境退税商店,促进境外游客购物消费。①

因此,未来我国在《旅游法》的修改过程中可以"激励导向型"立法为指引,参考我国《中小企业促进法》的立法规定,在《旅游法》中增加一条原则性规定"国家依法实施有利于旅游业发展的税收政策,采取税率优惠、税收减免和退税等鼓励措施,促进旅游业务的发展"。在专门推动离境退税政策方面,《旅游法》还可在我国全面推行离境退税政策的基础上,及时吸收《成都市旅游业促进条例》等地立法经验,增加一条规定:"县级以上人民政府应当引导金融机构增设外汇兑换点、完善外币兑换和国际化信用服务,推动入境游客离境购物退

---

① 参见《成都市旅游业促进条例》第 24 条的规定。

税系统建设,推进重点景区、中心城区、机场和车站等设立离境退税商店,促进境外游客购物消费。"

2.《海关法》与我国离境退税制度完善

由于离境退税政策的实施多以"商品出口""旅客离境"为要件,因此其必然受到《海关法》的约束。根据我国《海关法》第 46 条的规定:"个人携带进出境的行李物品、邮寄进出境的物品,应当以自用、合理数量为限,并接受海关监管。"第 47 条规定:"进出境物品的所有人应当向海关如实申报,并接受海关查验。海关加施的封志,任何人不得擅自开启或者损毁。"按照《海关法》的规定,如果境外旅客将行李物品携带或托运出境,只要在自用、合理数量范围内,即是合法的。实践中,离境退税政策的推行也应受《海关法》关于自用、合理数量原则的约束①,在非商业性、非贸易性、非牟利性的领域②推行离境退税政策。并且,如果不能防控境外旅客在短时间内多次往返充当代购中介,赚取税收利益而侵蚀税基的行为,也将违背离境退税政策的设置初衷。③

因此,针对《海关法》对离境退税的违法责任缺乏约束的问题,我国可考虑在《海关法》第 82 条增加一款,以约束非法逃避海关监管实施退税的行为。具体而言,可将《海关法》第 82 条修改为:

> 违反本法及有关法律、行政法规,逃避海关监管,偷逃应纳税款,逃避国家有关进出境的禁止性或者限制性管理,有下列情形之一的,是走私行为:
>
> (一)运输、携带、邮寄国家禁止或者限制进出境货物、物品或者依法应当缴纳税款的货物、物品进出境的;
>
> (二)未经海关许可并且未缴纳应纳税款、交验有关许可证件,擅自将保税货物、特定减免税货物以及其他海关监管货物、物品、进境的境外运输工具,在境内销售的;

---

① 目前,我国《海关行政处罚实施条例》和《海关对进出境旅客行李物品监管办法》中已有初步规定,其中"自用"是指旅客或者收件人本人自用、馈赠亲友而非为出售或者出租。"合理数量"是指海关根据旅客或者收件人的情况、旅行目的和居留时间所确定的正常数量。

② 林典立、黄雪坚:《关于自用、合理数量原则若干问题的思考》,载《海关法评论》2017 年第 7 卷。

③ 欧阳天健:《离境退税的机制完善与路径创新——以新加坡为参考》,载《国际经济合作》2017 年第 1 期。

（三）在海关核验时提供虚假身份信息或与退税申请单信息不符的商品，或是不符合离境退税条件的人联合境外旅客实施骗税的；

（四）有逃避海关监管，构成走私的其他行为的。

有前款所列行为之一，尚不构成犯罪的，由海关没收走私货物、物品及违法所得，可以并处罚款；专门或者多次用于掩护走私的货物、物品，专门或者多次用于走私的运输工具，予以没收，藏匿走私货物、物品的特制设备，责令拆毁或者没收。

有前款所列第（三）项行为之一的境外旅客，情节严重的，可取消签证、驱逐出境。

有第一款所列行为之一，构成犯罪的，依法追究刑事责任。

3.《税收征管法》与我国离境退税制度完善

根据国家税务总局 2015 年第 41 号公告规定，省、自治区、直辖市和计划单列市国家税务局具体来负责离境退税的管理。但目前我国《税收征管法》中并未明确对税务机关的该项职权予以明确。本书认为，在推动离境退税入法的基础上，我国税务部门对离境退税的事项管理应遵循《税收征管法》第 2 条的规定，将涉及离境退税的征管问题交由税务机关负责。同时，鉴于《税收征管法》未规定离境退税违法行为的处理程序与法律责任，建议我国在《税收征管法》中将离境退税违法行为的责任条款设定为："以假冒身份、提供虚假物品信息或者其他欺骗手段骗取国家离境退税款的，由税务机关追缴其骗取的退税款，并处骗取税款一倍以上五倍以下的罚款；构成犯罪的，依法追究刑事责任。对骗取国家离境退税款的境外旅客，税务机关可以在规定期间内取消其办理离境退税的资格。"

4.《刑法》与我国离境退税制度完善

伴随着离境退税政策的风靡和国际旅游业的发展，该制度的实施风险也随之袭来。例如，英国、澳大利亚均已发生了多起离境退税骗税事件，英国税务海关总署（Her Mgiesty's Revenue and Custons）于 2011 年查获一起巨额诈骗出境退税案，犯罪团伙骗取的税款高达 30 多万英镑。对此，根据英国《2006年诈骗罪法案》规定，如果一旦被英国税务海关总署查处骗取离境退税，被检察机关起诉定罪，行为人可能面临最高 10 年的监禁刑、并且面临高额的罚金。就我国而言，现有《刑法》第 204 条已经规定了"骗取出口退税罪"，该项罪名和罚则的规定让故意违反税收法规，采取以假报出口等欺骗手段，骗取国家出口退税款，数额较大的行为能够得到刑法的有效规制。本书认为，有必要在此基础上增加一条规定，明确"骗取离境退税罪"的法律责任，该条款可拟定为："以假冒身份、提供虚假物品信息或者其他欺骗手段骗取国家离境退税款，数额较大的，处五年以下有期徒刑或者拘役，并处骗取税款一倍以上五倍以下罚金；数额巨大或者有其他严重情节的，处五年以上十年以下有期徒刑，并处骗取税款一倍以上五倍以下罚金；数额特别巨大或者有其他特别严重情节的，处十年以上有期徒刑或者无期徒刑，并处骗取税款一倍以上五倍以下罚金或者没收财产。"

第八章
中国离境退税制度完善的具体路径

离境退税制度的实施对推进我国旅游业的发展、国家贸易水平提升,以及税收体制改革发挥着重要作用,但在"政策主导"的离境退税规则设计下尚存在退税旅客范围较为狭窄、起退点的设置不科学等缺陷,不利于旅客退税效率的提升,也会影响到退税风险的防控。因此,在有效改善我国离境退税制度合法性的同时,更应注重退税制度的合理设计,充分借鉴和吸收国外税收立法的先进成果,不断深化我国现有离境退税实体规则和程序制度的完善,努力提升离境退税制度对我国旅游业发展的促进作用。

第一节 中国离境退税制度完善的规则设计

"税收是强调可行性的学问。一种不可管理的税制是没有多少价值的。理论上最完美的税制如果所表示的意图在实践中被歪曲,就可能变成蹩脚的税制。"① 从域外国家或地区的离境退税实施情况来看,科学的离境退税制度应该包括适格的退税主体、退税商品的范围、退税条件、退税比例、退税程序等要素的合理设计。如上所述,当前我国的离境退税具体规则还存在诸多弊病和缺陷,有待从以下方面加以改进和完善。

一、适度扩展离境退税的主体范围

从相关国家有关离境退税的适用主体看,各国的制度规定并不相同。最为广义的退税主体规定当属澳大利亚,该国的《商品与服务税法》并未将退税主体限定在外国游客的范围,如果是本国公民或居民购物出境,同样可以享受退税的待遇,只不过要遵循"不超额"携带返回的原则规定;相对狭义的退税主

---

① ［美］伯德、韩舍尔编:《发展中国家的税制改革》,朱忠等译,中国金融出版社 1994年版,前言,第 1 页。

体规定主要在一些欧盟国家和新加坡,如英国针对"境外游客""在英国学习或务工""离开英国或欧盟后,在欧盟之外至少停留 12 个月"三种情况进行了区分,确保不同旅客能够按照相关制度法律规定获得退税。最为狭义的退税主体规定则严格将退税主体限定为未居住在欧盟成员国的"外国游客",如法国和德国等,并对退税主体的年龄做出了限制。一般而言,旅客的范围确立直接关系到离境退税的实施广度,对退税旅客的限制越少,退税制度辐射范围就越广,也越容易做好退税制度的推广,但其缺陷在于主体范围过大容易增加海关部门的监管难度,降低了退税效率。结合我国离境退税主体存在的问题,应从以下方面加以完善。

(一)适度扩大离境退税的主体范围

当前,根据我国相关政策,离境退税政策的适用主体为我国境内连续居住不超过 183 天的外国人和港澳台同胞。据此,我国离境退税制度的适用条件为:其一,必须为外国人以及港澳台同胞等境外人士;其二,境外人士在我国境内连续居住时间需满足不超过 183 天。从中可以看到,我国在主体规定上采取的是"狭义"的立法模式,部分群体虽然在出境时间上满足离境退税的要求,但囿于身份的限制,其不能享受离境退税的政策,如到中国留学超过半年的学生、华侨、外交人员等。理论上看,我国限定离境退税主体范围,目的在于避免政策适用主体过宽可能带来的财政收入减少,这种制度设计有其合理性成分,但鉴于我国离境退税制度对境外游客的吸引力不够明显,仍有必要进一步拓展退税主体范围。

第一,建议将符合条件的留学生纳入退税主体范围。在我国学习交流的境外人员往往对中国文化、教育等事业具有较高认同度,其虽然在时间上可能超过我国离境退税政策规定的时间要求,但其在留学交流结束时购买物品离境,体现了其对中国商品质量乃至中国文化的认同。据统计,仅 2015 年我国就接纳了 201 个国家和地区的 397635 名外国留学人员,比 2014 年增加20581 人,增长幅度为 5.46%。[①] 不难发现,境外留学人员在我国正呈现逐年增长的趋势,其对于刺激我国国内旅游消费,以及扩大我国商品在留学人员所在国影响有着重要意义,建议将此类主体纳入离境退税适用范围。在此方面,可以借鉴英国和新加坡的制度规定,明确将计划离开我国(不包含港澳台地

---

① 赵书博:《境外旅客购物离境退税政策比较研究及我国的借鉴》,载《国际贸易》2016 年第 9 期。

区)12 个月以上的留学生纳入退税旅客范围,允许他们在离境前 3 个月内购买并携带出境的商品退还增值税。

第二,建议将符合条件的本国居民纳入退税主体范围。与澳大利亚所实施的本国居民购物离境也可无差别适用退税制度的规定不同,韩国将海外侨胞,如在国外居住 2 年以上的韩国公民或永久居住者纳入退税范围,英国、爱尔兰也规定,当本国居民或欧盟居民离开欧盟以外连续居住至少 12 个月时,可以申请离境退税。对此,考虑到我国各地旅游业发展具有不平衡性,且海外华侨等主体对于我国提供社会公共服务的消耗相对较小,对其实行退税有利于带动我国购物消费。为此,我国可将享受离境退税权利的旅客范围扩大至具有我国国籍但常驻境外的人员,如外交人员、海外华侨等。同时,为防止离境退税制度的滥用,有必要对他们离境的时间予以规定,在此方面,可参考韩国规定,将在中国以外居住 2 年以上的中国公民或永久居民纳入退税范围。同时,为保证退税主体资格的真实性,凡是有资格享受离境退税的主体均应提供相应的身份证明或护照证明。

(二)对不适用于离境退税的主体进行列举规定

我国离境退税实施的初衷在于通过给境外游客相应的税收优惠,吸引更多的境外游客到中国进行旅游和消费,从而拉动我国经济发展和区域经济影响力的提升。然而,伴随着经济全球化的发展,某些境外游客到一国旅游的目的,不在于在特定国家进行旅游消费,而是通过旅游之名,实现其相应的商业目的,其中较为典型的就是境外游客的"代购问题"。例如,针对中国大陆游客愈演愈烈的"代购潮",中国香港就曾在 2013 年 3 月专门出台了"限制奶粉出境"法规,要求每名 16 岁以上人士离港时只允许携带不超过 1.8 公斤奶粉。尽管该政策曾引发社会各界的广泛质疑,但其涉及的"代购"问题也的确令人深思。事实上,我国的离境退税实施同样面临着因"营利动机"而滥用该项制度的问题,某些境外游客可能会实施"代购"行为,从中国境内大批量购买商品带离出境出售,与我国设置离境退税的目的明显违背,需要对离境退税适用主体进行限制。

第一,明确未达到年龄限制的未成年人不能享受退税。为防止无消费能力的未成年人被他人委托离境实行购物退税,欧盟国家普遍规定未满 15 周岁的未成年人不能享受退税(不同国家规定不同,如法国规定为 16 岁以上,德国规定为 18 岁以上),新加坡规定有权申请退税的旅客应大于或等于 16 周岁。就我国而言,为防控退税主体不适格问题,有必要参考域外国家有关离境退税主体年龄规则,参考我国《民法典》关于民事行为能力人的规定①,规定不满 16 周岁的未成年人不得申请退税,以确保真正有消费能力的群体享受离境退税。

第二,明确基于营利为目的来到中国任职的个人不适用退税规定。在此方面,大部分国家离境退税立法中明确将具有滥用特殊身份可能性的主体排除在退税范围之外。例如,新加坡、英国等国将从本国离境的船舶工作人员或航空公司机组成员排除在退税范围之外,规定此类主体开展境外货物出口行为不能申请退税。为此,我国对飞机或轮船的境外机组成员、驻华外交或领事人员及部分基于"代购"等营利为目的的境外游客购物退税应加以限制,避免此类主体借离境退税不当攫取税收利益。

二、适时拓宽离境退税的税种范围

"在 20 世纪后半叶税制结构的演变过程中,世界各国几乎普遍地征收增值税应该被认定为最重要的事件"②,截至目前,除了美国等少数国家未采取增值税制度外,全世界已经有 158 个国家实施了增值税制度。尽管各国选用的增值税模式不尽相同,但这些国家都实行了属地型增值税的做法,在划分税收管辖权范围时遵循消费课税(目的地课税)的原则。③ 事实上,从广义消费税的角度来看,凡是有间接税制度的地方,便可根据消费地课税原则实施离境退税。不过,各国离境退税的税种主要为增值税,而在是否退还消费税上,各国还存在诸多分歧。例如,境外旅客在澳大利亚办理离境退税手续时不仅可以根据《商品与服务税法》获得商品与服务税退还,还可根据《葡萄酒均衡税法》获得葡萄酒均衡税的退税。在韩国,可退税种类包括增值税和个别消费税。而根据日本《消费税法》的规定,退税范围包括一般消费税和个别消费税。但就英国、新加坡而言,则仅仅是对增值税或商品与服务税予以退还。

从增值税与消费税的关系来看,二者都属于流转税,通常而言征收个别消费税的同时需要征收增值税,两者计税依据上具有一致性。对于购买"应税消

---

① 《中华人民共和国民法典》第 18 条规定,成年人为完全民事行为能力人,可以独立实施民事法律行为。十六周岁以上的未成年人,以自己的劳动收入为主要生活来源的,视为完全民事行为能力人。

② Sijbren C.,Global Trends and Issues in Value-Added Taxation,*International Tax and Public Finance*,1998,Vol.5,No.3,pp.399-428.

③ [美]艾伦·申克、[美]维克多·瑟仁伊、崔威:《增值税比较研究》,熊伟、任宛立译,商务印书馆 2018 年版,第 56、213 页。

费品"的外国游客而言,如果能够在退还一定增值税的基础上,再将购买商品的消费税退还,将带来更大的税收激励作用。例如,韩国、澳大利亚、日本等国家在退税时就选择了将特殊消费税一并退还。从理论上来说,消费税的主要征收目的在于其对生产经营和消费进行特殊调节,保障财政收入的稳定增长①,它能够有效地抑制奢侈性消费,促进良好社会风气的形成②。相对于普通商品的增值税退税,针对特殊商品消费税的退税对境外旅客的吸引力更大,更能体现离境退税对经济的激励。此外,基于财政成本和税制改革考虑,部分国家还调整了离境退税制度内容。例如,加拿大在实行旅客离境退税(现已取消)过程中,考虑到财政成本过重,遂于 2007 年 4 月 1 日起取消商品与服务税以及消费税退税政策。而马来西亚也曾在 2014 年《商品与服务税法》中确立了游客退税制度,但由于该国在 2018 年 9 月取消了商品与服务税(GST),有关境外旅客购物离境的商品与服务税退税制度也随之被取消。

我国在针对企业的出口退税政策中,既包括增值税的退税,也包括消费税的退税。国家通过将货物出口前在国内生产、流通环节实际承担的增值税、消费税,在货物报关出口后退还给出口企业,使出口货物以不含税价格进入国际市场,能有效避免国际双重课税。但目前个人的离境退税仅限增值税退税,这一方面是因为目前我国的离境退税制度尚处于试行阶段,在试行效果未得到有效检验的情况下不宜过度放开,另一方面则是因为受到我国退税财政负担的限制,仅增值税的部分尚不能"应退尽退",如果扩大退税的规模,会给地方政府分享的财政收入带来一定的影响。因而,现阶段仍不宜将退税的税种范围进行拓展。但长远来看,同时实行了增值税和特殊消费税的国家普遍对这两项税收实行了退税,以此让游客享受更大优惠,进而刺激境外旅客购物消费。因此,未来我国可考虑扩大离境退税的税种范围,对境外购物消费者进行消费税的退税。例如,对于珠宝等奢侈品,也可进行消费税的退税。当然,对于金银等具有战略性意义的物品依然不适宜退税,以保障国家金融安全。

三、科学确立离境退税制度的客体范围

大部分国家在离境退税的客体范围设定上,普遍采取了"负面清单"的模式,将范围限定为商品退税,只有韩国等少数国家将住宿服务和医疗整形服务

① 张守文:《财税法学》,中国人民大学出版社 2016 年第 5 版,第 182 页。
② 李梦娟:《我国消费税改革的考量与权衡》,载《税务研究》2014 年第 5 期。

适用到退税计划中。鉴于此,我国可从以下方面对退税的客体范围加以完善。

(一)合理确立退税商品的适用条件

随着我国离境退税的政策实施从海南的单点实践步入全国 26 个地区的多点实施,在全国统一的政策安排下,离境退税商品范围也从海南试点时期的"正面列举"转为"负面清单"规定方式,这意味着离境退税的商品范围由原定的 21 类物品转变为由法律规定的限制出境和增值税免税物品外的其他物品,原则上未列入负面清单的物品均可纳入离境退税的范畴,进而有效拓展了离境退税的适用范围。同时,根据财政部 2015 年第 3 号公告第 1 条第(3)款的规定,退税商品能否申请退税还需要满足"尚未启用或消费"的规定。

根据"间接税消费地征收原则",一般境外游客已在本国部分或者全部消费的物品不予退税,但部分国家对此进行了较为灵活的规定。例如,除已经拆封的香水、巧克力、酒水等外,澳大利亚允许境外游客对所购买的笔记本电脑、手机等购物离境退税物品在该国境内消费,但需保留好必要的单据。类似地,在马来西亚 2018 年 9 月份之前实行的离境退税中,对于服装、照相机、手提电脑等已进行境内消费保留完整发票的商品依然予以退税。其缘由是,一些特定属性的商品虽已在旅游目的地国进行了部分消费,但由于其消费价值主要发生在境外,进行退税可以实现更好刺激消费的效果。因此,我国在退税商品是否"未拆封、未使用"的适用上,应当区分情况对待,对于已经拆包消费的食品,由于其已无再使用价值,应将其排除在退税物品之外,但是对于服装、鞋帽、书籍、照相机、手提电脑等在旅游目的地国内购买且已使用的物品,即便消费者回国后仍存在"重复消费和使用"的可能性,且这些商品的主体消费将主要在旅客回国后完成,在明确其系消费者自用且经海关严格监管的前提下,对于这些商品的部分使用应保留境外旅客的退税权利,确保我国离境退税的适用范围能够适当拓展。

(二)条件成就时可将退税范围扩展至服务领域

当前,除韩国等少数国家外,绝大多数国家将离境退税适用范围限定于有形的货物领域而不包括服务退税,其主要考量因素为:根据消费地课税原则,境外游客在购买商品后,会将其带回本国进行消费;而其购买的服务,则是在旅游目的地国内进行消费。但如前所述,仍有国家的离境退税制度实现了从商品向服务的扩围,如韩国将离境退税范围扩展到相对比较容易确定的住宿和医疗服务领域,加拿大在未取消离境退税之前,也曾将旅馆住宿费及套餐费

237

予以退税,带来了较好的经济刺激效应。就我国而言,随着 2016 年 5 月 1 日全面实施营业税改征增值税,境外游客在我国使用相关服务也需要缴纳增值税。短期来看,我国离境退税制度尚处于初始阶段,制度施行的焦点仍应主要集中在商品退税领域,但从长远来看,伴随着我国离境退税制度的逐步完善,也可尝试基于税收激励原则将离境退税范围扩展到交通、住宿、饮食、展会等服务消费领域,以惠及服务行业及第三产业,实现旅游消费外部需求内部化的优势,提升旅客退税制度在亚太地区的竞争力。

四、合理确定离境退税起退点和退税率

(一)顺应地区差异确定合适的退税门槛

从离境退税最低消费门槛来看,世界各国起退点有进一步降低趋势,典型如欧盟国家,多数欧盟国家规定的起退点低于欧盟规定 175 欧元的规定。如荷兰规定的起退点为 50 欧元,德国规定的起退点为 25 欧元。而英国将取消起退点作为未来离境退税的发展方向,确保外国游客"无门槛"购物退税[①],而无起退点已在西班牙成为现实。应该说,起退点的规定往往与一国的旅游业发展状况密切相关,降低起退点的好处在于能够更大限度地为旅客节约购物成本,促使外国旅客购物消费,与此同时小商户不会因商品价格难以达到起退点要求而丧失承接退税业务的机会。一般而言,越是在价格上占据优势的企业越容易扩大市场份额,规模化效应有助于让企业退税业务获得良性发展。[②]不过,一味取消起退点规定则会增加海关核验压力,催生离境退税风险,因此,起退点的规定仍需做好公平和效率的平衡。

目前,我国离境退税的税种为增值税,现有规定要求游客在"三同一"的条件下购买金额需达到 500 元方能退税。从最低消费额看,我国离境退税的标准比欧盟的统一标准和澳大利亚的标准要低,但比德国规定的起退点(25 欧元,约人民币 200 元)、韩国规定的起退标准(3 万韩元,约人民币 175 元)规定

---

① HM Revenue & Customs,VAT:Retail Export Scheme,Summary of Responses December 2013,https://assets. publishing. service. gov. uk/government/uploads/system/uploads/attachment_data/file/267601/20131812_Summary_of_Responses_VAT_retail_export_scheme.pdf.,下载日期:2021 年 5 月 6 日。

② 杨柳:《境外旅客购物离境退税的国际经验借鉴》,载《对外经贸实务》2017 年第 3 期。

要高,与新加坡的标准(100 新加坡元,约人民币 500 元)相当。总体来看,这一标准在我国离境退税的推行初期是较为恰当的。但鉴于我国幅员辽阔,各地经济发展水平不同、旅游资源各异,离境退税的起退点设计仍然需要综合考量各地经济发展情况与境外旅客消费水平。例如,在发达地区,外国游客消费 500 元相对容易,但在中小城市外国旅客当天购物的金额可能难以达到 500 元的标准,如果对一些具有当地特色的"土特产"商品因为达不到起退点而难以申请退税,可能会影响境外游客在中小城市的购物积极性。

基于此,我国有必要根据各地旅游经济发展水平的不同,设置区别化的退税额度。在此方面,我国于 2018 年 1 月 1 日施行的《环境保护税法》就赋予地方政府根据本地区环境承载能力、污染物排放现状和经济社会生态发展目标要求,适当调整环保税征收标准的权力,为离境退税门槛的设置提供了可供借鉴的做法。我国在离境退税额度的设置上可借鉴《环境保护税法》相关规定,赋予地方政府在综合考量当地经济发展水平、财政能力等因素基础上,对离境退税起退点灵活调整。[1] 例如,对于经济不发达但旅游资源丰富的地区,可根据当地居民消费水平,允许将 500 元的起退点下降至 100～200 元的幅度。而对于营业条件较好的退税商店,可借鉴英国经验,赋予它们在向旅客说明并向税务机关备案的条件下,高于起退点的标准实施退税。与此同时,考虑到取消"同一日"的规定能够更好地促进旅客购物的积极性,不至于使其增加发票核算的负担,建议在离境退税财政成本许可的前提下,不再对旅客"同一日"购物满足退税门槛做机械的安排,仅需满足其在退税前 90 天内购买离境即可。

(二)科学设计离境退税的退税率

退税率的确定需要根据国家的经济发展水平和旅游市场状况来确定。理论上看,离境退税的退税率可以有"征多退少"、"征少退多"以及"征多少、退多少"三种模式。一般而言,如果"征多退少",将不利于吸引境外游客前来旅游目的国购物消费,进而降低离境退税的制度效用;而如果"征少退多",离境退税又可能会对纳税人形成变相财政补贴,容易引起贸易纠纷并给我国财政带来较大的负担。[2] 与之相较,如果对离境退税实行"征多少、退多少"的原则,则可以有效避免对跨国流动商品重复征税,提升离境退税刺激购物消费的效果。正是基于此,欧盟国家、新加坡和澳大利亚等国在离境退税的退税率设定

---

[1]　赵薇薇:《全球离境退税政策研究及对我国的启示》,载《国际税收》2017 年第5 期。

[2]　丁军辉:《论我国出口退税中的法律问题》,吉林大学 2008 年硕士学位论文。

上,遵循增值税的"零税率"理念,在增值税法或商品与服务税法中确立了"应该向消费者退还该消费品在流转环节中所缴纳的全部商品税"的规则。当然,尽管理论上离境退税可以实行"征多少、退多少"的原则,但实践中各国离境退税率的设置具有差异性且通常需要扣除相应的手续费用。例如,欧盟国家大体是直接根据增值税税率来进行计算的,仅须扣除必要的手续费即可;而韩国对于境外旅客实行的则是级距化的退税方式,消费金额越高,所能拿到的退税比例就越大。

2019 年,我国增值税税率下调后实行的是 13%、9% 和 6% 三档税率。在此背景下,离境退税物品的退税率也相应调整为 8% 和 11% 两档退税率。尽管如此,相比 13% 和 9% 的增值税税率设计,离境退税的 11% 和 8% 两档退税率设计仍然存在"退税过少"的问题。因为我国的退税率低于所对应的商品增值税率 2%,加上我国大部分试点城市对退税征收 2% 的手续费,境外旅客在扣除手续费后享受的实际退税率仅为 9% 和 6%,可以享受的退税优惠相对较小。因此,为更好地体现出口商品的零税率原则,我国有必要对离境退税的退税率进行科学设置,以"征多少、退多少"为目标,尽可能退还退税商品在流通过程中所缴纳的全部税款,以发挥该项制度的应有效用。

五、完善离境退税商店设置和退税代理制度

(一)规范离境退税商店的选定规则

在退税商店的选择上,国际上主要存在宽松认定和严格设定两种模式。例如澳大利亚采用了广义的退税商店模式,规定凡是注册了商品与服务税的零售企业,不论大小,均可满足退税的条件。英国也规定,需要缴纳增值税的零售商可以自愿选择是否加入退税计划,退税商店可以自行设定开始实行退税的营业额标准。不过,大部分国家对从事离境退税商店的条件进行了严格设定,例如新加坡《商品与服务税条例》第 50E 款就规定,无论是申请成为独立的退税商店,还是中央退税机构附属的退税机构,都需要经过审计官的批准。[①] 马来西亚 2014 年《商品与服务税法》第 82 条规定,零售商店需要根据《商品与服务税法案》进行注册,由经授权的退税代理机构指定,按月进行纳

---

① 参见 50E. Approved central refund agencies and approved independent retailers, Goods and Services Tax (General) Regulations,2008.

税,注册电子服务等。① 在韩国,无论从事购物退税的零售商店,还是从事住宿服务退税的酒店或医疗服务退税的医疗机构均由税务机关连同相关行业进行联合确认。

我国退税商店的选定主要采取"备案"制度,符合条件的相关企业在经省国税局备案后即可成为退税商店。在条件的要求上,只要退税商店具有增值税一般纳税人资格、纳税信用等级在 B 级以上,同意安装、使用离境退税管理系统,已经安装并使用增值税发票系统升级版,同意单独设置退税物品销售明细账,并准确核算即可。一旦不符合这些条件,主管国税机关将提出意见逐级报省国税局终止其退税商店备案,并收回退税商店标识。就此而言,我国在退税商店"准入和退出"方面都有全面的规定。不过,我国退税商店存在数量较少、分布不均等特点,且未对退税商店的告知义务、退税能力、商业信誉、消费者信息保护等进行完善规定。因此,我国在退税商店管理过程中,应赋予退税商店忠实遵守和履行增值税退税职责和义务,要求在一定时期内由税务机关组织对退税商店业务的评估,并要求退税商店严格保管退税资料和信息,以保障消费者的隐私权利。同时,对具有离境退税资质的商家,为避免因退税规模较小在退税业务中"无利可图",还应赋予其自愿退出退税计划的权利,以尊重其营业自由权。

(二)推动我国离境退税代理机构专业化建设

在离境退税的业务办理上,目前少数采取政府主导型模式的国家由海关来负责办理退税,大多数国家都持市场开放的态度,由退税商店自主选择与国家认定的退税代理机构进行合作,商定退税手续费等事宜。例如,为解决离境游客因退税事项复杂而不愿退税的问题,新加坡、英国等国家均设置了退税代理制度。在国际层面,环球蓝联公司、爱尔兰最佳免税公司等是国际较为知名的退税代理机构,其在英国、法国、新加坡等国家都有广泛的机构设置,旨在为全球游客提供优质高效服务。通常每个国家都会让两个以上的代理机构参与

---

① 参见 Approved outlet 82. A taxable person may operate an approved outlet for the purpose of the TRS subject to the following conditions：（a）he shall be registered under section 20 of the Act；（b）he shall be appointed by an approved refund agent；（c）he does not wholly sell liquor，tobacco，tobacco products，precious metal or gem stones；（d）he shall account for tax on a monthly taxable period；and（e）he is a registered user of the electronic service under regulation 106，Good and Services Tax Regulations 2014.

退税,目的在于防止退税机构的一家独大造成垄断,促进企业和市场的良性竞争。

我国目前所授权行使退税代理权限的机构仅为商业银行,而不是专业的退税代理公司,离境退税业务办理的专业化程度不足,退税效率也相对较低,尤其是,由于我国离境退税业务尚处于试行阶段,商业银行作为代理机构难以获得高额利润,退税服务的质量难以保证。值得关注的是,自 2017 年 3 月 27 日起,中国银行已与环球蓝联集团开展退税业务战略合作,双方拟通过签订退税业务战略合作协议,整合优质资源,在全球范围内整合客户和渠道资源,提供中国人境外消费"归国退税"和境外旅客购物"离境退税"双向服务。① 有鉴于此,我国有必要在今后立法中取消对离境退税代理机构必须是银行的限定,允许带有国际专业化、具有管理经验的退税代理机构进入我国退税市场。在各省税务局确定退税商店选任标准后,专业退税代理机构可以凭借专业判断来选定符合要求的退税商店进行合作,做到专业事务由专人办理。如此,则能避免纳税人为办理退税业务往返于税务、海关部门及银行机构之间,节约时间成本,同时专业代理机构的参与也能减少税务、海关部门的工作量,提升退税效率。

当然,在退税代理机构进入我国退税市场时,仍须满足以下条件:第一,应具有在机场、口岸等场所设置离境退税设施的条件与能力;第二,能够设置具备便于税务等职能部门开展监督管理工作的软硬件设施;第三,严格遵守税收法律规定,且在三年内未曾因税务问题遭受行政或者刑事处罚;第四,能够为游客先行垫付退税资金。同时,为避免银行与退税代理机构的恶性竞争,有必要限定对退税手续费的收取比例,防止不公平竞争对境外游客所带来的利益减损。

第二节　中国离境退税制度实施的保障机制

离境退税良好运行不仅需要设置公平合理的制度,也有赖于高效透明的程序运行。就各国离境退税实施经验来看,事前有效的退税分流程序、事中有

---

①　《中国银行与环球蓝联集团开展退税业务战略合作》,http://www.boc.cn/about-boc/bi1/201703/t20170328_9176029.html,下载日期:2019 年 5 月 1 日。

效的监管机制、事后严格的追责制度能为离境退税实施提供有力保障。就我国而言,无论退税程序设计、信息管理还是责任制度都存在缺陷,需要从以下方面加以完善。

一、做好离境退税程序的繁简分流

在离境退税制度实施过程中,一些国家为了提高退税的效率,针对旅客购物金额的大小实行了退税程序的繁简分流。例如,韩国将退税程序划分为店内即刻退税、市区退税和机场退税三种类型,当游客单次购物金额小于 20 万韩元,单人购物金额不高于 100 万韩元时,可在所购物商店进行即时退税;游客购物金额在 500 万韩元以下时,可在市区退税场所办理退税;当购物金额超过 500 万韩元时,则需要直接前往机场或港口办理退税。再如,澳大利亚也根据旅客购买商品价值的大小,做出不同的核查要求,要求对于旅客购买价值超过 1000 澳元的商品,必须在税务发票上标注买家的姓名和住址,实行实名退税,而低于 1000 澳元的商品则不作特殊要求,如此也能实现重点核查的目的,进一步提高退税效率。

我国"即买即退"制度自 2019 年 2 月开始在上海市南京路商圈的新世界大丸百货、芮欧百货和毗邻虹桥商务区的百联奥特莱斯等三家商店试点实施。据报道,截止到 2019 年 3 月 1 日,上海"即买即退"制度试点首月共向来自日本、澳大利亚等地的游客开具 12 份"即买即退"《离境退税申请单》,退税物品销售额达到 7.1 万元,当场退税为 6500 元。① 此后,2019 年 4 月 19 日,上海发布《关于进一步优化供给促进消费增长的实施方案》,进一步发展"离境退税"经济,再次明确搞好离境退税"即买即退"试点。北京也发布了《北京市促进新消费引领品质新生活行动方案》,明确要加快落实国家免税店创新政策,支持企业开展离境退税即买即退试点,让入境旅客购物畅享"北京速度"。② 相比需要到机场办理退税,"即买即退"的服务能够让旅客得到切实的退税便利。

不过,"即买即退"制度目前仅适用上海和北京两地,对适用对象的规定上

---

① 《上海率先试点离境退税"即买即退"——首月开具 12 份申请单》,载《信息时报》2019 年 3 月 1 日第 B2 版。

② 《"即买即退"离境退税首现"北京速度"》,载《中国财经报》2019 年 11 月 5 日第 6 版。

也存在诸多有待完善之处。例如,我国并未对旅客购买商品能够进行即时退税的总体退税金额进行明确,也未对价值较高的商品在退税时给以严格要求,一旦退税数量较大,容易将风险延伸至出口检查环节。有鉴于此,我国有必要在加强试点经验总结的同时,积极借鉴韩国等国的"即时退税"、市区集中退税等制度优势,为境外旅客退税提供便利条件。一是要逐步扩大即时退税的试点范围,当入境游客购买额度超出起退点但低于某一数额时,可以退税后的价格在退税商店进行当场结算。在此方面,建议为"即买即退"政策确立合理的数额范围。例如,当境外旅客所购买商品的单件金额未超 1100 元人民币,总额未超 5401 元人民币时,可在商店退税点直接办理退税。① 二是可以在旅客购物比较集中、申请退税数量比较多的地区建立统一的"市区退税点",对于不能享受即买即退政策的旅客,可以集中到市区退税点让更多的游客在购物之后就能及时获得退税。三是可以为购物金额比较高的商品实行实名购物退税制,例如,对于境外旅客购买单件商品金额超过 5000 元人民币的,可以参考澳大利亚的规定要求游客实名登记购买,以便海关开展重点查验,最大限度地降低退税风险。

二、提升离境退税实施的电子化程度

在国外,已有很多国家借助电子设备和互联网＋技术实现了离境退税的高效办理。例如,新加坡于 2012 年开通了离境退税的电子化操作系统,消费者可借助自助退税设备完成退税工作。截至 2018 年 1 月,新加坡国家税务局推出新的旅客电子退税方案 eTRS,通过电子平台实现中央退税机构和退税商店即时连接,助力税务部门开展即时监管工作。韩国、澳大利亚也相继实现了离境退税电子化运作,强化对退税信息的实时监控,提升退税管理效率,有效防范骗税等风险的发生。相较而言,我国虽然也将"互联网＋便捷退税"作为提升离境退税效率的重要举措,但囿于试点时间、节奏的差异,我国离境退税制度运行仍存在单据多、排队长(大约时常 106 分钟)、流程烦琐、效率低等问题,离境退税制度地区联动、信息共享和退税效率都有待提升。

有鉴于此,未来我国离境退税制度实施应逐步加大电子化退税的力度,基于业界领先的移动互联网、物联网、大数据和云计算技术,实现自助式无纸化的快捷退税服务,解决退税效率低下、缺乏实时监管的难题。例如,我国可推

---

① 杨柳:《境外旅客购物离境退税的国际经验》,载《对外经贸实务》2017 年第 3 期。

广App在离境退税业务中的适用，通过在退税点安装设备，实现旅客自助退税，打造"一键退税业务流程"（如下图8-1所示）。事实上，以此为基础构建的离境退税流程将具有以下优势：第一，确保退税数据准确可靠。通过将消费者交易数据信息对接到税务征管系统，能推动各相关职能部门对退税数据的实时采集、处理，确保数据全面、及时、可靠。第二，有效提高管理效率。财政、海关、市场监管、税务、金融机构等职能部门通过涉税信息共享平台，能实现离境退税信息的互联互通，提升管理质量和效率。第三，不断提升旅客退税体验。通过移动互联网技术的运用，消费者可在手机端发起退税申报、自助开发票，免去排队、单据填写的烦琐，且系统还可直接对接中国银联和国际信用卡组织，从而提升制度实施效率。第四，提升制度宣传和推广效果。离境退税电子化系统对商户打扰率低，无须商户改动其软硬件，业务部署迅速、即插即用，便于大规模推广使用。

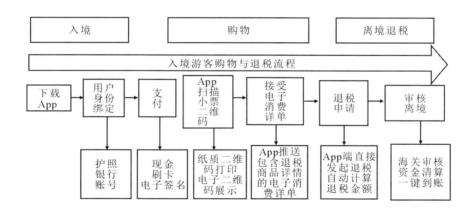

图8-1　我国离境退税一键退税流程设计

三、加强离境退税主体的信用管理

离境退税的制度优化不仅需要完善退税法律规定，还需要提升相关法律关系主体的诚实信用和及时提交信息的能力。在此方面，有必要从旅客的如实申报义务和退税商店的信息传送义务两方面进行有效规范。

（一）强化旅客如实申报退税条件的义务

为减少购物退税中的恶意透支和欺诈行为发生，关于境外旅客的资格审查和身份信息管理十分重要。在此方面,大部分国家要求旅客在购买商品时提交护照及其他身份信息予以查验。但实践中却不乏出现旅客利用虚假信息、虚假发票申请退税的情形,还有些旅客在离境后的较短时期内又将已经退税的物品带回境内消费。对此,有必要加强对境外游客的个人征信体系建设,赋予他们如实申报退税的义务。例如,根据新加坡《商品与服务税条例》规定,申请退税的游客须提供完整且真实的账目详情或信息给退税商店,如果旅客没有退税主体资格申请退税,但因此获得了退税批准将构成犯罪。而在澳大利亚,由于该国同时针对出境的本国居民和外国居民实行退税,因此在制度设计中规定了相关人员的退税申报义务,允许 18 岁以上的消费者携带价值不超过 900 澳元的货物或 18 岁以下的未成年人携带不超过 450 澳元的货物返回澳大利亚境内,但如果带入澳境内的免税物品总值超过了被许可带入的数额,包括任何在旅客退税计划(TRS)下已申请退税的物品及在海外购买的免税商品,旅客必须如实进行申报,并就已经申请退税的物品补交已经退还的商品与服务税,否则将受到海关处罚。在此方面,我国有必要加强对境外游客征信管理,对旅客诚实申报纳税义务予以规定,对于个人自用进境物品总值在 5000 元以上且属已经在中国办理过退税的物品,应该如实进行申报,并按规定补交相应税款,未申报超出免税优惠额的商品将受到处罚,为离境退税的实施营造良好的法治环境。

(二)优化退税商店的纳税信用管理

受《纳税信用管理办法(试行)》第 17 条的限制,一些信用良好的企业可能因为不能列入本期信用评价范围而难以获得办理退税的资格,如纳入纳税信用管理时间不满一个评价年度的、本评价年度内无生产经营业务收入等情形,这会让很多企业丧失加入退税领域的机会。而观察国外,大部分国家规定退税零售商店只需成功进行增值税纳税人的登记,根据税法规定忠实履行纳税义务即可成立,但同时要求有关退税商店加强对旅客退税资格的审查,不提供任何虚假、误导或不准确的信息。就我国而言,也有必要更好地区分企业不能参与纳税信用评价的原因,对于运营良好但纳入纳税信用管理时间不满一个评价年度的,可以给予其一定的信用等级评价的机会,通过不断优化我国的税收信用体系和商业信用环境,提高外国旅客来华旅游、购物消费的体验。同时,还应加强由专业的退税代理机构对适格退税商店的选任,通过加强退税代理机构和退税商店之间的合作,加强离境退税的业务办理。在此过程中,还需要政府和相关管理部门加强对离境退税经营者失信行为的披露和监管,让离境退税的失信主体承担应有的法律后果并接受惩罚,以更好地控制信用风险,营造规范、良好的离境退税市场环境。

(三)注重旅客退税信息的隐私保护

在旅客购买和申请离境退税的过程中,所附着于退税资料中的信息往往具有身份敏感性,因此在保障旅客退税权利的同时也有必要对其信息隐私权利予以保障。根据澳大利亚的《隐私(税收档案号码)规则》(2015)规定,个人如果认为自己的涉税信息在离境退税环节被滥用,可以向澳大利亚信息委员办公室投诉。而在澳大利亚最新推出的 TRS App 以及互联网申请退税的过程,均有"隐私声明"的规定,确保有关境外旅客的退税信息受到 1988 年《隐私法》的保护。观察韩国,在旅客申请退税或自动办理退税的过程中,均有"同意收集和使用个人信息"的确认声明,要求做好韩国数据开放与个人隐私保护之间的平衡。目前,我国虽然已开展了离境退税电子化、信息化管理,但在境外游客身份管理和隐私保护方面还有待加强。为防止游客退税信息泄露,我国一方面需要加强旅客信息采集的"知情同意"保护,要求旅客在办理退税过程中,提交"同意收集和使用个人信息"的声明,确保税务、海关部门能及时查验游客信息。另一方面,纳税人有权要求税务机关为纳税人的情况保密,我国还应对税务、海关及其他信息部门在合理范围内使用信息进行规定,不能恶意泄露或滥用旅客退税信息。

四、完善我国离境退税监督管理体制

就我国离境退税制度而言,该制度的良好施行,不仅应在立法模式上作出科学选择,也需要加强管理体制的改革保障。针对我国离境退税管理制度中存在着权责不够明晰和分工协作不到位的问题,建议从以下方面予以完善。

(一)成立跨部门领导小组强化对离境退税的协调管理

我国离境退税实行"离退"分离的管理体制,即海关负责非居民在离境环节的资料审核,税务机关负责退税事项的管理,而财政部门无实际管理职责。此外,商务、外汇和旅游等部门也在离境退税过程中发挥各自职责。不过,由于我国尚未建立离境退税统一主管部门,各相关职能部门工作协调还有待加强。鉴于此,建议中央层面成立以财政部为主导的"离境退税综合领导小组",负责全国离境退税事项统筹和分工管理工作;而在地方层面,可在离境退税试点地区成立"离境退税综合管理部门",由财政、商务、税务、外汇、海关、旅游等部门各司其职、相互配合,努力做好以下事项:一是研究制定契合本地经济发展实际的离境退税实施方案;二是积极与上级职能部门沟通,及时汇报制度实施过程中存在的问题,并争取上级部门的指导和支持;三是做好相关职能部门的分工,确保相关职能部门各司其职,共同推动离境退税制度依法顺畅实施。①

(二)明确界定税务机关和海关的管理职责

目前,对于境外游客的退税违法违规行为如何处理,海关总署 2015 年第 25 号公告未对海关责任予以明晰,国家税务总局 2015 年第 41 号公告中也未对税务机关的处罚责任予以明确。并且,在离境退税的具体实施过程中,作为退税代理机构的银行需要根据海关提供的确认意见办理退税,并由国税机关对申报数据审核、比对无误后实行退税。囿于"信息不对称"的存在,退税商店、退税代理机构能否准确识别与传输离境退税材料值得警惕。为有效防范离境退税过程中的违法风险,建议明确海关和税务等部门处理离境退税违法行为的权限:一是在《增值税法》《消费税法》等法律和行政法规中,明确规定税务机关、海关部门处理离境退税违法行为的权限。二是考虑到当前我国加强国地税体制改革、推动国地税合并的大趋势,有必要在离境退税规范性文件中将"国税机关"改为"税务机关",以确保离境退税管理部门与征管职责的统一性。三是加强权责统一性的管理,为离境退税的管理建立健全岗位责任制度,当财政、税务、海关等管理部门相关人员违反法律、纪律规定给国家造成税收损失时,依法追究相应责任主体的行政责任甚至刑事责任。

(三)强化我国离境退税的审计监督

为确保离境退税制度的顺利实施,国外还强化了对离境退税的审计监督。例如,新加坡在离境退税的实施过程中,无论是零售商还是退税机构都需要符合审计官规定的"会计和审计标准"。又如,澳大利亚联邦审计署根据《总审计法》的规定对该国离境退税制度是否得到有效和适当的风险管理进行检查,在此基础上对澳大利亚内政部、财政部和税务局提出了相应的改进建议。就我国而言,根据《审计法》及实施条例的规定,审计机关有针对国务院各部门和地

---

① 李松:《以离境退税刺激入境消费存在的障碍及其破解对策——以昆明市五华区为例》,载《环球市场》2018 年 10 期。

方各级人民政府及其各部门的财政收支进行审计的权力。[1] 在以往审计机关针对出口退税的海关工作审计过程中,通常要求对退税申请的时间是否在法定范围、退税理由是否正当、退税的审批权限是否合规、退税报批的手续是否完备等进行审计。[2] 在离境退税领域,尽管该制度运行及管理过程中的风险尚未充分揭示,但基于管理监督的角度,仍有必要明确审计机关作为"第三方机构"行使独立监督权,定期审计离境退税实施情况,为财政部、税务机关和海关部门开展离境退税工作提供科学有效的建议。

五、完善我国离境退税法律责任制度

现代税收理论认为,基于利益、知识结构等方面原因,如果没有税收管理,纳税人就不能自觉、准确、及时地履行纳税义务。[3] 同理,在离境退税制度中,如果缺乏及时有效的监督管理,旅客会产生退税欺诈的动机,退税商店也可能因为追求营利而放松对旅客信息的核查。因此,《欧盟增值税指令》第 131 条规定,各成员国应当制定法律,以确保"正确和直接适用免税或零税率制度安排,并防止任何逃税、避税或滥用行为的发生"。观察英国、新加坡相关法律,两国对离境退税制度设置了严格的行政处罚或刑事处罚制度。例如,英国《2006 年诈骗罪法案》规定,一旦被英国税务海关总署查处骗取离境退税,行为人可能面临最高 10 年的监禁刑或者罚款,或是两者并处。而新加坡《商品与服务税法》第 62 条规定,滥用离境退税制度的行为也可能构成刑事犯罪,并可能面临高达 1 万新加坡元的罚款或者长达 7 年的监禁。马来西亚则规定,对涉税犯罪适用严格责任,只要马来西亚的检察机关能够证明嫌疑人有犯罪事实,无论嫌疑人在主观上是否有犯罪意图,均会被法院认定为犯罪。[4] 该国《商品与服务税法》第 88 条规定,违规获取退税不仅可能涉及行政处罚,甚至可能要面临三年有期徒刑的刑事处罚。这些国家所设计的关于离境退税欺诈的责任制度都相对较为严格。

---

① 《中华人民共和国审计法》第 2 条、第 3 条,《中华人民共和国审计法实施条例》第 2 条、第 3 条的规定。

② 张鸿杰、贾丛民:《中国审计大辞典》,辽宁人民出版社 1990 年版,第 253 页。

③ 潘文轩:《促进税收负担合理化问题研究——基于结构性减税政策视角》,光明日报出版社 2016 年版,第 15 页。

④ Artur S., Tax penalties in SME Tax Compliance, *Financial Theory and Practice*, 2016, Vol.40, No.1, pp.129-147.

伴随着我国离境退税推广速度日趋加快,该制度的法律风险也逐渐增加。相比域外国家,我国离境退税制度主要涉及离境退税的范围、程序以及消费者权利等事项,而未明确骗取离境退税等不法行为的处理程序与法律责任。为保障离境退税制度顺利实施,建议我国明确骗取离境退税行为的法律责任,提高违法行为的惩治成本,有效防控离境退税款项被恶意侵占。在此方面,建议将骗税等离境退税违法违规行为,专门规定于未来《增值税法》有关离境退税制度的专门性法律规范之中,为税收执法部门开展相应的监督、管理与惩戒活动提供明确的法律指引。在当前离境退税专门性法律尚未出台的情况下,我国可以先根据《税收征管法》《刑法》中的责任规定,在离境退税的相关规范性文件中对骗取离境退税的行为进行界定,并援引相应的法律责任条款,以有效震慑和规制此类行为。值得注意的是,为确保离境退税监管制度与其他相关法律责任制度有序衔接,我国在设置离境退税监管措施时还应注意各相关法律内容的衔接,将骗取离境退税纳入法律规制的范畴,并视行为性质与情节规定相应的法律责任。具体而言,一是需要与《税收征管法》第66条关于对骗取出口退税行为的处罚规定相衔接,规定骗取离境退税的违法行为人责任,以纠正其违法行为,挽回国家损失。二是要与现有《刑法》第204条规定的"骗取出口退税罪"相衔接,使故意违反税收法规,采取以假报出口等欺骗手段骗取国家出口退税款,数额较大的行为能够得到刑法的有效规制。

第三节　中国离境退税制度实施的配套措施

中国能否成为真正的世界旅游强国,现有旅游资源优势能否转换为产业优势和竞争优势,在很大程度上取决于是否有竞争优势的税收政策。[①] 从理论上来分析,离境退税不仅是各国税制建设的一项制度惯例,亦是各国旅游经济发展不可或缺的重要举措。就我国而言,语言的障碍、流程的复杂以及后续服务的不到位都会影响离境退税制度实施,因此其推行既需要从实体和程序制度上进行合理设计,也需要推进其他领域配套改革,以更好地发挥离境退税制度实施效果。

---

① 孙宝文、马衍伟:《促进我国旅游业发展的税收对策研究》,载《中央财经大学学报》2005年第2期。

一、充分发挥退税与免税制度合力

购物退税和免税均属于旅游税收激励制度的重要内容,都是在各国贸易发展过程中逐步形成,用以促进海外游客消费的国际惯例。① 这二者都有牵涉部门多、政策性较强和管理事项复杂的特点,但在适用的对象和范围上又存在不同,只有将二者有效配合,才能产生推动旅游购物消费的叠加效应。② 通常而言,除了针对非居民采用退税政策以外,韩国、日本等国还在济州岛、冲绳岛等地实施了较长的"离岛免税"政策。其中,日本冲绳作为亚洲潜在的"贸易中枢""和平要地",是东亚乃至整个亚太地区购物中心③,岛内免税店购物的政策十分完善。相应的,为推动济州岛旅游业发展,韩国早在济州岛特区设立之初就确立了离岛免税政策,游客在特定商场购物可以直接免税购物,无须办理退税手续。此外,为有效促进旅游经济,韩国、澳大利亚还实行了"店内提货、口岸验收"的市内免税店制度。以韩国为例,离境市内免税政策对韩国免税成为全球第一至关重要,既强化了对本国居民的消费吸引力,减少了本国居民消费外流,也发展了旅游购物产业链,提高了对入境游客的吸引力。④

尽管由于地域范围的局限性,离岛免税、市内免税这些政策在国际上并不是通行做法,只是在极少数国家和地区实施,但也能在一定程度上起到刺激旅游消费的作用。事实上,免税政策也有其自身特点,不仅适用的对象更加广泛,给予消费者的税收优惠力度更大,且整个制度流程设计也较为方便。而对于退税制度而言,办理流程相对复杂,如果不能有效提高退税的力度、减少退税的时间和费用成本,将削弱对境外旅游消费者的吸引力。因此,免税和退税制度可共同发挥所长,共同拉动旅客购物消费。

为防止本国公民滥用免税政策,离岛免税模式一般在较为封闭的海岛开展,我国在海南"国际旅游岛"建设的过程中也正逐步开始试点这一模式。2018 年 12 月 28 日,海南省将乘轮船离岛的旅客纳入离岛免税政策范围,实

---

① 金思琦:《外国游客在曼谷购物满意度研究》,广西大学 2014 年硕士学位论文。

② 唐伟明:《我国实行境外旅客购物离境退税制度的研究》,复旦大学 2013 年硕士学位论文。

③ [日]进藤荣一:《东亚共同体与琉球—冲绳的未来——基于"亚洲世纪"的视角》,吴占军译,载《日本研究》2016 年第 1 期。

④ 国信证券:《韩国免税行业重磅专题》,https://www.sohu.com/a/348682336_619400,下载日期:2019 年 10 月 22 日。

现了海、陆、空三种离岛交通方式的全方位覆盖,离岛旅客购物更加便利。① 2019 年 4 月 20 日,历经第 5 轮政策调整后,海南岛内外居民旅客每人每年可享受 3 万元免税额度,且不限购物次数,极大地提高了旅游业的吸引力。但是,海南岛作为一个省级行政区域试点离岛免税,其面积过大、居民人口过多都成为阻碍这一模式深入发展的重要原因。②

因此,我国在大力推行离境退税制度,提升退税效率和效果的同时,还应继续在海南等省份实施离岛免税制度,鼓励通过放开旅客购物的限额、件数和次数,促进海外消费回流。此外,为进一步推广离岛免税试点,我国可将上海市崇明岛和福建省平潭岛纳入试点范围。这两个岛屿分别为我国第三、第五大岛屿,其人口数量与面积均较为适中③,且可以与正在建设过程中的上海自贸区和福建自贸区形成政策叠加效应,进一步促进当地经济发展。此外,我国还可进一步优化离岛免税购物监管模式,更好地发挥离岛免税政策在海南自由贸易试验区和中国特色自由贸易港建设中的重要作用。④ 同时,我国应加强旅游城市的配套基础设施建设,提高商业、教育和医疗水平,营造良好的旅游城市形象,形成良好的旅游氛围,切实提高旅游经济的竞争力。

二、综合施策激发退税外部和内生动力

随着我国旅游业由高速增长转向优质发展阶段,如何避免外生性因素的影响,借助自身的内生性增长优势来克服旅游目的地管理实践中面临的严峻问题,是我国旅游业发展中亟待解决的问题。⑤ 伴随着 2020 年 1 月以来新冠肺炎疫情在世界范围内的暴发,全球旅游业正遭受着毁灭性的影响,全球共有 96% 的旅行地被关闭,这种系统性的负面影响使得旅游业遭受重创,对人们的

---

① 罗霞、王淼:《更好满足旅客购物需求》,载《海南日报》2018 年 11 月 29 日第 2 版。

② 海南岛陆地面积为 3.54 万平方公里,常住人口 900 余万人,是中国第二大岛屿。相比之下,韩国济州岛面积仅有 1845 平方公里,常住人口约 60 万人;日本冲绳群岛面积 4644 平方公里,常住人口约 155 万人,无论是人口还是面积均远小于海南岛。

③ 崇明岛面积约 1411 平方公里,常住人口约 67 万人;平潭岛陆地面积约 371 平方公里,常住人口约 42 万人,这两个岛屿的面积与人口数量均较为适中。

④ 杨冠宇:《海南离岛免税政策实施 八年来销售额超 445 亿元》,http://www.gov.cn/xinwen/2019-04/20/content_5384792.htm,下载日期:2019 年 4 月 20 日。

⑤ 孙梦阳、季少军、刘志华:《我国入境旅游内生增长机制及路径研究》,载《资源开发与市场》2019 年第 1 期。

日常生活造成威胁,严重影响跨境游客的旅行活动。就我国而言,中央应对新冠肺炎疫情工作领导小组于 2020 年 4 月 10 日印发的《关于在有效防控疫情的同时积极有序推进复工复产的指导意见》中也明确指出,全国性文体活动及跨省跨境旅游等暂不恢复。当前,新冠肺炎疫情带来的影响还在持续加大,并进入常态疫情防控时期,在跨境旅游活动迟迟难以恢复的情况下,离境退税制度赖以生存的"入境外国旅客"要素基数持续下降,这必然使得旅游业发展的外生性要素受到影响,该项制度所带来的实施效果也将大打折扣。

在激发购物的内生消费动力方面,国家已经逐渐关注到,通过推行消费券制度发挥消费券的杠杆效应,能够有效提振居民消费的信心、恢复生产生活秩序。① 就税收领域而言,与离境退税制度相对应的一项内生性的税收制度便是针对本国国民实行的个税消费退税。在这种制度安排下,国家通过从个人所缴纳的个人所得税中退还一定比例给个人,进而能够增加个人消费的"可支配收入",拉动消费经济的发展。因此,在离境退税的制度实施效应受到阻碍的情况下,我国有必要加大针对本国公民的减税、退税等措施,更好地助力国内零售经济和旅游经济的发展。

三、强化离境退税制度实施的财政保障

本质上,离境退税是以零售出口产品增值税的"先征后退"为前提的,从国家角度来看,离境退税代表着国家将让渡一定层面的增值税税收收入,需要国家财政来分担退税带来的成本。根据我国财政部 2015 年第 3 号公告第 10 条的安排,离境旅客购物所退增值税款,由中央与实际办理退税地按现行出口退税负担机制共同负担。这符合了我国增值税属于共享税的实际情况,也符合当前我国离境退税在各省市试点,由主要省级人民政府制定实施离境退税政策,提交实施方案,自行负担必要的费用支出的实践做法。然而,近年来我国持续面临地方财政吃紧的压力,地方财政收支矛盾持续凸显,如何缓解地方财政压力,为减税降费做好"大后方"成为我国新时期财政制度改革的一大重要举措。而在出口退税领域,《国务院关于完善中央与地方出口退税负担机制的通知》的滞后性使得"中央与地方财政共同负担出口退税"的机制问题逐步显现,出现了征税地与退税地不一致的矛盾、地区间出口退税负担不均衡等问题。总数上看,尽管地方负担比重不大,但由于出口退税地比较集中,主要是

---

① 谢卫群:《发挥消费券的杠杆效应》,载《人民日报》2020 年 4 月 16 日第 5 版。

在东部沿海省市,造成相应的省市负担过重。

为解决这些问题,国务院于 2015 年 3 月 3 日发布《关于完善出口退税负担机制有关问题的通知》,明确自 2015 年 1 月 1 日起,出口退税(包括出口货物退增值税和营业税改征增值税出口退税)全部由中央财政负担,地方 2014 年原负担的出口退税基数,定额上解中央。① 该项政策的提出将有利于出口退税及时、足额进行,对于解决地区间出口退税负担不匹配,建设全国统一市场,促进外贸提质增速具有重要意义。就我国离境退税的制度实践来看,尽管目前来看离境退税的体量还小,在"中央与地方财政共同负担"的情况下地方财政所负担的比例也较为有限,但与企业出口退税存在同样的问题在于,目前离境退税业务主要集中于发达城市,而在西部地区发展缓慢,而伴随着跨区域离境退税的实施,必然引发征税地与退税地不一致、地区间出口退税负担不均衡等问题。就此而言,有必要适时结合《关于完善出口退税负担机制有关问题的通知》要求,将现行离境退税成本由"中央与地方财政共同负担"的模式改为"全部由中央财政负担",以促进全国统一离境退税市场的形成,适当减少地方财政负担的成本。

四、持续打造离境退税的特色产品

特色旅游产品的开发不仅是一国或者地区旅游文化的重要内容,更重要的是其将有助于提升当地旅游的吸引力与竞争力。以韩国为例,众所周知的是,美容整形行业对于促进国民经济发展具有非常重要的作用,而为了促进美容整形行业的发展,韩国自 2016 年 4 月就开始实施试行针对美容整形医疗服务退税。在国内,也有部分城市开始将具有地域或者中国特色的产品列入离境退税的客体范围。例如,在我国雄安新区的三家可享受离境退税的商店中,雄县天奕商厦有限公司由于靠近盛产芦苇编制品的白洋淀,该商场就将凉鞋、草帽、凉席等芦苇编织品纳入了离境退税的商品范畴。② 不过,总体来看,目前我国各地离境退税的商品与其他国家相较就有较高的同质性,没有充分体

---

① 《国务院关于完善出口退税负担机制有关问题的通知》(国发〔2015〕10 号),http://www.gov.cn/zhengce/content/2015-03/03/content_9512.htm,下载日期:2018 年 3 月 1 日。

② 《境外旅客赴雄安新区购物可享离境退税》,载《北京青年报》2018 年 4 月 29 日第 A07 版。

现出中国特色或中国地域特色,具体体现为:第一,我国目前离境退税的对象仅为商品而不包括服务。第二,在目前的离境退税商品中,绝大多数商品是在多数国家能够购买的商品,而没有凸显出中国商品的独特性。而对于境外消费者而言,具有中国文化特质和具备民族特色的商品反而更受他们欢迎。

因此,未来我国有必要从更大范围上积极打造本土品牌,并将这类物品纳入退税特色商品,通过多种渠道积极宣传,让旅游产品的开发和营销适应来自不同国家、性别、年龄、职业、心理特征、风俗习惯的入境旅客消费需要。与此同时,考虑到外国游客普遍重视产品质量,我国在发展特色产业和特殊商品过程中,应注重离境退税商品质量管理和消费权利保障,让境外游客切实享受购物便利。

五、完善离境退税基础设施建设

客源地经济发展水平会影响国外游客的购物消费需求,并不全然倚靠当地旅游自然环境的良莠。对此,有学者以中国 31 个省域为研究对象,认为旅游目的地的经济发展水平、基础设施和人力资源变量是影响大部分省域旅游发展的重要因素。[1] 还有学者对海南作为国际旅游岛的离境退税实施情况进行经济分析,也得出了客源地经济发展水平是海南入境旅游人数的重要决定因素的结论。[2] 整体上观察,旅游业集吃、住、行、游、购、娱于一体,是"软环境"建设和"硬环境"建设共同支撑的结果,要形成离境退税工作所需要的大客流,必须在自然环境之外加强旅游业自身的规范建设和基础设施完善。

第一,优化旅游业发展的软环境,整顿旅游行业乱象。就境外游客而言,他们前往旅游目的地国家旅行不仅会看是否有优惠的购物政策,更注重的是整体旅游环境的规范程度。其中,旅游软环境建设是旅游者都会重视的因素,"黑导游""景区宰客"等现象会拉低旅客对旅游目的地的认可度,影响境外游客及港澳台同胞前来旅游的热情。就此而言,我国可在《旅游法》中加强对相关主体违法经营活动的惩罚,同时可在《旅游法》中加入离境退税的原则性规定,在此方面可采用"激励型"立法模式,明确国家应当依法实施有利于旅游业

---

① 戈冬梅、姜磊:《基于 GWR 模型的省域旅游影响因素空间差异分析》,载《生态经济》2013 年第 7 期。

② 张应武、赵文华:《海南离境退税政策促进了入境旅游吗?——基于海南入境旅游人数决定因素的实证研究》,载《海南大学学报(人文社会科学版)》2018 年第 3 期。

发展的税收政策,采取税收优惠的方式来促进旅游业务的发展。

第二,优化旅游业发展的硬环境,为旅客退税提供优良的购物环境。一是要加强港口和航空线路建设,在重要的出境口岸可以布置"自动退税机器",使得游客在离境时有更多的选择空间。二是要加强道路交通等基础设施建设,以缓解游客使用出入境通道的交通压力,为旅客实行退税预留充分的时间。三是要完善监管基础设施建设,采用现代化科技加强对离境退税的风险管控,提高口岸联检单位的监管和服务水平。四是要加强旅游购物的产业建设,将旅游购物资源的开发和旅游企业的发展紧密联系起来,对从事旅游商品开发的企业在税收、资金、技术等方面给予必要支持,通过旅游产业的结构优化带动旅游消费的发展。五是要加强退税结算制度建设,通过加强 5G 通信、本外币兑换等业务机构的建设,让退税服务更加专业化和国际化,继续推广退税支付与支付宝、微信支付的深度合作,为游客观光购物和退税提供更多的快捷和便利。

六、提升离境退税制度实施的服务水平

从各国离境退税的推行可以看到,优良的购物环境,周到的退税服务是游客顺利实现退税的重要保障。如前所述,便捷的退税商店布局、专业的退税代理机构服务、全面的退税流程宣传、优良的退税语言环境都能够带动更多的境外游客使用退税计划。2019 年,国家发展和改革委员会等十部委印发的《进一步优化供给推动消费平稳增长促进形成强大国内市场的实施方案》中也提出,要强化离境退税商品的销售,具体措施包括增设离境退税商店、优化离境退税网点布局,以及完善离境退税代理机构的设置条件等,以此更好地提升离境退税的便利化水平。有鉴于此,我国离境退税制度的发展亦有必要从内生性条件改善入手,进一步发展完善。

结合我国当前各地经济发展水平和离境退税的试点现状,本书认为可以从以下方面完善离境退税的服务设施:一是继续扩大离境退税点的覆盖面。各地除在机场、口岸等地设置离境退税点外,还可在高铁站、民族特色商店、大型购物中心等人流量较大的场所设置离境退税点,以实现离境退税点的广泛布局。二是要加强市区退税机制建设。为进一步分散人流,我国可在入境旅客较为集中的市区设立退税点,使得旅客在商场购物之后在市区办理退税,避免出现旅客集中到机场、码头退税造成的拥挤情况。三是可以优化海关的核验服务,海关应当为离境退税的审查提供必要便利,条件成熟的省市可在离境

口岸设立专门的离境退税海关验核点,为游客提供全方位 24 小时无障碍退税办理服务。四是应当增加离境退税代理机构的数量,必要时引入专业退税代理公司,扩大离境退税市场的企业竞争,同时还应加大对退税代理机构的政策支持和有效监管,最大限度地提高其开展离境退税业务的水平和效率。五是应当加强对离境退税的宣传服务,税务及海关部门有必要在各退税口岸安装中英文甚至多国语言的专用标识,及时向入境旅客发放"退税指南",并配置专人服务岗,为境外游客及时办理离境退税手续提供引导,确保旅客享受"全程无忧"的退税服务。

结论和展望

当前,我国正从旅游大国向旅游强国迈进,离境退税制度的实施在吸引游客入境购物消费、促进我国货物零售出口、提升我国商品国际竞争力和推动入境旅游业发展层面发挥着愈发重要的作用。然而,与大部分国家基于税收法定原则确立的离境退税制度不同,我国离境退税制度在实施之初主要依托政策规定进行,并未严格遵守税收法定原则,政策性规定多于法律的现状使得离境退税制度实施的正当性、效力性和稳定性受到影响,部分省市在离境退税的制度试点方面效果不彰,监管制度的滞后也使得离境退税制度实施面临着较大的风险。就此而言,要更好地推动离境退税政策在我国的实施,使之充分发挥税收激励制度的功能,就必须推动税收制度的法治化建设,激发离境退税制度红利。

本书着眼于我国入境旅游经济发展存在的不平衡不充分问题,以努力推进税制改革和落实税收法定原则为着力点,旨在通过研究欧盟国家、亚太地区的新加坡、澳大利亚、韩国等国家和地区先进的离境退税立法经验,系统分析我国离境退税立法和实践存在的问题,主张应在我国加快增值税法、消费税法等税收立法步伐的背景下不断推动离境退税制度的法定化,并通过"多层级、全方位"的法律制度设计,实现立法稳定性和灵活性的平衡,为离境退税的制度实施提供充分的法律保障。具体而言,未来我国离境退税法律制度应从以下方面加以完善。

第一,离境退税制度完善应处理好以下关系。一是国家与纳税人之间的关系。从国家与纳税人关系视角,税收是公共服务的对价,通过退税的方式为纳税人让渡税收利益本质上是基于外国游客在旅游目的地国家获得的公共产品与服务较少,理应为其减少一定的税收。但建立在此基础上的税收收入退还构成国家课税活动的重要组成部分,必须严格依据法律进行,应当以税收法定原则为指导将离境退税制度的基本事项在法律依据上予以确定,划定国家与纳税人之间权力与权利的边界。二是国家税收调控和市场公平竞争的关系,离境退税是各国借助税法制度规范激励旅游经济的一项重要手段,但该制度实施不能扰乱正常的货物出口秩序,应当以"自用性、非营利性"的零售出口为限,尊重市场主体自愿加入退税机制的权利,整个过程应坚持以税收中性原则为指导,同时强化政府对退税制度的监管。三是制度科学性与实施可接受度之间的关系。从各国退税制度设计来看,既有在退税对象、退税范围上做宽松设计的国家,如澳大利亚、韩国等;也有在退税制度上做相对严格设计的国家,如英国、新加坡等,各国制度设计上的差异主要源于本国国情、税制传统,以及旅游政策目标有所不同。就我国而言,也要兼顾制度前瞻性、退税效率性和制度风险防控等方面的关系,既要保障国家实施离境退税法律政策的稳定性,也要考虑到实现依法退税是一个循序渐进的过程,需要以国家财政的可持续性、消费者的易接受性和退税风险的可控性为前提,因此要做到法定退税与流程简化、灵活退税的统一。

第二,离境退税制度应在未来增值税法中获得独立法律地位。离境退税与出口退税虽然在制度逻辑上具有相似的法理,但在促进旅游经济发展领域也有其特定的立法目的,且实施对象和运行程序上与出口退税制度有着较大差异。基于税收法定原则的约束,我国应当在未来的增值税法中明确离境退税的法律地位,在明确针对境外旅客个人的出口行为适用"零税率"的同时,还应强调离境退税作为一项专门的、独立的旅游税收激励制度的重要性。在此方面,应密切追踪我国增值税法(草案)的发展动态,及时提出增加离境退税条款的立法建议,确保离境退税制度能够与出口退税制度一样获得独立的法律地位,通过税收法定原则的护航确保离境退税制度实施的稳定预期。

第三,离境退税管理应明确主管部门的权责分工。域外国家在强调离境退税制度的分部门实施的同时,也注重退税信息的及时共享、退税风险的联合防控,以及退税过程中旅客的权利保护。在此方面,我国可在国务院主导下,在未来的《增值税法实施条例》中明确财政部、国家税务总局和海关总署在离境退税制度实施的权责分工,使得各职能部门在离境退税的实施和监管过程中,加强对离境退税相关问题的联系与协调。与此同时,在当前离境退税地方试点实施背景下,应当在当地政府主导下,由财政部门统一指导商务、税务、外汇、海关、旅游等部门共同研究离境退税对中国旅游市场的促进作用,逐步扩大该项政策在各地的"辐射"效应,通过相关部门各司其职,努力规范旅游市场,明确离境退税实施的各项职责,对退税流程进行全程追踪和监管。

第四,离境退税制度应从实体与程序、内部运行和外部保障等方面予以完善。本书认为,在现有财政部、国家税务总局、海关总署以行政规章为主导的规范基础上,应结合未来《增值税法》和《增值税法实施条例》的立法内容,在上位法律规范制度下以统一行政规章的方式制定单独的旅客退税计划,结合我国离境退税存在的问题对相关制度设计和保障机制予以完善。一方面,应通过合理确定离境退税的主体范围、扩展离境退税的客体范围、扩大离境退税的税种范围、合理确定退税最低消费额度区间和退税率、优化退税商店和退税代理机构设置等方面对离境退税的实体制度予以完善;另一方面,应通过做好离境退税程序的繁简分流、推动电子化退税、助力退税信用管理、强化离境退税的监管力度等方面完善离境退税的保障制度。此外,还应当充分发挥退税与免税制度合力、持续打造离境退税特色产品、完善离境退税基础设施建设、提升离境退税服务水平等方式为离境退税制度创造有利的外部环境。

第五,离境退税制度实施应做好政府主导与市场参与的有机结合。政府主导的优势在于为离境退税的实施提供充分的财力支持和科学管理,市场参与的优势在于提升旅游市场的专业度、竞争性和效率性。目前,我国在退税商店的确立和退税代理机构的选择上已采用了市场主导型的做法,但仍带有一定的"行政垄断"特征,反映为退税商店的限制条件依然较多,且退税代理机构并未真正实行市场化,仅由商业银行来代理退税容易固化垄断行为,这在一定程度上降低了民营企业公平参与市场竞争的比例。未来,我国应逐步适应国际上离境退税业务发展的专业化趋势,准许能够履行退税代理机构业务职责的国内外公司申请成为我国离境退税代理机构,提升退税代理市场竞争,并依托市场化的标准来选定符合要求的退税商店,特别是要扩大具有当地特色的名牌优质产品商家的选择范围,提升退税商店参与退税业务的积极性,激发旅游市场发展活力。

第六,应在国家财政可持续前提下不断提升离境退税水平。国际经验表明,退税水平因国家、地区情况而异。通常而言,发达国家的财政资金较为充足,更能为退税提供财政支持,在"应退尽退"理念下退税水平也较高。这些具有现代增值税税制和管理的国家,在加大退税财政力度的同时还普遍采用了信息化管理、尊重纳税人退税权利的方式最大限度地降低了退税成本,增值税退税水平得以不断提升。但加拿大离境退税制度的取消以及澳大利亚政府主导的退税制度存在的成本约束问题,都凸显出退税制度的良性实施需要依托于可持续的财政支持,否则将带来退税成本与经济效益不相匹配的问题。就此而言,我国应基于财政可持续性做好离境退税的资源规划和资金预算,不断强化退税的信息化管理、通过提升退税效率以助推增值税退税水平。

第七，应当强化离境退税的风险防范，完善离境退税违法责任的制度设计。域外国家的退税实践表明，离境退税制度虽然并非风险高发领域，但制度设计的缺陷和监管的不足仍带来了不少退税欺诈问题，增加了国家税收流失的风险。就我国而言，在退税制度试行之初更要防患于未然，加强对退税风险的管理。一是要加强风险防范，借鉴韩国、澳大利亚经验针对不同金额的退税情形建立"繁简分流"的退税审核体系；二是要明确要素设计，将不符合退税要件的境外游客、退税物品排除在退税范围之外；三是要建立严格的责任追究制度，在《海关法》、《税收征管法》以及《刑法》中明确离境退税骗税的惩罚性规则，对违法违规的退税主体严格处罚。

第八，应加强境外游客离境退税政策宣传和配套旅游服务建设，完善离境退税的实施保障。本书主张，离境退税与旅游业发展环境、旅游设施建设情况休憩相关，离境退税的顺利实施离不开良好的旅游环境。因此，一方面有必要加强城市旅游文化软实力的打造，做好境外旅客购物离境退税政策的宣传工作，引领广大游客及市民关注离境退税政策，做好试点城市旅游形象的对外宣传和旅游服务。另一方面则需要加强旅游城市硬环境的打造，通过加强建设国际机场、出境口岸，改善道路交通环境、适时建立市区内退税设施等方式，让游客切实感受到退税的便利。

旅游业是极具发展潜力的"朝阳产业""绿色产业"，未来相当长的时期内，推动旅游产业提质增效将是我国深化经济体制改革中的重要课题。旅游业的可持续发展有赖于税收法律制度的科学设计和有力支撑，要提升直接消费动力、产业发展动力和经济发展实力，就必须持续优化我国旅游业税收法律制度。有鉴于此，未来我国还应持续加强离境退税法律制度的完善研究，以税收法治建设为依托，实现收入效应、公平效应和资源配置效应的最大化，并结合我国旅游业的发展特点和实践情况对离境退税法律制度进行合理调整和科学优化，保障入境旅游业的健康、平稳、有效运行。

附 录
《境外旅客购物离境退税管理办法（建议稿）》及立法说明

目 录

第一章　总　则

第一条【立法目的】　为保障境外旅客购物离境退税的权利，完善增值税制度，规范购物离境退税管理秩序，促进旅游业持续健康发展，根据《中华人民共和国增值税法》（以下简称《增值税法》）、《中华人民共和国增值税法实施条例》（以下简称《增值税法实施条例》）的规定，制定本办法。

立法说明：本条是中国境外旅客购物离境退税的目的条款，与《财政部关于实施境外旅客购物离境退税政策的公告》（以下简称财政部2015年第3号公告）不同的是，增加了离境退税制度确立的税收法定原则约束，并增加了规范离境退税管理秩序的要求。境外旅客购物离境退税制度是各国运用于旅游业发展的一项重要税法激励措施，其既是一项以间接税消费地课税为基础的税法制度，也是公平保障旅游消费者税收权利的重要制度。目前，我国"政策主导型"的立法模式使得离境退税制度的法律约束层级较低，《中华人民共和国增值税法(征求意见稿)》的发布要求我国制定更为完善的增值税法律制度,植根于增值税法理基础之上的离境退税法律制度理应在未来的《增值税法》中进行原则性确立,离境退税的实施办法也应当顺应《增值税法》的立法规定和发展趋势进行升级和创新。从离境退税法律制度的立法目的出发,该项制度应当在保障境外旅客享有退税权利的同时,确保退税风险得到有效规范,并协调好公平与效率之间的关系,实现退税的激励效应与成本效应的统一。因此,本书认为离境退税制度应当涵摄"权利保障""制度完善""市场规范""产业发展"四个层面的目标。

第二条【适用范围】 符合条件的境外旅客可根据本办法规定申请退还在中国境内购买并带出境商品的增值税。

本办法适用于境外旅客从符合条件的退税商店处购买包括增值税税款的商品,不适用于服务退税。

立法说明:本条是中国境外旅客购物离境退税适用范围的条款,新增了离境退税税种范围、适用对象范围的规定。从广义消费税的角度观察,凡是有间接税制度的地方,便可根据消费地课税原则实施离境退税。但世界范围内看,大多数国家离境退税的税种主要为增值税,少部分国家如韩国、澳大利亚已将离境退税拓展至消费税、葡萄酒均衡税等税种,但是否退还消费税上各国还存在诸多分歧。就我国而言,在增值税领域尚未实现"应退尽退"前提下,建议当前仍将退税税种范围限定在增值税领域,未来再适度拓展到消费税。而就离境退税的适用对象来看,考虑到目前大部分国家将退税范围限定在商品领域,只有韩国在住宿服务和医疗服务领域进行了拓展,服务退税的科学性尚未得到充分论证,我国仍应审慎进行退税范围的扩张,现阶段的主体退税范围应放在商品退税领域。本条款的设计可以承接我国未来《增值税法》和《增值税法实施条例》中专门的旅客购物离境退税规定,明确离境退税适用的一般规定、适用税种和征税对象范围。

第三条【术语释义】 本办法所称:

境外旅客,是指符合本办法第四条规定符合条件的旅客。

有效身份证件,是指标注或能够采集境外旅客最后入境日期的护照、港澳居民来往内地通行证、台湾居民来往大陆通行证等其他能够证明旅客信息的证明。

退税商店,是指本办法第八条规定经备案从事退税业务的企业。

退税代理机构,是指本办法第十三条规定经选任从事退税代理业务的企业。

"申请表"是指本办法第十八条中由退税商店提供的《离境退税申请单》。

离境口岸,是指实施离境退税政策的地区正式对外开放并设有退税代理机构的口岸,包括航空口岸、水运口岸和陆地口岸。

离境退税管理系统,是指国家税务总局所指定的全国统一的离境退税管理系统。

立法说明:本条是对中国境外旅客购物离境退税相关概念的解释说明,与国家税务总局《境外旅客购物离境退税管理办法(试行)》[以下简称《离境退税管理办法(试行)》]第二条相比,增加了离境口岸的规定,调整了境外旅客、退税商店、退税代理机构和离境退税管理系统的规定。旅客退税计划作为一项特殊的旅游税收激励制度在实践运行中有着特定的涵义,在立法时对这些相关概念进行解释,既能为纳税人在离境退税过程中提供便利,也避免了不必要的税务纠纷,能够提高退税的效率、节约行政成本。观察新加坡、澳大利亚在内的诸多国家,其"旅客退税计划"实施的一大特点在于具体实施规则之前往往附有名词解释条款,制定者对于什么是"货物""游客""退税商店""退税代理机构"等在实践操作中可能会引发纳税人理解分歧的词汇进行解释。因此有必要借鉴这一做法,在未来全国通行的退税管理办法中将相关概念进行解释说明。

第二章 旅客购物退税的条件

第四条【境外旅客的界定】 增值税法所称的境外旅客,是指在我国境内连续居住不超过183天的外国人和港澳台同胞,或是在中国境外居住2年以上的中国公民或永久居住权者在中国境内滞留期限不超过90天的个人。境外旅客不包括以下主体:

(一)中华人民共和国境内公民和居民;

(二)购买商品之日未满16周岁的;

(三)驻华外交或领事人员;

(四)从中国发往境外的船舶、航空器机组人员或国际列车工作人员。

境外留学生不属于前款所述境外旅客范围,除非他打算从离开中国之日起至少12个月内不再入境中国。

立法说明:本条是中国购物离境退税适用主体范围的规定,与财政部

2015 年第 3 号公告第 1 条将境外旅客限定为"在我国境内连续居住不超过
183 天的外国人和港澳台同胞"相比,本条对退税旅客范围进行了适度扩展,
并从正面规定和反向排除两个层面进行了制度安排。观察国外,目前有关适
用离境退税的购物旅客范围既有澳大利亚的"广义立法"模式,只要符合消费
地课税的前提条件,无论是本国居民还是海外游客在购物离境时均可享受同
等的退税待遇,也有韩国的"中义立法"模式,外国人、海外侨胞和在韩国国内
无收入者在规定时间内出境时,可以申请退税。新加坡则采取相对"狭义立
法"模式,要求游客既不能是新加坡公民,也不能是新加坡永久居民,但对持有
学生签证者,新加坡对该类主体是否能够退税仍持开放态度,除非其在离境后
12 个月内再返回新加坡境内。此外,大部分国家在对旅客范围进行正面规定
的同时,也规定了"无资格申请退税的对象",将飞机、轮船上的工作人员、未持
有护照人员、超过滞留期限人员等基于营利为目的或可能带来退税管理漏洞
的人员排除在退税范围之外。相较之下,我国离境退税政策的适用主体仅限
定为"我国境内连续居住不超过 183 天的外国人和港澳台同胞"范围仍然较为
狭窄,且未从年龄上、身份上对退税主体资格进行限制,因此有必要予以完善,
构建科学的离境退税主体体系。

　　第五条【退税物品的范围】　本办法所称的退税物品,是指由境外旅客本
人在退税商店购买且符合退税条件的个人物品,但不包括下列物品:

　　(一)《中华人民共和国禁止、限制进出境物品表》所列的禁止、限制出境
物品;

　　(二)退税商店销售的适用增值税免税政策的物品;

　　(三)退税商店明确声明排除在退税计划以外的物品;

　　(四)财政部、海关总署、国家税务总局规定的其他物品。

　　立法说明:本条是中国购物离境退税适用客体范围的规定,与《离境退税
管理办法(试行)》第二条中的退税物品相比,本条将退税物品范围单独规定,
并在退税物品"负面清单"中增加了"退税商店明确声明排除在退税计划以外
的物品"项目。从世界范围来看,各国有关离境退税的购物商品范围已基本实
现了"负面清单式"的制度规定,但对于哪些属于不适用离境退税的物品范围,
则主要结合国情予以确定,例如,法国规定,退税必须属于针对旅客销售的观
光零售产品,而非进行商业贸易的商品。因此,石油类产品、武器、文化产品、
未开发的宝石、大型交通工具及其部件、一些受《华盛顿公约》限制的产品(如
麻醉药品等)和其他所有不能用于个人的自然产品不能享受离境退税政策。

英国《零售出口计划》规定,下列商品不能纳入退税范围:第一,个人出口的新旧车辆;第二,计划航行至欧盟以外目的地的船舶;第三,用于商业目的出口价值超过 600 英镑(不含增值税)的商品;第四,作为货运或单独行李出口的商品;第五,需要出口证的商品,古董除外;第六,未镶嵌的宝石;第七,金条(超过125 克,2.75 盎司或 10 托拉);第八,在欧盟范围内消费的商品(所有或部分在欧盟内消费的旧消耗品);第九,邮购商品,包括通过互联网购买的货品;第十,在该计划下,书籍和儿童服装等零税率商品。澳大利亚也规定超大、液体、喷雾和凝胶类必须托运的商品排除在退税商品之外。

就我国而言,现有《离境退税管理办法(试行)》中实现了从海南时期的"正面清单"到"负面清单"的转型,有关退税物品的规定主要将海关限制或禁止出口以及已经免税的商品排除在范围之外,反映了我国退税物品范围规定的科学性。但需要关注的是,海关总署于 1993 年制定的《中华人民共和国禁止、限制进出境物品表》距今已历时近 30 年,很多禁止和限制出境的物品范围未能与时俱进地进行改进,如限制出境的"金银等贵重金属及其制品、贵重中药材"中很多具有本土特色且受入境旅客青睐的商品,其中一些商品出口并不损害我国国家利益或社会公共利益。因此,未来离境退税负面清单的科学规定仍有待《中华人民共和国禁止、限制进出境物品表》的适当调整。与此同时,需要关注到的是,作为一项能够为零售商店带来重要营利增长空间的旅客退税制度,其更应该反映零售商店在退税商品范围中的自主决定权。在此方面,英国《零售出口计划》赋予了零售商对退税商品范围的选择权,零售商可以自愿选择将一些商品排除在退税范围之外,无须对所有商品实行退税。从未来推动退税制度市场化的角度,我国在离境退税制度实施领域也应适当尊重退税商店的自由权利。

第六条【退税条件】 境外旅客申请退税,应同时符合以下条件:

(一)同一境外旅客在同一退税商店(包括分店)购买的退税物品金额达到500 元人民币;省、自治区、直辖市人民政府统筹考虑本地区经济社会条件可对同一境外旅客购买退税商品的金额进行调整,报同级人民代表大会常务委员会决定,并报全国人民代表大会常务委员会和国务院备案。

(二)退税物品尚未启用或消费,但在境内购买且使用的衣服、鞋帽、照相机、手提电脑等物品除外。

(三)离境日距退税物品购买日不超过 90 天;

(四)所购退税物品由境外旅客本人随身携带或随行托运出境。

立法说明:本条是中国购物离境退税条件的规定,退税条件的科学设置是旅客能够实现退税权利的前提,与财政部 2015 年第 3 号公告第二条规定的退税条件相比,本条取消了退税时间中"同一日"的限制规定,加大了各省市在购物金额限制中的调整自主权,对退税物品"是否消费"做了更周到的制度安排。根据现有《离境退税管理办法(试行)》,我国离境退税现有规定要求游客在"三同一"条件下购买金额需达到 500 元方能退税,相比国外来看,我国这一起退点的规定比欧盟的统一标准和澳大利亚的标准要低,比德国、韩国规定的起退标准要高,与新加坡标准相当,总体来看,该门槛设置在我国离境退税推行初期是较为恰当的。但大部分国家已取消"同一日"的规定,且总体趋势是继续下调起退点乃至取消起退点的规定,而我国各地经济发展水平不同、旅游资源各异,如"一刀切"地进行设置可能会影响境外游客在中小城市的购物积极性,难以让本就"遇冷"的西部和中小城市扩大离境退税的业务范围。就此而言,本条取消了"同一日"的规定,并且主张参考《中华人民共和国环境保护税法》等立法规定,赋予各地根据实际情况对离境退税起退点进行适当调整的权利。

就离境退税制度的适用条件来看,各国普遍将退税物品尚未启用或消费作为一项重要的要求,严格贯彻"消费地课税"的基本原则,但也有不少国家在近年来的离境退税实践中尊重旅客购物的基本规律,将部分已经启动,但主体消费价值仍然在境外完成的商品纳入退税范围之列。例如,澳大利亚规定,服装、鞋帽、书籍、照相机、手提电脑等在旅游目的地国内购买且已使用的物品,即便是消费者回国后仍存在"重复消费和使用"的可能性,且这些商品的主体消费主要在旅客回国后完成,在明确其系消费者自用且经海关严格监管的前提下,对于这些商品的部分使用应保留境外旅客的退税权利。考虑到拓展离境退税范围的需要,我国也可以考虑商品的性质做一些例外的考量,规定"境内购买且使用的衣服、鞋帽、照相机、手提电脑等物品除外",使得我国离境退税的适用范围能够适当拓展。

第七条【退税率】 退税物品的退税率由财政部、国家税务总局、海关总署根据所属物品的增值税税率予以确定,应退增值税额的计算公式:

应退增值税额=退税物品销售发票金额(含增值税)×退税率

实退增值税额=应退增值税额-退税代理机构退税手续费

退税率的执行时间,以退税物品增值税普通发票的开具日期为准。

立法说明:本条是对退税率、退税金额安排的规定,与财政部公告 2015 年第 3 号第三条规定相比,本条提倡对离境退税的退税率做"应退尽退"的考虑,并增加实退增值税额和退税率执行时间的规定,增加了退税的确定性。一般而言,离境退税的退税率确定需要根据国家的经济发展水平和旅游市场状况来确定,大部分国家实行的是"征多少、退多少"的原则,以避免对跨国流动商品重复征税,主要是因为"征多退少"将不利于吸引外国游客到旅游目的地国购物消费;但如果"征少退多",离境退税又可能会对纳税人形成变相财政补贴,容易引起贸易纠纷并给国家财政带来较大负担。就我国而言,考虑到离境退税带来的财政压力,目前离境退税率的设定相对低于增值税税率的设定。近年来离境退税率随着增值税税率的调整也有所变化,根据《财政部 税务总局 海关总署关于深化增值税改革有关政策的公告》(财政部 税务总局 海关总署公告 2019 年第 39 号)的规定,2019 年 4 月 1 日起,增值税一般纳税人发生增值税应税销售行为或者进口货物,原适用 16% 税率的,税率调整为 13%;原适用 10% 税率的,税率调整为 9%。为配合税率调整,离境退税物品的退税率相应调整,从原来的 11% 的统一规定改为了 11% 和 8% 两档税率。考虑到我国增值税税率政策的易变性,本条对退税率不作具体规定,但对适用的依据和公式进行了原则性规定。

实践中,由于退税代理机构需要征收一定的退税手续费,因此旅客所获得的应退增值税额和实退增值税额会因为退税手续费率的安排有所不一致,为确保旅客获得公开透明的退税信息,本条设计中对实退增值税额进行规定。同时,为避免因为退税率的调整带来旅客退税权利发生变化的情况,本条设计中明确退税率的执行时间,以退税物品增值税普通发票的开具日期为准,以便于旅客申请和退税机构更好地执行。

第三章　退税商店的备案、变更与终止

第八条【退税商店的条件】　退税商店,是指报省、自治区、直辖市和计划单列市国家税务局(以下简称省国税局)备案、境外旅客从其购买退税物品离境可申请退税的企业。

符合以下条件的企业,经省国税局备案后即可成为退税商店。

(一)具有增值税一般纳税人资格;

(二)纳税信用等级在 B 级以上,办理税务登记不满两年的纳税人有证据证明信用良好的除外;

(三)同意安装、使用离境退税管理系统,并保证系统应当具备的运行条件,能够及时、准确地向主管国税机关报送相关信息;

(四)已经安装并使用增值税电子发票系统；

(五)同意单独设置退税物品销售明细账,会计和内部控制系统完备。

立法说明:本条为离境退税的退税商店概念和条件的规定,与《离境退税管理办法(试行)》第三条相比,本条规定对离境退税商店的主体条件进行了优化,主张对"办理税务登记不满两年的纳税人有证据证明信用记录良好"的,给予参与退税业务的机会。就离境退税的实施主体资格条件来看,一般具有"登记制"和"核准制"两种立法模式,前者如澳大利亚,所采取的是较为宽泛的退税商店制度规定,一般只要进行了工商登记和商品服务税纳税人的登记即可自由成为合格的退税商店,甚至无须悬挂任何退税的标识,后者则主要由新加坡、韩国和诸多欧盟国家采用,如新加坡规定经过审计官批准的零售商才能具有退税的资质,韩国的退税商店、旅店或医疗机构也通常由税务机关和商业主管部门共同确定,大部分国家也要求实施退税的商店与税务机关签订退税的协议。我国对于退税商店采用的则是"备案制"的制度安排,具有增值税一般纳税人资格、纳税信用等级在 B 级以上、同意安装使用离境退税管理系统、已经安装并使用增值税发票管理新系统并同意单独设置退税物品销售明细账的企业经省级国税局备案后即可成为退税商店。

相对而言,我国对退税商店的规定比较审慎的,在现有《离境退税管理办法(实行)》中的规定相比海南试点时期的设置更为科学,取消了"原试点政策要求退税定点商店营业面积超过 2000 平方米"的规定,表述上也更为科学,原试点政策要求前两年内未发生偷、逃、骗、抗、欠税行为;现政策表述成"纳税信用等级在 B 级以上"。之所以要求退税商店拥有良好的商业信用或纳税信用,是因为离境退税的申请与退税之间存在"时间差",为防止零售商店实行欺诈行为,截留、侵占税款,我国明确了纳税信用等级在 B 级以上的零售商户才能成为退税商店。但需要指出的是,根据我国《纳税信用等级评定管理试行办法》第七条的规定,"对于办理税务登记不满两年的纳税人,不进行纳税信用等级评定,视为 B 级管理",这在很大程度上剥夺了一些新设立但运行规范企业的退税业务办理权利,因此本条设计中做了一定的除外情形设置。此外,为了防范零售商店滥用退税制度,还应当对零售商店的会计和内部控制有所要求,同时考虑到未来我国离境退税制度"电子化"的趋势,应对退税商店采用增值税电子发票系统开具增值税电子普通发票做出要求。

第九条【退税商店的备案】 符合条件且有意向备案的企业,应当填写《境外旅客购物离境退税商店备案表》,按照主管国税机关决定的形式和方式直接或委托退税代理机构报送备案材料。

主管国税机关受理后应当在5个工作日内逐级报送至省国税局备案。省国税局应在收到备案资料15个工作日内审核备案条件,对于符合备案条件的企业,由省国税局负责向退税商店颁发统一的退税商店标识,不符合备案条件的,由省国税局通知主管国税机关告知申请备案的企业。

立法说明:本条为退税商店申请离境退税资格的备案材料和程序的规定,总体参考了现有《离境退税管理办法(试行)》第四条、第五条规定,将备案的条件和程序予以一体规定,并对备案材料的规定进行了适当简化,要求按照主管国税机关决定的形式和方式提交,备案资料可以由退税机构直接提交,也可以委托退税代理机构代为提交。

第十条【退税商店的变更与注销】 退税商店备案资料所载内容发生变化的,应当及时通知主管税务机关,自有关变更之日起10日内,持相关证件及资料向主管国税机关办理变更手续。主管国税机关办理变更手续后,应在5个工作日内将变更情况逐级报省国税局。

退税商店发生解散、破产、撤销以及其他情形,应持相关证件及资料向主管国税机关申请办理税务登记注销手续,由省国税局终止其退税商店备案,并收回退税商店标识,注销其境外旅客购物离境退税管理系统用户。

立法说明:本条为退税商店申请离境退税资格的变更和终止的规定,总体上参考了现有《离境退税管理办法(试行)》第六条的规定。退税商店备案资料的变化可能影响到退税业务的实施,因此有必要规定当其提交的申请中有任何细节或信息的变化时,应当具有通知主管税务机关和及时变更的义务。当作为增值税纳税人的退税商店发生解散、破产、撤销以及其他情形时,应当依法终止其纳税义务,依照法律规定,在向工商行政管理机关或者其他机关办理注销登记前,持有关证件向原税务登记管理机关申报办理注销税务登记。退税系以纳税为前提,这也必然需要办理退税资质的注销。因此,本条继续沿用了《离境退税管理办法(试行)》的规定。

第十一条【退税商店的义务】 退税商店应当按照《退税商店标识规范》要求在其经营场所显著位置悬挂退税商店标识,便于境外旅客识别,并根据境外旅客的申请向其出示退税凭证。

退税商店必须忠实遵守和履行税务、海关部门确立的各项税收义务和责任,接受税务、海关部门不定期的业务检查。

立法说明:本条是对退税商店义务的规定,对退税商店履行退税义务和相应责任进行了原则性的统一规定。在离境退税过程中,退税商店不仅需要满足退税资格的基本要求,还应忠实地遵守和履行纳税义务,在狭义的退税商店规范模式下,退税商店具有标识退税主体的义务,因此本条对退税商店悬挂退税商店标识以便旅客识别的义务作出了规定,并增加了退税商店忠实遵守和履行退税义务和责任的原则性规定。

第十二条【退税资格的暂停与终止】 主管国税机关发现退税商店未遵守退税规定,可以提出意见要求暂停其退税业务进行整改,确实存在以下情形之一的,由主管国税机关提出意见逐级报省国税局要求暂停其退税业务或终止其退税商店备案,并收回退税商店标识,注销其境外旅客购物离境退税管理系统用户。

(一)不符合本办法第八条规定条件的情形;

(二)所提交的申请中提供了虚假、误导或不准确的声明或信息的;

(三)未按规定开具《离境退税申请单》的;

(四)开具《离境退税申请单》后,未按规定将对应发票抄报税;

(五)备案后发生因偷税、骗取出口退税等税收违法行为受到行政、刑事处理的。

立法说明:本条为退税商店退税资格的暂停与终止规定,与《离境退税管理办法(试行)》第七条相比,本条规定增加了退税商店的如实陈述义务,规定退税商店不能提供虚假、误导或不准确的声明或信息,同时在退税资格终止规定基础上增加了"暂停退税"的规定。在离境退税过程中,根据退税商店业务办理的不同违法情况,可以由主管税务机关撤销其退税资格,但对此不宜"一刀切",而应根据退税商店的违法退税行为情况进行综合考虑。当违法行为轻微时,可通过"通知"方式要求其暂停退税业务,并进行定期整改,当退税商店确实不再符合退税主体资质或存在严重违法违规行为时,则应当由主管国税机关提出意见逐级报省国税局要求暂停其退税业务或终止其退税商店备案,以防止国家税收的流失。考虑到退税商店提交备案的材料直接关系其是否享有退税商店的经营资格,本条参考新加坡《旅客退税计划》的安排,加大了退税商店如实陈述的义务,所提交的申请中提供了虚假、误导或不准确的声明或信息的,将面临被暂停或终止业务的风险。

第四章　退税代理机构的选择、变更与终止

第十三条【退税代理机构的条件】 退税代理机构,是指省国税局会同财

政、海关等相关部门按照公平、公开、公正的原则选择的离境退税代理机构。

符合以下条件的银行或其他具有退税代理条件的企业，可以申请成为退税代理机构：

（一）依法办理税务登记，财务制度健全；

（二）能够在离境口岸隔离区内具备办理退税业务的场所和相关设施，并愿意承担相应运营费用；

（三）具备离境退税管理系统运行的条件，能够及时、准确地向主管国税机关报送相关信息；

（四）遵守税收法律法规规定，三年内未因发生税收违法行为受到行政、刑事处理的；

（五）愿意先行垫付退税资金，具备在退税业务场所及时为境外旅客提供现金退税、银行卡转账支付和第三方便捷支付的条件；

（六）愿意接受税务、海关等部门的业务监管；

（七）具备涉外服务能力，服务语言应包含英语；

（八）具备在境内外宣传推广离境退税业务能力，企业综合实力、资信度、财务状况和经营业绩优异者优先。

立法说明：本条是对退税代理机构条件的规定，与《离境退税管理办法（试行）》第十三条规定相比，本条结合北京、上海等地退税代理机构的试点条件，从"规范性"和"竞争性"两个方面完善了退税代理机构的选任条件，主张退税代理机构的范围从"银行"扩大到其他具有退税运营条件的企业。在世界范围内，离境退税代理机构主要有专业公司代理主导型、零售主导型和政府与专业代理公司结合型这三种模式，其中大部分国家采用政府授权专业代理公司办理购物退税形式，即先由专业代理公司垫付退税款，再由专业代理公司凭借相关单据向政府有关部门申报退税。零售主导型模式和政府与专业代理公司共同办理退税业务则主要为法国、加拿大等少数国家采用。其中，离境退税代理机构既可能是专业公司，也可能是银行等金融机构。根据现有《离境退税管理办法（试行）》规定，我国也采取了"政府授权专门机构"办理退税业务模式，但仅有符合条件的商业银行能成为我国离境退税代理机构，选定后由省国税局与退税代理机构签订退税代理的服务协议。这种模式虽有助于利用银行良好的信用和资金优势推动退税业务，却不利于我国形成专业化退税代理市场，容易带来代理机构竞争力不足等问题。

为破解退税代理机构单一化的困境，国内部分银行已采取与世界范围内知名退税企业合作的方式发展退税业务,例如,中国银行与环球蓝联集团于2017年3月28日起开展退税业务战略合作,根据协议,双方将在全球范围内整合客户和渠道资源,提供中国人境外消费"归国退税"和境外旅客购物"离境退税"双向服务,这种方式能够通过整合优质资源,共同打造全球退税业务一体化服务网络,为广大客户提供更全面、更专业、更便捷的退税服务。但整体而言仍不利于我国独立退税机构的成长,也不利于我国退税市场竞争力的增强。随着我国离境退税实践经验日渐成熟,有必要在今后立法中取消对离境退税代理机构必须是银行的限定,允许带有国际专业化、具有管理经验的退税代理机构进入我国退税市场,但依然要遵循税务、海关部门规定的选择条件,愿意接受税务、海关等部门的业务监管。

关于退税代理机构申请办理退税业务的具体条件,现有《离境退税管理办法(试行)》已有原则性规定,而在具体实践中,各地税务局又进行了相应细化和完善。例如,《国家税务总局上海市税务局关于征集境外旅客购物离境退税代理机构的通告》便规定了退税代理机构应具备的8项条件,包括(一)在本市办理税务登记的银行,财务制度健全;(二)遵守税收法律法规规定,三年内未因发生税收违法行为受到行政、刑事处理的;(三)按照退税业务相关要求,有能力在航空、水运和陆路离境口岸隔离区,以及其他指定场所内分别提供办理退税业务场所配套的人员和运营设备,并愿意承担相应运营费用;(四)愿意先行垫付退税资金,具备在退税业务场所及时为境外旅客提供现金退税、银行卡转账支付和第三方便捷支付的条件;(五)愿意接受税务、海关等部门的业务监管;(六)具备离境退税信息管理系统运行的条件,能够及时、准确地报送相关信息;(七)具备涉外服务能力,服务语言应包含英语;(八)具备在境内外宣传推广本市离境退税业务能力,有离境退税代理服务经历,且企业综合实力、资信度、财务状况和经营业绩优异者优先。《国家税务总局北京市税务局关于征集境外旅客购物离境退税代理机构的公告》中也有类似的要求,有鉴于此,本条设计时综合各地成熟经验对退税代理机构的条件进行了进一步明确。

第十四条【退税代理机构的申请】 申请退税代理机构应向当地省国税局提交以下申请材料:

(一)境外旅客购物离境退税代理机构申请表;

(二)离境退税业务运营方案;

(三)符合征集条件,愿意成为离境退税代理机构的书面承诺书。

立法说明:本条是关于退税代理机构申请材料提供的规定。对此,现有

《离境退税管理办法(试行)》并未对退税代理机构提出的申请材料内容进行规定,而是授权由各省国税局予以管理,从北京、上海及其他26个地区的试点实践来看,均需要满足提交申请表、运营方案和书面承诺书三项材料要求,因此,本条规定在结合各地实施方案和试点经验的基础上,新增了此项规定。

第十五条【退税代理机构的确定】 省国税局在收到退税代理机构的申请资料后,应当会同财政、海关等部门,按照公平、公开、公正的原则选择,充分发挥市场作用,引入竞争机制,提高退税代理机构提供服务的水平。

完成选定手续后,省国税局应及时对退税代理机构进行公告。省国税局应与选定的退税代理机构签订服务协议,服务期限为两年。服务协议到期后不会自动延续,退税代理机构需要提前一个月与省国税局确认,双方协商一致后重新签订服务协议。

未选择退税代理机构的,由税务部门直接办理增值税退税。

立法说明:本条是关于退税代理机构选任原则和退税服务期限的规定,结合了财政部2015年第3号公告第六条和《离境退税管理办法(试行)》第十四条、第十五条的规定。退税代理机构能否遵循公平、公开、公正的原则来选择事关重大,良好的退税代理机构不仅能履行好退税代理服务,也能从中因为手续费的收取而获得可观的收益,因此应当秉持公平、公开、公正的原则对其进行选择。现有《离境退税管理办法(试行)》规定的退税代理服务期限是两年,但至于两年之后如何操作没有明确规定,考虑到退税代理业务的延续性和本国退税代理机构的优质培养必要性,本条增加了"服务协议到期后不会自动延续,退税代理机构需要提前一个月与省国税局确认,双方协商一致后重新签订服务协议"的规定。

第十六条【退税代理机构的义务】 退税代理机构应当在离境口岸隔离区内设置专用场所,并根据《离境退税机构标识规范》在显著位置用中英文做出明显标识。

退税代理机构必须忠实遵守和履行税务、海关部门确立的各项税收义务和责任,接受税务、海关部门不定期的业务检查。

立法说明:本条是对退税代理机构义务的规定,与《离境退税管理办法(试行)》第十七条相比,在退税代理机构进行标识义务基础上,增加了退税代理机构履行退税义务的原则性规定。在离境退税过程中,退税代理机构需要遵守必要的退税规范,以实现对旅客及时、准确地退税。因此,本条规定,退税代理机构在离境退税过程中不仅需要满足退税代理资格的基本要求,还应忠实地遵守和履行纳税义务。

第十七条【退税代理机构的暂停与终止】 主管国税机关应加强对退税代理机构的管理,发现违规退税行为的,可以提出意见要求暂停其退税业务进行整改,发现退税代理机构上存在以下情形之一的,应逐级上报省国税局,省国税局会商同级财政、海关等部门后终止其退税代理服务,注销其离境退税管理系统用户:

(一)不符合本办法第十三条规定条件的情形;

(二)所提交的申请中提供了虚假、误导或不准确的声明或信息的;

(三)未按规定申报境外旅客离境退税结算;

(四)境外旅客离境退税结算申报资料未按规定留存备查;

(五)将境外旅客不符合规定的离境退税申请办理了退税,并申报境外旅客离境退税结算;

(六)在服务期间发生税收违法行为受到行政、刑事处理的;

(七)未履行与省国税局签订的服务协议。

立法说明:本条为退税代理机构退税资格的暂停与终止规定,与《离境退税管理办法(试行)》第十六条相比,本条规定增加了退税代理机构的如实陈述义务,规定退税商店不能提供虚假、误导或不准确的声明或信息,同时在退税资格终止规定基础上增加了“暂停退税”的规定。在离境退税过程中,如果退税代理机构不按规定履行退税承诺或实施了违法违规的行为,不利于旅客退税权利的实现,也将带来税收流失的风险。本条规定了主管国税机关应加强对退税代理机构的管理责任,根据退税代理机构业务办理的不同违法情况,可以由主管税务机关暂停或请求撤销其退税代理资格,当违法行为轻微时,可通过“通知”的方式要求其进行整改,当确实不再符合退税主体资质或有严重违法违规行为时,则应当由主管国税机关提出意见逐级上报省国税局,省国税局会商同级财政、海关等部门要求暂停或终止其退税代理资格。

第五章　旅客购物退税的程序安排

第十八条【退税物品购买】 境外旅客在退税商店购买退税物品后,需要申请退税的,应当在离境前凭本人的有效身份证件向退税商店索取境外旅客购物离境退税申请单和销售发票。

立法说明:本条是对退税物品购买程序的规定,因循了财政部 2015 年第 3 号公告第四条中“退税物品购买”和《离境退税管理办法(试行)》第八条的规定。从世界范围来看，旅客退税的程序大同小异，大体可以划分为"退税申请—海关核验—退税机构办理—退税结算"这四个流程，但具体到各国国家的退税程序有所不同，需要注意的有两个趋势：一是离境退税的电子化办理流程，如法国、西班牙、韩国、新加坡都在不同程度上引入了统一的离境退税电子退税系统；二是实现离境退税的程序分流，典型的如韩国通过设立市区退税、即时退税的程序为小额购物群体提供了更为便捷的通道。本章设计主要参考了《财政部关于实施境外旅客购物离境退税政策的公告》中关于退税物品购买、海关验核确认、代理机构退税、税务部门结算的程序安排，并结合离境退税程序改革的未来发展方向对电子化退税系统、市区退税程序、即买即退程序等特殊退税程序进行了相应的设计安排。其中，本条规定的退税物品购买是申请退税的前提，境外旅客要申请退税，首要任务就是在规定的时间内，一般为离境前 90 天内到指定退税商店去购买满足退税条件的物品。

第十九条【开具退税申请单】 《离境退税申请单》由退税商店通过离境退税管理系统开具，加盖发票专用章，交付境外旅客。

退税商店开具《离境退税申请单》时，要扫描、核对境外旅客有效身份证件，同时将以下信息采集到离境退税管理系统：

（一）境外旅客有效身份证件信息以及其上标注或能够采集的最后入境日期；

（二）境外旅客购买的退税物品信息以及对应的增值税普通发票号码。

立法说明：本条为退税商店开具退税申请单的程序规定，因循了《离境退税管理办法（试行）》第九条的规定。作为开展退税业务的商家，退税商店开具退税申请单是境外旅客申请退税的首要环节，旅客必须从退税商店购买退税商品，获得增值税普通发票、并获得退税申请单后，方能进行下一步退税流程。因此该环节有必要赋予退税商店在信息采集环节的协助义务，要求他们依法对境外旅客的有效身份信息通过离境退税管理系统进行采集，并按照规定开具发票和退税单。

第二十条【不能开具退税申请单的情形】 具有以下情形之一的，退税商店不得开具《离境退税申请单》：

（一）境外旅客不能出示本人有效身份证件；

（二）凭有效身份证件不能确定境外旅客最后入境日期的；

（三）购买日距境外旅客最后入境日超过 183 天；

（四）退税物品销售发票开具日期早于境外旅客最后入境日；

（五）销售给境外旅客的货物不属于退税物品范围；

（六）境外旅客不能出示购买退税物品的增值税普通发票；

（七）同一境外旅客在同一退税商店内购买退税物品的金额未达到500元人民币。

立法说明：本条为退税商店不能开具退税申请单的规定，因循了《离境退税管理办法(试行)》第十条的规定。与上一条规定不同的是，本条是退税商店开具退税单的"负面清单"规定，如果旅客购物在身份信息上、购物时间上、购物类型上、发票要求以及购物金额上不能满足要求，则不能为其开具退税单据。

第二十一条【退税申请单的管理】　退税商店在向境外旅客开具《离境退税申请单》后，如发生境外旅客退货等需作废销售发票或红字冲销等情形的，在作废销售发票的同时，需将作废或冲销发票对应的《离境退税申请单》同时作废。

已办理离境退税的销售发票，退税商店不得作废或对该发票开具红字发票冲销。

立法说明：本条为退税申请单的管理要求，因循了《离境退税管理办法(试行)》第十一条、第十二条的规定。一般而言，退税申请单是建立在旅客购物的基础上，但根据《中华人民共和国消费者权益保护法》第二十四条的规定，经营者提供的商品或者服务不符合质量要求的，消费者可以依照国家规定、当事人约定退货，或者要求经营者履行更换、修理等义务。没有国家规定和当事人约定的，消费者可以自收到商品之日起7日内退货；7日后符合法定解除合同条件的，消费者可以及时退货，不符合法定解除合同条件的，可以要求经营者履行更换、修理等义务。就此而言，当境外旅客发生了退货情形时，应尊重其退货的消费者权利，但同时不能允许其就已经返还的货物退税。因此，在对销售发票做相应处理的同时，也应当将《离境退税申请单》同时作废，以防止退税制度的滥用。

第二十二条【海关验核】　境外旅客在离境口岸离境时，应当主动持退税物品、境外旅客购物离境退税申请单、退税物品销售发票和本人有效身份证件向海关申报并接受海关监管。

海关验核无误后，在境外旅客购物离境退税申请单上签章，交由旅客凭以办理退税手续。

有下列情形之一的，海关不予办理境外旅客购物离境退税签章手续：

277

（一）出境旅客交验物品的名称与申请单所列物品不符的；

（二）申请单所列购物人员信息与出境旅客信息不符的；

（三）其他不符合离境退税规定的。

立法说明：本条为海关验核确认的规定，融入了海关总署2015年第25号公告第二条、第三条的规定。根据《中华人民共和国海关法》（以下简称《海关法》）的规定，海关是国家的进出关境监督管理机关，海关依照本法和其他有关法律、行政法规，监管进出境的运输工具、货物、行李物品、邮递物品和其他物品，征收关税和其他税、费，查缉走私，并编制海关统计和办理其他海关业务。离境退税的业务办理依托于"旅客出境"，包括人的出境和退税物品的出境，因此需要海关履行好监管的职责，对境外旅客购物离境退税申请单进行核验。

第二十三条【代理机构退税】 境外旅客凭护照等本人有效身份证件、海关验核签章的境外旅客购物离境退税申请单、退税物品销售发票选择在中华人民共和国境内的任一离境口岸的退税代理机构申请办理增值税退税。

退税代理机构接到境外旅客离境退税申请的，应首先采集申请离境退税的境外旅客本人有效身份证件信息，并在核对以下内容无误后，按海关确认意见办理退税：

（一）提供的离境退税资料齐全；

（二）《离境退税申请单》上所载境外旅客信息与采集申请离境退税的境外旅客本人有效身份证件信息一致；

（三）《离境退税申请单》经海关验核签章；

（四）境外旅客离境日距最后入境日未超过183天；

（五）退税物品购买日距离境日未超过90天；

（六）《离境退税申请单》与离境退税管理系统比对一致。

退税代理机构对柜关信息审核无误后，为境外旅客办理增值税退税，并先行垫付退税资金。退税代理机构可在增值税退税款中扣减必要的退税手续费。

立法说明：本条为代理机构退税一般程序的规定，融入了《离境退税管理办法（试行）》第十八条、第十九条和第二十条的规定，对经海关确认的退税代理机构退税程序作出了要求。在我国，境外旅客一般情况下并不能直接向退税商店申请办理退税，而需要依托退税代理机构来予以办理。基于退税代理机构的"营利性"性质，要求其对旅客身份信息与退税物品的核验情况进行形式审查能够在一定程度上提升退税的规范要求。因此，本条在结合财政部

2015 年第 3 号公告和《离境退税管理办法(试行)》的基础上对代理机构的申请程序和信息确认义务进行规定。

第二十四条【市区退税】 符合条件的退税代理机构可以经所在地省税务局的批准在市区设立退税窗口,境外旅客在商场购物之后凭护照等本人有效身份证件、填写完整的购物离境退税申请单、退税物品销售发票在市区指定退税窗口或自动退税机办理退税。

同一境外旅客同一日向同一退税商店申请退税物品金额在 5 万元以下时,可以申请在市区设立的退税窗口或集中退付点进行退税,符合条件的,市区退税柜台应为境外旅客办理增值税退税。

境外旅客承诺于购物开单后 17 日内离境,在提供本人所持信用卡并办理足额预授权担保后,可先行领取相当于退税物品实退增值税款的等额人民币现金。符合条件的境外旅客在将所购退税物品随身携带或随行托运自离境口岸出境后,由代理机构直接操作解除预授权。

境外旅客在先行取得实退税款等额现金且办理预授权担保后的第 18 天仍未离境或其他原因需要进行预授权扣款的,由退税代理机构通过信用卡预授权担保扣回先行支付资金。

立法说明:本条为代理机构市区退税程序的规定,是退税程序的创新性规定,本条设计结合了国家税务总局上海市税务局试点"即买即退"集中办理方式的经验,通过预授权担保对制度风险进行有效防控。在域外一些国家,为更好地推动购物退税,在退税程序上采取了由退税代理机构在市区开设"退税窗口"的方法,让旅客可以在消费结束后到市区定点退税窗口办理退税事宜,这在很大程度上节约了消费者的退税时间。当然,这一程序设计虽然更为便利,但与传统机场、码头退税模式相比加大了逃税的空间,难以确保退税商品最终被带离国境。为防止该行为出现,以韩国为代表的国家推出了市区退税的"临时结算"制度,旅客办理退税时需使用消费者信用卡刷一笔与退税金额相等的"临时结算"资金,待办理行李托运并确认把退税物品带出境后,再将这笔金额退回消费者账户。就我国而言,上海在推动离境退税便利化的过程中,推出了离境退税集中退付点制度,符合条件的境外旅客在恒隆广场内所有"即买即退"定点商户购物后,即可持相关凭证至商场内的集中退付点当场领取相当于实退税款等额的人民币现金,与此前推出的离境退税"即买即退"单户退付模式相比,集中退付模式下,由设在商场内的退税代理机构直接支付退税,这样就为有参与"即买即退"试点愿望但囿于企业现金管理限制的商户提供了便

279

利。这项制度为我国市区退税制度的发展打下了基础,本条设计结合我国实际情况为市区退税制度预留了空间。

第二十五条【即时退税】 境外旅客在各地开展离境退税"即买即退"服务方式的退税商店内购买退税物品并按规定开具发票、退税申请单后,可于当天向该退税商店申请先行领取相当于退税物品实退增值税款的等额人民币现金。

同一境外旅客同一日向同一退税商店申请办理"即买即退"服务的退税物品金额累计不得超过 3 万元。

境外旅客承诺于购物开单后 17 日内离境,在提供本人所持信用卡并办理足额预授权担保后,可先行领取相当于退税物品实退增值税款的等额人民币现金。符合条件的境外旅客在将所购退税物品随身携带或随行托运自离境口岸出境后,由代理机构直接操作解除预授权。

境外旅客在先行取得实退税款等额现金且办理预授权担保后的第 18 天仍未离境或其他原因需要进行预授权扣款的,由退税代理机构通过信用卡预授权担保扣回先行支付资金。

立法说明:本条为退税商店实行即时退税程序的规定,是退税程序的创新性规定,参考了国家税务总局上海市税务局、国家税务总局北京市税务局在深化境外旅客购物离境退税便利服务试点工作中的经验。"即买即退"是一项单户退付模式,是指由具有"即买即退"资格的零售商户直接向境外旅客实行退税的情形。"即买即退"便利服务是上海、北京等地以提升离境退税服务便利度为切入点,提出的一项领跑全国的创新举措。对符合条件的境外旅客,在购物环节就能提前拿到相当于退税物品实退税款等额的人民币现金,让旅客在上海购物之旅中体验更具吸引力的退税服务环境。该项试点对百货行业来讲是一项创新和利好服务,方便境外顾客的同时,又刺激了旅客在退税商店二次购物消费的积极性,提升了商场销售额,为退税商店构建更具吸引力的购物环境。本条规定根据《国家税务总局北京市税务局关于开展离境退税便利化试点的通告》《国家税务总局上海市税务局关于开展境外旅客购物离境退税便利服务试点工作的通知》设计,其中,上海市规定的即买即退的单次购物金额限制为 3 万元,北京市规定为 5 万元,本条设计结合各地退税实际情况选择采用了 3 万元的金额规定。

第二十六条【电子退税】 国家税务总局、海关总署应当推动离境退税的"电子化",通过开发专门的境外旅客离境退税 App,在符合条件的机场设置自助退税终端等方式,由境外旅客自助申请退税。

旅客在境外旅客离境退税 App、自助退税终端输入退税信息后,应凭借自助退税机生成的"二维码"单据和物品,经海关检查盖章后方能获得退税。

立法说明:本条为自助退税程序的规定,是退税程序的创新性规定,顺应了离境退税程序自动化、电子化的发展需要。离境退税的电子化是未来离境退税便捷化发展的一种趋势,韩国自 2013 年采用"KIOSK 自助退税机"以来极大地提高了退税效率,自助退税机的引入具有 1 年 365 天 24 小时全天候不间断运营,内设中文、英文、日语等十个国家的语言系统,每一步程序都有详细说明,无须填写退税资料,避免了在人工退税窗口排队等候的时间成本等优势,能够极大地减少退税的运行成本。澳大利亚也通过"TRS"App 的开发,让旅客在购物之后便可及时上传相关的退税资料和信息,极大地节约了退税的时间成本。就此而言,我国也可以适应互联网发展的趋势,通过境外旅客离境退税 App、自助退税终端的运用,不断提升境外旅客的退税体验。与此同时,仍然应该保留海关在电子化退税过程中的监管措施,防范虚假退税行为的发生。

第二十七条【退税结算】　退税代理机构应于每月 15 日前,通过离境退税管理系统将上月为境外旅客办理离境退税金额生成《境外旅客购物离境退税结算申报表》,定期向主管国税机关申请办理增值税退税结算。同时将以下资料装订成册,留存备查:

(一)《境外旅客购物离境退税结算申报表》;

(二)经海关验核签章的《离境退税申请单》;

(三)经境外旅客签字确认的《境外旅客购物离境退税收款回执单》。

首次向主管国税机关申报境外旅客离境退税结算时,退税代理机构应提交与签订的服务协议、《出口退(免)税备案表》进行备案。

主管国税机关对退税代理机构提交的境外旅客购物离境退税结算申报数据审核、比对无误后,按照规定开具《税收收入退还书》,向退税代理机构办理退付。省国税局应按月将离境退税情况通报同级财政机关。

立法说明:本条为退税结算程序的规定,因循了《离境退税管理办法(试行)》第二十五条、第二十六条的规定。根据我国现有《离境退税管理办法(试行)》,退税代理机构在办理退税业务过程中需要先行垫付退税资金,退税代理机构与税务机关之间形成的是代理退税的关系,因此根据退税协议的安排,退税代理机构在增值税退税款中扣减必要的退税手续费之后,应当定期向主管国税机关提交退税资料,并由税务机关向退税代理机构退付其垫付的增值税退税款项。同时,为了保障退税代理机构退税的合规性,还应当要求其对《境外旅客购物离境退税结算申报表》,经海关验核签章的《离境退税申请单》以及经境外旅客签字确认的《境外旅客购物离境退税收款回执单》进行装订整理,以便后续检查使用。

第二十八条【退税币种与退税方式】 退税币种为人民币、美元、欧元和日元。退税金额超过10000元人民币或等值货币的,退税代理机构应以银行转账方式退税。退税金额未超过10000元人民币或等值货币的,根据境外旅客的选择,退税代理机构采用现金退税、银行转账或第三方便捷支付方式退税。

境外旅客领取或者办理领取退税款时,应当签字确认《境外旅客购物离境退税收款回执单》。

立法说明:本条为退税币种与退税方式的规定,对《离境退税管理办法(试行)》第二十二条规定予以了优化和完善。在海南试点政策中,明确规定了离境旅客在办理退税可以选择人民币、美元、欧元和日元4个币种,但现有《离境退税管理办法(试行)》中改为取消其他选项,退税币种为人民币。虽然按照现有管理办法的操作更为便捷,更有推动人民币的国际化,退税效率更高,但在另一方面也限制了离境旅客的选择权。为保障境外旅客对不同货币的选择权,应该结合我国主要以银行作为退税代理机构的货币兑换优势,将美元、欧元和日元也纳入退税币种范畴。而在退税方式上,伴随着支付宝退税、微信退税等第三方便捷支付方式在离境退税领域的利用,我国在新的退税办法中也应该增加"第三方便捷支付方式"这一退税方式。

第六章 旅客购物退税的监督管理

第二十九条【离境退税管理】 财政部、海关总署、国家税务总局依据各自职责加强对离境退税的管理,通过签订合作备忘录,对离境退税管理达成一致意见。

财政部门负责加强离境退税的统一部署,税务机关负责离境退税的日常管理,海关部门加强对境外旅客购物离境退税业务的监管。

省级财政部门会同省国税局、海关分署、省商务厅、省旅游局等部门建立离境退税工作小组,实行部门联动,统筹推进实施离境退税政策有关工作事项。

立法说明:本条为离境退税管理体制的规定,是在融合财政部、海关总署、国家税务总局各项部门规章中明确的离境退税职责基础上,基于退税管理的统筹协调角度对离境退税管理体制进行的总体安排。总体而言,各国关于离境退税的管理通常采取的是由财政部门负责统一部署,海关负责出入境的人与物的核验,由税务机关负责具体退税管理的管理体制,并在退税管理层面进行了统筹规划和具体的权责分工。如澳大利亚通过《联邦政府财政关系政府间协议》《澳大利亚税务局与内政部有关旅客退税计划的谅解备忘录及相关附属安排》对各部门之间的管理做出了整体安排和具体分工,厘清了各部门之间的权责关系。目前,我国离境退税管理体制大致可划分为中央和地方两个层面的管理体制,包括中央层面:财政部主导下的"离退分离"管理体制和地方层面:省级政府主导下的"多部门协同"管理体制,本条设计结合我国未来全国一体化退税管理的趋势,从整体上对离境退税的管理体制进行了制度安排。

第三十条【离境退税的财政支持】 离境旅客购物所退增值税款,全部由中央财政负担。

立法说明:本条为离境退税成本负担机制的规定,对财政部 2015 年第 3 号公告第十条规定的央地"共同负担"制度进行了调整。本质上,离境退税是以零售出口产品税收的"先征后退"为前提的,从国家角度来看,是政府在间接税领域税收利益的让步,在我国,离境退税所依托的税种是增值税,退税代表着国家将让渡一定层面的增值税税收收入。目前,我国增值税在收入划分上依然是一项共享税,根据《国务院关于印发全面推开营改增试点后调整中央与地方增值税收入划分过渡方案的通知》,继续保持增值税收入划分"五五分享"比例不变,即中央分享增值税的 50%、地方按税收缴纳地分享增值税的 50%。尽管这符合了我国增值税属于共享税的实际情况,也符合当前我国离境退税在各省市试点中由主要省级人民政府制定实施离境退税政策,提交实施方案,自行负担必要的费用支出的实际情况。但在出口退税领域,《国务院关于完善中央与地方出口退税负担机制的通知》(国发〔2005〕25 号)所确立的"中央与地方财政共同负担出口退税"机制也出现了征税地与退税地不一致的矛盾、地区间出口退税负担不均衡等问题,加大了一些地方政府的财政负担,也不利于统一出口退税市场的形成。为改变这一问题,国务院于 2015 年 3 月 3 日发布《关于完善出口退税负担机制有关问题的通知》,明确自 2015 年 1 月 1 日起,出口退税全部由中央财政负担,地方 2014 年原负担的出口退税基数,定额上解中央。本条设计考虑到地区间财政不平衡的特点和全国统一的跨区域离境退税系统建设需要,主张离境旅客的财政成本应当全部由中央财政负担。

第三十一条【离境退税信息共享】 主管国税机关、海关、退税代理机构和退税商店应使用国家税务总局商海关总署确定的跨部门、跨地区的互联互通的离境退税信息管理系统,及时、准确地传递与交换相关信息。

退税商店通过离境退税管理系统开具境外旅客购物离境退税申请单,并实时向主管国税机关传送相关信息。

退税代理机构通过离境退税管理系统为境外旅客办理离境退税,并实时向主管国税机关传送相关信息。

立法说明:本条为离境退税信息传递和交换的规定,在《离境退税管理办法(试行)》第二十七条、第二十八条、第二十九条规定基础上,对"跨部门""跨地区"的信息交换和共享进行了明确规定,对信息管理体制进行了优化和完善。基于旅客离境退税的特点,各国对该项制度的实施主要采用了"离退分离"的模式,境外旅客能否成功申请退税在源头上取决于退税商店对旅客信息的及时采集和传递,在中间环节取决于海关能否对出境物品进行及时核验,在退税环节取决于退税代理机构能否及时准确地确认纳税,在风险控制环节取决于税务机关、海关部门能否及时发现错误退税信息。有鉴于此,本条设计旨在要求离境退税管理系统及时、准确地传递与交换相关信息,以防控离境退税领域的信息不对称。

第三十二条【审计监督】 审计机关依法对税务机关、海关实行离境退税的财政收支、管理行为进行审计监督,并有权进行专项审计调查。

立法说明:本条是对审计机关进行离境退税监管的制度设计,是关于离境退税独立法律监督的新设事项。为更好地加强离境退税的监督,新加坡和澳大利亚都发挥了审计机关的作用,要求加强对离境退税制度的审计,以便更好地予以完善。例如,澳大利亚于2019年专门出台了一份《旅客退税计划管理》的审计报告,对澳大利亚财政部、税务局和内政部实行离境退税的日常管理和风险防控情况进行整体分析,并提出了针对性的对策建议。相比之下,我国离境退税制度尚未发挥审计机关的监督优势。而根据《中华人民共和国审计法》及实施条例的规定,审计机关有针对国务院各部门和地方各级人民政府及其各部门的财政收支进行审计的权力。《税收征管法》第五十三条也规定,国家税务局和地方税务局应当按照国家规定的税收征收管理范围和税款入库预算级次,将征收的税款缴入国库。对审计机关、财政机关依法查处的税收违法行为,税务机关应当根据有关机关的决定、意见书,依法将应收的税款、滞纳金按照税款入库预算级次缴入国库,并将结果及时回复有关机关。《海关法》第七十六条规定,审计机关依法对海关的财政收支进行审计监督,对海关办理的与国家财政收支有关的事项,有权进行专项审计调查。据此,本条在此增加了审计机关的独立监督制度规定,主张由审计机关对离境退税的制度实施情况进行专门监督。

第七章　旅客购物退税的权利保障

第三十三条【旅客权利一般规定】 境外旅客的退税权利受到《中华人民共和国消费者权益保护法》的保护。当退税物品不符合质量要求需要退货或换货时,退税商店应当接收,并视情况删除退税商品条目或重新签发离境退税申请单。

立法说明:本条是关于旅客在中国旅游期间退税消费权利保障条款,是在现有规范基础上新增的内容。离境退税的顺利实现需要以旅客购物为前提,而不利的旅游市场环境和消费者权利保障制度的缺失会在一定程度上阻却境外旅客在中国境外旅行期间的消费动力。观察英国的《零售出口计划》以及新加坡、澳大利亚《旅客退税计划》的安排,其中均会对消费者在退税时的相关权利进行提示告知,以为旅客所知晓。例如,英国《零售出口计划》中提出,具有退税主体资格的旅客可以根据英国纳税人权利宪章的规定行使离境退税过程中的一切权利,包括获得尊重和诚实对待的权利、获得便捷高效服务的权利、获得专业审慎服务的权利、信息和隐私受保障的权利、委托代理的权利、获得迅速及公平处理投诉的权利。故本章规定在借鉴域外经验基础上作此原则性规定。

第三十四条【旅客的信息隐私权】 退税商店和退税代理机构收集退税信息应获得旅客的知情同意,并按照法定程序做好退税信用信息的收集、存储、使用、披露和安全处置,境外旅客如果认为自己的涉税信息在离境退税环节中被滥用,可以向主管税务机关投诉。

立法说明:本条是关于旅客离境退税隐私权利保障的规定,是在现有规范基础上新增的内容。离境退税的业务办理需要以旅客退税信息的收集为前提,这些信息中既包括一些旅客的身份信息,也包括旅客的金融、信用等敏感信息。在韩国、澳大利亚等国家推行离境退税过程中,无论是从退税商店、退税代理机构的义务履行还是旅客自主申请退税的角度,均要求对他们的信息隐私权利进行充分保障。因此,本条设计从保障旅客信息隐私权利的角度,要求退税商店、退税代理机构合理使用客户退税资料和信息,非经法定程序不可披露。

285

第三十五条【旅客的举报投诉权】 境外旅客对税务机关、海关部门工作人员的退税行为存有异议的,应及时向退税工作人员或退税办公室直接反映。如果认为税务机关、海关部门及其工作人员在履行退税职责过程中存在违法违规或其他侵犯其合法权益情形的,应当及时向税务机关、海关部门的纳税服务投诉部门进行举报投诉。

立法说明:本条是关于旅客在离境退税程序中救济权利的规定,是在现有规范基础上的新增内容。离境退税的具体落实主要由海关和税务部门负责,因此税务机关、海关部门及其工作人员应当恪守职责,履行相应的服务。在退税服务过程中,税务机关、海关部门应当设计纳税服务投诉部门,负责离境退税过程中退税服务投诉的接收、受理、调查、处理、反馈等事项,需要其他部门配合的,由纳税服务部门进行统筹协调。对此,国家税务总局于2019年6月专门出台了《纳税服务投诉管理办法》,海关总署的管理中也有"举报投诉"的工作安排,本条设计参考了此项制度规定并对旅客的举报投诉权进行明确规定,有利于更好地加强旅客在退税程序中的权利救济。

第八章　旅客购物退税的法律责任

第三十六条【虚假退税的法律责任】 境外旅客故意违反税收法律规定提供虚假退税信息、虚构境外旅客身份骗取国家离境退税款的,税务机关应责令其依法补缴已退税款,并按照《中华人民共和国税收征收管理法》(以下简称《税收征管法》)的规定实施行政处罚,骗取国家退税款数额较大,情节严重的,还应依法承担刑事责任。

立法说明:本条是对滥用退税制度施行退税欺诈的责任设计,是结合离境退税违法行为特点和我国《税收征管法》规定新增的内容。我国《税收征管法》第二条规定,"税收的开征、停征以及减税、免税、退税、补税,依照法律的规定执行……",《税收征管法》第六十六条规定了出口退税的法律责任,"以假报出口或者其他欺骗手段,骗取国家出口退税款的,由税务机关追缴其骗取的退税款,并处骗取税款一倍以上五倍以下的罚款;构成犯罪的,依法追究刑事责任。对骗取国家出口退税款的,税务机关可以在规定期间内停止为其办理出口退税。"目前,我国离境退税制度尚未进入《税收征管法》的规制范畴,《离境退税管理办法(试行)》作为一项部门性的规章,难以为离境退税违法行为设定处理程序和法律责任。但离境退税作为整体退税制度的一部分,该项制度的责任设计可以在《税收征管法》的退税责任项下做出安排。为此,本条设计参考了

《税收征管法》第六十六条对骗取出口退税行为的处罚规定，主张在上位法规定基础上对依法骗取离境退税的退税行为人的违法形式和责任进行规定，以更好地规范退税秩序。

第三十七条【退税商品违法带回的法律责任】 境外旅客经海关核验之后未将退税物品带离出境，或被允许退税的符合条件的中华人民共和国公民、居民、学生将购买的物品退税离境后在 12 个月内又重新带回中国的，个人自用进境物品总值在 5000 元或税额在 50 元以上的，应当进行申报，并重新补缴退税金额。

逃避海关监管，未依法向海关申报的，海关应当责令补缴税款，处以罚款，构成犯罪的，依法追究刑事责任。

立法说明：本条为退税商品违法带回的法律责任规定，是结合离境退税"出境"要求和《海关法》规定新增的内容。在大部分国家的离境退税法律制度中，都不允许"非自用性""经营性"购物离境的退税，对于起初被允许退税但在短期内又被带回旅游目的地国消费的高价值产品由于不符合"消费地课税"的基本原则，有滥用退税制度之嫌，因此各国均要求对这类退税行为予以规制，对于在法定时间内带回境内消费的，要求进行申报并重新补缴退税金额。例如，英国《零售出口计划》和澳大利亚《旅客退税计划》中均对此进行了明确的重新申报和补税要求。本条设计在立足扩大我国退税主体范围，规范退税市场违规行为的基础上，增加了该项行为专门的责任设计。

第三十八条【退税商店、退税代理机构的法律责任】 退税商店或退税代理机构的工作人员故意违反税收法律规定提供虚假退税信息或者协助、教唆他人进行违法退税的，由税务机关暂停或撤销其退税资格，并按照《税收征管法》《海关法》规定对相关主体及经办人员实施处罚，骗取国家退税款数额较大，情节严重的，还应依法承担行政责任和刑事责任。

立法说明：本条为退税商店、退税代理机构的法律责任规定，是从退税经营者和代理行为的规范角度结合《税收征管法》新增的内容。在退税流程过程中，旅客可能基于逃避纳税义务的目的滥用离境退税制度，而退税商店、退税代理机构基于"营利"的目的同样可能会出现提供虚假信息或协助、教唆他人违法退税的情形，例如，在新加坡的执法实践中，便发现了旅客涉嫌贿赂海关官员和零售商店工作人员，让他们协助办理虚假退税的违法行为，并因此受到了严厉的处罚，澳大利亚的退税执法检查中也发现了多起零售商店未及时进行 GST 注册，或进行 GST 注册之后又取消，从事违规退税的情形。就我国而言,同样存在退税商店、退税代理机构违规退税的可能,因此需要根据相关法律规定予以处罚。

第九章　附　则

第三十九条【生效日期】　本办法自发布之日起执行。

立法说明:本条为《境外旅客购物离境退税管理办法》的生效时间规定。

参考文献

一、中文参考文献

(一)著作类

[1]《欧洲联盟基础条约:经〈里斯本条约〉修订》,程卫东、李靖堃译,社会科学文献出版社 2010 年版。

[2]税务总局研究处、中国财务会计咨询公司:《各国增值税》(上册),中国财政经济出版社 1987 年版。

[3][美]艾伦·申克、[美]维克多·瑟仁伊、崔威:《增值税比较研究》,熊伟、任宛立译,商务印书馆 2018 年版。

[4][美]图若尼:《税法的起草与设计(第一卷)》,国家税务总局政策法规司译,中国税务出版社 2004 年版。

[5][美]伯德、韩舍尔:《发展中国家的税制改革》,朱忠等译,中国金融出版社 1994 年版。

[6][英]亚当·斯密:《国民财富的性质和原因的研究》,郭大力、王亚南译,商务印书馆 1974 版。

[7][美]小罗伯特·埃克伦德、[美]罗伯特·赫伯特:《经济理论与方法史》,杨玉生、张凤林等译,中国人民大学出版社 2001 年版。

[8][美]保罗·萨缪尔森、威廉·诺德豪斯:《经济学》,萧琛译,商务印书馆 2013 年版。

[9]黄茂荣:《税法总论 3:税捐法律关系》,植根法学丛书编辑室 2008 年版。

[10]张艳彦:《中国货物与劳务税地区间收入协调研究》,中国财政经济出版社 2015 年版。

[11][法]布阿吉尔贝尔:《布阿吉尔贝尔选集》,伍纯武、梁守锵,商务印书馆 2009 年版。

[12][英]配第:《配第经济著作选集》,陈冬野、马清槐、周锦如译,商务印书馆2009年版。

[13]裴长洪、高培勇:《出口退税与中国对外贸易》,社会科学文献出版社2008年版。

[14]张美中:《税收契约理论研究》,中国财政经济出版社2007年版。

[15]高鸿业:《西方经济学》(上),中国经济出版社1996年版。

[16][美]曼昆:《经济学原理》(上册),生活·读书·新知三联书记、北京大学出版社1999年版。

[17]中华人民共和国财政部税政司编:《出口退税政策与管理》,中国财政经济出版社2006年版。

[18]刘剑文:《财税法学》,高等教育出版社2004年版。

[19]高强、财政部税收制度国际比较课题组:《法国税制》,中国财政经济出版社2002年版。

[20]各国税制比较研究课题组:《增值税制国际比较》,中国财政经济出版社1996年版。

[21]财政部税收制度国际比较课题组:《新加坡税制》,中国财政经济出版社2006年版。

[22]财政部税收制度国际比较课题组:《澳大利亚税制》,中国财政经济出版社2002年版。

[23]高凌江:《中国旅游税收理论与税制改革问题——研究基于结构性减税视角》,旅游教育出版社2014年版。

[24]潘文轩:《促进税收负担合理化问题研究》,光明日报出版社2016年版。

[25]姜昕:《比例原则研究——一个宪政的视角》,法律出版社2008年版。

[26]江苏省苏州工业园区地方税务局编译:《新加坡税法》,中国税务出版社2014年版。

[27]刘剑文:《税法学》,北京大学出版社2010年第4版。

[28]张守文:《财税法疏议》,北京大学出版社2016年第2版。

[29]张守文:《财税法学》,中国人民大学出版社2016年第5版。

[30]张鸿杰、贾丛民:《中国审计大辞典》,辽宁人民出版社1990年版。

(二)期刊类

[1]孙宝文、马衍伟:《促进我国旅游业发展的税收对策研究》,载《中央财

经大学学报》2005 年第 2 期。

[2]王文清、马莉、许银奎:《细说非居民离境退税》,载《国际税收》2014 年第 11 期。

[3]孙梦阳、季少军、刘志华:《我国入境旅游内生增长机制及路径研究》,载《资源开发与市场》2019 年第 1 期。

[4]宋杰:《上海实施离境退税三周年 累计退税 7000 万元》,载《中国经济周刊》2018 年第 27 期。

[5]翁武耀:《欧洲部分国家增值税法立法架构特点与启示》,载《国际税收》2017 年第 1 期。

[6]张京萍、翟文兴:《现阶段我国应实行入境旅客购物退税制度》,载《税务研究》2008 年第 7 期。

[7]高安妮:《免税购物与离境退税购物差异研究》,载《空运商务》2015 年第 2 期。

[8]刘家诚、张应武、黄熙智:《海南离岛免税政策的经济增长效应研究》,载《海南大学学报(人文社会科学版)》2015 年第 1 期。

[9]张应武、刘家诚:《海南离岛免税政策调整效应的实证研究》,载《海南大学学报(人文社会科学版)》2017 年第 2 期。

[10]徐海军:《海外旅游者购物退税政策思考》,载《旅游学刊》2003 年第 5 期。

[11]依绍华:《迈出困境的坚实一步——大力实施旅游商品退税制度》,载《时代经贸》2005 年第 2 期。

[12]李海莲:《中国构建入境游客购物退税制度研究》,载《求索》2011 年第 1 期。

[13]程泓:《旅客购物离境退税制度的国际比较》,载《价格理论与实践》2015 年第 9 期。

[14]赵书博:《境外旅客购物离境退税政策比较研究及我国的借鉴》,载《国际贸易》2016 年第 9 期。

[15]刘隆亨、孙健波:《我国建立境外旅客购物离境退税制度研究》,载《税务研究》2010 年第 5 期。

[16]依绍华:《海南实施游客购物退免税面临的问题与对策》,载《中国财政》2011 年第 10 期。

[17]栾庆琰:《海南离境退税政策和离岛免税政策探究》,载《中国商贸》

2012 年第 6 期。

[18]景志华、夏冰、刘茂媛:《海南的"离岛免税"与"离境退税"对比综述》,载《现代经济信息》2016 年第 24 期。

[19]马典祥:《构建依法退税法律体系应着力理顺的五大关系》,载《涉外税务》2001 年第 12 期。

[20]张守文:《我国税收立法的"试点模式"——以增值税立法"试点"为例》,载《法学》2013 年第 4 期。

[21]欧阳天健:《离境退税的机制完善与路径创新——以新加坡为参考》,载《国际经济合作》2017 年第 1 期。

[22]胡清颀:《为上海实施购物"离境退税"政策建言》,载《上海商业》2012 年第 2 期。

[23]刘学民、葛姣菊、戴智忠:《深圳实施面向消费者退税政策的可行性探索》,载《全国商情(理论研究)》2013 年 15 期。

[24]赵薇薇:《全球离境退税政策研究及对我国的启示》,载《国际税收》2017 年第 5 期。

[25]王甫元:《论我国纳税人税收退还请求权》,载《兰州大学学报(社会科学版)》2010 年第 5 期。

[26]李光曼、李丽:《试论我国纳税人出口退税请求权》,载《南昌大学学报(人文社会科学版)》2005 年第 6 期。

[27]刘凌、陈效:《中国出口退税政策的改革路径及其经济效应分析》,载《湖南师范大学社会科学学报》2012 年第 2 期。

[28]陈平、黄健梅:《我国出口退税效应分析:理论与实证》,载《管理世界》2003 年第 12 期。

[29]曲振涛、林新文:《税式支出、激励路径与制造业转型升级》,载《产经评论》2019 年第 4 期。

[30]叶姗:《税收优惠政策制定权的预算规制》,载《广东社会科学》2020 年第 1 期。

[31]李效峰:《旅游业外部性的内部化》,载《合作经济与科技》2008 年第 8 期。

[32]童俊:《财政政策促进旅游业发展的理论探讨——运用公共物品和外部性理论的分析》,载《企业导报》2009 年第 7 期。

[33]唐留雄:《中国旅游产业转型与旅游产业政策选择》,载《财贸经济》

2006 年第 12 期。

[34]刘怡:《出口退税:理论与实践》,载《北京大学学报(哲学社会科学版)》1998 年第 4 期。

[35]黄夏岚、刘怡:《增值税收入地区间转移的衡量——生产地原则与消费地原则的比较》,载《财贸经济》2012 年第 1 期。

[36]李宝锋:《从税款抵扣制度看增值税免税权的运用》,载《财会月刊》2014 年第 13 期。

[37]陈红伟:《再论出口退税——从理论到实践》,载《涉外税务》2004 年第 8 期。

[38]陈俊杰:《实行个税退税款用于消费拉动内需政策的探讨》,载《现代经济》2009 年第 9 期。

[39]王复华、叶康涛、彭飞:《次优出口税理论与我国出口退税政策的完善》,载《中央财经大学学报》1998 年第 4 期。

[40]方圆:《对我国实施入境旅游者退税制度的可行性分析》,载《湘潮》2007 年第 8 期。

[41]李仲广:《我国旅游服务贸易失衡的现状、原因与对策》,载《商业时代》2012 年第 14 期。

[42]《上海实施"购物免、退税"政策研究》课题组、朱桦、王志明:《上海实施"购物免、退税"政策研究》,载《上海商业》2011 年 11 期。

[43]蒋依依、杨劲松:《以免税为主导的旅游购物政策创新破解旅游服务贸易逆差的扩大化》,载《旅游学刊》2014 年第 9 期。

[44]张蕊、曾令辉:《境外旅客购物离境退税政策思考》,载《中国财政》2011 年第 10 期。

[45]张应武、赵文华:《海南离境退税政策促进了入境旅游吗?——基于海南入境旅游人数决定因素的实证研究》,载《海南大学学报(人文社会科学版)》2018 年第 3 期。

[46]孙瑜晨:《房产税优惠制度的探讨和重构》,载《财税法论丛》第 15 卷。

[47]胡菲菲:《实施消费退税对我国经济的有益影响》,载《中国市场》2011 年第 39 期。

[48]高松林、范卫国:《从改革引擎到规范对象:地方政府规范性文件的法治化路径》,载《重庆工商大学学报》2015 年第 6 期。

[49]李丹:《福建旅游资源保护及景区开发的财政扶持政策》,载《闽江学

院学报》2008 年第 6 期。

[50]杨柳：《境外旅客购物离境退税的国际经验借鉴》，载《对外经贸实务》2017 年第 3 期。

[51]张钟月、李咏梅：《日本消费税的启示——以日本消费税法为视角》，载《税务研究》2016 年第 5 期。

[52]李松：《以离境退税刺激入境消费存在的障碍及其破解对策——以昆明市五华区为例》，载《环球市场》2018 年 10 期。

[53]张华：《我国入境旅游发展策略研究》，载《生态经济》2013 年第 2 期。

[54]高军、马耀峰、吴必虎：《外国游客感知视角的我国入境旅游不足之处——基于扎根理论研究范式的分析》，载《旅游科学》2010 年第 5 期。

[55]戈冬梅、姜磊：《基于 GWR 模型的省域旅游影响因素空间差异分析》，载《生态经济》2013 年第 7 期。

[56]方远平、谢蔓、毕斗斗等：《中国入境旅游的空间关联特征及其影响因素探析——基于地理加权回归的视角》，载《旅游科学》2014 年第 3 期。

[57]翁武耀：《欧盟税制概况》，载《重庆工商大学学报（社会科学版）》2010 年第 1 期。

[58]李娜：《欧盟税法的新发展：利用 BEPS 项目推进税收一体化》，载《欧洲研究》2017 年第 1 期。

[59]张雨：《欧洲旅游购物退税有门槛》，载《消费与生活》2003 年第 12 期。

[60]刘焰：《广东省旅游税收优惠政策初探》，载《科技创业月刊》2009 年第 12 期。

[61]吴秀波：《税收激励对 R&D 投资的影响：实证分析与政策工具选拔》，载《研究与发展管理》2003 年第 1 期。

[62]周克清：《受益原则在税收制度中的应用》，载《税务与经济》2000 年第 4 期。

[63]刘奇超、徐惠琳：《走出迷局：侧窥全球增值税指南之构建机理与运行机制（一）》，载《海关与经贸研究》2015 年第 3 期。

[64][日]进藤荣一：《东亚共同体与琉球—冲绳的未来——基于"亚洲世纪"的视角》，吴占军译，载《日本研究》2016 年第 1 期。

[65]秦世宝、张永学：《韩国税收负担与社会公平分配研究》，载《财会研究》2010 年第 13 期。

[66]伦玉君、张立球、靳东升:《韩国增值税制度及借鉴》,载《涉外税务》2012年第1期。

[67]宋凤玲、王文清:《韩国税收优惠政策最新调整及对我国的启示》,载《国际税收》2017年第5期。

[68]甘露:《解析韩国旅游业成功的因素》,载《乐山师范学院学报》2007年第12期。

[69]韦小良:《新加坡会展业成功战略的探讨》,载《桂林旅游高等专科学校学报》2003年第6期。

[70]胡清顺:《新加坡购物离境退税政策的启示》,载《上海商业》2012年第6期。

[71]李强:《入境旅游地的文化感知与话语转换模式——基于生态翻译理论》,载《社会科学家》2018年第7期。

[72]杨小强、徐志、薛峰:《马来西亚商品与服务税法律制度研究》,载《国际税收》2016年第10期。

[73]李梦娟:《我国消费税改革的考量与权衡》,载《税务研究》2014年第5期。

[74]蒋悟真:《税收优惠分权的法治化:标准、困境与出路》,载《广东社会科学》2020年第1期。

[75]游燕:《欧盟增值税制度发展及其启示》,载《地方财政研究》2015年第4期。

[76]陈琍:《欧盟新一轮增值税改革及启示》,载《国际税收》2017年第2期。

[77]闫书铭:《我国旅游经济发展的新趋势探索——基于共享经济和旅游业供给侧改革的双重视角》,载《中国集体经济》2019年第7期。

[78]张文显:《全面推进法制改革,加快法治中国建设》,载《法制与社会发展》2014年第1期。

[79]张守文:《略论纳税人的退还请求权》,载《法学评论》1997年第6期。

[80]叶金育、顾德瑞:《税收优惠的规范审查与实施评估——以比例原则为分析工具》,载《现代法学》2013年第6期。

[81]张玲南、邓翔婷、贺胜:《互联网金融税收优惠政策的博弈分析及其比例检视》,载《财经理论与实践》2019年第2期。

[82]林典立、黄雪坚:《关于自用、合理数量原则若干问题的思考》,载《海

关法评论》2017 年第 7 卷。

[83]陈洪宛、孙俊:《入境游客购物退税的国际比较及对我国的启示》,载《中国财政》2009 年第 23 期。

[84]吴宏伟、吴长军:《出口退税法律政策演进与改革效应分析》,载《法治研究》2011 年第 4 期。

[85]郝玉柱、宋伟华:《北京发展市内免税商店问题探讨》,载《商业时代》2011 年第 5 期。

[86]唐明义:《韩国税制体系及其非税收入管理》,载《涉外税务》1998 年第 1 期。

[87]苑新丽:《税式支出管理的国际经验与我国的选择》,载《财经理论问题》2005 年第 9 期。

(三)学位论文类

[1]丁军辉:《论我国出口退税中的法律问题》,吉林大学 2008 年硕士学位论文。

[2]唐伟明:《我国实行境外旅客购物离境退税制度的研究》,复旦大学 2013 年硕士学位论文。

[3]石美玉:《中国旅游购物研究》,中国社会科学院 2003 年博士学位论文。

[4]王大赛:《购物免税与退税政策的国际比较研究》,北京交通大学 2014 年硕士学位论文。

[5]彭申惠:《论我国离境退税立法的完善》,暨南大学 2018 年硕士学位论文。

[6]王亚辉:《旅游业经济法激励制度研究》,吉林大学 2017 年博士学位论文。

[7]田斐:《基于外部性理论的湘西州旅游业可持续发展研究》,湘潭大学 2007 年硕士学位论文。

[8]石雪晴:《离境退税政策对中国入境旅游业发展的影响研究》,西南财经大学 2019 年硕士学位论文。

[9]刘娜:《论我国出口退税制度:变迁、问题及对策》,中国海洋大学 2008 年硕士学位论文。

[10]马晓璇:《北京市离境退税制度研究》,对外经济贸易大学 2016 年硕士学位论文。

[11]王建勋:《旅游业发展的财政政策研究》,东北财经大学2011年博士学位论文。

[12]金思琦:《外国游客在曼谷购物满意度研究》,广西大学2014年硕士学位论文。

(四)报纸类

[1]马建敏:《石家庄开出首张境外旅客购物离境退税申请单》,载《河北日报》2018年5月2日第2版。

[2]陈杰:《中国游客为何冷对海外旅游购物退税》,载《北京商报》2014年9月1日第4版。

[3]游方朔:《如何把购物退税落实好》,载《中国旅游报》2015年6月24日第4版。

[4]王迪:《德国、西班牙等国机场推出微信退税服务:中国人欧洲购物退税更便利》,载《人民日报》2018年2月22日第22版。

[5]《成都市旅游业促进条例》,载《成都日报》2016年6月14日第4版。

[6]罗霞:《海南离岛免税政策部分内容调整,含金量高——更好满足旅客购物需求》,载《海南日报》2018年11月29日第2版。

[7]厉征:《财税专家认为国际旅游岛购物退税政策有很大吸引力》,载《中国税务报》2010年1月11日第1版。

[8]魏如松:《迟福林委员建议:支持海南在免税购物领域再突破》,载《海南日报》2012年3月4日第2版。

[9]张广瑞:《境外旅客购物离境退税政策效应值得期待》,载《中国旅游报》2015年2月2日第2版。

[10]国家旅游局政策法规司:《我国免(退)税业发展形势分析与思考》,载《中国旅游报》2018年3月13日第3版。

[11]魏小安:《中国旅游发展大趋势探讨》,载《中国旅游报》2007年7月25日第13版。

[12]王淑芹:《推动科学、民主、依法立法一体化》,载《学习时报》2017年11月27日第A3版。

[13]襄晨竹:《境外旅客购物离境退税九条件缺一不可》,载《中国会计报》2015年9月18日第10版。

[14]赵珊:《离境退税拉动北京入境游消费》,载《人民日报》(海外版)2016年11月19日第12版。

〔15〕田虎:《北京离境退税效果显现 今年离境退税销售额已破亿》,载《京华时报》2016 年 11 月 10 日第 17 版。

〔16〕李怡彤,杜婕:《2019 年三亚口岸离境退税业务大幅增长——退税商品金额逾百万元》,载《中国国门时报》2020 年 1 月 7 日第 2 版。

〔17〕何伟:《海南离境退税缘何遇冷》,载《经济日报》2015 年 5 月 13 日第 6 版。

〔18〕罗子杰:《广州海关退税 161 万元》,载《信息时报》2017 年 7 月 21 日第 A6 版。

〔19〕桑彤:《上海率先试点离境退税"即买即退"首月开具 12 份申请单》,载《信息时报》2019 年 3 月 1 日第 B2 版。

〔20〕李佳:《外籍游客离境退税可以开具电子发票》,载《北京青年报》2016 年 5 月 25 日第 A04 版。

〔21〕楼阳生:《健全充分发挥中央和地方两个积极性体制机制》,载《人民日报》2019 年 12 月 5 日第 9 版。

〔22〕韩洁、胡璐、郁琼源:《权威人士解读:今年前 4 月财政收入增速缘何超 GDP 增速?》,载《中华工商时报》2018 年 6 月 5 日第 2 版。

〔23〕《四川、天津签订离境退税互联互通协议,京津川三地实现互联》,载《华西都市报》2016 年 11 月 2 日第 A14 版。

〔24〕李志刚:《离境退税有效提振入境游消费》,载《中国旅游报》2016 年 11 月 11 日第 1 版。

〔25〕驻欧盟使团、黄燕琳:《欧盟新一轮增值税改革安排》,载《中国税务报》2019 年 12 月 10 日第 5 版。

二、外文参考文献

（一）著作论文类

〔1〕Fehr H., Rosenberg C., Wiegard W., *Welfare Effects of Value-Added Tax Harmonization in Europe*, Springer, Berlin-New York, 1995.

〔2〕Lickorish L. J., Jenkins C.L., *An Introduction to Tourism*, Oxford:Butterworth-Heinemann, 1997.

〔3〕Kerr W. R., *Tourism Public Policy and the Strategic Management of Failure*, Pergamon, Elsevier Limitied, United Kingdom, 2003.

〔4〕Hermana Y., *Singapore Tourism Industry：A Contribution to the

Economy，in Sumberdaya，Tourism，Cultural Identity and Globalization in Singapore，Research Center for Regional Resources，Indonesian Institute of Sciences，Jakarta，2007.

［5］Sullivan P.，A.Bonn M.，Bhardwaj V.，et al.，Mexican national cross-border shopping：Exploration of retail tourism，*Journal of Retailing and Consumer Services*，2012，Vol.19，No.6.

［6］Keown C.F.，A Model of Tourists' Propensity to Buy：Case of Japanese Visitors to Hawaii，*Journal of Travel Research*，1989，Vol.27，No.3.

［7］Dimanche F.，The Louisiana Tax Free Shopping Program for International Visitors：A Case Study，*Journal of Travel Research*，2003，Vol. 41，No.3.

［8］Surrey S.，Tax Incentives as a Device for Implementation Government Policy：A Comparison with Direct Government Expenditures，*Harvard Law Review*，1970，Vol.83，No.4.

［9］Thuronyi V.，International Tax Cooperation and a Multilateral Treat，*Brooklyn Journal of International Law*，2001，Vol.26，No.4.

［10］Bowen D.，Antecedents of Consumer Satisfaction and Dissatisfaction(CS/D) on Long-haul Inclusive Tours-a Reality Check on Theoretical Considerations，*Tourism Management*，2001，Vol.22，No.1.

［11］Snyder F.，The Effectiveness of European Community Law：Institutions，Process，Tools and Techniques，*Modern Law Review*，1993，Vol. 56，No.1.

［12］Gopinathan S.，Preparing for the Next Rung：Economic Restructuring and Educational Reform in Singapore，*Journal of Education and Work*，1990，Vol.12，No.3.

［13］Yuen B.，Creating the garden city：The Singapore Experience，*Urban Studies*，1996，Vol.33，No.6.

［14］Artur S.，Tax penalties in SME Tax Compliance，*Financial Theory and Practice*，2016，Vol.40，No.1.

［15］Sijbren C.，Global Trends and Issues in Value-Added Taxation，*International Tax and Public Finance*，1998，Vol.5，No.3.

［16］Renata D.，Impact of Value-Added Tax on Tourism，*International*

Business & Economics Research Journal，2010，Vol.9，No.10.

[17]Durbarry R.，Tourism Taxes：Implications for Tourism Demand in the UK，*Review of Development Economics*，2008，Vol.12，No.1.

[18]Lienert I.，Kyung Jung M.，The Legal Framework for Budget Systems：An International Comparison，*OECD Journal on Budgeting*，2004，Vol.4，No.3.

（二）报告类

[1] Crowley P.，The GST Visitor Rebate Program for Individual Travellers—An Economic Impact Analysis，Global Refund Canada，January 2007.

[2]Harrison G.，Krelove R.，VAT Refunds：A Review of Country Experience，IMF Working Paper，November 2005.

[3]De Bonis V.，Regional Integration and Commodity Tax Harmonization，Policy Research Working Paper，The World Bank，1997.

[4]Dilanchiev A.，Tourism Demand in Georgia：Gravity Model Analysis，In：7th Silk Road International Conference Challenges and Opportunities of Sustainable Economic Development in Eurasian Countries，Tbilisi，2012.

[5]Chiang C.，Singapore GST Treatment of International Services，CCH Asia，2014.

[6]OECD，Report on Identity Fraud：Tax Evasion and Money Laundering Vulnerabilities，Center For Tax Policy and Administration，2006.

[7]Dupeyras A.，MacCallum N.，Indicators for Measuring Competitiveness in Tourism：A Guidance Document，OECD Tourism Papers，2013/02，OECD Publishing.

[8]OECD，OECD Tourism Trends and Policies 2020，OECD Publishing，2020.

[9]KPMG，Economic Impact of the Private Provider model for the Tourist Refund Scheme in Australia，report prepared for Global Blue Holdings AB（a key TRSG member），January 2013.

[10]HM Revenue & Customs，VAT：Retail Export Scheme，Summary of Responses December 2013.

[11]South Korea to Offer Tax Refunds to Foreign Tourists. Arabia

2000，29 November，2015.

［12］Inland Revenue Authority of Singapore，GST：The Electronic Tourist Refund Scheme（eTRS）（Thirteenth edition），Published on 17 July，2018.

［13］Ahmad H.，Nor Hasnah Mat Saad，Consumption Taxes-GST，the Way Forward，Asta-Pacific Tax Bulletin，2011(7-8).

［14］Australian National Audit Office（ANAO），Management of the Tourist Refund Scheme，The Auditor-General Auditor-General Report No.8 2019-20 Performance Audit，2019.

［15］OECD，OECD Tourism Trends and Policies 2014，OECD Publishing，2014.

［16］McCouat P.，Australian Master GST Guide 2019-20th Edition，Wolters Kluwer Australia，2019.

［17］Market Growth Reports，Global Duty-Free Retailing Market Outlook，Segmentation，Competitive Landscape，Size and Forecast To 2026，May 2019.

［18］Tourism Shopping Reform Group，Federal Government Pre-Budget Submission 2016-17，04 February，2016.

［19］World Economic Forum，The Travel & Tourism Competitiveness Report 2017：Paving the Way for a More Sustainable and Inclusive Future，http://www3.weforum.org/docs/WEF_TTCR_2017_web_0401.pdf.

［20］World Economic Forum，The Travel & Tourism Competitiveness Report 2019：Travel and Tourism at a Tipping Point，http://www3.weforum.org/docs/WEF_TTCR_2019.pdf.

［21］Australian Government & Department of Resource，Energy and Tourism，Tourism 2020.

［22］Taxation and Customs Union，Green Paper On the Future of VAT：Towards a simpler，more robust and efficient VAT，European Commission，Brussels，2010.

［23］OECD，Consumption Tax Trends 2018：VAT/GST and Excise Rates，Trends and Policy Issues.Secretary-General of the OECD 2018.

［24］Department of Immigration and Border Protection，Review of the Controls Framework for the Tourist Refund Scheme Management Initiated Review-2017/18 Final Report,Internal Review Report,Department of Immigration and Border Protection,Canberra,2018.

［25］OECD，OECD Tourism Trends and Policies 2018，OECD Publishing,2018.

（三）法律法规类

［1］The Council of the European Union.Council directive 2006/112/EC of 28 November 2006 on the common system of value-added tax. Official Journal of the European Union,11 December,2006.

［2］Value-Added Tax Act 1994，Legislation.gov.uk.

［3］The Value-Added Tax Regulations 1995，Legislation.gov.uk.

［4］Value-Added Tax Consolidation Act 2010，Irish Statute Book.

［5］Value-Added Tax Regulations 2010,Irish Statute Book.

［6］A New Tax System（Goods and Services Tax）Act 1999，legislation. gov.au.

［7］A New Tax System（Goods and Services Tax）Regulations 2019，legislation.gov.au.

［8］Goods and Services Tax Act 1993,（Revised 2005），sso.agc.gov.sg.

［9］Goods and Services Tax（General）Regulations 2008，sso.agc. gov.sg.

［10］Restriction of Special Taxation Act 2017，elaw.klri.re.kr.

［11］Value-Added Tax Act 2016，elaw.klri.re.kr.

［12］Individual Consumption Tax Act 2016，elaw.klri.re.kr.

［13］Goods and Services Tax Act 2014,federalgazette.agc.gov.my.

［14］Sales Tax Act 2018,federalgazette.agc.gov.my.

［15］Services Act 2018，federalgazette.agc.gov.my.

后 记

本书是在笔者所主持的 2016 年度国家社会科学基金青年项目"中国离境退税法律制度完善研究"的最终成果基础上修订形成的。课题立项正值我国促进旅游业改革发展的黄金时期,完善境外旅客购物离境退税政策成为彼时我国开展税制改革的重要任务;课题结项则恰逢世界各国旅游业因新冠肺炎疫情蔓延而遭遇"寒冬时节",如何修正旅客购物离境退税并助推国内旅游业再次蓬勃发展成为当下各国税制发展的重要课题。值此时空背景下,本书对离境退税法律制度的功能定位、法律特征、实然运行等情况进行的梳理,恰好成为离境退税法律制度实施的一个阶段性总结,其不仅有助于回顾该制度在中国以及其他相关国家和地区的实施情况,同时也为寻求后疫情时代中国离境退税法律制度的改革与完善提供参考。

文章千古事,得失寸心知。当前,中国离境退税法律制度的实施目前已覆盖全国近 30 个省市,涉及财政部门、税务部门、海关部门等职能部门。为提升研究的准确度,笔者先后前往北京、上海、广州、厦门等离境退税实施效果较好的省市开展实地调研和资料收集工作,并对推进情况尚待提升的重庆、昆明、成都等地的离境退税推进情况进行了深入了解。此外,考虑到离境退税法律制度在域外诸多国家和地区有着长时间的运行,笔者利用访学交流、域外参会等方式获得了域外离境退税法律制度设计和实施的一手资料,为本书研究提供了良好基础。

本书在研究过程中得到各位师友的指点和帮助,在此一并表感谢。感谢华东政法大学的欧阳天健副教授和西南大学的范卫国副教授,他们分别利用在域外访学、境外旅游等经历为本课题带回了新加坡、泰国的一手立法和调研资料,并深度参与了课题的研究论证,感谢他们的辛苦付出。感谢淮阴师范学院的张月霞副教授和韩国首尔大学的李首鋆博士,为本书研究韩国增值税法、消费税法中的离境退税法律制度提供了中文译本,使得本书能够较好地揭示韩国租税特例模式下的离境退税法律制度的全貌。感谢中国政法大学的翁武耀副教授、华东政法大学李娜副教授的大力支持,他们牺牲宝贵时间为本课题提供了欧盟增值税视角的参阅资料和分析建议,为本书研究提供了重要参考。

本书得以顺利完成离不开各位专家学者的指导和支持。感谢国家社科基金匿名评审专家在评审过程中提出的宝贵建议,本书在完成过程中紧密结合专家们提出的意见和建议,对离境退税法律制度的现实运行和法律架构进行了深入分析,着重从法学视角和多学科视野探索离境退税法律制度的本质特征、制度依据,研析国家课税权力与纳税人权利在"跨境"问题上的平衡协调,并为我国离境退税法律制度的最终落地提供了方案。感谢中国法学会财税法学研究会会长刘剑文教授,很荣幸在他的组织推动下,我有机会参与中韩税法研讨会并深度了解韩国的离境退税法律制度,相关成果才有机会在中韩税法论坛中获得优秀论文奖。感谢首都经济贸易大学的赵书博教授和贺燕副教授,感谢她们为本课题的研究提纲和研究思路提供的宝贵建议。感谢中国法学会财税法学研究会副会长熊伟教授,在他的大力推介下,笔者有幸在2020—2021年在澳大利亚墨尔本大学法学院税法研究中心进行访问交流,并在该研究中心主任 Miranda Stewart 教授的指导下继续推动本课题的研究。本书付梓出版之际正值我和 Miranda Stewart 教授合作的 *The Law and Policy of VAT Tourist Tax Refund Schemes:A Comparative Analysis* 得到 IBFD 主办的 *World Tax Journal* 认可,并最终发表在该杂志 2022 年第 2 期,这更坚定了我的研究领域,也让本书的相关成果有了在国际舞台上展示的机会。

最后,特别需要感谢笔者的博士研究生导师、西南政法大学财税法学科负责人张怡教授,是她的鞭策与鼓励让我能够顺利完成本项研究。感谢西南政法大学经济法学院卢代富院长及经济法学科负责人盛学军教授,他们不仅为我们后备青年老师们创造了严谨活泼的学术氛围,也为本书出版提供了充分的经费保障。感谢西南政法大学财税法研究团队的陈治、胡元聪、蒋亚娟、廖呈钱、张成松、曾远等老师们的支持和帮助,书稿才得以在交流讨论中不断修改和完善。感谢厦门大学出版社的甘世恒主任和郑晓曦编辑,在他们的耐心、细致的工作下,本书才最终得以顺利出版。

王婷婷
2022 年 6 月 28 日于山城重庆